人民法庭研究丛书

基层基础工作与人民法庭建设

— 【第二卷】 —

主　编：杜万华

副主编：付子堂　程新文　曹守晔　王中伟

厦门大学出版社
XIAMEN UNIVERSITY PRESS
国家一级出版社
全国百佳图书出版单位

图书在版编目(CIP)数据

基层基础工作与人民法庭建设/杜万华主编.—厦门:厦门大学出版社,2020.9
(人民法庭研究丛书;第二卷)
ISBN 978-7-5615-7472-0

Ⅰ.①基…　Ⅱ.①杜…　Ⅲ.①法院－工作经验－中国－文集　Ⅳ.①D926.2

中国版本图书馆 CIP 数据核字(2020)第 086043 号

出 版 人	郑文礼
责任编辑	李　宁
封面设计	李嘉彬
技术编辑	许克华

出版发行　厦门大学出版社

社　　　址	厦门市软件园二期望海路 39 号
邮政编码	361008
总　　机	0592-2181111　0592-2181406(传真)
营销中心	0592-2184458　0592-2181365
网　　址	http://www.xmupress.com
邮　　箱	xmup@xmupress.com
印　　刷	厦门集大印刷厂

开本	787 mm×1 092 mm　1/16
印张	20.25
插页	2
字数	416 千字
版次	2020 年 9 月第 1 版
印次	2020 年 9 月第 1 次印刷
定价	98.00 元

本书如有印装质量问题请直接寄承印厂调换

厦门大学出版社
微信二维码

厦门大学出版社
微博二维码

深入贯彻落实党的十九大精神
不断开创人民法庭工作新局面
——在第二届人民法庭建设高层论坛上的讲话

最高人民法院审判委员会专职委员　杜万华

（2017 年 11 月 17 日）

同志们：

由最高人民法院民事审判第一庭、中国应用法学研究所、重庆市高级人民法院和西南政法大学共同主办的"人民法庭研究中心"经过四个月的精心筹备，第二届人民法庭建设高层论坛今天在美丽的山城——重庆召开了。刚才，西南政法大学校长付子堂教授、重庆市高级人民法院王中伟副院长作了热情洋溢的致辞，让我们更深刻地领会了山城重庆的美丽、热情。在此，我谨代表最高人民法院，对论坛的举办表示热烈祝贺！对来自全国各地的专家学者和法官代表表示诚挚欢迎！

党的十九大刚刚胜利闭幕。这次大会确立了习近平新时代中国特色社会主义思想作为党的指导思想的历史地位，提出了新时代坚持和发展中国特色社会主义的基本方略，确定了决胜全面建成小康社会、开启全面建设社会主义现代化国家新征程的目标，对新时代推进中国特色社会主义伟大事业和党的建设伟大工程做出了全面部署。党的十九大报告是我们党团结带领全国各族人民在新时代坚持和发展中国特色社会主义的政治宣言和行动纲领，是马克思主义的纲领性文献。全面学习领会、深入贯彻落实党的十九大精神，是人民法院当前和今后一段时期的首要政治任务，也是今年和今后一段时期全面加强党的建设的一项重要任务。人民法庭作为人民法院的最基层单位，处在化解矛盾纠纷的第一线、司法为民的最前沿，也要争当学习贯彻十九大精神的排头兵。人民法庭各项工作必须深刻认识和把握中国特色社会主义进入新时代的历史方位，准确把握社会主要矛盾变化对人民法院工作提出的新要求，切实把思想和行动统一到党的十九大精神上来，忠实履行宪法法律赋予的职责，扎实做好审判执行各项工作，努力让人民群众在每一个司法案件中感受到公平正义。

本届论坛是党的十九大闭幕后，最高人民法院召开的第一个全国性学术盛会。论坛得到了全国各级法院法官和法学理论界的广泛关注与热烈响应，共收到各类稿件 1000 余篇。这些投稿论文坚持问题导向，以科学的态度、严谨的学风，客观全面地概括总结人民法庭建设在司法实践中的经验和问题，就人民法庭促进基层社会治理体系创新、强化司法在解决基层纠纷中的作用等方面提出了宝贵的意见,体现了大家对当前人民法庭发展、改革和建设的深刻思考,具有很强的理论价值和实践价值。经过层层遴选,优中选优,选出一等奖10名、二等奖20名、三等奖30名、优秀奖40名,在此,我代表最高人民法院对上述获奖作者表示诚挚的祝贺!本次论坛以"基层基础工作与人民法庭建设"为主题,具有很强的现实性和针对性。我相信通过与会代表的坦诚交流、深入研讨,理论界与实务界一定能够就进一步加强人民法庭工作达成广泛共识、拓宽发展思路、夯实理论支撑。

下面,我就深入学习贯彻党的十九大精神,进一步开创人民法庭工作新局面,谈几点认识,供同志们研讨时参考。

一、当前人民法庭建设面临的新形势新任务

人民法院作为国家的审判机关,承担着维护公共安全,保障人民群众合法权益和社会秩序和谐稳定的重要职责和使命。在深入学习党的十九大精神的大背景下,人民法庭作为人民法院的基层基础,面临新形势新机遇新挑战。

一是随着依法治国全面推进,人民群众法治素养不断提高,人民群众日益增长的司法需求与人民法院工作发展不平衡之间的矛盾,将会是今后一段时期人民法院工作面临的主要矛盾。人民法庭是人民法院审理案件、参与社会治理的主要力量,也是人民法院感知人民群众司法需求、把握社情民意的重要渠道。充分发挥人民法庭贴近基层、服务基层的天然优势,公正高效行使宪法和法律赋予的审判职能,更加全面和充分地实现司法为民,推进社会主义法治国家建设,是人民法庭工作的总目标、总方向。

二是随着建设现代化经济体系工作的持续推进,乡村振兴、区域协调发展战略深入实施,工业化、城镇化、城乡发展一体化不断发展,新型农业经营体系构建、农村土地制度改革、农村金融体制创新、农业人口转移、新型城镇化建设,在经济发展和社会治理层面,都将使广大农村和基层社区的经济运营模式和生活方式发生深刻变化,从而对司法提出新的需求。广大人民法庭主要分布在经济发展水平、文化风俗习惯不同的村镇区县,将最早也最直接地面对经济发展转型带来的新的法律适用和社会治理课题,对人民法庭调整工作思路、审判方式、裁判理念,以更好地适应新发展理念下的城乡司法需求提供新机遇、提出新挑战。

三是随着司法体制综合配套改革的不断深入,人民法院更加全面科学有效的改革措施的提出和试行,还需要人民法庭继续做好"试验田",当好"排头兵"。司法体制综合配套改革的顶层设计,离不开基层的实践摸索和经验总结。确保司法体制综合配套改革精准对接发展所需、基层所盼、民心所向,就要继续发扬人民法庭先行先试、试错纠偏的传统优势和成功经验,努力创造更多可复制、可推广的改革方案和改革思

路,为深化司法体制综合配套改革提供样本资源。

二、人民法庭的职能定位

人民法庭制度是我国特有的司法制度。正确理解和认识人民法庭在新的历史时期、新的形势变化、新的经济社会发展和新的司法需求下的地位与作用,是人民法庭工作面临的首要问题,也是人民法庭理论研究需要解决的重点问题。从上一届论坛征文反映的情况看,对人民法庭新时期的职能定位问题,实践中还存在很多困惑,值得深入研究。我最近对这一问题也做了一些个人思考,今天提出来与大家交流,希望能起到抛砖引玉的效果,对下一步深化研究有所启发。我想当前人民法庭首先要有以下三个方面的定位:

一是公正司法的窗口。人民法庭根植基层,处在公正司法的聚焦点、司法为民的最前沿、化解矛盾的第一线。党的十九大将以人民为中心作为坚持和发展中国特色社会主义的基本方略之一,这是对人民法庭职能定位的重要战略指引。人民法庭必须始终把握司法为民公正司法工作主线,始终保持为民情怀,始终把"代表国家依法独立公正行使审判权"作为核心职能,以审判职能的充分发挥,作为服务法治中国建设的基本途径。

二是基层治理的纽带。党的十九大提出要打造共建共治共享的社会治理格局,推动社会治理重心向基层下移。人民法庭是基层治理的重要环节。支持其他国家机关和群众自治组织调处矛盾纠纷,指导人民调解委员会调解民间纠纷,是人民法庭的重要职责。积极参与非诉讼纠纷解决机制建设,推动完善矛盾纠纷多元化解机制,在加强和创新社会治理中发挥好桥梁纽带和法治保障作用,为推进国家治理体系和治理能力现代化贡献智慧和力量,是人民法庭的重要职能。

三是培养干部的基地。第三次全国人民法庭工作会议提出,要把人民法庭工作经历作为选拔干部的重要条件,把人民法庭建设成为审判骨干的成长基地、领导干部的选拔基地,这个方向非常正确,符合党的十九大关于建设高素质专业化干部队伍的总体要求。实践中,各级法院要将拟提拔使用的后备干部和优秀年轻干警,安排到法庭锤炼意志、增长才干;采取针对性措施鼓励优秀人才向基层聚集;对在人民法庭工作中业绩突出的优秀人才,优先落实相关职级待遇,优先选拔任用,努力将人民法庭打造成人民法院人才的培养仓、储备库,为人民司法事业长远发展提供不竭人才资源。

三、人民法庭建设的几个重点问题

在认清形势、找准定位的基础上,进一步加强人民法庭建设,离不开人民法庭理论研究的智力支持。2017年6月9日,在北京市高级人民法院召开的人民法庭建设推进会上,我曾就人民法庭建设问题讲过八点意见。今天,我想结合当前人民法庭建设和人民法庭理论研究的重点问题,再强调以下几点意见。

第一,要更加注重抓好司法为民公正司法。人民法庭归根到底要通过执法办案来实现"促进社会公平正义、保障经济社会发展、保障人民安居乐业"。要充分发挥明断是非、权利救济、定分止争的司法功能,公正高效调处和化解各类矛盾纠纷,使人民群众由衷感受到自身的合法权益在人民法庭受到公平对待、有效维护,让司法改革的成果真正惠及全体人民。始终坚持人民法庭工作的群众性、人民性,加强对社情民意的调查研究,认真了解农村社会关系和社会交往的规则习惯,努力实现司法裁判的法理情相统一。在这里,我着重强调一下我国《民法总则》的学习贯彻问题。《民法总则》已经从2017年10月1日开始施行。人民法庭审判工作的主要内容是民事商事审判,对于这部法律的贯彻落实,要引起高度重视。《民法总则》第10条首次将"习惯"作为正式的民法法源,是总结我国民事立法经验、借鉴国外立法例做出的一项重大改变。法律把习惯作为处理民事纠纷的依据,在新中国成立以来尚属首次。这一规定为人民法庭从本地实际出发,妥善化解民事纠纷提供了法律支撑。要坚持习惯不能与法律规定相冲突、不能与公序良俗相违背的基本原则,注重结合习惯的地域性、民族性、行业性特点,对各种可以作为处理民事纠纷依据的"习惯"抓紧进行甄别、整理,以积极稳妥把握好《民法总则》第10条规定的适用问题。这个问题既是人民法庭和各级法院的重要任务,也可以作为法学研究的一个重要课题。

第二,要更加注重基层乡域治理中的作用发挥。人民法庭对于基层社会治理特别是乡域治理的重要性历来不容忽视。党的十九大提出,要坚定实施乡村振兴战略。新形势下,应当着力加强和改善人民法庭参与社会治理的方式和手段。充分发挥司法在矛盾纠纷多元化解机制中的引领、推动和保障作用,在不断拓展司法调解范围的基础上,加强诉调对接平台建设。要坚持和发扬"枫桥经验",依法支持其他国家机关、基层组织和群众自治组织调处社会矛盾纠纷。依法对人民调解委员会调解民间纠纷进行业务指导,支持民间组织特别是各类行业组织开展调解工作,推动完善人民调解、行政调解、司法调解联动工作体系,建立健全调处化解矛盾纠纷综合机制,汇聚就地化解矛盾纠纷的强大合力。有条件的地方,要积极研究探索建立"一站式"纠纷解决服务平台,分别针对家事、消费、物业、交通事故、工程承包、劳动争议、医疗卫生、旅游等不同领域纠纷特点,开展专业化纠纷解决机制建设。

第三,要更加注重提高人民法庭科学化水平。一是要进一步优化法庭布局。人民法庭要坚持"面向农村、面向基层、面向群众"和"方便人民群众诉讼,方便人民法院依法独立、公正高效权威行使审判权审理案件"的原则,紧紧围绕人民法庭的职能定位,以方便群众诉讼为出发点和落脚点,结合案件数量、人口数量、交通条件、现实需求及经济社会发展状况,对法庭设置进行科学布局。二是要进一步探索专业化、综合性法庭的设置。在这里,我要特别强调进一步探索专业化、综合性法庭设置问题。2005年全国人民法庭工作会议以来,我国社会发生了很大变化,经济飞速发展,城市化不断推进,人民法院案件类型化发展特点日益明显。在此情况下,人民法庭的设置应当与时俱进。根据各地人民法院案件构成的不同情况,在经济发达、案件量大、交通便利的城市地区,可以侧重结合本地区实际探索专业化法庭设置,建设诸如家事审判、劳动争议、道路交通事故、旅游纠纷等专业化法庭,提高类型案件的审判质效。积极响应"互联网+"行动计划,加快建设"智慧法庭",推行道路交通事故纠纷等专业化、类型化纠纷"网上数据一体化处理"平台建设,有效提升纠纷化解效率。目前,浙江余杭等地法院已经建立了道交事故纠纷在线解决平台。北京潭柘寺法庭也开通了"一键式赔付"服务。这种在线纠纷解决方式,既方便了群众,也提高了司法效率,大大节约了司法资源,应当大力推广。在广大农村地区及案件量不大或者交通不便地区,仍应坚持设立综合性法庭,确保"两便"原则落实。三是要进一步妥善处理好坐堂问案与巡回审判之间的关系。民族地区及其他群众诉讼不便地区,确立巡回审判为主的工作机制,推广车载法庭等巡回审判模式,"点线面"相结合,让"流动的人民法庭"最大限度满足人民群众便利诉讼的需求。经济发达、交通便利地区,应将巡回审判的重点放在对社会和谐稳定影响较大,对提高人民群众法治意识、维护社会主义法治秩序和弘扬社会主义道德风尚有重要作用的案件上,着力发挥巡回审判的以案释法作用。

第四,要更加注重加强物质装备保障和工作指导。要加快智慧法院、智慧法庭建设,加强大数据、云计算、物联网、人工智能与司法改革的深度融合、深度应用并不断完善智能辅助办案系统,促进科学决策,提升审判质效。继续推进远程立案、语音查询、网上办案、电子签章、异地视频作证等信息化建设与应用工作。要下大气力研究和加强人民法庭办案智能化、管理科学化、监督实时化,积极搭建"开放、动态、透明、便民"的阳光司法平台,为人民法庭便民利民和高效司法,提供充分的技术支持和技术保障。

第五,要更加注重加强人民法庭队伍建设。学习贯彻落实党的十九大精神,深刻领会和把握习近平新时代中国特色社会主义思想,要将政治建设摆在首位,努力造就一支信念坚定、司法为民、敢于担当、清正廉洁的人民法庭队伍。加强人民法庭的基层党组织建设,切实加强理想信念、职业道德和纪律作风教育,引导法庭干警自觉培育和践行社会主义核心价值观。积极培养、发现和宣传人民法庭队伍中的优秀分子,发挥好先锋模范的示范和引领作用。以提升人民法庭司法能力为目标,切实加强对法庭干警的业务培训,注重提高依法公正审判、有效化解矛盾、开展群众工作、解决实际问题的能力。不断拓宽人民法庭法官培训途径,逐步走出一条培养高素质应用型法庭人才的内涵式发展之路,真正打造正规化、专业化、职业化的人民法庭队伍。

第六,要更加注重加强人民法庭理论研究。习近平新时代中国特色社会主义思想是我们党划时代的重大理论创新，是马克思主义中国化的最新成果。各级法院要始终坚持以习近平新时代中国特色社会主义思想武装头脑、指导实践、推动工作，进一步繁荣人民法庭理论研究、引领人民法庭司法实践。要坚持以问题为导向，立足中国国情，把握历史脉络，找到发展规律，推动理论创新。要深入研究人民法庭在落实"四个全面"战略布局中的职能定位，积极探索新形势下人民法庭服务群众的有效形式，充分发挥人民法庭的独特优势和作用，让司法更加贴近人民群众。要进一步加强人民法庭理论建设，通过专题研讨、案例研究、联合攻关、设立研究基地等方式，切实加强与高校科研院所的交流合作，在交流沟通中达成共识、形成合力，为推动人民法庭工作改革发展提供智力支持。

各位来宾、同志们，党的十九大为我们描绘了决胜全面建成小康社会、夺取新时代中国特色社会主义伟大胜利的宏伟蓝图。在全面建成小康社会进程中，我们肩负光荣使命，也迎来了大有可为的历史契机。让我们不忘初心、牢记使命，着眼基层、锐意进取，为人民法庭建设和发展贡献力量和智慧，为实现"两个一百年"奋斗目标和中华民族伟大复兴的中国梦做出新的更大的贡献！

最后，预祝本届论坛取得圆满成功！

谢谢大家！

前　言

　　党的十九大报告中指出,经过长期努力,中国特色社会主义进入了新时代,这是我国发展新的历史方位。在党的第十九次全国代表大会上,中央指出要坚持依法治国和以德治国相结合,依法治国和依规治党有机统一,深化司法体制改革,提高全民族法治素养和道德素质。党的十九届三中全会于 2018 年 2 月 26 日至 28 日在北京举行。2018 年 3 月 2 日,最高人民法院党组召开会议,传达学习贯彻党的十九届三中全会精神,研究部署贯彻落实措施。会议指出,党的十九届三中全会是在党的十九大胜利闭幕之后召开的又一次重要会议。会议强调,要以人民法院扎扎实实的工作成效,不折不扣落实各项部署决策等。人民法庭作为人民法院的最基层单位,处在司法为民的最前沿、化解矛盾的第一线,在基层政权建设和基层社会治理中具有重要的制度优势,基层法院工作直接关系着人民法院工作全局。人民法庭各项工作必须深刻认识和把握中国特色社会主义进入新时代的历史方位,准确把握社会主义矛盾变化对人民法院工作提出的新要求,切实把思想和行动统一到党的十九届三中全会精神上来。

　　2017 年 8 月,最高人民法院决定以"基层基础工作与人民法庭建设"为主题召开第二届人民法庭建设高层论坛,并以"基层基础工作与人民法庭建设"为主题进行征文。本届论坛由最高人民法院民一庭、中国应用法学研究所、重庆高级人民法院和西南政法大学共同作为主办方,人民法庭研究中心作为承办方。截至 2017 年 9 月 10 日,共收到来自全国各地法院及高校投稿 1046 篇。随后,人民法庭研究中心组成评审委员会,评选出 100 篇获奖论文。

　　2017 年 11 月 17 日,第二届人民法庭建设高层论坛在西南政法大学举行。来自四川大学等高校的专家学者,各高级人民法院分管人民法庭工作的副院长、民一庭庭长、部分人民法庭法官及论文获奖作者共计 100 余人出席本次论坛。论坛还对获奖论文作者进行了表彰。其中部分优秀理论成果入编《基层基础工作与人民法庭建设》。

出版《基层基础工作与人民法庭建设》，旨在探讨人民法庭建设的理论与实践，总结改革中出现的新情况、新问题，从方法与路径等方面对人民法庭建设进行全方位的讨论，进一步繁荣人民法庭理论研究、引领人民法庭司法实践。同时，这紧扣依法治国的中心和加强人民法庭工作的需要，对维护基层社会稳定、依法保障和促进经济社会健康发展方面有着重要意义。《基层基础工作与人民法庭建设》围绕人民法庭功能及其转型、人民法庭建设、人民法庭法官、人民法庭审判机制这四个方面的议题，从100篇获奖论文中收录23篇代表性成果予以刊载。其中，收录人民法庭功能及其转型文章7篇，收录人民法庭建设文章7篇，收录人民法庭法官文章2篇，收录人民法庭审判机制文章7篇。

《基层基础工作与人民法庭建设》从内容上可以分为四编。

第一编　人民法庭功能及其转型

人民法庭功能及其转型是当前人民法庭整体研究中重要的领域，事关人民法庭在基层纠纷解决机制的定位。

第一章是关于社会转型背景下人民法庭职能定位的再反思。主要是对我国农村基层法院的派出法庭的司法现状及存在的主要矛盾进行研究。人民法庭设立的初衷是方便群众诉讼，特别是照顾农村群众的特殊需求。但随着农村城镇化的发展，农村治理结构发生深刻的变化，人民法庭逐渐远离基层社会，表现出逐渐与乡村的日常生活"脱嵌"的倾向。社会转型期的农村基层民事司法带有明显的时代印记：从乡下法庭到城区法庭，从案少单一到案多复杂，从携卷下乡到坐堂问审。乡村法官成为"游走在精英法官与乡土社会的边缘人"，派出法庭的收案模式已经严重背离了"两便"原则，法官疲于办案与群众司法需求激增之间矛盾突出，案件的多样化与法官年轻化存在矛盾。人民法庭应当积极谋求转型，准确定位、整合职能、创新服务、创设社区法官制度，以适应时代和改革的要求。

第二章是以我国中部 M 市辖区人民法庭为研究样本，深刻剖析了社会转型期间农村社会纠纷所具有的多发性、复杂性、多样化、现代化和利益化的特点及其成因。马鞍山课题组结合前期调查分析，发现 M 市辖区人民法庭存在案多人少、执行力不足和"送达难"等问题，严重制约了人民法庭职能发挥；便民利民措施未能跟进形势发展，严重影响了法庭便民利民的整体形象；法制宣传力度不够，仍与乡村社会的实际需求相距甚远；法庭辖区尚未建立多元化纠纷解决机制，人民法庭未能充分参与辖区社会管理。为应对当前人民法庭职能发挥不足的问题，进一步完善人民法庭制度就应该朝着优化区域布局、整合审判资源、参与基层治理、强化人才培养的方向发展。

第三章是在多元化纠纷解决机制的语境下，对人民法庭功能重塑的研究。自人民法庭设立以来，人民法庭在整个司法体系中的地位和功能发生了数次转型。然而，人民法庭在解决基层社会纠纷中始终发挥着重要作用。当前基层人民法庭功能发挥正面临着一种深刻的现实困境：一是司法配置资源有限导致供给不足；二是重纠纷的实际化解而轻规则之治；三是司法为民的主动性与司法性质的被动性之间存在矛盾；四是中心工作与司法功能之间存在矛盾，参与辖区中心工作过度或缺位。我们应当立足于社会发展与转型，对人民法庭的功能进行重新定位：人民法庭应当成为人民调解和群众自治组织调解，以及民间组织特别是各类行业组织调处化解矛盾纠纷的指导者和支持者。在推进完善基层矛盾纠纷预防化解机制和非诉衔接的多元纠纷解决机制中，建立以其为中心的多元化纠纷处理机构，最大化实现其纠纷解决功能。

第四章从人民法庭历史变迁出发，以上海法院36个人民法庭的运行情况为实证样本参照，研究新时期城市化背景下人民法庭的职能定位。人民法庭在运行中存在诸多问题：民法庭与法院本部、民一庭等其他业务庭的职能区分不清；人民法庭存在"立审执"一体化诉讼服务与"立审执"分离的两难；农村地区厌讼情绪强烈、农村习俗独具风土特色；基层案多人少矛盾突出，人才吸附力不强，审判资源紧张；法庭的物质装备、信息化水平仍有待提高。究其原因，进一步准确把握人民法庭职能定位是关键：统一人民法庭的案件管辖范围标准，强化审判核心功能；成立综合性人民法庭，提供立审执一体化诉讼服务；探索赋予人民法庭独立审级功能，增强司法自治；全面加强人民法庭人财物和信息化保障，夯实基层治理基础。

第五章通过对当今社会转型期间所产生的矛盾以及司法改革目的的分析，结合作者几十年的审判经验，并运用统计学的方法，从而分析出基层人民法庭职能变革所面临的问题：首先是社会的发展与人民法庭职能的一成不变的矛盾，其次是国家司法体制改革的政策缺乏对于人民法庭改革的精细化设置。面对以上两个矛盾，作者从其实践所积累的经验的角度出发，提出了基层人民法庭的改革方式：人民法庭的功能从单一逐步走向复合；处理案件的类型由全面概括逐步走向专业、集中；对于司法公开要从抽象逐步走向具体；在宏观层面更要厘清人民法庭职能发挥的宏观定位，从而发挥人民法庭在司法改革的前沿阵地作用。

第六章主要以渝东南地区人民法庭建设所积累的实践经验为例，着重对乡村法治的完善与发展进行分析。根据多年来在渝东南地区的办案经验，总结出了渝东南地区人民法庭的独特生存逻辑即场域的多元化背景；秩序的多维性选择；价值追求的独特属性。并总结出在社会转型时期渝东南地区乡土社会民族性和地方性日渐式微、生存样态向城市化转型的大趋势。并在此基础上提出了新时期乡村人民法庭解决纠纷的考量因素。在最后得出了人民法庭是乡村纠纷的理性平衡者、乡土司法权的运行推动者、乡土社会司法能动者、乡土司法的法制宣传员、司法责任制改革的先行兵的准确定位，从而促进乡土社会法制现代化的到来。

第七章以江西法院人民法庭建设的实践经验为例，将实践经验上升为理论。首先分析了人民法庭"外延式"发展模式及弊端，发现少数人民法庭设置虚化，人民法庭办案任务呈现"两极化"趋势,法庭人员配备不强,驻庭工作制度落实不到位,信息化水平低的发展现状。并进一步发现了这种模式存在着区域布局不尽合理,法庭管理容易松散,日常维护较为困难和存在一定安全隐患的弊端。在此基础上发现了发展模式转型的动因并由此提出了推动基层治理法治化的主要路径以及对于由外延式发展转变成内涵式发展模式的基本框架和实施路径,以期解决社会转型时期基层人民法庭所遇到的问题。

第二编　人民法庭建设

人民法庭建设主要针对人民法庭在运行过程中相应的工作机制的构建以提高人民法庭的工作效率,更好地服务人民群众,提升人民群众对人民法庭工作的满意度。

第八章探索了人工智能在人民法庭司法实践中的应用。2017年7月,国务院印发的《新一代人工智能发展规划》提出了"智慧法庭"这一概念。针对案多人少所造成的人民法庭的"供给侧"难以满足民众的司法"需求侧",探索了人工智能在人民法庭司法实践中的应用。将人工智能服务审判用来破解人民法庭日益陡增的人案矛盾无疑是对人民法庭工作的一次供给侧结构性改革,充满了机遇和挑战。探索了人民法庭运用司法人工智能的应用路径,将其归纳为"三步走"战略,即"解放审判辅助人员事务性工作"—"协助法官要素式'简案快审'"—"辅助法官'难案精审'"。

第九章以北京市朝阳区人民法院派出法庭工作实践为视角探索了人民法庭团队建设的进路选择。通过实践调研得出朝阳区人民法院派出法庭的团队建设情况,发现法庭在团队建设方面面临的问题及困境,最终提出法庭团队建设的进路和方向。具体的方案为:提出进一步随机分案,弱化庭长分案职能;从三个层面实现扁平化办案管理模式;建立"微团队",释放司法生产力;重构法官考核指标,提升法官职业水平。

第十章探索自贸区基层法庭的建设。面对案件体量持续增长、纠纷所涉领域众多、涉外特征突出、涉"新"纠纷增加、风险预警需求提高等现实挑战,自贸区基层法庭在传承中逐步发生转型,既要开拓思路积极应对新情况、新变化的考验,又要坚持不断强化诉讼便利化,不断贴近基层司法需求,积极推进基层社会治理力量的联动。以上海自贸区法庭成立三年以来的审判实践与机制建设为分析样本,结合上海、南沙、前海等自贸区基层司法机关的既有做法,提出自贸区基层法庭应当扩展司法职能延伸维度、追求诉讼便利度与审判便利度的平衡,并积极打造司法权威国际"新名片"。

第十一章探索了后乡土社会语境下的人民法庭信息化建设。针对后乡土社会语境下的人民法庭信息化建设,更要考虑其所处时代与地域特征赋予的司法特殊性。人民法庭的乡土性与信息化存在一定程度的冲突,因此只有辩证看待人民法庭信息化建设在后乡土社会语境下遭遇的困境,探索人民法庭信息化建设在社会治理、资源投入、思维模式上的理性回归,才能始终坚持人民法庭服务人民群众、服务审判执行和服务司法管理的根本要求。

第十二章讲述了"枫桥经验"在不同历史时期的不同版本,试图探索打造"枫桥经验"升级版。2013年,枫桥人民法庭的创新版本在全市推广,掀起了"枫桥式"人民法庭创建活动。2018年是毛泽东同志批示"枫桥经验"55周年,枫桥人民法庭进一步深化创建工作,形成了"诉调无缝对接""三下乡一提升""庭领导首问制""四即时"等新做法,再次打造"枫桥经验"升级版。"枫桥式"法庭深化创建工作产生了明显成效,加快了司法体制改革,健全了"三大"机制,呈现了"三提升"现象。这不但提高了人民法庭自身建设能力,而且为各地加强新形势下人民法庭工作提供了普遍性启示。

第十三章针对人民法庭发展面临两大挑战:一是基层社会司法需求快速增长与法庭资源配置和司法能力有限性的矛盾,二是司法改革特别是审判权运行的统一性和单向性要求对传统法庭工作理念和模式的冲击,提出面对挑战,唯一的出路是针对人民群众的新要求新期待,更新司法理念,匡正职能定位,创新工作模式,积极探索新形势下人民法庭发展的新路径。具体工作中,要深化基层司法"供给侧结构性改革",挖掘潜力,提高能力,激发活力,凝聚合力,充分发挥人民法庭便民优势,打通服务群众"最后一公里"。

第十四章为了健全人民法庭的移动信息化建设,方便广大民众尤其是偏远地区民众诉讼,实现他们的政治愿景和民生诉求,以广西L市R县法院人民法庭为样本,从移动互联网时代下法院内外部的迫切需求的现实基础及司法体制改革的理论基础出发,结合广西L市R县法院智慧法庭的实际经验和做法,分析和探索少数山区的移动智慧法庭构建路径,并提出构建山区移动智慧法庭。为偏远山区的人民法庭信息化建设提供一个参考模板,也为少数民族地区智慧法院建设提供参考。

第三编　人民法庭法官

人民法庭法官队伍建设是人民法庭发展中的一项关键因素,甚至是一项方向性的因素。在司法改革的背景下,需要对人民法庭法官队伍建设进行探讨,以更好地让人民法庭法官服务于基层民众。

第十五章采用文献研究的方法,以人民法庭法官的角色定位为主题,从社会分权、职能体系、纠纷解决等视角进行观察,反思我国人民法庭法官角色的定位。社会分权视角下,人民法庭法官的角色可以分为稳定秩序的过去人、宪法人权的捍卫者、有限正义的分配者等。职能体系视角下,人民法庭法官的角色有执行者角色、守护者角色、代理人角色和政治人角色。纠纷解决视角下,人民法庭法官是转介者、协调者、事实经验的分享者、社会环境的整合者及法治的倡导者。在我国,人民法庭法官具有法律代言人的双重属性,其并非严格意义上的社会工程师。另外,中立的仲裁者是我国人民法庭法官的核心角色。

第十六章以调研方式定量分析,测算员额制改革过程中欠发达地区基层"无额法庭"现象的具体程度,并以探寻基层"无额法庭"出路为视角,思考欠发达地区人民法庭法官的配置问题。学界对于基层法庭法官的应然定位存在争议。有观点认为,人民法庭法官应是职业化的,另有观点认为,人民法庭法官应是具有经验和一定的法律知识。法官员额制在欠发达地区的人民法庭遭遇到了"无额法庭"的困境。"无额法庭"的出现突显了法官员额制与基层人民法庭法官建设之间的制度性冲突。应当建立适应欠发达地区基层法庭职能需要的专门性法官队伍,并借鉴域外国家的经验,将法官队伍类型化,充分体现基层司法的亲民性。

第四编　人民法庭审判机制

在我国司法改革背景下,人民法庭审判机制是人民法庭运行机制的核心和重中之重。人民法庭是人民法院"基层的基层",是深化司法体制改革"关键的关键"。人民法庭作为处在司法最前沿、矛盾化解第一线的法院最基层单位,以其作为审判权运行机制改革的先锋者,必能为实现人民法庭的司法效能产生强劲的助推作用。

第十七章先以乡土语境下的人民法庭审判权的运行现状分析为依托,分析良性审判权运行模式,并列举其借鉴意义,如马锡五审判方式、宋鱼水办案法、陈燕萍工作法等。从而构建值得民众信赖的人民法庭审判权运行路径,例如,人民法庭受案范围以小额诉讼和速裁程序为主、赋予当事人选择案件处理方式的权利、建立律师援助工作站等,以期实现能动司法、延展司法功能之目的。

第十八章从人民法庭家事纠纷的微观角度,对乡土法官调解家事纠纷的类型进行归纳,对其偏差进行分析,解析乡土法官调解家事纠纷的功能,设计其理念定位,并探究构建乡土法官调解家事纠纷的要素式体系。通过审视乡土法官调解现状,尝试在调解预期、调解方式、调解尺度上给予要素式体系建构,希望能为当前我国探索一套符合家事案件特点,适应家事案件调解和裁判需要的新的审判机制有所帮助和借鉴。

第十九章以人民法庭"一站式"纠纷解决服务平台的司法实践为中心。从人民法庭司法运作存在的问题入手,探究人民法庭实行审执合一模式的合法性与合理性,并以此为基础,基于节约成本、提高效率的考量进行制度设计,最终以取得效益和效果的双赢为实践结果的检视标准,从而构建和完善人民法庭立审执合一模式。

第二十章以实证研究为主要方法,从微观角度描述人民法庭巡回审判的运行模式,分析限制巡回审判的主要困境,并在此基础之上,以地方公共物品理论与委托治理理论为依托,经过逻辑推演,得出最终结论即"完善路径"是其归属并提出了以诉讼价值取向、法律适用、审判模式、内部运行机制为核心内容的人民法庭巡回审判制度的路径深化方案。

第二十一章在法律推理逻辑类型的演绎下,构建法律审和事实审的标准和方法。以简易程序转为普通程序时陪审员的介入为制度的基础,分析陪审制适用中的事实审与法律审区别,探究事实审中的案件事实所指为何,对比域外对事实审和法律审相分离的方法,从而列举我国人民法庭在推进陪审制改革中的具体举措。

第二十二章针对人民法庭案件受理的案件结构情况,提出关于民事审判繁简分流的标准统一化问题。文章以诉讼要素模式——理论逻辑和司法经验为基础,为诉讼过程中的繁简分流提供标准化的思路。探究诉讼要素的设计方案和思路,通过诉讼要素表的形式,进行繁简分流甄别,将原告所提供的证据材料同诉讼要素进行对比,从而固定当事人提出的诉讼请求,为司法实践提供统一的标准,最后提出构建诉讼要素模式的应用价值。

第二十三章以某基层法院派出法庭的审判数据为基本视角,通过对基层法院审判效果的考察,探究审判结果难以得到当事人认可的原因,进而发现在巡回审判中,法院可以建立一个由法官主导、民间人士组成的"评理团",辅助法官开展审判和调解为法律规则适用遭遇困境时提供解决路径,并具体分析"评理团的必要性、可行性及具体运行模式和制度。

目　录

第四编　人民法庭审判机制

第一编

人民法庭功能及其转型

第 一 章

社会转型背景下
人民法庭职能定位的再反思
——以 S 市 X 法庭的转型之路为样本

张天明* 张明健**

作为审判战线的排头兵,人民法庭是基础的基础。

——周强

随着城市化进程的迅速推进及交通、通信等各种基础设施的日益完善,郊区的农村逐渐转变为城区,原先为了方便农村群众诉讼、照顾农村特殊情况而设立的派出法庭表现出逐渐与乡村的日常生活"脱嵌"的倾向,已然失去了原先的空间意义;而且,随着设立人民法庭的法院逐步实行统一立案、坐堂问审、审执分离、民刑分审,派出法庭在审理案件的类型、数量、难度和程序上与民事审判庭日趋统一化,派出法庭近距离高效率服务辖区群众的天然优势被逐渐打破。在农村向城市过渡的社会转型时期,城区法庭是完成使命被日渐边缘化,最终遭遇撤销命运,还是另辟蹊径加快转型谋求新发展?本文以 S 市 X 法庭为考察样本,立足于社会转轨时期利益多元化的现实及司法改革大背景,力求全方位了解法庭的基本情况,从乡下法庭法官的视角出发,探讨时代乡土社会变迁下派出法庭应如何面对因社会转型导致的司法挑战,试图为当下国内诸多城市市区派出法庭提供一个现实的城区法庭功能转型的样本。

一、现状:转型时期我国农村基层民事司法现状

改革开放已实行 40 多年,农村城镇化在这股改革的浪潮下快速推进,目前,我国农村正处于一个关键的社会转型期。转型时期的农村,社会结构呈现分化趋势,农村

---

* 福建省三明市中级人民法院民一庭法官。
** 福建省三明市三元区人民法院莘口人民法庭副庭长。

社会人际关系正在经历着从熟人社会向陌生人社会的转变;同时,农村经济社会发展出现明显的滞后局面,特别是城乡二元结构仍然存在,"地缘因素和血缘因素对农村社会人际关系的影响和制约依然很大"①,派出法庭的司法仍然具有农村特色。受市场经济影响,农村产生了大量的权利保障和法律服务需求,而农村司法的基本使命在于服务农民,满足其权利界定和保护的需求,其中民事司法起着主要作用,而设立在乡下的派出法庭是民事司法的主要承担者。社会转型时期的民事司法,带有明显的时代印记。

(一)司法在空间上的转移:从乡下法庭到城区法庭

S市X镇位于S市西南郊,距市区12公里,早期的X镇下辖14个行政村,因山高林密,半数村庄建于山腰、隐于林中,距离集镇3～30公里不等。村庄与村庄、村庄与集镇以乡间小路相通,交通十分不便,村民多靠走路、脚踏车出行。X镇以农业为主,农民靠农田、林地为生,自给自足,血缘、地缘关系密切。因此,"从基层上看去,中国社会是乡土性的"。② 那时的X镇只有少数的几家村办、镇办企业,经济落后,村民与外界联系很少。X法庭就在这样的大背景下于1986年5月设立于X镇,租用镇综合工程队的两间房屋办公。法庭与农民、农村和土地打交道,是土生土长广接地气的乡下法庭。基于人民法庭所处的农村区位特点和具体的司法职能,当时法庭司法职能可以定性为"乡土司法"。

20世纪90年代末,改革开放不断深入,社会的剧烈变迁使得处于现代化进程中的中国农村也不可避免地被卷入其中。随着经济体制的转轨、交通的飞速发展、户籍制度和城乡二元对立结构的慢慢消解,大规模的农民工向城市流动;随着网络、电视、广播、报纸等传播媒介的发展,乡土社会的变迁步伐越来越快,村与村之间的空间距离越来越小,但人与人之间的心理距离越来越远。X镇恰好赶上了社会转型的大步伐,凭着205国道、102省道、鹰厦铁路贯穿境内的良好地缘优势,沿路经济得到快速发展,多个工业园区孕育而生。X镇向S市区、沿海经济区输送转移大量的农村劳动力,使得城市的新鲜血液与农村的老旧观念交织融合,相互碰撞,乡村社会的乡土性被打破,也让X镇正式跨入城乡接合部的尴尬地位,成为"现代社会与乡土社会并存、熟人社会与陌生人社会共生的临界社会"③,两种社会形态互相影响、互相渗透,X镇进入"后乡土社会"时期。与此同时,Y镇所在的人民法庭撤销,X法庭辖区范围扩大,管辖28个行政村和4个社区居委会,内有四个市、区级重点工业园区,企业数上千家,有S市唯一——所高等学府,矛盾纠纷数量多,社情民情相对复杂。2014年5

---

① 姚宗建:《乡村社会的司法治理》,载《人民法院报》2012年1月12日。
② 费孝通:《乡土中国》,北京大学出版社2014年版,第9页。
③ 胡玉霞:《人民法庭在司法实践中的实用主义倾向——"后乡土社会"转型背景下的分析》,载《武汉理工大学学报(社会科学版)》2015年第1期。

月,X法庭又搬迁至距市区仅 7 公里的工业园区,不断向城区法庭迈进。X 法庭是变迁着的乡土社会乡下法庭的典型代表,可以代表我国派出法庭的某种基本现状。

(二)司法在案件数量和类型上的转移:从案少单一到案多复杂

费正清指出:"法制是政体的一部分,它始终是高高地超越农村日常生活水平的表面上的东西,所以大部分纠纷是通过法律以外的调停以及根据旧风俗和地方上的意见来解决的。"[①]20 世纪 90 年代前,农村与农业和农民联系在一起,以农为生的人以聚村而居为常态,世代传承形成了"熟悉"的社会,多数情况下这里不需要外在的法律进行强制性干预,村民靠礼俗习惯自我调适,化解同村人间的纠纷和隔阂。那时,农民与土地绑在一起,没有过多的经济纠纷,加之受宗族观念和儒家思想影响,农村中多数的纠纷在本乡本土就已经得到了调停和化解。

X 镇辖区村庄地处山区,村落相对分散,村民聚村而居,群体性结构相对稳定,大家遵循传承下来的习惯规则,并以该规则约束村民的行为。以当地的红白喜事为例,大家遵循的是互通互助的原则。一家办大事,周围邻居乡亲一起帮忙,并按照亲疏远近、辈分大小、情意轻重来定"挂礼"的数额。但是,无论花包礼多少,乡亲们都得参加酒席,否则,人与人之间容易产生隔阂,人际关系难以处理顺畅,会被其他村民视为异类,难以在村里立足生活。那时,X 镇的乡村社会是"关系社会""人情社会",大家低头不见抬头见,遇有矛盾纠纷,非迫不得已不会诉诸法院,往往相互谅解、忍让、调解,先得走民间程序,自己内部解决,实在不行再说。所以说,"在乡土社会中法律是无从发生的"。因此,早期的 X 法庭案件数量少,年结案保持在二三十件(见表 1-1),案件类型也相对单一,多为传统民事案件,主要涉及婚姻家庭、相邻关系、承包地纠纷,具有浓厚的乡土特性。X 法庭辖区除了极少数村办集体企业,几乎没有其他的经济交易,因此,经济类纠纷很少,反映了派出法庭所在地区的农村社会、经济特点。

表 1-1　1986—2015 年 X 法庭受理案件数量及主要类型

年份	数量	民间借贷	婚姻家庭	土地承包	年份	数量	民间借贷	婚姻家庭	土地承包
1986	17	2	6	4	1987	16	3	7	2
1988	23	2	9	3	1989	14	1	5	2
1990	32	3	10	5	1991	27	3	7	4
1992	30	4	9	4	1993	54	6	12	3
1994	47	4	10	2	1995	18	2	2	2
1996	26	3	5	3	1997	35	4	4	3
1998	26	4	5	3	1999	127	20	18	16

---

① 费正清:《美国与中国》,张理京译,世界知识出版社 2001 年版,第 86～87 页。

年份	数量	民间借贷	婚姻家庭	土地承包	年份	数量	民间借贷	婚姻家庭	土地承包
2000	204	30	22	20	2001	225	44	30	18
2002	168	24	24	12	2003	176	28	26	14
2004	158	32	20	10	2005	206	54	23	8
2006	234	65	34	7	2007	193	45	24	6
2008	233	41	25	8	2009	481	76	40	15
2010	315	107	31	24	2011	322	182	35	28
2012	407	120	21	30	2013	379	145	39	114
2014	443	216	46	4	2015	495	279	58	21

　　时间带来了变化,作为一个地处 S 市经济活跃地带的城区法庭,和以前那个农村法庭已经大不相同。伴随着乡村社会关系外围利益化的是乡村传统社会支持网络在规模与功能上的萎缩,乡村社会生活的风险也因此大大增加,随着后乡土社会的到来,农民的思想观念得以更新,更多的纠纷诉诸法院解决。因此,近年来,法庭的案件受理数量年年增长。在法庭受理的案件中,绝大多数仍是简单的民事案件,如抚养、赡养、离婚、借贷、人身伤害、相邻关系,以及土地承包、租赁、承揽、买卖引起的纠纷。但是,具有时代特色的新类型案件也层出不穷,如机动车交通事故赔偿案件频繁出现在法庭。劳资纠纷甚至群体诉讼屡见不鲜。居高不下的传统离婚纠纷案件明显留有时代烙印,呈现出原因上的多元性:由婚外情导致的离婚;因一方或双方出外打工,夫妻长期分居造成感情破裂导致的离婚;夫妻双方只有一方是本地人,结了婚双方长期不见面导致的离婚;婚前很草率,婚后发现不合适而导致离婚;等等。而且双方对于解除婚姻关系一般都没有什么激烈的反应,好聚好散成为调解中最常用语,子女的抚育也不再成为维系婚姻的关键因素。传统民事纠纷虽然占多数,但随着社会的变迁和发展,案件审理难度不断加大,公司股权转让纠纷、建设工程施工合同纠纷、劳资纠纷、征地补偿款纠纷等新类型案件不断涌现,辖区社会矛盾越来越呈现出多发性、突发性、群体性、对抗性特点,法庭工作面临的挑战和困难越来越多。派出法庭除了不审理刑事、行政案件外,囊括了所有的民商事案件,无论复杂简单。

(三)司法在审判方式上的转移:从携卷下乡到坐堂问审

　　早期的 X 法庭,辖区范围小,案件数量少。因交通不便、联系不畅,那时候,一个审判员带着一名书记员,骑着自行车,安排好最合理的路线,从这个村庄走到那个村庄,送达法律文书,组织现场调解,进行巡回开庭,在田间地头与当事人谈心话家常,进行调解、开庭,近距离接触群众。那时,习惯了家丑不可外扬的村民觉得打官司是件不光彩的事,特别是坐在被告席上丢面子。所以遇到纠纷,主要是靠民间协调,俗称"私了",由村里德高望重的长辈或村干部出面帮忙解决。此外,基于当事人之间的情感、伦理及长期互惠交往等因素,调解这种"协商优势型纠纷处理方式"①在农村具有一定的优势。当然,早期的法官有足够的时间、精力,以"马锡五审判方式"拉家常、讲情理,加上农村人对法官的天然信任感,案件大部分能调解结案。因为农村交通不便,常以巡回审判的方式进行,到当事人家门口、田间地头、圩日集镇开庭、调解,很少有案件是在法庭的办公楼进行的。因此,法官们似乎总是"携卷下乡""炕上开庭"②。因为案件量少,法庭的主要任务不在审判,而在于服务镇党委和政府的中心工作,如协助计生、指导人民调解、开展法律宣传、接待人民来信来访等非诉讼业务。

现阶段,60%以上的案件都有代理人参加诉讼,且多为对法律、程序及乡村社会基本情况均较为熟悉的法律服务所的人员,加之受人员配备和事务性工作的影响,除送达诉讼文书及个别特殊案件以外,莘口法庭的法官们已很少下乡办案。基本不用下乡办案是人民法庭工作方式与过去相比最大的区别,50%以上的案件采用坐堂问案的方式审理。

二、分析:社会转型时期司法面临的困境

(一)交叉司法:游走于精英法官与乡土社会的边缘人③

改革开放以来,随着乡村工业的发展、小城镇的兴起和农业的多元化,促进了乡土社会向工业社会转型,乡土社会的结构发生了不可思议的转变,血缘、地缘关系的根基有所动摇,一部分人脱离农业生产转入工业、商业、运输业,家庭、家族的长老权威受到来自青年精英的挑战,但农民终究离土不离家,从事非农业生产的农民仍然把根扎在乡土社会,血缘与地缘相结合的关系仍是乡土社会的主导关系。"人们的关系越紧密,介入他们之间事务的法律就越少。与发生在并不亲近的相识或陌生人之间的不平之事相比,法律介入亲戚或老朋友之间的不平之事会少些。"④世代生活在农村中的农民、半农民,依然靠"关系社会""人情社会"生活,纠纷虽然不多,但自己解决不了的事情知道要找法庭,但他们法律意识模糊,只讲权利,不讲义务,具有浓厚的乡土特性。

当然,随着国家推进"有规划的变迁",社会的变化、市场经济的导向和民主政治

---

① 宋朝武:《调解的精神底蕴,司法责任心,以民事案件为中心的探讨》,载《河南社会科学》2010年第1期。

② 苏力:《送法下乡——中国基层司法制度研究》,中国政法大学出版社2000年版,第30~31页。

③ 杨力:《新农民阶层与乡村司法理论的反证》,载《中国法学》2007年第6期。

④ [美]布莱克:《社会学视野中的司法》,郭星华等译,法律出版社2002年版,第9页。

的推行,农民的角色发生了一些变化,村民之间形成纠纷后,单纯依靠习惯、习俗、民间习惯法进行"私了"的情况在逐渐减少。集体经济对乡村社会的控制功能已经相当弱化,个体的自主性开始逐步展现,家族宗派的意识进一步淡化,民间权威开始逐渐趋向多元;同时,乡镇政府机构对乡村的管理功能在弱化,乡村社会的自治组织的社会调控功能也日益式微。乡民们在日常的生产、生活中发生的纠纷矛盾,自身解决不了的,大部分情况下还会诉至法院。这部分村民多经过了城镇化的洗礼或长期工作生活于城镇,纠纷已经超出了同村范畴,遇有纠纷,他们找不到"能够替代传统家庭、支部、公社这样的意识形态维系机构"[1]去维护他们的利益,因此多诉至法院。这部分纠纷与传统的民间纠纷类型不一,多涉经济纠纷,与传统的乡土司法处理模式存在很大的差异。

"中国的纠纷解决制度,一方面,要满足双方当事人的复仇感情,另一方面又要满足合法性这一国家正义,于是被迫在这二者之间走钢丝。"[2]鉴于乡村司法和城市司法的派出法庭,一方面不得不通过传统的司法模式去维系血缘、地缘关系,化解农村的习惯、风俗与现代法治存在的冲突与矛盾;另一方面,又不得不以现代法治的精神处理各类经济纠纷,平衡各方利益,防止案与案之间的冲突。交叉于农村和城市的司法严峻考验着派出法庭的司法理念和司法水平,乡村法官被戏称为"游走于精英法官与乡土社会的边缘人"。

(二)"两便"原则的矛盾

X法庭的变迁体现的是乡土社会到后乡土社会的过渡。人民法庭作为基层人民法院的派出机构,是最基层的司法主体,承担着最基层的民主司法。其在创设之初就鲜明地提出了"便于人民群众参与诉讼、便于人民法院审理案件"的两便原则和"面向农村、面向群众、面向基层"的三个面向。最高人民法院在2005年发布了《关于全面加强人民法庭工作的决定》,明确规定:人民法庭应当主要设置在农村或者城乡接合部,人民法庭的设置不受乡镇行政区划的限制,城市市区、基层人民法院所在的城镇不再新设人民法庭。这意味着人民法庭面向整个农村司法,处理的案件是发生在基层农村的纠纷,服务的对象多为基层农民,具有"贴近基层的组织优势、贴近群众的地缘优势、贴近矛盾的前端优势"。

从"两便"原则可以看出最高人民法院在定位派出法庭的良苦用心,但"两便"原则本身存在固有的矛盾,难以自圆其说。笔者在多年的办案中,深刻体会到乡镇办案对法官有诸多不便,受硬件条件的限制,法庭审理案件从立案到审结,仅文书制作来说就有签发、校对、打印、盖章等多个环节必须到院机关才能完成,而通常这一系列流

---

① 刘新星:《社会整合与人民法庭的功能定位》,载《河北法学》2012年第6期。

② [日]高见泽磨:《现代中国的纠纷与法》,何勤华等译,法律出版社2003年版,第211页。

程得重复多次,驻庭办案必然导致法庭干警频繁往返于法院与法庭之间,在极大程度上降低了诉讼效率。而处于转型时期的派出法庭,社会形势、司法环境已经发生了重大变化。曾世代居住在农村的农民,已经丢下了锄头,走向市区,现在留守农村的多为老人和儿童,这类人土生土长、安分守己,少有纠纷诉诸法庭。那些生活、工作或居住在市区的年轻人,因严格的户籍制度导致他们很少有改变身份的机会。他们是经济最为活跃的一代,各类经济纠纷多,又缺乏居中的让人信任的第三方调停机构,矛盾纠纷难以解决,常诉至法院。这类案件,当事人多居住在 S 市区,他们到院机关办事比到派出法庭办事方便得多,但是受法庭属地管辖的规定,他们不得不从市区赶往 7 公里以外的法庭立案、开庭、调解、宣判,多次往返城乡之间,不仅造成诉讼不便,增加诉讼成本,同时也降低了办案效率。

派出法庭以良好的初衷便利群众诉讼而设立,而处于社会转型时期的农民频繁流转于城乡之间,且多数已经离开其土生土长的农村,生活在市区的"农村人",却不得不因为法庭管辖区域,被动到交通不便的法庭办事。随着社会的转型,案件数量和类型的变化,已经超出了传统的涉农纠纷,转向经济类纠纷为主,涉农涉土纠纷为辅的模式,但派出法庭依然遵循之前的收案模式,已经背离了"两便"原则。

(三)疲于办案与群众司法需求的矛盾

社会转型时期,人民法庭的工作重心转向审判工作。但案件数量多,审判法官不足,让法官在疲于办案和应付指导人民调解、开展法律宣传、巡回审判、参与社会综合治理、争先创优、内页资料整理等非事务性工作之间徘徊。

随着城市化进程的加快,处于社会转型期的广大农民不断接触新生事物,相应的司法需求日益增长,并呈多元化趋势。他们不但要求法官公正司法,还期待法官清正廉洁、和蔼可亲;不但要求法官依法断案,还期待纠纷彻底解决和社会关系的修复;不但要求司法公开,还期待对司法过程的参与、监督和表达;不但要求司法结果公正,还期待司法程序的公开简便,诉讼成本的低廉。另外,以程序正义为基础的现代司法理念的确立,要求人民法庭的法官必须坚持节制与保守的原则。法官必须遵守中立、超然的要求。司法程序从形式到理念都在向西方的正规程序靠拢。在这样的理念支配下,法官恪守法律规则,忽视乡村社会与城市社会存在不同的司法需求,关门办案、坐堂问案现象较为普遍,热衷于就案办案、机械司法,不善于走出法庭,借助基层组织和乡村干部的力量共同化解纠纷,从而无法保证司法结果获得乡村社会内生性力量的支持,案结不了,信访申诉时有发生,均昭示着人民法庭工作方式与人民群众的需求渐行渐远。

(四)案件的多样化和法官年轻化的矛盾

乡土社会的派出法庭案件,多为离婚、相邻权、承包地纠纷,案件数量少、类型单一,法官办案有可遵循的套路。随着社会的发展,案件数量的成倍增长,案件新类型的不断涌现,司法对专业化的要求越来越高,同时受案多人少矛盾的影响,基层法院不得不向社会各界招考法官。这些新进的法官,通过了司法统一考试,不缺乏法律专业知识,但缺乏基层工作经验,与群众打交道的能力也不足,难以适应农村司法模式。受农民、农村小农经济的局限性,人民法庭受理的案件双方矛盾容易激化,极易产生隐患,社会影响较大,需要慎重对待、全面考虑,因此乡下法官需要花费更多的时间、精力进行处理。不幸的是,随着新进人员下基层锻炼的政策呼应,越来越多的法律科班生进入人民法庭,他们不熟悉农村社会的基本情况,短时间内难以融入乡村社会当中;加上人民法庭的工作条件较为艰苦,且整天在城乡之间奔波,青年法官难以长时间待在法庭。"年老不愿下,年轻不愿待。"人民法庭在地缘上的天然劣势,又缺乏一定的激励机制,使得农村基层司法力量不足,一人法庭、二人法庭现象绝非个例。

三、路径与思考:派出法庭职能定位的转型

城市化以"村改居""镇改街"的模式重复复制,城市化过程体现了社会结构转型的过程。辖区内出现各个社区和商业街,原来农村的生态环境变化了,熟人世界转变为陌生人世界,矛盾的发生方式和解决方式都发生了改变。"派出法庭的外部环境已经发生了根本性改变,但法庭的使命却没有变化,变化的是赋予了法庭许多新的内容和功能。城市法庭不是没有存在的必要,只是必须进行自我调整和变革。"①当前,人民群众对法律的了解并不十分充分、法治意识亦相对淡薄,派出法庭作为人民法院最贴近基层、最贴近群众、最贴近矛盾的司法前沿窗口,负有参与社会综合治理、指导人民调解、宣传现代法治理念等社会职能,其必须为我们的法治建设和司法改革培育本土资源。诚如苏力先生所言:"法治是一种实践的事业,而不是一种冥想的事业,它所需要回应和关注的是社会的需求。"②当前,基层群众正迫切期待更理性、更完善的司法,人民法庭的使命尚未完成。

当然,不得不承认的是,纵横交错的交通、同城一体化的实现,拉近了人与人之间在地理上的距离;办案模式的统一化及司法严格的程序性,人民法庭在地缘空间和办案模式上与院机关本部相比并没有优势可言。人民法庭不得不进行司法转型,以便适应不断变化发展的社会环境,更好地实现人民法庭的司法宗旨。笔者认为,人民法庭的转型关系到最基层的司法,需统筹安排、稳步推进。

---

① 郑金雄、林锦尚:《农村法庭向城区法庭的完美转型——以厦门市湖里区法院禾山法庭"社区法官"制度为调查样本》,载《人民法院报》2010 年 1 月 21 日第 5 版。

② 苏力:《道路通向城市——转型中国的法治》,法律出版社 2004 年版,第 32 页。

(一)准确定位

新时期,人民群众司法需求越来越多,司法需求的多样性与人民法庭职能定位不适及发挥不充分之间产生了显性矛盾。近年来,人民法庭的职能被理论界和实务界津津乐道。笔者认为,人民法庭的职能不管是扩张还是收缩,其矛盾化解当属重中之重。将人民法庭职能定位于"近、快、联、促"[①],能有效适应群众司法需求,拉开人民法院与人民法庭的职责层级。"近"是就近解决矛盾纠纷的基础性审判单元,体现了"便利群众诉讼"原则;"快"是缩短办案周期,提高办案效率;"联"是整合社会资源,形成化解纠纷合力,共同化解社会矛盾;"促"是通过加强对纠纷调处组织的指导、支持,发挥司法指引作用,促进相关组织和个人增强调解能力。

(二)整合职能

1.简案下放、难案上收、突出法庭速裁职能。一方面,将原机关庭管辖的法院所在地及附近乡镇的简单民事案件交由人民法庭处理;另一方面,将法庭复杂案件交由机关庭审理,并明确法庭与民庭之间的相互转办措施,从而形成人民法庭审简单案件、机关庭审复杂案件的格局。在基层法院内部形成简易审和复杂审两个独立的审判单元,达到简案快审、难案精审的目的。

"现代司法体制对当事人有特别的素质要求及制度要求(如律师、鉴定、取证制度),这些要求在当代中国农村社会还很难满足。"[②]因此,要强化调解突出法庭柔性裁判职能。一方面,法庭要采取有助于维护当事人在司法程序中的主体地位、降低司法的强制性的方式,遵循司法审判规律,在乡村采取柔性司法的方式,在案件处理中坚持调解优先的原则;另一方面,法庭要合理运用多元化纠纷解决机制,扩大人民群众纠纷解决的渠道,降低纠纷解决成本,切实分流案件,缓解法庭办案压力。

2.恪守司法职能突出法庭随案说法的宣传职能。要求法庭认真履行《人民法院组织法》赋予的法制宣传职责,坚持随案说法的方式,以案件审判为核心开展法制宣传,不与司法所的法制宣传形式混同,不搞"摆摊设点"式的普法宣传。

(三)创新服务

S市X法庭以整合审判资源、完善民意沟通表达机制为目的,在机关建立诉讼服务中心的基础上,又按人民群众的需求在X法庭设立诉讼服务分中心。一方面,在其职能配置上,院机关诉讼服务中心更多考虑的是全面性,人民法庭作为诉讼服务配送站则更侧重于服务职能的针对性和特色化,当地群众需要什么服务就配送什么服

---

① 周磊、徐贵勇:《人民法庭职能转型实证调研》,载《东南司法评论》2015年第1期。

② 苏力:《制度是如何形成的》,北京大学出版社2007年版,第114页。

务;另一方面,在服务方式上也设置区别,院机关诉讼服务中心更多考虑的是标准化、规范化,而 X 法庭在坚持基本规范的前提下更注重服务的方便性和灵活性。同时将诉讼服务分中心作为法庭文化建设的有力载体,打造独具特色的区域型法庭文化长廊,使其成为人民群众表达诉讼需求、进行诉讼活动、寻求司法公正、全方位接触司法的重要场所。

(四)创设社区法官制度

社区法官制度是人民法庭在辖区内的社区(村或居委会)设立法官工作室,指定法官担任社区法官,聘任社区调解人为社区法官助理,在社区法官和社区法官助理协同调处下,将社会纠纷就地化解的制度。"只有那些以某种具体和妥切的方式将刚性与灵活性完美结合在一起的法律制度,才是真正伟大的法律制度。"[①]社区法官制度是在能动司法理念下催生的产物,在社会转型期利益多元化的群众语境下,该制度在融合纠纷解决与社会管理创新模式的双重需要上开创了新的路径,并提供了可供参照的模式。

1. 便利群众诉讼

"社区是我国化解社会问题的具体操作层面的承担者。"[②]城区法庭与法院本部的差别就是驻扎在农村、社区,对社区的矛盾纠纷解决还是有时间和空间上的优势,因此,尽可能将司法工作关口前移,把矛盾化解在第一时间、第一现场。为此,X 法庭在辖区 Y 镇镇政府办公楼设立"Y 镇法官工作室",派驻 1 名常驻法官协调辖区所在乡镇民商事纠纷。Y 镇法官工作室消化了大量的 Y 镇涉诉信访案件,群众能在远离X 法庭和机关法院的情况下,及时得到法官工作室的诉讼引导,或在司法所的协同配合下将矛盾及时化解。同时,X 法庭的法官在圩日、巡回审判日携卷下乡,前往法官工作室或深入村居、田间地头开庭调解,通过审理婚姻家庭、小额债务、邻里纠纷等典型案件,让群众直观感受庭审,零距离接触司法。

2. 缓解案多人少矛盾

"对于和谐社会的建构而言,预防纠纷和早期介入,比纠纷解决更为重要。"[③]社会转型时期,尤其是在农村城镇化稳步推进过程中,农村的矛盾趋于群体性、突变性、对抗性的特点。当前,处于城乡接合部的社会矛盾多重交织,利益主体多、关联因素复杂、处理难度大,法院处理如此多而杂的纠纷显然力不从心。实践证明,单方面的纠纷解决机制,难以从根本上解决社会矛盾。法庭的优势是嵌入农村和社区,与农村和社区内的各种行政资源相处娴熟,Y 镇法官工作室充分意识到这一点,为充分发挥

---

① [美]博登海默:《法理学、法律哲学与法律方法》,邓正来译,中国政法大学出版社 2004 年版,第 424 页。

② 朱力:《当代中国社会问题》,社会科学文献出版社 2008 年版,第 50 页。

③ 范愉:《纠纷解决的理论与实践》,清华大学出版社 2007 年版,第 114 页。

Y镇行政资源优势作用,整合行政机关、社会团体、人民调解组织的资源,扩大司法张力,变法院单打独斗的最后一道防线为社会各方共同化解矛盾的集体防线,主动及时介入指导纠纷的调处,将大量争议纠纷解决在基层,消灭在萌芽,避免了更多的案件涌入法院,有效缓解了案多人少的矛盾。

当市场经济瓦解了农村社会赖以生存的基础,人民法庭的乡土性也随之消散,此时人民法庭的服务对象不再是农村和农民,而是成了解决某类纠纷的专门机构,人民法庭走专门化的道路,成为其改革历程上浓墨重彩的一笔,也是现在很多发达地区城市法庭的选择。在社会管理创新的大背景下,人民法庭应充分利用既有的司法改革成果,回应转型期的乡村社会需求,顺应政法机关深入基层、服务基层的历史大潮流,在保持规范化运作的同时,切实公正、高效、廉洁地做好本职审判工作,利用自身优势,通过准确定位、合理布局、集约优化职能配置,转司法理念、转司法方式、转司法政务和服务,主动作为、联动创新,切实发挥人民法庭的案件快速处理、纠纷联动化解、宣传随案说法、服务全域覆盖的四大职能,让人民法庭植根基层、服务基层,实现人民法庭与基层的一体化。

第 二 章

社会转型中人民法庭职能定位实证分析

——以我国中部 M 市辖区人民法庭为视角

安徽省马鞍山市中级人民法院课题组*

当前,我国正处在社会转型期,全面建成小康社会进入决定性阶段,改革进入攻坚期和深水区,社会利益结构发生重大调整、社会控制模式出现变更、社会分化及社会流动加速,各种纠纷矛盾尤其是社会基层的矛盾在高度压缩的时空集中释放,并呈现出多元化、复杂化、利益化和化解难度大等特征。人民法庭作为人民法院"基层的基层",处在以司法手段化解社会矛盾纠纷、维护和谐稳定社会秩序和实现社会公平正义最前沿,面临的考验更加严峻,遇到的问题更加复杂,承担的任务更加艰巨。[①]为此,最高人民法院制定出台了《关于进一步加强新形势下人民法庭工作的若干意见》(以下简称《意见》),针对目前人民法庭工作中具有普遍意义和亟待解决的突出问题,提出了一般性、原则性要求,为今后一个时期人民法庭工作科学发展指明了方向。但是,从全国而观,人民法庭数目众多,不同地区法庭的情况、特点各有不同,发展中涉及的问题错综复杂,面临的问题迥异。为进一步掌握人民法庭工作实况,需要强化研究解决面临问题的力度,夯实法院工作基础,充分发挥人民法庭的解纷功能及在多元化矛盾纠纷化解体制中的桥梁纽带作用,以便更好地为人民群众提供司法服务。M 市位于我国中部省份,其经济社会发展状况处于全国平均水平,关于其调研数据的分析具有典型意义。近年来,中部 M 市中级人民法院专门成立课题组,结合本地多元化纠纷解决机制改革实践,深入调查研究,并将部分调研成果用以指导当地人民法庭的工作实际,取得了较好效果。本文通过对人民法庭的现状进行认真分析,发现问题并提出对策,以期为人民法庭职能作用的充分发挥提供有益探索。

---

* 课题组组长:杨良胜,安徽省马鞍山市中级人民法院院长。课题组成员:方龙彪、叶文胜、陈刚、费长城、刘洋。

[①] 最高人民法院相关负责人:《充分发挥审判职能作用 积极参与基层治理 全面推进新形势下人民法庭工作》,载《人民法院报》2014 年 12 月 11 日第 9 版。

一、基本情况

(一)M市辖区人民法庭案件情况

1. 审结案件数量及增降情况。近年来,M市辖区人民法庭审结案件情况如下:2010年审结案件1272件,2011年审结案件1903件,2012年审结案件2440件,2013年审结案件2965件,2014年审结案件3385件,2015年审结案件4370件,2016年审结案件5733件。审结案件数平均每年增长766件,年均增长率28.56%,比全市法院近年年均增长率20.59%高出7.97个百分点。同时,从2017年的案件增长态势来看,人民法庭审结案件数的增长率有所提高。M市辖区人民法庭审结案件数增长情况如图2-1所示。

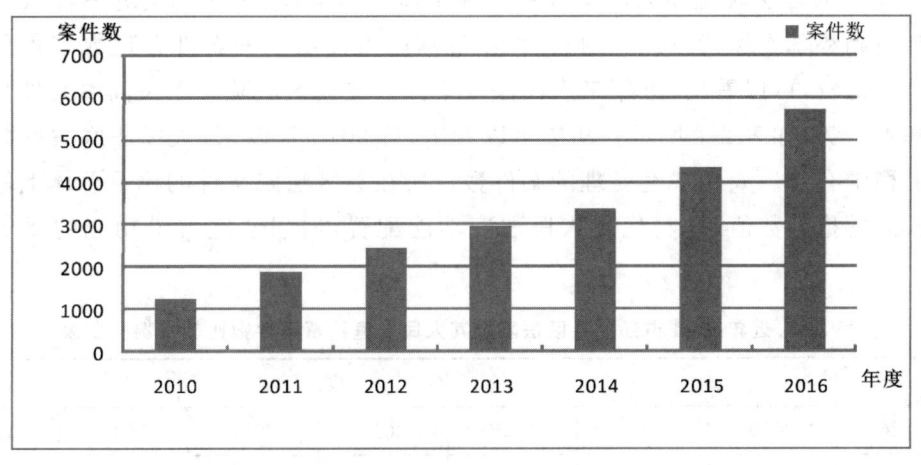

图2-1　近年来M市辖区人民法庭审结案件数情况

2. 案件类型情况。2012—2016年间,人民法庭审理的案件以离婚、民间借贷、买卖合同、交通事故类案件为主体。其中,离婚案件是婚姻家庭案件的主体,所占比重分别为91.82%、87.14%、90.97%;民间借贷、买卖合同案件为合同类案件的主体,所占比重分别为77.67%、84.03%%、93.90%;交通事故案件为权属类案件的主体,所占比重分别为74.56%、72.06%、76.39%。M市辖区人民法庭近五年来审结案件类型情况如图2-2所示。

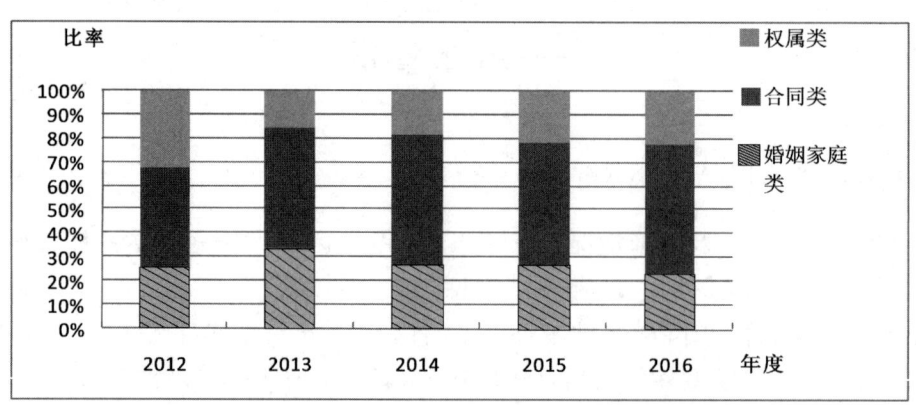

图 2-2　M 市辖区人民法庭近五年来审结案件类型情况

(二)人民法庭案件数与县区法院案件数的比较情况

M 市各县区法院近年来的案件数呈逐年增长趋势,辖区人民法庭案件数的增长情况与该趋势基本保持一致。通过对 M 市辖区人民法庭的案件办理数与各县区法院案件数比较,可以看出,近年来人民法庭案件数在县区法院一审民商事案件数中的比重基本走势,如表 2-1 所示。从中可以看出,自 2013 年以来,人民法庭案件数占比整体上稳中有升。人民法庭受理的案件数占所在县区法院案件的比重总体上保持在一个较高的稳定数值,这与优化人民法庭功能配置,增强法庭解纷功能的要求是一致的。

表 2-1　近年来 M 市部分县区法院及其人民法庭民事案件数比较情况一览表

单位	年 度						
	2010	2011	2012	2013	2014	2015	2016
人民法庭(件)	1254	1940	2259	2965	3385	4370	5733
所在县区法院(件)	6093	5261	6823	6919	8341	10550	13546
占　　比	20.58%	36.88%	33.11%	42.85%	40.58%	41.42%	42.32%

资料来源:我国中部 M 市两基层法院虽分别有道交法庭和示范园区法庭,但该两类法庭不属于传统意义上的人民法庭,故将该两基层法院其法庭案件数予以扣除。

就全省法院人民法庭案件占比来看,2013 年全省法院审结一审民商事案件数为257169 件,人民法庭审结案件数为 85954 件,占比 33.42%;2014 年 1—10 月全省法院审结一审民商事案件数为 229722 件,人民法庭审结案件数为 77102 件,占比33.56%,近年来的整体占比也基本维持在该比例。就全省法院人民法庭情况看,人民法庭办结的案件数占到全省法院一审民商事案件数的三分之一强,近三年所占比重较 2013 年还略有增长。M 市辖区人民法庭近年来审结的案件数所占比重与全省法院人民法庭办结的案件数占比情况相对一致，并且 2013 年的增长率超出了全省人民法庭案件占比平均值近 10 个百分点，近年来也超出 7 个百分点左右。

从全省法院看，受到诸如当地人员外出务工、诉讼标的不断增长等因素的影响，人民法庭办理的传统案件量会有所下降，但社会转型带来的乡土社会结构的变化、调整，乡土社会从熟人社会逐渐走向半熟人社会，遇到矛盾，不再过多地顾及"脸面"而诉诸法院，纠纷矛盾激增，使得人民法庭的案件量没减反增。

从 M 市法院的情况来看，自 2010 年以来，人民法庭的案件量大幅增长，与全省法院的情形基本一致，与诉讼"爆炸式"增长的趋势基本相符。在这种情形下，如何让人民法庭解决好自身承担的案件量外，更好地参与当地乡土社会治理，充分发挥其"矛盾过滤器"功能，是目前需要研究的重要课题。鉴于此，有必要通过深入调研，探讨法治语境下人民法庭的职能发挥问题。

(三)问卷调查基本情况

为进一步了解 M 市辖区人民法庭的基本情况、实际情况及对转型期人民法庭职能发挥的认识情况，课题组对 M 市县区法院部分干警及人民法庭干警进行了一次问卷调查，此次调查共发放问卷 160 份，回收 152 份。[①] 详细了解法院干警对相关问题的态度。

1.对法庭工作经历的看法。当被问及大家对这种用人导向的看法，即人民法庭的工作经历是否对今后的工作有帮助时，有 85.83% 的调研干警表示，人民法庭的工作经历锻炼了其与当事人打交道的能力，用家常俚语传播法治精神、原则理念，提高了自身的交流能力；有 0.83% 的干警表示没有多大帮助，认为虽在人民法庭工作过，但觉得从人民法庭调至院庭室以后，由于接触的当事人不一样，在人民法庭学的经验可能会完全用不上；有 1.67% 的干警表示没有帮助，认为法官经验的积累，主要依靠法官用心勤学勤记，地域环境只是外因；另有 11.67% 的干警因没有在法庭工作过，没有发表意见。从以上的比例可以看出，表示法庭的经历对今后工作有帮助的干警人数超出目前在法庭工作或曾在法庭工作过的人员数，因为有不少虽没有法庭工作经历的干警也认为到人民法庭锻炼对以后的工作大有益处。

2.对当前法庭境况的看法。有 67.27% 的干警认为当前或曾经所在的人民法庭人员紧张，21.82% 的干警认为人员不紧张且配备合理，10.91% 的干警认为人员不紧张，但配备不怎么合理。有 65.14% 的干警认为当前或曾经所在的人民法庭年均办理的案件量多了，34.86% 的干警表示年均案件量差不多，符合实际，没有干警觉得办理的案件量较少或少。谈到法庭干警的待遇时，有 69.91% 的干警表示，待遇一般，

---

① 鉴于篇幅，本文对调查问卷不展开论述。

法庭干警待遇与法院业务庭干警差不多或稍高些;26.55%的干警表示,法庭干警工作辛苦,却没有法院业务庭干警待遇好;3.54%的干警认为法庭干警待遇高于法院业务庭干警。关于人民法庭干警的待遇问题,一直备受关注,多数意见均表示要提高法庭干警的物质待遇及政治待遇,鼓励法庭干警安心法庭工作,做出应有贡献。法庭干警待遇在原先比较差的情况下得到了较大幅度的提高,调研中73.45%的干警肯定了法庭当前的待遇,这也使得更多的年轻干警愿意到人民法庭工作,法庭锻炼年轻干警平台功能得到发挥。关于人民法庭干警的政治待遇问题,主要指人员交流晋升机制问题,调研中69.56%的多数干警认为当前法院业务庭与法庭之间的人员交流渠道畅通或者较为畅通。当问及法庭辖区布局是否合理时,60.71%的干警表示,当前人民法庭布局合理,能有效化解纠纷,维护辖区安定;39.29%的干警认为不合理,表示目前人民法庭的区域布局不利于法庭功能的充分发挥,需要优化其区域布局,根据实际设立专业化的人民法庭、社区法庭。这说明当前大多人民法庭已经结合自身实际较好地融入其所在的乡土社会中,发挥了法庭的解纷功能,维护了一方安定。不过,有不少干警站在法庭将来发展的高度,建议结合实际情况设立专业化法庭、社区法庭,以充分发挥人民法庭的纠纷化解功能。

3.对法庭执行力量的看法。当问及是否认为法庭执行力量充足时,100%参与问卷调研的干警认为,当前或曾经所在的人民法庭执行力量不足,需要法院执行部门、法警队配合执行。2010—2016年,M市辖区人民法庭收结的执行案件数如图2-3所示。

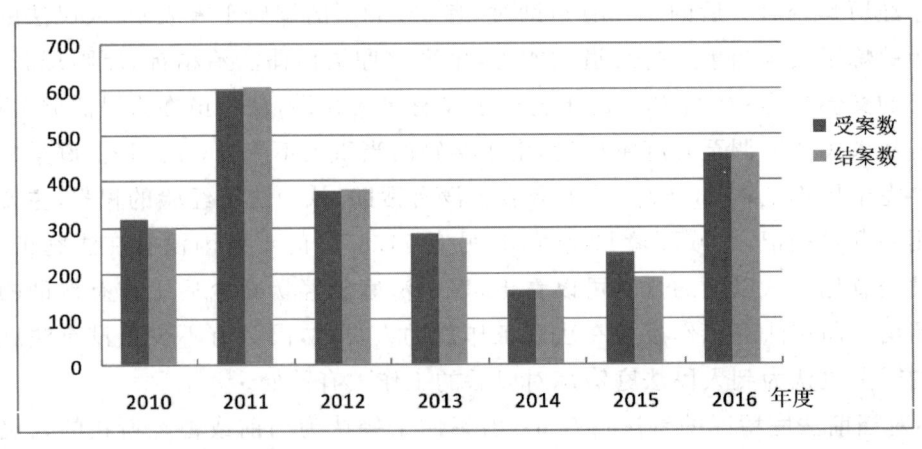

图 2-3　近年来 M 市辖区人民法庭执行案件收结案数情况

由图 2-3 可知,M 市辖区人民法庭执行案件收结案数自 2012 年以来呈逐年下降趋势,从 2015 年开始逐渐上升,2016 年执行案件的收结案数增长较快。

二、人民法庭运行实践所折射的转型期
农村纠纷特点及成因多维剖析

关于社会转型,学者们仁者见仁智者见智,但无论如何界定它的含义,农村社会的转型都是在从传统封闭的、自给自足的农业社会(熟人社会)向现代开放的工业社会、城市社会(陌生人社会)转变,其经济由农业经济向市场经济转变、集权政治向民主政治转变、传统文化向现代文化转变。人民法庭职能运作过程能够折射出农村社会的变革及解决机制的转变。通过对人民法庭近年来审结案件和问卷调查情况的分析,我们可以看出转型期农村社会纠纷呈现出多发性、复杂化、多样化、现代化和利益化等态势。

(一)纠纷呈现多发性

笔者所在的中部 M 市农村地区深受转型时期市场经济的"洗礼",村民的利益追求日益呈现多元化,村庄的规则体系和意识形态不断受到冲击。无论是在新型农业经营体系构建及土地制度改革方面,还是在农村金融体制创新和新型城镇化建设方面,纠纷数量急剧增加。由调研数据可以看出,M 市农村地区的诉讼案件在 2010—2016 年间平均增长率为 28.56%,比全市法院平均值还高出 7.97 个百分点。导致农村诉讼案件数量激增的因素很多,国家大幅度降低诉讼费用只是一个方面,更重要的是农村地区整体纠纷数量的激增。M 市位于长三角地带,工业相对比较发达,农村社会经济关系活跃,市场化程度较高,在规则不完善的情况下,容易产生纠纷。从人民法庭的受案类型中可以看出,合同类案件已跃居首位,这种诉讼案件的大幅度增多,至少从一个侧面反映出转型期农村纠纷的多发性。

(二)纠纷内容复杂化

目前,M 市农村社会呈现出由传统社会向现代社会加速转型的特点,是一个面临多种生产方式、生产关系、权力机制和多元价值观同时存在并相互作用的社会,利益关系的多元化及与外界社会交往的增多,纠纷的内容也越来越复杂。因此,农村纠纷不再是原来单一的形式和种类,不但同时存在多种种类和形式,而且每一矛盾的内部也存在着多种因素,它们之间的相互作用,无论是合作还是冲突,都会使农村纠纷变得复杂化。如 M 市人民法庭审理的侵权类案件中出现了名誉权纠纷,数量虽然很少,但它反映出基层群众法律意识的逐渐提高。又如,传统婚姻家庭纠纷中仅仅涉及简单的财产分割和子女归属及子女抚养费支付问题,而当前许多离婚案件,财产分割同土地拆迁补偿等问题黏合在一起,使单一的纠纷形式变得更加复杂。

(三)纠纷主体多样化

随着农村社会的转型,社会关系、经济关系、人际关系更加复杂化,个体与个体、个体与群体及群体与群体之间的矛盾和冲突日益突出。在人民法庭受理的合同类案件中,绝大部分发生在公民与其他社会组织及法人之间,在交通事故案件中,保险公司通常都是当事人;土地承包经营权纠纷中,涉案土地发包的村民委员会几乎都是被告。这些都反映了转型期农村纠纷主体在不断发生着变化。

(四)纠纷类型现代化

过去农村的纠纷主要集中在家庭成员之间、村民之间的民事纠纷和一般的经济纠纷。但当前的 M 市农村市场经济较为发达,城乡一体化程度较高,交通便利,经济主体的多元化带来了利益表达的多元化,同时带来纠纷形式的多样化。现在的纠纷发生在各个领域,如土地承包、交易买卖、交通安全事故、劳动争议、婚姻家庭、产品质量责任等,纠纷涉及面不断向外拓展。传统的婚姻家庭类案件已经退居次要地位。在人民法庭的受案类型中,合同类和侵权类案件已经占据主导地位,而在这两类案件中,又以民间借贷、合同、交通事故案件为重。

(五)纠纷诉求利益化

由于大家庭的解体、村集体凝聚力的减弱及社会流动性的加剧,人与人之间的交往越来越少,距离感越来越远,农村人际关系日益陌生化。伴随非农业生产而来的是处事方式的改变,即"等价交换""功利实用"的原则也渗透到日常人际交往中来。城市的价值观念、行为逻辑与处事策略频繁地往乡村输送,深切地改变着旧有的人际关系交往模式,传统乡土社会的"差序格局"已经逐渐模糊,在选择纠纷处理方式时对于"熟人"与"外人"之间的差别已经不再显著,利益大小成为衡量纠纷选择的重要尺度。

(六)解纷途径匮乏化

传统农村社会是一个依照礼制秩序建立起来的相对封闭的社会,大家抬头不见低头见,小农经济的生成方式等因素决定了共同体之间的相互依存度很高,纠纷发生后通常通过私了、宗族等的裁判和基层民间组织的调解途径来解决。但随着市场经济的不断深入,带来了人际关系逐步陌生化及家庭结构的单一化和"原子化",导致私了让利的感情基础丧失、长者权威的下降和话语权的式微。同时,随着改革的推进,尤其是取消农业税后,国家权力逐渐退出农村,基层组织与村民之间的关系由过去的"汲取型"转变为"悬浮型",基层的行政治理能力弱化,村干部不再具有绝对的权威,许多村的调解机构事实上已经处于瘫痪状态。《中华人民共和国村民委员会组织法》实施后,村干部由村民直接民主选举产生,更多的村干部抱着和事佬、不得罪人的心态,不愿意介入村民之间的纠纷调解,致使村庄的纠纷不是直接内部解决而是更多借助于现代法治的手段如诉讼进行解决。基层群众面对纠纷时也自觉或不自觉地视诉讼为第一甚至唯一选择,大量的纠纷流入司法渠道,人民法庭长期疲于应付,无暇顾及其他职能的发挥。

(七)司法需求多元化

改革开放这一转变,打破了原来的利益格局,使原来一元化的利益格局向多元化利益格局转变,同时带来了利益分化、阶层分化、贫富分化、交往异化、价值取向多元化等问题。同时,由于"国家法"与"民间法"在农村地区适用上存有的分歧,为了矛盾纠纷的妥善化解,我们应当重新审视和定位基层人民法庭的审判职能作用,更多地考虑基层群众对多元司法的现实需求,[①]基层人民法庭法官需要因地制宜,采取切合实际的多元化纠纷解决方式,以期适时、稳妥地化解基层矛盾。

三、人民法庭工作实践中存在的主要问题及原因分析

从上述数据分析不难看出,当前中部 M 市辖区人民法庭审执的案件数总体呈上升趋势,需要化解的纠纷矛盾增多,在各基层人民法院审结的案件数逐年上升的形势下,保证人民法庭"过滤器"作用的充分发挥,防止矛盾纠纷不必要的"上移",人民法庭在乡土社会的融入度问题成为再次需要考究的问题(见图 2-4)。

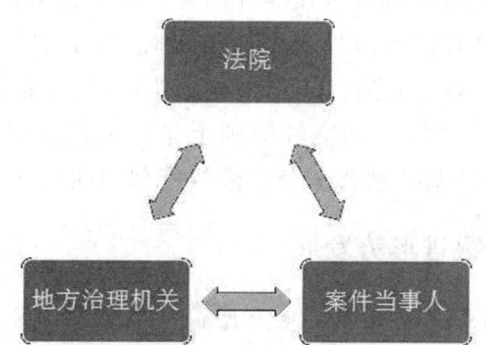

图 2-4　法院发挥审判功能参与当地社会治理情况

由图 2-4 可以看出,地方法院通过案件审理,化解当事人之间纠纷,修复业已破损的社会关系,参与当地社会治理,一定程度上扮演了地方治理机关的角色。人民法庭作为基层法院的派出机构,植根当地乡土社会,乡土社会特定的人际关系、法治氛

---

① 王保兴:《"案多人少"背景下人民法庭功能重构的分析》,http://www.chinacourt.org/article/detail/2016/06/id/1940772.shtml,于 2017 年 9 月 9 日访问。

围及当事人对纠纷解决方式的喜好都决定了人民法庭要很好地发挥治理机关的功能,不仅要有良好的案件审理质效,"善断"纠纷,还要千方百计创新便民利民措施、高度重视发挥法治宣传功能及充分参与当地社会的治理。课题组认为,将当前人民法庭的职能发挥定位成与法院业务庭一致,并不符合目前的实际,乡土社会的实际情况决定了人民法庭职能的多元化,这也是形势发展的需要。课题组结合前期调研分析[①],发现中部 M 市辖区人民法庭当前职能发挥存在以下问题。

(一)案多人少矛盾突出,执行力量不足和"送达难"成为制约职能发挥两大难题

在基层司法实践中,人民法庭法官在一件案件的办理中往往要付出更多的时间,因为他们办理案件不仅要基于法律,有时还要考虑当地传统习俗上的周全,这些都会增加人民法庭法官的办案压力。司法实践中,人民法庭除办理案件这项基本职能外,还承担着参与当地社会综合治理、指导当地组织调解和法制宣传等重要职能,人民法庭面对当前纠纷凸显的现状,压力可想而知。

执行案件数的增降趋势与诉讼案件数有所出入,说明诉讼案件量增多,并不必然导致执行案件数增多,在做好当事人息诉服判工作后,自动履行率的提高会使很多案件不必进入执行环节。从统计的执行案件量看,除 2011 年数量较多外,其余年份执行案件量并不多,但问卷调研的干警均一致表示法庭执行力量不足,需要庭外力量协助执行,究其原因,不能只看法庭执行案件的绝对数,还要考虑法庭的实际情况。人民法庭一般地处乡村或偏远山区,所在地外出务工人员较多,案件执行往往找不到被执行人,在乡务农人员往往因季节性农忙而早出晚归,也增加了执行的难度。当前,M 市辖区人民法庭 62% 以上的案件完全由法庭执行,只有必要时才由法院执行部门或法警队配合执行,还有 36.7% 的案件原则上是由人民法庭自行执行,只有部分因执行力量不足难以执行的案件被移送至法院执行部门执行。

(二)便民利民措施未跟进形势发展

设立人民法庭的主要目的之一就是方便群众诉讼和纠纷化解,尽管在便民方面人民法庭已经做了大量卓有成效的工作,但便民方式的单一性阻碍了人民法庭该项职能的发挥。调研中,67.89% 的干警表示,其所在的或曾经所在的人民法庭实行了便民机制,如主要通过网上远程立案和庭里立案相结合的模式便民利民,73.33% 的干警表示当前法庭已采取上门立案、田间法庭及院坝法庭方式方便当地群众诉讼,但当问及人民法庭有无在本地外出务工人员聚居地设立便民联系点帮助解决诉讼难问

---

① 课题组将部分调研成果,如调研中发现的较为突出的问题及解决问题的对策建议,运用于当地普法宣传,实际成效较为明显,http://www.maspf.gov.cn/contents/45/4674.html,于 2017 年 9 月 9 日访问。

题时,有53.64%的干警表示尚没有。人民法庭采取立案便民机制及上门、田间等方式给当地群众带来了极大的诉讼便利,但本地外出务工的人群却少有顾及,当前,外出务工人员数量较大,一般来说,他们的法律知识也较欠缺,遇到纠纷往往不能很好地维护自身权益,对人民法庭有着不容忽视的司法需求,在此情形下人民法庭的缺位影响了法庭便民利民的整体形象。

(三)法治宣传力度不够

进行法治宣传是人民法庭的一项重要职能,法治宣传到位,能极大提高当地群众的法律意识,增强法治氛围,对执法办案及辖区稳定均大有益处。然而,当前人民法庭在强调解纷功能的同时,却淡化了法治宣传的功能,或者是,人民法庭法治宣传方式单一,形式陈旧,存在走形式不注重实效的现象,当地群众厌于参与,法治宣传效果不好,反过来影响了人民法庭进行法治宣传的积极性。

人民法庭进行巡回审判,不但方便了当地群众,而且法庭选择典型案例进行巡回审判,"以案说法"的方式也更易为当地群众接受。但当前人民法庭出于案件办理压力或经费上的考虑,对巡回办案往往只当作一项任务完成。近年来,M市辖区人民法庭每年在辖区乡镇进行巡回审判的情况如图2-5所示。

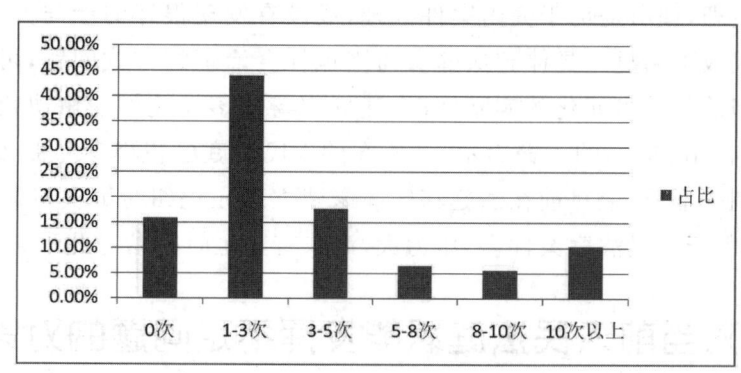

图2-5　近年来M市辖区人民法庭年均巡回审判次数情况

从图2-5可知,M市辖区大多人民法庭开展巡回审判次数很少,有近16%的人民法庭没有开展巡回审判,43.93%的人民法庭开展巡回审判的次数低于3次,这说明目前以巡回审判这种"以案说法"方式进行法治宣传,在多数人民法庭开展不够充分。同时,调研中有90.75%的干警表示其所在的或曾经所在的人民法庭没有进行过车载法庭审判。巡回审判往往在固定的地点,那么,巡回审判没有辐射的区域可能会成为法治宣传的"死角",而车载法庭审判,可以弥补巡回审判的这种不足,打破地点限制,根据实际需要选择典型案件进行必要的车载法庭审判,既极大地方便了当事人诉讼,也以这种流动审判的方式使人民法庭更好地融入当地社会。但调研数据显示,只有不到10％的人民法庭进行过车载法庭审判,这与乡村社会的实际需求有相当差距。

(四)参与辖区社会管理功能发挥不充分

人民法庭为了更好参与所在地乡土社会治理,一般都会积极参与由所在地乡镇社会治安综合治理委员会办公室负责,吸收法庭、司法所、派出所等建立的政法联调会议制度,该制度有助于提前了解、掌握本地社会纠纷,消除隐患。调研中,62.5％的干警表示其工作或曾经所在的人民法庭尚未发挥推动地处乡镇建立政法联调会议制度的作用;23.96％的干警表示虽然建立了相关制度,但很少召开有关会议;仅13.54％的干警表示每月会由法庭所在地乡镇召集召开一次专门会议,对纠纷隐患进行摸底排查。同时,就人民法庭而言,要有更多的精力投入乡土社会治理,必须从现有的矛盾纠纷诉讼解决方式压力中解脱出来,推动所在地多元化纠纷解决机制建立,让更多的纠纷首先适用人民调解的解纷方式加以解决,而人民法庭则要经常给当地人民调解组织以指导。但由调研数据可知,有55.56％的干警表示,人民法庭只是偶尔或根本没有给予所在地人民调解组织相应的指导,理由是法庭忙于办案,常常忽略指导人民调解工作。调研中,有55.2％的干警表示其所在的人民法庭尚没有积极参与当地社会治理,理由是忙于庭内案件办理,或没有发现很好的参与方式,参与当地社会治理的成效不明显。具体到法庭参与当地社会治理的方式问题,可能更重要的还是要根据当前矛盾多元化的实际情况,建立完善的多元化纠纷解决机制。从目前的情形来看,有48.57％的干警表示,其所在的人民法庭已积极参与促成当地多元化纠纷解决机制的形成,但目前在法庭辖区尚未建立多元化纠纷解决机制,有28.57％的干警表示,由于人民法庭案件多、压力大,尚未有充足时间参与此事。

四、应对当前人民法庭职能发挥不足问题的对策建议

人民法庭制度作为中国特色司法制度的重要组成部分,在半个多世纪的风雨历程中,为有效解决基层社会纠纷,维护社会和谐稳定发挥了独特的作用。[1] 新形势下,必须立足于中国国情与基层实际,在遵循司法运行规律的前提下,进一步发展和完善人民法庭制度,充分发挥人民法庭在解决社会矛盾纠纷、推动基层社会依法治理方面的职能作用,积极回应人民群众关切期待。

(一)优化区域布局,实行人民法庭差序化发展

人民法庭的建置应当关照和体现不同类型农村在经济、社会、文化方面的差异性

---

[1]　胡夏冰、陈春梅:《人民法庭制度改革:回顾与展望》,载《法律适用》2011年第8期。

或存在其他特殊情况可按程序移送机关业务庭审理外,其余的均应自行审理,通过明确人民法庭为主、机关业务庭为辅(重在指导和帮助)的办案责任分工,全面提升审判力量与案件难易度的对应性,提高审判资源的使用效率。目前对于人民法庭执行权应适度上收,可以分以下几种情况处理:一是当事人没有及时履行的,由法庭督促其履行,不必要进入强制执行程序;二是法庭督促当事人履行,当事人怠于履行的,案件进入强制执行程序;三是进入强制执行程序的案件若是简单类的执行案件,由法庭自行执行,需要时可由法院执行部门、法警队力量配合执行,而复杂类的执行案件在做好文书送达等前期工作后可移送法院执行部门执行。

2. 多措并举,破解送达难题。送达是程序与实体之间的桥梁,是程序法与实体法联结的纽带,送达的迟延,不仅损害当事人的权利,更影响司法效率和权威。针对人民法庭遇到的"送达难"特殊情况,应当采取多种措施予以破解。第一,构建基层送达网络。聘请居委会、村委会等基层组织的相关人员为司法协理员,利用他们人熟、地熟的优势协助送达,提高送达成功率。第二,充分发挥原告的协助作用。在立案时,注意让原告写清案件当事人的住址、工作单位、家庭电话、单位电话、手机号码等信息,并告知其如果提供的地址不准确将可能承担的法律后果。① 按照提供地址和方式无法送达诉讼文书时,可让原告协助送达。第三,实行"早九晚五"工作时间制。如果按照正常工作时间送达,受送达人往往会因为工作等原因外出,造成送达落空。可以考虑基层特殊性,实行"早九晚五"工作时间制。一方面,可以形成时间差,利用中午的时间送达。另一方面,有助于减轻法庭干警"早出晚归"的辛苦,平衡家庭与工作之间的矛盾。第四,充分重视送达配置。可以为人民法庭配备执法记录仪,以便在送达时同步录音录像,提高送达的有效性。第五,加大宣传力度。日常工作中,加大对法律文书送达的解释工作,让群众对送达形成正确的认识。第六,人民法庭工作人员应当自觉加强学习熟悉法庭辖区的人情、地情、社情。

3. 以结果和实体公正为导向,强化解纷功能。人民法庭处于人民法院的最前沿,是与老百姓接触最多且最为直接的地方,人民法庭工作做好了,不但可以从源头上实现司法公正,而且可以实现"有效率的公正"。当下,要以结果和实体公正为导向,以正确理解司法谦抑与能动司法等关系为着力点,强化人民法庭的解纷功能。

首先,正确理解执行"两便"原则。便于人民群众诉讼和便于人民法院审判是人民法庭建置应遵循的原则,实践中,二者通常具有一致性,但在简单地以地域划分管辖范围情况下,有时也会给群众造成不便,增加诉累。尤其是随着交通条件的改善,距离可能已经不是群众打官司考虑的主要因素,他们可能会按照自己的信赖选择向基层法院起诉。当群众的选择与法院的内部受案规定相冲突的时候,应当尊重当事人的选择,优先考虑便于当事人诉讼,凡依法应当登记立案受理的,所在地基层法院

---

① 邵亮:《民事诉讼送达中的问题及对策》,载《商情》2012 年第 13 期。

不得推诿,待立案后将案件移送相关人民法庭。

其次,正确理解司法谦抑与能动司法的关系。司法谦抑并不代表司法除了遵循法律外什么都不能做,能动司法也不意味着司法什么都可以做,二者本质上都是以司法公正为核心,在法治框架内进行的,具有内在的一致性。司法能动必须在司法克制的前提下进行,或者说,法官是基于司法克制的原则在发挥能动性原则审理案件,真正做到既有位,不缺位,又不越位,不错位。人民法庭要在法律允许的范围内,以积极的姿态回应基层群众的司法需求,在司法各环节,因人因案制宜,提供最实用的法律引导服务,方便群众诉讼,降低诉讼成本。要尽可能地简化诉讼程序,使争议不大、事实清楚、法律关系简单的案件快速审结,提高当庭裁判率。积极指导当事人举证、质证,必要时深入实地调查取证,努力还原案件事实,确保有理的当事人打得赢官司,败诉的当事人输得明白,尽可能做到"案结事了胜败皆服"。

最后,正确看待"国家法"与"民间法"的适用地位。"国家法"和"民间法"是多元法律中极具代表性的"两元"。从法律发展看,"民间法"与国家法存在着互动共生的关系,"民间法"是国家法的重要渊源,对国家法具有弥补的作用。由于"民间法"代表或满足了一定区域、一定人员的规则需求,一直比法律更具人文气息和规范作用。人民法庭履行司法职能应在一定程度上对"民间法"作出回应,"民间法"只要不违背法律精神、原则和强制性效力规定,即可作为准据规则调处私域纠纷。当二者发生冲突的时候,可以按照下列规则处理:一是运用解释转换方法,从其所反映的法权入手,找出该法权在法律中的适当表达,并将之用于案件的审理中,最终通过适用法律作出判决;二是化审理为调解,调解不以有效法律规范存在为前提,可以破解合法性规范短缺的桎梏。当前一些民俗习惯在特定地区、行业和领域影响力还比较强大,更要注重消解"民间法"与国家法之间的冲突。例如,在某些农村习惯中,外嫁女和入赘婿在原家庭是不享有权利,也不承担义务,[①]导致在土地征迁中个人利益与集体利益发生激烈冲突。如果法院轻易受理、轻率下判,容易引发更广泛的群体诉讼纠纷,裁判也势必会遭到村干部和绝大部分村民的抵制而事实上无法执行。

4. 以职业特点为基准,探索审判质效评估新机制。在强化人民法庭事实认定和解纷功能的语境下,应当相应地探索符合人民法庭特定的审判质效评估机制,以便对人民法庭工作起到引导和倒逼作用。对人民法庭法官工作绩效的考评,应着重于看是否提供了个案性的、特殊性的、个人化的正义,而不是普适性的、抽象化的、无差别的正义。在一定意义上,只要能够让当事人满意地化解纠纷的法官就是人民法庭需要的好法官。从化解矛盾角度,聘请乡村、社区一些德高望重、热心服务、能力较强的人民群众参与人民法庭案件调解工作,或邀请人民调解员、司法行政部门、行业组织

---

① 刘叶思:《和谐司法视野下民俗习惯在民事审判中的运用》,载《宁波大学学报(人文科学版)》2011 年第 7 期。

等协助化解社会矛盾纠纷,也能在一定程度上缓解人民法庭"案多人少"的压力,同时弥补人民法庭法官基层社会经验和知识不足的问题。

(三)参与基层治理,推进人民法庭深度融合基层社会生活

人民法庭与基层联系最密切、与人民群众接触最直接,是司法为民的排头兵,司法便民的桥头堡。然而,近些年来,人民法庭在规范化建设过程中,侧重于加强依法行使审判权建设,使指导人民调解、进行法制宣传、参与社会治理等职能发挥处于虚置状态,造成人民法庭在一定程度上逐渐远离基层社会,在基层社会治理结构中缺位。党的十八届三中全会将创新社会治理体制作为国家治理体系和治理能力现代化的重要内容进行了全面部署,十八届四中全会对推进法治社会建设,实现多层次、多领域依法治理,提出了新的要求。人民法庭作为基层治理的重要环节,应当重返基层,发挥其植根基层、服务基层的作用及在社会治理中的基础性作用。

1. 推进多元化解纷机制改革。社会转型期也是矛盾凸显期,人民群众迫切需要多元解纷机制满足个性化需求,而为人民群众提供更多可供选择的纠纷解决方式是人民法庭当前面临的重要任务。人民法庭需要前移工作职能,通过参与社会纠纷的诉前防控,从源头上控制纠纷的产生,指导和支持人民调解和群众自治组织调解,以及民间组织特别是各类行业组织调处化解矛盾纠纷,引导社会矛盾纠纷进行分流、疏导,使诉前多元纠纷解决作为一种直接辅助民事诉讼程序的替代性纠纷解决方式,同时,基层法院应积极支持人民法庭在其辖区外出务工人员聚集的地方设立"便民联系点",一方面为外出务工人员合法权益提供合理保障,另一方面,一定程度上解决外出务工人员作为被告案件的"送达难"问题。当前,中部 M 市法院应对纠纷矛盾激增形势,以"法官便民联系点"为载体,把法官便民联系点作为多元改革的基本载体,选择群众基础好、司法需求多、基层组织健全、党政机关希望设置的乡镇、村居、企业等,首批设立 76 个法官便民联系点,努力做到小矛盾不出社区,大纠纷不出城区。2013 年以来化解矛盾纠纷 870 余起,开展司法确认 171 起,接受群众法律咨询 2.8 万余人次。在探索的基础上,把一点变五点,即拓展为司法便民的服务点、普法工作的宣传点、执行工作的联络点、人民调解与司法调解的对接点、群众路线的实践点。①

2. 推进基层社会治理法治化。人民法庭不能局限于就案办案,而应着眼长远,通过巡回审判、社区法官助理、司法建议等机制创新,加大对人民调解委员会的业务指导,尊重各类社会主体依法调处社会矛盾纠纷,积极做好司法确认等诉讼与非诉讼矛盾纠纷解决机制的衔接工作,以审判职能的有效发挥,为人民调解、行业调解和群众自治组织调处化解矛盾纠纷提供法治样本和导向指引,提升基层干部群众的法治

---

① 詹安乐、王剑锋:《基层法院化解群体性纠纷的审判模式》,载《天津市经理学院学报》2011 年第6 期。

意识和法律水平,增强群众依法办事的能力,提高基层干部运用法治思维管理社会事务、化解矛盾纠纷的水平,并将基层社会事务纳入依法治理的轨道。人民法庭应积极参与(推动)辖区政法联调会议制度(建立),发挥有效作用,为纠纷隐患的摸底排查及纠纷的调处提供法治思维、解决办法等智力支持。同时,对于与人民法庭审判职能无关的土地征收、房屋拆迁、联合执法等行政事务,把好职能边界关口,做到不缺位、不越位。此外,基层社会治理是一个系统工程,人民法庭作为其中的重要力量,需要积极主动加强与公安、司法、劳动争议仲裁、人民调解委员会等基层国家机关、群众自治组织、行业调解组织等的沟通与协作,以便发挥最大作用、凝聚最大合力。

(四)强化人才培养,保障人民法庭发展后续有力

人民法庭工作开展得如何,发展的后劲足不足的关键因素是"人",如果人的问题不解决、人的素质上不去,或者出现人才断层,那么人民法庭的职能发挥就会大打折扣。[①] 从调研情况可知,人民法庭干警容易出现人才断层现象,因此,队伍建设是人民法庭建设的重要基础和前提,也是根本所在。人民法庭应当成为基层人民法院的人才培训基地和人才输出摇篮。

加强人民法庭后备人才培养迫在眉睫,制度化地让年轻法官到法庭工作一段时间,能够有效地培养法官的待人接物能力,能够养成尊重当事人的习惯,站在当事人的角度反观法院,进而更加珍惜法官职业和更加谨慎地行使审判权,更好地维护法官和法院的形象和声誉。[②]

1. 建立符合职业特点的等级晋升制度,让优秀法官扎根基层。当前法官晋升受到行政职数和法官等级双重钳制,致使基层法官经济待遇低,法官等级不高,职业发展"天花板效应"明显。应积极推进将法官的专业能力和工作业绩作为评定等级主要依据的探索做法,让人民法庭法官也能通过业绩考核评定较高的法官等级,获得相应的职业待遇,充分体现法官的地位及职业尊荣,使法官感到在基层人民法庭工作有盼头、有奔头,乐于扎根基层。

2. 健全定期轮岗和挂职锻炼制度。工作人员固定有利于工作的连续开展,但长期不流动也较易形成关系网或养成疲沓作风。因此,应当健全定期轮岗和挂职锻炼制度,增强人员相对流动性,有序推进人民法庭之间、人民法庭和基层人民法院其他庭室之间,以及人民法庭与上级法院之间的人员交流。可以借鉴东莞中级法院实行的"321"人才培养模式,即基层法院新招录的干警规定要在人民法庭工作3年以上,新任命的法官应到人民法庭工作2年以上,中级法院新任命的法官规定要到人民法

---

① 范愉:《人民法庭是基层社会治理的中枢》,载《中国审判》2014年第8期。

② 孙海龙:《构建中国乡土司法——人民法庭的功能定位及其实现路径》,载《法制日报》2012年7月18日第7版。

庭挂职锻炼 1 年以上,各基层法院选拔领导干部时,同等条件下均优先考虑有法庭工作经验的法官,中院从基层院选任法官时,优先考虑有法庭工作经验的法官,等等。

3. 改进教育培训。坚持以需求为导向,因地制宜,坚持分级分类培训,通过多种方式促进优质教育培训资源向人民法庭延伸倾斜。① 可以运用互联网思维,以信息化建设为契机,依托现有审判系统,以省为单位建立人民法庭"远程网络服务平台",组织审判专家实时动态在线为人民法庭提供法律咨询服务。因为人民法庭遇到法律问题具有偶然性,解决问题又具有时限性,单一定期培训无法满足效率和个性化需求,人民法庭最需要或最实用的是一个长期稳定而有效的咨询通道。

4. 关爱人民法庭干警。基层法院领导要多体谅人民法庭的年轻、外地干警,多为他们办实事、解难事,增强人民法庭干警的归属感和工作积极主动性。在千方百计提高人民法庭干警政治待遇、经济待遇的同时,多给予其特别的关心和关照,坚持用思想感人、事业留人、理想育人,靠班子核心引领和凝聚作用为人民法庭留住人才,让人民法庭青年干警在机制与情感的双重动力下更加安心地工作。

结　语

人民法院"四五改革纲要"针对八个重点领域,提出了 45 项改革举措,重点归纳为 8 个方面的核心内容,其中一个方面就是明确四级法院职能定位。"四五改革纲要"提出"进一步改革民商事案件级别管辖制度,逐步改变主要以诉讼标的额确定案件级别管辖的做法,将绝大多数普通民商事一审案件的管辖权下放至基层人民法院,辅之以加强人民法庭和诉讼服务中心建设,强化基层人民法院化解矛盾的职能"。加强人民法庭建设,强化人民法庭"窗口"作用,充分发挥人民法庭地处乡土社会一线的解纷功能,防止矛盾激化、上移,一定程度上缓解基层激增的案件压力,是当前人民法庭需要正视的问题。社会正处转型时期,纠纷矛盾激增并呈现多元化,面对这种形势,任何单一的纠纷解决方式都不能很好适应形势发展的需求,这就需要探究多元化纠纷解决方式,加强多元化纠纷解决机制建设,具体到乡土社会综合治理,无疑也要形成多元工作体系,在这个"体系"中,人民法庭需要重新审视自身,适应新形势的需要,确保职能充分实现,在国家法治进程中发挥其应有的作用。

---

① 范愉:《人民法庭是基层社会治理的中枢》,载《中国审判》2014 年第 8 期。

第三章

多元化纠纷解决机制语境下的
人民法庭功能审视与重塑

李周伟* 吴 雄** 殷潇潇***

引 言

在经济新常态下,社会矛盾更加突出,特别是在立案登记制实行后大量社会矛盾涌入法院尤其是基层法院,案件数量急剧增加,而法官员额制改革意味着法官绝对数量的减少,多种背景因素叠加,导致人民法院面临的人案矛盾更加突出。面对案多人少矛盾,人民法院逐步重新审视司法职能定位,基于社会组织自治功能逐渐成熟、参与社会治理积极性逐渐提高的新态势,让诉讼外的调解、仲裁、行政裁决、和解等解纷方式成为当事人解决纠纷的多元选择。"多元化纠纷解决机制,是指在一个社会中,多种多样的纠纷解决方式以其特定的功能和运作方式相互协调的共同存在、所结成的一种互补的、满足社会主体的多种需求的程序体系和动态的调整体系。"①多元化纠纷解决机制的本质需求源于社会发展转型人们价值利益的多元化,同时也是应对社会矛盾纠纷发展趋势的客观要求。在多元化纠纷解决机制建设中,人民法院如何坚持法治引领,加强与其他纠纷解决机制的有机衔接、相互协调是一个重要课题。一段时期以来,对多元化纠纷解决机制的讨论过于宏大,事实上以人民法庭为视角,对多元化纠纷解决机制进行微观考察,是一个不错的视角。人民法庭的设置由来已久,是中国特色社会主义司法中非常具有代表性的设置,作为基层人民法院面向社会设立的派出机构,从中华人民共和国成立初期主要负责土改和"三反"、"五反"、普选等

---

* 海南省高级人民法院研究室法官。

** 海南省万宁市人民法院院长。

*** 海南省万宁市人民法院法官。

① 范愉:《多元化纠纷解决机制》,厦门大学出版社 2005 年版,第 2 页。

案件审判工作,具有强烈政治色彩的人民法庭①,到现在主要审理简单民事案件、刑事自诉案件的人民法庭,人民法庭的总体数量在不断调整,人民法庭管辖的案件范围在不断变化,人民法庭审理案件和解决纠纷的能力在不断提升,人民法庭在整个司法体系中的定位和功能也发生了数次转型。但不曾改变的事实是:人民法庭在解决基层社会纠纷中所发挥的重要作用。进入新时期以来,尤其是本轮司法改革推进以来,推进法院现代化、规范化成为重要目标,人民法庭被当成我国司法理念落后,司法审判流程不严谨,乡土司法、熟人司法、人情司法的典型代表,受到诸多批评。② 因此,面对司法改革的形势和任务,人民法庭如何应对和适应是一个重要研究课题。本文试图从建立与完善多元化纠纷解决机制的角度探讨人民法庭地位与功能的调整,为人民法庭的发展建言献策。

一、人民法庭的制度定位及其实践功能

(一)人民法庭功能定位的演化

人民法庭是中国司法的一大创造。它肇始于革命根据地政权时期的"政策法庭"③,定型于1954年《中华人民共和国人民法院组织法》,④发展于1963年最高人民

---

① 这个时期的人民法庭大致上可以分成两种:一种是常设型的解决百姓日常纠纷的人民法庭,一种即为了特殊政治目的而设立的人民法庭,这种法庭一般随政治运动的开始而设立,政治运动结束,也即宣告使命的终结。[《最高人民法院、最高人民检察署、司法部关于土改地区的人民司法机关必须大力参加人民法庭工作的指示》(1951年10月24日);《最高人民法院办公厅关于1952年"三反"人民法庭判处贪污分子的刑事处分不须报人民法院批准的复函》(1963年1月14日);《最高人民法院关于经省级"三反"人民法庭或市(省辖市)军事管制委员会判处的案件发现原判决在认定事实上或适用法律上确有错误时应如何审理问题的复函》(1963年6月1日)]

② 参见邵俊武:《人民法庭存废之争》,载《现代法学》2001年第5期;张青:《乡村司法的社会结构与诉讼构造——基于锦镇人民法庭的实证分析》,载《华中科技大学学报(社会科学版)》2012年第3期。

③ 这些法庭专门审理破坏《土地法大纲》,危害土地改革运动及侵犯人民民主权利的案件,法庭权力极大,有死刑判决权,其实这并不是严格意义上的法庭,只是政策的执行机构。土地改革一结束,法庭就被撤销了。参见:张晋藩主编:《中国法制史》,中国政法大学出版社1999年版,第554页。

④ 该法第17条规定:"基层人民法院根据地区、人口和案件情况可以设立若干人民法庭。人民法庭是基层人民法院的组成部分,其判决和裁定就是人民法院的判决和裁定。"

法院下发《人民法庭工作试行办法》①，完善于 1999 年 6 月颁布的《最高人民法院关于人民法庭若干问题的规定》②，强化于 2005 年 9 月最高人民法院出台《关于全面加强人民法庭工作的决定》③。变革于 2014 年 7 月第三次全国人民法庭工作会议④。从功能定位来看，它是从之初的政策执行机构，到办理案件以调解说服教育为主，判决需要基层法院核准，以处理人民来信，接待人民来访为主要任务的法院派出机构，到由处理非诉事务和处理诉讼事务(审判)并重转移到以审判执行为重心，到强化审判执行的同时，以人民群众多元司法需求为导向，构建多元化的矛盾纠纷解决机制，注重社会矛盾纠纷化解，强化司法便民利民措施为主要任务。

(二)人民法庭的实践功能

1999 年 6 月颁布的《最高人民法院关于人民法庭若干问题的规定》确立了人民法庭的四项基本任务：(1)审理民事案件和刑事自诉案件，有条件的地方，可以审理经济案件；(2)办理本庭审理案件的执行事项；(3)指导人民调解委员会的工作；(4)办理

---

① 《办法》从八个方面对人民法庭制度进行了定位，包括人民法庭的设置原则、法庭名称、设置与撤销原则、人员配备等内容，其中对人民法庭的性质及功能做了全面的规定：明确人民法庭的性质，规定它是基层人民法院的组成部分，它的判决和裁定就是基层人民法院的判决和裁定。规定人民法庭的任务：审理一般的民事案件和轻微的刑事案件；指导人民调解委员会的工作，对人民调解委员会调解达成的协议，如果违背政策、法律、法令的，应当纠正或撤销；进行政策、法律、法令宣传；处理人民来信，接待人民来访；办理基层人民法院交办的事项。规定人民法庭审理案件的方式，一般案件应坚持说服教育、调解为主的方针；有的案件，也可以判决或裁定，但必须报基层人民法院核准后宣判。人民法庭无权决定拘留人犯和搜查，无权决定罚款、没收赃款赃物。凡需要采取上述措施的案件，应移送基层人民法院审理。规定人民法庭的办案方法，应当从便利群众出发，采取驻庭办案和巡回就地审判相结合的工作方法。

② 它对人民法庭的职能定位进行了调整："(一)审理民事案件和刑事自诉案件，有条件的地方，可以审理经济案件；(二)办理本庭审理案件的执行事项；(三)指导人民调解委员会的工作；(四)办理基层人民法院交办的其他事项。"

③ 该《决定》坚持了《人民法院组织法》关于人民法庭的角色定位，从"指导思想及基本任务、法庭设置、规范管理、调解工作、司法为民、物质装备、队伍建设、工作领导"等八个方面对新时期人民法庭工作做了全面的规定。

④ 在会上，孟建柱强调："要积极探索新形势下司法为民的有效形式，巡回审理、就地办案，方便当事人诉讼，让人民群众打明白、方便、有尊严的官司。要积极参与基层社会治理创新，依法化解矛盾纠纷，通过以案说法开展法治宣传教育，维护社会和谐稳定。"周强院长要求："各级人民法院要紧紧围绕'让人民群众在每一个司法案件中都感受到公平正义'目标，牢牢把握司法为民、公正司法工作主线，以改革为动力，以便民利民为目的，全面加强人民法庭建设。人民法庭是人民法院'基层的基层'，要以依法公正审判、创新社会治理为着力点，充分发挥人民法庭功能；以深化司法改革为契机，不断完善人民法庭工作机制，推动建立权责明晰、权责统一、管理有序的司法权力运行机制；以人民群众多元司法需求为导向，强化司法便民利民措施，大力推进司法公开。"人民法庭功能作为司法改革、多元纠纷化解、司法为民的应有之意被高度重视。在强化审判执行的同时，强调"以人民群众多元司法需求为导向，强化司法便民利民措施"。

基层人民法院交办的其他事项。但在实践中,人民法庭的职能不断发展,主要承担以下功能:

1. 民事审判。社会转型后,经济问题变成社会生活的核心问题,随之而来的经济纠纷,尤其是借贷、工程、劳动等纠纷的数量急剧增加,人民法庭案件类型繁杂,繁简案件没有有效分流,人民法庭受理的案件类型与基层法院相关业务庭无异。一些诸如标的额大、案情复杂、程序要求高及影响大的涉众性、群众关注度高的案件类型,人民法庭同样审理,与院本部审判业务庭并无差异,致使人民法庭与民商事审判庭审判职责界限模糊,审理案件趋同。

2. 调解。人民法庭的调解工作,通常是比其他级别法院的调解工作更具效率的。虽然很多学者强调中国的社会已经由"熟人社会"转型为"半熟人社会"或"陌生人社会"①,但很多基层社会纠纷还是发生在已建立社会联系的人群之间,作为调解人的人民法庭法官在其辖域内除了法律所赋予的权威外,也具有一定社会权威和地位。基于这两方面的原因,实践中无论是婚姻家庭、邻里等纠纷,还是工程、劳动等经济纠纷,人民法庭的纠纷调解都是快速有效的。但也要看到,随着社会的深刻变迁,人员流动的加剧、就业的多样化、社会关系的分化,农民间的异质性不断加大,调解所依托的"熟人社会"正日益陌生化,基层法官的人格魅力也逐渐减弱。为此,基层法庭常通过强调法官的主观能动性来弥补"熟人权威"的不足,而此举又会造成由于资源的过度投入,产生调解边际效用下降的"内卷化"问题。②

3. 指导人民调解委员会工作。人民法庭对人民调解委员会工作具体的指导路径有如下几个:(1)推动人民调解委员会的发展;(2)培训调解员依法调解的法律知识,或者通过邀请人民调解员担任陪审员,通过审判的具体过程,完成对人民调解员的法律知识培训;(3)召集人民调解委员会,共同处理案件,或在当事人同意的情况下,由担任陪审员的人民调解员在庭审中直接参与调解。

4. 执行。人民法庭的司法功能是全面的,人民法庭功能的发挥建立在其司法辖域内所树立的司法权威和对于其辖域内基层社会情况深入了解的基础之上的。"执行难"作为我国司法中一个多年难以攻克的难题,原因是多方面的,但我们必须看到在人民法庭配合执行工作的过程中,人民法庭在减少执行中冲突的发生、提升执行效率等方面发挥的积极作用。

5. 参与社会综合治理、维护社会稳定。人民法庭作为与公众最直接接触的司法机构,为公众提供法律问题和政策问题的咨询、对可能发生的纠纷和矛盾进行预防、调处。在人民法庭所在地的乡镇,凡属于有一定影响的矛盾纠纷及信访、上访等不利于乡镇和谐稳定的事件,几乎都要求人民法庭参与化解处理及做稳控工作。人数相

---

① 贺雪峰:《论半熟人社会——理解村委会选举的一个视角》,载《政治学研究》2000年第3期。
② 陈慰星:《法院调解'内卷化'与调解资源外部植入》,载《现代法学》2013年第3期。

对较多的法庭可能抽调1－2名人员参与,人数较少的法庭则连人带车全庭参与乡镇综合治理工作。

6. 信访接待工作。人民法庭接受涉诉信访工作方面的意义在于给予了社会公众维权的畅通渠道,让纠纷或矛盾在基层得到化解。

7. 法治宣传和法治教育。司法机关所承担的法律文化传播功能,是我国司法机关从革命根据地时期就开始承担的重要职能。进行法治宣传和法治教育的方式:第一,公审;第二,宣传会或宣讲会;第三,下乡宣传;第四,由人民法庭法官担任社会团体、企事业单位的法制宣传员等。

但我们也要看到上述5－7项功能,自1999年以来,最高人民法院颁布的《关于人民法庭若干问题的规定》剥离了人民法庭的法律、政策宣传、处理群众来信、来访等职能,导致人民法庭职能偏重于案件审判,5－7项功能蕴含的联系服务群众、处理群众诉求、服务辖区党委政府和进行法律宣传等职能事实上是无法律依据的。

二、人民法庭的功能发挥面临的困境

中国的农村社会与人民法庭之间存在一种"需求－供给"的单方面制度结构,即社会的权属确定、纠纷解决、治安维稳、民生改善等都需要国家介入调控,即寻法到庭;而国家正是通过人民法庭确定规则、定分止争、维护安定、促进交易等多重手段确保司法为民的宗旨得以落实,即送法下乡。但当前基层人民法庭功能发挥正面临着一种深刻的现实困境:一方面主张纠纷解决,另一方面又倡导规则之治。无论是纠纷解决还是规则之治,功能发挥似乎都陷入了窘境,基层审判权的功能发挥正面临着制度性的瓶颈。

(一)司法配置资源有限导致供给不足

1. 多数法庭干警因编制不够未能配齐。按照《最高人民法院关于人民法庭若干问题的规定》,每个法庭至少应配备一个合议庭(即3名法官及一名书记员),还应配备相应的法警,但全国多数法庭未能配齐。以海南法院为例,海南法院目前仍有35个法庭法官不到3人,无法组成合议庭。同时31个法庭的法警属聘用人员,10个法庭无法警。由此导致难以组成有效的合议庭。法官单独办案缺乏有效监督;或是借用书记员办案,超越法律规定。

2. 办案力不从心,服务水平低下。人民法庭大约要承担基层法院40%的案件量,但是微薄的人力如何能够支撑不断激增的纠纷,知识结构老化难以应对发展新形势。中国的乡镇经济异军突起,直接改变中国的农村面貌,纠纷的类型从以往的家庭琐事、邻里纠纷向复杂民商事纠纷转变。如何应对这一新的司法态势,是人民法庭能否创新跟上形势的表现。以海南法院为例,海南法院法庭存在真正科班出身的法律人才较少,年轻、高学历、知识化的法律人才不愿意到农村人民法庭。人民法庭内部多数是没有接受过系统法学训练的"老板凳",办案方式简单化。事实上,这些法官不会使用电脑办公的绝不是少数,更遑论网上办公、网上文书送达、网上司法公开等,他们已经不能够有效提供便民、利民的司法服务。

3. 人民法庭队伍不稳定,人才流失现象严重。队伍建设始终是人民法庭建设的重中之重。实际上,人民法庭都是在远离繁华的乡镇之上,地理位置偏远,交通多有不便,基础设施也不健全,上升空间有限。一是干警缺乏扎根基层的奉献精神。人民法庭普遍存在"进城"愿望,尤其是有知识、有学历的年轻人,更加不愿意待在偏远小镇。二是人才向外流失现象明显。更好的发展空间、更大的物质回报都会诱使干警离开人民法庭。多数法庭驻庭工作补贴标准偏低,有的甚至没有补贴,进一步加剧了法庭的人员配置难题。

(二)纠纷化解与规则之治之间存在矛盾,重纠纷的实际化解而轻规则之治

1. 重调解轻审判。虽然人民法院组织法、诉讼法、最高人民法院关于加强人民法庭工作的决定及省高院对人民法庭的考核等规定对人民法庭的性质及功能做了界定,但实践中人民法庭的功能发挥与理论上存在较大的差距,集中表现在重实质正义而弱普遍规则。实践中,人民法庭面临数量巨大的诉讼案件,基层法院的法官主要关注的是如何解决纠纷,而不是恪守职责。而能否案结事了、双方满意成为衡量法官水平高低的最主要指标。这种内在要求导致的直接后果就是对于结案率的一种畸形要求。但是,有些不适合调解的案件,也被强行调解,甚至是采取强制要求撤诉方式,将案件终局。

2. 重实体轻程序。程序正义是司法理性的基本标志,遵循程序、重视规则才是审判理性的基本特征。然而,人民法庭的审判程序存在严重的程序不规范问题,甚至是程序违法的问题。实践中,有些法官从来没有看完过一本法学书,用的就是几个法条,就能够将事情"摆平"。"在事实认定过程中,偏爱言词证据,并根据自身的经验对案件事实进行'加工'的实用的经验方法;在调查取证方面,采取的'主动为常态,被动为例外'策略;在庭审方式上,选取的'法官+庭下'为中心的模式等。""在中国目前的法院审判中,对正义执着追求的'理想主义'可能在一定程度上必须让位于解决纠纷的'现实主义'。法官的判决必须考虑社会稳定、经济发展问题,而不应为了追求一个法律价值而不顾其他的社会价值。法官在司法过程中必须统筹考虑,权衡利弊得失,在原则性与灵活性之间寻求有机的平衡。"[①]于是,纠纷的解决与规则之治之间也就出现了矛盾和背离。

---

① 颜茂昆:《肖扬在美国耶鲁大学发表演讲》,载《人民法院报》2004 年 10 月 12 日。

(三)司法为民的主动性与司法性质的被动性之间存在矛盾

司法权的显著特点之一是具有"被动性",即"不告不理"、中立、合乎既定规则原则。而人民法庭在矛盾纠纷化解及巡回办案过程中的显著特点是,往往把当事人双方诉讼之外,或者说排除于"法律规则"调整之外的纠纷也主动的一并解决,因为只有这样,才能彻底解决纠纷,实现案结事了,凸显社会效果,维护社会和谐稳定。因此,司法的被动性与人民法庭司法为民工作的主动性之间注定存在矛盾。人民法庭要有效发挥其功能作用,必然要创新工作思路,落实以调解、化解、减少、预防纠纷为目的的司法便民措施。在实践中,各人民法庭根据辖区具体情况,创新工作方式、落实司法为民措施。各人民法庭结合实际,充分发挥其功能,做了大胆的尝试。虽然创新方式、司法为民工作模式不同,但目的都是相同的,都是围绕矛盾纠纷化解为中心、减少当事人诉累、提升司法效率、实现法律效果与社会效果的有机统一为根本目标。这一主动创新实践的过程,有效推进司法为民工作的开展,符合广大农村社会对纠纷解决的特殊需求,但与司法的"被动性"必然存在一定的矛盾。

(四)中心工作与司法功能之间存在矛盾,参与辖区中心工作过度或缺位

法庭不仅担负着审判执行职能,还担负着指导人民调解、进行法律宣传等法定职能及服务辖区党委政府的实际职能。参与辖区中心工作是人民法庭的应有功能。二十世纪八九十年代,"审判案件、指导人民调解、法制宣传、参与社会治安综合治理这四项工作构成了人民法庭的主要工作功能"[①]。随着社会经济的发展,综治维稳工作任务的加剧及"能动司法""大调解"机制的提出,人民法庭参与辖区工作也逐渐增加,并在理论指导上呈现"规范化、常态化、明细化"的特点。如海南高院《法庭量化考核办法》把参与所在乡镇中心工作细化明确为"加强与人大代表及政协委员的联络、指导人民调解、积极参与大调解工作体系、参与当地综合治理工作、进行法制宣传教育"五个方面。

然而,细化明确的规定必然只是理论上的,进一步说是对法院系统、法庭人员的"内部"要求与约束,辖区党委政府不一定知晓,更不用说遵照执行。因此,法庭参与辖区工作的特殊功能难以有效发挥,人民法庭的司法功能与参与乡镇中心工作存在矛盾。根据实地调研、汇总加工整理如表 3-1:

---

① 胡夏冰、陈春梅:《我国人民法庭制度的发展历程》,载《法学杂志》2011 年第 2 期。

表 3-1   人民法庭参与乡镇中心工作大致情形梳理

序号	特征	具体表现	法庭个数	所占比例
1	案件多致使参与中心工作少	法庭人均办理案件 100 余件,大量时间精力放在审判执行及巡回审判工作上,参与中心工作较少	4	13.79%
2	与党委政府关系不融洽致使参与中心工作少	法庭距离县城较近,案件相对较少,法庭人员较少,早出晚归,往返于县城与法庭之间,与乡镇党委政府关系不融洽,参与中心工作少	2	6.80%
3	过度参与中心工作	党委政府把法庭当作自己的功能部门,由分管政法的副书记、专职政法副书记随时调用法庭人员、车辆参与矛盾纠纷化解与信访维稳及社会综合治理等工作	9	31.03%
4	超越职责参与中心工作	抽调法庭工作人员参与征地拆迁、"外嫁女"接访;参与其他行政执法事项	5	17.24%
5	按照法庭功能参与中心工作	按照法庭量化考核标准参与中心工作,具体做法有差异,无法量化	9	31.03%

从表 3-1 可以看出,人民法庭不能适度有效地参与乡镇中心工作,致使人民法庭的特殊功能难以发挥。根据《人民法院组织法》及相关规定,人民法庭的功能除了审理和执行案件以外,指导人民调解、进行法制宣传、处理人民来信、接待人民来访、参与辖区社会综合治理等都是其区别于基层法院业务庭的特殊功能。但在实践中,人民法庭在参与中心工作与履行司法功能之间存在矛盾,参与辖区中心工作过度或缺位。

1. 人民法庭参与乡镇中心工作不到位。客观上参与乡镇中心工作与审判执行工作之间存在矛盾,随着社会经济的发展、矛盾纠纷的增多及人们法律意识的强化,人民法庭的审判执行工作任务越来越繁重,从部分法院来看,人民法庭的人均办案数已经超过机关业务庭的人均办案数。基于这样的现实,人民法庭不得不把大量的时间、精力花在最基本的审判执行工作中。主观上不能有效参与中心工作,基于人民法庭庭长及其工作人员对中心工作的认识不到位、与乡镇党委政府及各部门之间的认识不同等原因,不能有效参与中心工作,少数法庭被乡镇党委政府要求参与中心工作会议时都不能按时参加,甚至认为只要抓好审判执行这个"牛鼻子"就行,其余工作可有可无。

2. 乡镇中心工作过度依赖人民法庭。基于党委政府从上而下的信访维稳工作"一票否决制"的考核指标要求,乡镇党委政府都把社会综合治理工作摆在乡镇中心工作的突出位置。人民法庭的司法性质,及其具有的裁判权、熟悉法律法规等现实,使其在化解矛盾纠纷、维护辖区和谐稳定方面具有的天然优势正好迎合了乡镇党委信访维稳工作的需要。在人民法庭所在地的乡镇,凡属于有一定影响的矛盾纠纷及信访、上访等不利于乡镇和谐稳定的事件,几乎都要求人民法庭参与化解处理及做稳控工作。人数相对较多的法庭可能抽调1—2名人员参与,人数较少的法庭则连人带车全庭参与乡镇综合治理工作。

3. 人民法庭超越职权参与行政活动。人民法庭超越职权参与行政和社会活动的弊端由来已久,在法治进程的今天,虽然有所改善,但依然存在,只是不同时期有着不同的表现形式。实践中,"有的人民法庭被当作基层政府的功能部门对待,被要求协助当地政府从事计划生育工作,或者从事收粮催款、招商引资及经济创收等经营性活动,有的人民法庭被要求同税务机关联合清缴税款,或者与银行联手收缴贷款,或者帮助企业清理三角债"[①]。

三、探索与超越——多元化纠纷 解决机制语境下的人民法庭功能探析

随着40多年的改革开放,人民法庭辖区内的人口结构、经济规模、社会交往方式等均发生了根本性改变,如果仍然固守原有的"两便"原则及由此而生发的一系列司法理念、功能定位及工作方法,人民法庭的合理性则令人疑虑。因此,我们应当立足于社会发展与转型,对人民法庭的功能进行重新定位。

(一)社会发展与转型导致人们价值利益及矛盾纠纷的多元,要求与之相适应的多元化纠纷解决机制

1. 价值利益与矛盾纠纷多元化的表现形式。在社会发展与转型这一特殊时期,人们的价值利益及矛盾纠纷正以各种形式凸显。一是经济发展不平衡导致的矛盾纠纷。随着经济的发展,社会结构发生了深刻的变化,东西部的差距、城乡差距、各阶层的差距明显拉大。虽然人民的生活水平明显提高,改变了"均贫"的状态。但是,由于并没有达到"均富",导致"不患寡而患不均",由"不均"而导致心理失衡,由心理失衡而导致行为失控而发生的热点、群体事件,已经给我们提出了深刻的启示和警示。二是工业化、城市化和现代化进程导致的矛盾纠纷。随着原有的利益格局不断变化,个人之间、群体之间、单位之间、行业之间、家庭之间、社区之间、城乡之间、地区之间及

---

① 胡夏冰、陈春梅:《人民法庭制度改革:回顾与展望》,载《法律适用》2011年第5期。

它们彼此之间的利益差距与矛盾日益突出，从而引发了各种各样的矛盾纠纷，且纠纷的性质越来越复杂。同时，多元化利益带来的冲突加上因制度未有效确立而产生的混乱与无序，产生了许多新的具有时代特点的纠纷，如土地承包权纠纷、国有企业职工下岗纠纷、劳资纠纷、消费纠纷、医疗纠纷、环境污染纠纷等。三是以价值观念共同为特征的传统社会向利益共同的经济共同体转变导致的矛盾纠纷。一方面，村办企业的兴起，农民为参与市场的需要自愿组织的各种生产、销售、技术性协会正在生长、发育，这是经济共同体在乡村社会发育的征兆；另一方面，农民正以前所未有的规模向城市流动。与此同时，这些农民又未被城市接纳，造成他们的权利得不到有效保障，权利一旦受损害，往往诉诸暴力或其他类型的自力救济。

2. 价值利益的多元化要求与之相适应的纠纷解决机制。人民法庭作为基层人民法院的派出机构，其解决纠纷的性质本质上还是司法的裁判权，即使以调解及非裁判的方式结案，但司法裁判的权力至少是潜在的后盾。实践中人民法庭大量以调解结案的方式也是对人民法庭"依法审理案件、依法裁判"理论的否定。因此，人民法庭的传统功能定位的单一化模式已经不能有效满足现代社会价值利益多元化的矛盾纠纷解决需求，应当以价值利益的多元化为逻辑起点，构建与之相适应的多元化矛盾纠纷解决机制。"法治是一种实践的事业，而不是一种冥想的事业，他所需要回应和关注的是社会的需求。"[①]

(二)国家治理现代化视角下人民法庭功能的新定位

党的十八届三中全会，将创新社会治理体制作为国家治理体系和治理能力现代化的重要内容进行了全面部署，十八届四中全会对推进法治社会建设，实现多层次、多领域依法治理，提出了新的要求。人民法庭作为基层治理的重要环节，对乡镇、县域治理创新和法治化具有特殊意义，应当成为人民调解和群众自治组织调解，以及民间组织特别是各类行业组织调处化解矛盾纠纷的指导者和支持者。在推进完善基层矛盾纠纷预防化解机制和诉非衔接的多元纠纷解决机制中，应当起到积极的桥梁纽带作用。在新的定位下，人民法庭功能可以整体划分为两部分：一是代表国家依法独立公正行使审判权，是人民法庭的核心功能；二是依法支持其他国家机关和群众自治组织调处社会矛盾纠纷，依法对人民调解委员会调解民间纠纷进行业务指导，积极参与基层社会治理，是人民法庭的重要功能。为此，人民法庭工作要实现三个转变：

1. 法庭工作理念由单纯办案向主动参与社会治理转变。在当前基层依法治理水平相对滞后的形势下，要把化解矛盾、案结事了作为人民法庭工作首要的工作目标，牢固树立大局观念和服务理念，凡是能够案结事了的措施，包括诉讼程序和非诉讼手段，都应当充分运用，通过指导基层人民调解依法调处纠纷，筑牢人民调解第一

---

① 苏力：《道路通行城市——转型中国的法治》，法律出版社 2004 年版，第 32 页。

道屏障,最大限度将民间纠纷化解于诉前,消灭于萌芽状态,努力做到小事不出门,大事不出村,维护基层和谐稳定。

2. 法庭工作方式由就案办案向司法便民转变。人民法庭要在法律允许的范围内,以更加主动的姿态,贴近基层群众需求,在立案、审判、执行及其他环节,因人因案制宜,提供最实用的法律指导和导诉服务,方便群众诉讼,努力让老百姓少跑冤枉路,少花冤枉钱,以最低成本解决矛盾纠纷。要大胆适用简易程序审理案件,使争议不大、事实清楚、法律关系简单的案件快速审结;大幅度提高当庭裁判率,着重提高案件的审判质量和效率;积极指导当事人举证、质证,必要时深入实地调查取证,努力还原案件事实,确保有理的当事人打得赢官司,败诉的当事人输得明明白白;实行电话立案、巡回办案,使行动不便、地处偏远地区、交通不便的群众能就地打官司,做到足不出村、脚不出乡,就可以把纠纷矛盾解决。特别是要加大诉前调解力度,通过合适的途径和方式,如当事人信任的亲友或组织,当事人能理解接受的语言、文字疏导矛盾纠纷。

3. 法庭工作内容由办诉讼案件为主改为以诉前调解为主、变以结案数量考核为办案效果考核。人民法庭要更加积极、主动、全面地履行非诉讼事务功能。深入群众、社区、校园,做好政策法令宣传工作,增强法制宣传的针对性和实效性,逐步提高人民群众的法治意识、法律水平和防范矛盾纠纷的能力。人民法庭要建立指导人民调解工作常态化工作机制,主动做好司法调解与行政调解、人民调解的衔接联动,做好诉讼与仲裁等非诉讼手段的衔接联动,主导开展司法协理工作,依靠社会力量化解矛盾纠纷,不断增强基层组织吸纳社会矛盾的水平,在息诉息访上有更大作为。更加积极地参与社会治理创新。配合有关部门对城中村、城乡接合部等重点地区进行综合治理。特别要加强司法调研,做好社会稳定及经济安全形势研判工作,及时向相关部门提出司法建议,共同维护社会稳定和谐。

(三)构建以法庭为中心的多元化纠纷解决机制

当今世界各国司法改革的一个共同趋势,就是在改革诉讼程序的同时积极推行非诉讼纠纷解决机制。"虽然诉讼被视为美国法律体系的显著特征,但在联邦法院的所有民事案件中,只有 2% 的案件会由法官和陪审团进行全面开庭审理。州法院的情况大致相同。"[①]在我国,调解制度作为一种悠久的法律传统,一直是私人纠纷解决的重要方式。而法院调解则是中国民事诉讼中最富有特色的制度,在国外被誉为"东方经验",在进入"诉讼爆炸"时代和案件审理迟延背景下,非诉讼方式对社会纠纷的解决尤其具有积极意义和重要价值。

---

① [美]詹姆斯·麦奎尔:《简说调解的属性和程序》,蒋惠岭译,载《域外 ADR:制度·规则·技能》,中国法制出版社 2012 年版,第 5 页。

2012 年,最高人民法院出台《关于扩大诉讼与非诉讼相衔接的矛盾纠纷解决机制改革试点总体方案》,各级法院纷纷响应,根据法院实际,出台相应的诉调对接机制,进一步推动多元化矛盾纠纷解决机制的建立。诉调对接的建立,为多元化纠纷解决机制的建立提供了框架理论基础。然而,在当前的实践中并不理想,调解方式的运用与当前矛盾纠纷的多发频发势态不相称,各种矛盾纠纷处理方式缺乏有机的协调整合,没有形成真正意义上的"大调解"机制,多元化纠纷解决机制多是司法实践的探讨,缺乏必要的理论支撑和立法保障。而人民法庭处于化解矛盾纠纷的最基层,对中国基层矛盾纠纷的化解具有天然的优势,为了更好地发挥人民法庭的功能作用,需要建立以其为中心的多元化纠纷处理机构,最大化实现其纠纷解决功能。

1. 进一步健全以法庭为中心的诉调对接机制。根据实际情况及区域特色,建立以人民法庭为中心的诉调对接机制。在广大农村基层及欠发达地区,构建与乡镇司法所、村居委会人民调解等诉调对接机制,同时吸收综治、土管、林业等部门的经验做法,特邀相关人员共同参与化解相关矛盾纠纷,为多元化矛盾纠纷的解决提供平台。在城镇化较快、商业发达的城市的人民法庭,在与人民调解及行业调解对接的基础上,进一步扩充至调查、咨询、鉴定、评估、精算等经济鉴证类中介机构,发挥其专业化技能优势,构建面对市场化的诉调对接纠纷解决机制,有针对性地化解因市场经济产生的矛盾纠纷。

2. 附设替代性纠纷解决机制,即附设 ADR。国外司法实践中,法院附设 ADR 一般指以法院为主持机构并受法院指导的 ADR。这种程序虽然与诉讼程序截然不同,但与后者又有一种制度上的联系,在某些法定条件下,可以被作为诉讼程序的前置阶段而在诉讼中交替使用。在程序上,法院附设 ADR 具有灵活性、保密性,以及强调当事人选择权和处分权等特点和优势,并可以协调法律强制和当事人自治的关系。借鉴经验,法院附设 ADR 的具体类型包括法院附设调解、法院附设仲裁、简易陪审团审理等形式。可以预见,在人民法庭附设 ADR,可以合理配置司法资源,进而解决基层案件数量激增与人民法庭司法力量相对不足之间的矛盾。在具体制度的设计上,可以结合我国实际,采取在人民法庭附设调解和仲裁的方式,合理运用多元化纠纷解决机制,联合人民调解、行政调解、社会组织调解,形成矛盾纠纷化解合力,构建大调解格局。利用人民调解、社会组织调解作为前奏,诉讼调解予以推进,司法确认作为保障,发挥法庭化解社会矛盾的基础性作用,并努力做到:严格遵循当事人"自愿、合法"原则、"调审分离"或"仲审分离"原则及自由裁量中立原则;对适用该程序的案件范围应根据不同情形分别作出明确规定。

3. 积极参与社会治理,促进基层依法自治。党的十八届三中全会将创新社会治理体制作为推进国家治理体系和治理能力现代化的重要内容进行了全面部署。创新社会治理,基层是基础和关键,人民法庭是我国基层治理的重要环节。原中央政法委孟建柱书记及最高法院周强院长在第三次全国人民法庭工作会议上均要求人民法庭应当积极参与基层社会治理。人民法庭应在立足审判职能本职工作的基础上,积极参与辖区城镇和农村基层社会治理体系和治理能力现代化建设,充分发挥在依法治理、综合治理和源头治理中的纽带作用和多元纠纷解决机制中的示范保障作用。人民法庭积极参与基层社会治理,应当注重强化以下几个方面的工作:一是探索参与社会治理的新方式,在依法裁判的基础上,充分发挥人民法院化解纠纷的功能。探索指导人民调解工作新思路,与辖区司法部门密切配合、相互衔接,推动人民调解工作健康发展。推进诉讼与非诉讼机制衔接工作,整合解决纠纷的各种力量,指导行业调解组织、商事调解组织化解矛盾纠纷。二是指导村民组织依法自治。我国《村委会组织法》将村民自治的权利赋予了村民,但由于传统治理方式的影响和村民自制能力的局限,村民自治的效果并不理想,村民自治的层次和水平急需提高。"村民自治制度在十多年来的政治实践中,对农村的社会和经济发展既发挥了积极作用,同时也带来了一些负面后果。""应集中注意在村民自治的框架下,针对我国乡村的实际情况,设计出富于政治技巧的村治装置。"①将指导村民组织依法自治的权利通过《人民法院组织法》赋予人民法庭应该是不错的选择。"弥补农民法律知识上的种种缺陷,巩固其已取得的进展将取决于法律生活化的水平,而不在于生活法律化的程度,这也是衡量未来农户户主法律意识水平的重要尺度。"②人民法庭的指导可以提高村民自治的民主化、法治化水平,优化村民自治的效果。人民法庭的指导不具有法律约束力,其提供的咨询意见是村民委员会决策时的重要参考。我们从河南法院、陕西法院推行的"一村一法官"制度中可以窥见这种决策的内在根据和客观现实需要。三是与行政权有机衔接和互动,促进依法行政。在依法治国的形势下,为当地党委政府提供法律服务,依法提出司法建议。人民法庭对当地的基本情况、社情民意较为熟悉,可以为党委政府提供法律咨询和司法建议,为政府决策提供参考。《中共中央关于全面深化改革若干重大问题的决定》提出:"普遍建立法律顾问制度。完善规范性文件、重大决策合法性审查机制。"我们认为在重大决策的合法性审查上,人民法庭的意见可以提供重要参考,其提出意见的出发点和意见的影响力具有一定的优势是法律顾问制度的有益补充。司法建议更是人民法庭参与社会治安综合治理的一个重要手段,创新社会治理,促进依法行政的有效和重要途径,我们要注重司法建议的实际效果,增强司法建议的影响力。四是要加强与辖区派出所、司法所及其他基层组织的沟通联系,建立健全矛盾排查、化解及执行联动机制,最大限度地把矛盾纠纷化解在源头、解决在当地。不断加强诉讼调解与非讼调解的衔接配合,积极引导当事人选择非讼方式解决纠纷,有效增强多元化解矛盾的合力。五是要广泛利用电视、电台、报纸、网络等媒体,或通过选派优秀法官担任中小学法制副校长、开展法律咨询、邀请旁听开庭、举办

---

① 肖唐镖、李昌金等:《中国乡村报告》,学林出版社 2005 年版,第 239～240 页。

② 郑永流等:《农民法律意识与农村法律发展》,中国政法大学出版社 2004 年版,第 43 页。

法制讲座等多种形式,加强法制宣传,促进人民群众法制意识的提高。

结　语

　　人民法庭是中国特色社会主义司法制度的重要组成部分,是人民司法路线长达半个多世纪的践行者,相信在推进司法改革的大背景下,通过合理改革,积极破解难题,准确定位人民法庭的功能作用,充分发挥其化解矛盾纠纷的天然优势与前沿阵地作用,兼顾乡土传统与现代工业社会发展两者之间不同性质的利益冲突与矛盾纠纷,改变对司法的过高期待和纠纷解决途径的单一化模式,构建以法庭为中心的针对不同需求层次的多元化矛盾纠纷解决机制,改变法院面对诉讼爆炸时代,不得不向不断增加法官人数、简化诉讼程序寻找出路的单一途径与被动应付局面,实现司法资源分配重心下移,是未来较长时期司法改革的重要方向,也是人民法庭的出路之所在。

第四章

新时期城市化背景下
人民法庭的职能定位研究
——以上海法院 36 个人民法庭的运行情况为视角

卢腾达[*]　唐　新[**]

一、问题提出——人民法庭的未来去往何处?

(一)人民法庭的前世今生

中国历史上人民法庭的雏形最早可追溯至第一次国内革命战争时期。随着农民运动的蓬勃发展,很多农村地区建立了以农民为主体的革命政权——农民协会。同时,以惩处、审判土豪劣绅等反革命分子的特别法庭也大范围建立起来,比如,湖南省1927 年 1 月成立审判特别法庭就是典型代表,[①]这成为此后革命斗争中专门人民法庭及中华人民共和国成立后人民法庭的雏形。

土地革命时期,为保证党的土地改革顺利进行,中共中央 1947 年 10 月 10 日颁布施行由全国土地会议通过的《中国土地法大纲》,规定"对于一切违抗或破坏本法的罪犯,应组织人民法庭予以审判及处分。人民法庭由农民大会或农民代表大会所选举及由政府所委派的人员组成"。[②] 这是最早关于人民法庭的规定。据此,各解放区先后成立人民法庭,但其主要是基层农会或农联会组织、贫雇农为骨干,并有政府代表参加的群众性临时审判机关,性质和任务不同于地方各级人民法院。中华人民共和国成立后,1950 年颁布的《人民法庭组织通则》再次明确规定了人民法庭设置。保障革命秩序及政府各项土地政令顺利实施,是当时设置人民法庭的主要考量。此时的人民法庭是县市法院的民庭、刑庭外的特别法庭,审理与政治运动有关的案件,当

---

[*]　上海市第二中级人民法院研究室法官助理。

[**]　上海市青浦区人民法院朱家角人民法庭法官助理。

[①]　张晋藩:《中国法制史》,群众出版社 1991 年版,第 718 页。

[②]　参照张希坡、韩延龙:《中国革命法制史(上)》,中国社会科学出版社 1987 年版,第 456~561 页。

特定任务完成后，又由省或省以上人民政府以命令方式撤销。[1]

现行人民法庭制度由 1954 年《人民法院组织法》正式确立，该法第 17 条规定："基层人民法院根据地区、人口和案件情况，可以设立若干人民法庭。人民法庭是基层人民法院的组成部分，其判决和裁定就是人民法院的判决和裁定。"那时起，人民法庭又称"派出法庭"或"基层法庭"。经中央政法小组审定同意，最高人民法院 1963 年制定施行的《人民法庭工作试行办法（草稿）》确立了人民法庭职责：负责审理一般民事案件和轻微刑事案件；指导人民调解委员会工作，对人民调解委员会调解达成的协议，如果违背政策、法律、法令的，应当纠正或撤销；进行政策、法律、法令宣传；处理人民来信，接待人民来访；办理基层人民法院交办事项。同时规定，人民法庭的工作分驻庭办案和巡回审判两种，设置数量根据辖区面积和人口确定，对人口特别少的县，可不设法庭，实行巡回审判。[2]

"文革"期间，人民法庭建设停滞。1979 年《中华人民共和国法院组织法》恢复了此前的人民法庭制度。为积极促进人民法庭建设，1985 年至 1992 年，最高人民法院先后四次召开全国法院"两庭"建设会议，全国再一次兴建人民法庭。据统计，1998 年全国人民法庭达 17411 个，法庭干警有 75553 人。[3]

(二)新时期人民法庭的时代使命与未来发展定位

1998 年，第一次全国人民法庭工作会议召开，根据会议精神，新形势下人民法庭要向规范化、制度化、规模化方向发展，凡不利统一执法、与人民法院依法独立行使审判权的原则不相符的都应撤销，人民法庭的转型由此拉开序幕。1999 年 7 月 15 日，最高人民法院印发《关于人民法庭若干问题的规定》的通知，标志着全国大规模撤并优化改革开始进行，人民法庭的建设标准从数量衡量转向重视审理案件质量。2005 年第二次全国人民法庭工作会议后，最高人民法院依次颁布《进一步加强人民法院基层建设的决定》《全面加强人民法庭工作的决定》，确定以人民法庭建设为基层司法建设的重心，强化基层人民法庭各项工作配置。

2014 年 7 月 8 日，第三次全国人民法庭工作会议在山东济南召开，中央政治局委员、政法委书记孟建柱，最高人民法院院长周强发表了重要讲话。会议对 2006 年来人民法庭工作情况进行了总结，对深化人民法庭各项改革提出明确要求，指引了方向：基层稳，则天下安，人民法庭作为基层法院的派出机构，是人民法院"基层的基层""关键的关键"，是社会主义司法制度的一大创造，在国家和社会治理中承担的责任特

---

① 邵俊武：《人民法庭存废之争》，载《现代法学》2001 年 10 月第 23 卷第 5 期。
② 胡夏冰、陈春梅：《我国人民法庭制度的发展历程》，载《法学杂志》2011 年第 2 期。
③ 刘嵘：《全国人民法庭工作会议综述》，载《人民司法》1999 年第 1 期。

别重大。人民法庭工作不但不能削弱,而且必须加强。[①]

本次会议确立的原则和方向无疑是此后很长一段时间内,人民法庭的时代使命与未来发展定位:探索符合审判规律、简单易行、便民利民的方式,满足群众多元化司法需求;发挥人民法庭贴近群众的优势,创新便民利民机制,强化诉讼指导;优化人民法庭区域布局,推行巡回审判等方式,完善便民服务网络,减轻当事人讼累;积极参与基层社会治理创新,推动完善人民调解、行政调解、司法调解联动工作体系,加强与属地公安派出所、司法所、基层检察室等的联系;发挥普法优势,以案说法开展法治宣传教育。2014 年 12 月 4 日,最高人民法院颁布《关于进一步加强新形势下人民法庭工作的若干意见》,对第三次全国人民法庭工作会议精神在法律上予以了确认。

二、实证研究——上海法院人民法庭的运行状况

(一)上海法院人民法庭的基本情况

近年来,随着上海城乡经济、社会一体化进程深化,为充分发挥人民法庭的基层基础作用,上海根据各基层法院实际情况,统筹兼顾辖区面积、人口数量、案件数量及与法院所在地距离远近等综合因素,调整部分法庭布局并酌情增设部分法庭,先后在浦东、闵行、松江、嘉定等地区的城乡接合部、人口导入量大的街镇增设 12 个人民法庭。截至 2017 年 8 月底,上海市 16 个基层法院中有 9 个基层法院设有人民法庭,全市共设有人民法庭 36 个[②]。具体如表 4-1[③]。

表 4-1　上海基层法院人民法庭所辖街镇区域分布情况

各区	总面积（km²）	法庭名称	所辖街镇名称	辖区面积（km²）	面积占比
闵行	370.75	颛桥法庭	颛桥镇、马桥镇、江川路街道、莘庄工业区	126.87	97.21%
		七宝法庭	七宝镇、古美街道	28.8	
		新虹桥法庭	新虹街道、虹桥镇、华漕镇	60.59	
		浦江法庭	浦江镇	78.51	
		梅陇法庭	吴泾镇、梅陇镇	65.62	

---

①　参照最高人民法院内网的《法院新闻摘报 2014 年第 10 期(第三次全国人民法庭工作会议和全国高级法院院长座谈会)》一文。

②　相关数据系笔者从上海法院内网、通信录、即时通信等综合统计而来。其中,因浦东新区的自由贸易区法庭为专业性法庭,且与外高桥人民法庭合并统计数据,故本文中不予单独列出。

③　该表格中人民法庭所辖街镇的面积等数据,系笔者从上海市政府、各区、各街镇官方网站综合统计而来。

各区	总面积（km²）	法庭名称	所辖街镇名称	辖区面积（km²）	面积占比
浦东	1210.41	陆家嘴法庭	陆家嘴街道、花木街道、洋泾街道、塘桥街道、潍坊街道	41.37	100%
		川沙法庭	川沙新镇、张江镇（含张江高科技园区）、合庆镇、唐镇	212.84	
		六里法庭	三林镇、周家渡街道、上钢街道、南码头街道、东明街道	57.37	
		金桥法庭	沪东街道、金杨街道、浦兴街道、金桥镇、曹路镇	91.65	
		外高桥法庭	高桥镇、高东镇、高行镇	97.82	
		周浦法庭	北蔡镇、康桥镇、周浦镇、航头镇、新场镇、六灶镇、原医学园区、原康桥工业区	221.82	
		南汇新城法庭	芦潮港、书院镇、泥城镇、万祥镇、申港	206.66	
		惠南法庭	惠南镇、祝桥镇、宣桥镇、老港镇、大团镇	355.98	
奉贤	687.39	奉城法庭	奉城镇、四团镇、海湾镇、海港综合开发区	226.25	90.82%
		南桥新城法庭	金汇镇、青村镇、金海社区	163.36	
		柘林法庭	拓林镇、庄行镇、海湾旅游区	234.66	
松江	605.64	泗泾法庭	泗泾、九亭、洞泾	74.30	74.23%
		浦南法庭	泖港（五库）、叶榭（张泽）、新浜、石湖荡（李塔汇）	218.66	
		车墩法庭	车墩、新桥、东部工业区	101.36	
		佘山法庭	佘山	55.23	
金山	586.05	朱泾法庭	朱泾镇、吕巷镇	135.41	59.62%
		枫泾法庭	枫泾镇	91.66	
		亭林法庭	亭林镇、金山工业区	122.34	
宝山	270.99	淞南法庭	淞南镇、张庙街道、高境镇、庙行镇、大场镇	63.25	74.71%
		月浦法庭	月浦镇、罗店镇、罗泾镇	139.21	

各区	总面积（km²）	法庭名称	所辖街镇名称	辖区面积（km²）	面积占比
嘉定	464.2	南翔法庭	南翔镇、江桥镇、真新街道	81.02	99.93%
		安亭法庭	安亭镇、外冈镇	140.29	
		嘉中法庭	嘉定镇街道、新城路街道、马陆镇	66.47	
		嘉北法庭	嘉定工业区、菊园新区、徐行镇、华亭镇	176.11	
青浦	670.14	朱家角法庭	朱家角镇、金泽镇、练塘镇	339.39	85.92%
		青东法庭	徐泾镇、华新镇、白鹤镇、重固镇、香花桥	236.41	
崇明	1411	庙镇法庭	庙镇、三星镇、绿华镇、新海镇、新村乡	345.04	79.32%
		堡镇法庭	堡镇、新河镇、港沿镇、竖新镇、东平镇（除前哨社区）	333.44	
		中兴镇法庭	中兴镇、陈家镇、向化镇、东平镇前哨社区	228.32	
		长兴法庭	长兴镇	160.60	
		横沙法庭	横沙乡	51.74	

从表 4-1 可看出，上海的基层法院中，已设置人民法庭的区包括闵行、浦东、奉贤、松江、金山、宝山、嘉定、青浦、崇明，这些区的相关街镇均有一个共同特征：位于城乡接合部、地理位置较为偏远的镇，且地域总面积较大、人口导入量迅速上升，案件数量也逐年增长，社会矛盾较为突出。统计显示，上海市共有 105 个街镇、107 个镇和 2 个乡[①]，其中 9 个基层法院设置的 36 个人民法庭共覆盖了 123 个街道、乡镇或各类园区，区域覆盖率达 57.48%。其中，9 个区法院所设立的人民法庭管辖合计面积占各区辖区总面积大都在 70%～90%，浦东新区甚至达到全覆盖，最低的如金山区也占 59.62%，说明人民法庭布局从整体上来说还是合理的，应当说从很大程度上保障了群众的就近行使诉权的便捷性。

（二）人民法庭的所辖区域人口分布

区域人口分布也是人民法庭具体设置和选址的重要考量因素，遵循面向农村、面向基层、面向群众，坚持便于当事人诉讼、便于人民法院依法行使审判权的原则，上海在巩固原有法庭撤并成果的基础上，通过合理规划与调整，实现布局的进一步优化。根据全国第六次人口普查结果，上海常住人口 23019148 人，其中 36 个人民法庭所辖区街镇人口约 1298 万人，即人口覆盖率 56.39%，其中占 9 个区总人口数 80.96%，

---

① 参照上海市政府微博"上海发布"2017 年 8 月 23 日信息《上海最新行政区划名称表公布》。

说明人民法庭的便利性已涵盖各区的大部分人民群众。具体如表 4-2^①。

表 4-2　上海基层法院人民法庭所辖街镇人口分布情况

各区	总人口	法庭名称	所辖街镇名称	辖区人口	人口占比
闵行	2429372	颛桥法庭	颛桥镇、马桥镇、江川路街道、莘庄工业区	535687	88.56%
		七宝法庭	七宝镇、古美街道	432493	
		新虹桥法庭	新虹街道、虹桥镇、华漕镇	424910	
		浦江法庭	浦江镇	292750	
		梅陇法庭	吴泾镇、梅陇镇	465598	
浦东	5044430	陆家嘴法庭	陆家嘴街道、花木街道、洋泾街道、塘桥街道、潍坊街道	580619	97.98%
		川沙法庭	川沙新镇、张江镇（含张江高科技园区）、合庆镇、唐镇	795634	
		六里法庭	三林镇、周家渡街道、上钢街道、南码头街道、东明街道	838695	
		金桥法庭	沪东街道、金杨街道、浦兴街道、金桥镇、曹路镇	768579	
		外高桥法庭	高桥镇、高东镇、高行镇	432663	
		周浦法庭	北蔡镇、康桥镇、周浦镇、航头镇、新场镇、六灶镇、原医学园区、原康桥工业区	843804	
		南汇新城法庭	芦潮港、书院镇、泥城镇、万祥镇、申港	194765	
		惠南法庭	惠南镇、祝桥镇、宣桥镇、老港镇、大团镇	487789	
奉贤	1083463	奉城法庭	奉城镇、四团镇、海湾镇、海港综合开发区	281259	59.95%
		南桥新城法庭	金汇镇、青村镇、金海社区	214137	
		柘林法庭	拓林镇、庄行镇、海湾旅游区	154128	
松江	1582398	泗泾法庭	泗泾、九亭、洞泾	405250	67.27%
		浦南法庭	泖港（五库）、叶榭（张泽）、新浜、石湖荡（李塔汇）	199368	
		车墩法庭	车墩、新桥、东部工业区	384340	
		佘山法庭	佘山	75507	

①　该表格中人民法庭所辖街镇人口数据，系笔者从全国第六次人口普查结果、上海市政府网站综合统计而来。

各区	总人口	法庭名称	所辖街镇名称	辖区人口	人口占比
金山	732410	朱泾法庭	朱泾镇、吕巷镇	172892	51.56%
		枫泾法庭	枫泾镇	82477	
		亭林法庭	亭林镇、金山工业区	122265	
宝山	1904886	淞南法庭	淞南镇、张庙街道、高境镇、庙行镇、大场镇	721322	54.24%
		月浦法庭	月浦镇、罗店镇、罗泾镇	311980	
嘉定	1471231	南翔法庭	南翔镇、江桥镇、真新街道	502227	100.00%
		安亭法庭	安亭镇、外冈镇	313399	
		嘉中法庭	嘉定镇街道、新城路街道、马陆镇	309941	
		嘉北法庭	嘉定工业区、菊园新区、徐行镇、华亭镇	345664	
青浦	1081022	朱家角法庭	朱家角镇、金泽镇、练塘镇	230663	69.46%
		青东法庭	徐泾镇、华新镇、白鹤镇、重固镇、香花桥	520162	
崇明	703722	庙镇法庭	庙镇、三星镇、绿华镇、新海镇、新村乡	104141	76.55%
		堡镇法庭	堡镇、新河镇、港沿镇、竖新镇、东平镇（除前哨社区）	197757	
		中兴镇法庭	中兴镇、陈家镇、向化镇、东平镇前哨社区	108064	
		长兴法庭	长兴镇	100809	
		横沙法庭	横沙乡	27921	

（三）人民法庭的法官配置、审判工作情况

近些年来，从各人民法庭办结的民事案件数量看，审理的案件呈现逐年递增态势。根据此前统计数据，2006—2013 年的七年间，上海全市人民法庭共受理各类案件 409222 件，审结 405417 件。其中，2006 年全市人民法庭受理案件 31619 件、审结案件 30929 件，2013 年全市人民法庭受理案件 73032 件，审结案件 72318 件，同比分别上升 130.98% 和 133.82%[1]。从各相关法院结案量看，人民法庭以很低的法官员额配置却审理办结了相当比例的民事案件。具体如表 4-3。

---

[1] 参照原上海市高级人民法院邹碧华副院长 2014 年 10 月 30 日在上海法院人民法庭工作会议上的讲话《便民利民 规范创新 努力实现新时期人民法庭工作的新跨越》。

表4-3　2016年度上海部分法院人民法庭审结案件、法官配置情况

区法院	各法院民事结案总数	法庭名称	法庭结案数	法庭结案数占全院比例	法官人数	法官人均结案数	总人均结案数
闵行区法院	29616	颛桥法庭	4237	57.54％	9	471	396
		七宝法庭	3133		8	392	
		新虹桥法庭	3039		7	434	
		浦江法庭	1983		6	331	
		梅陇法庭	4649		13	358	
松江区法院	18336	泗泾法庭	4396	55.27％	7	628	621
		浦南法庭	762		3	254	
		车墩法庭	1178		5	236	
		佘山法庭	3800		8	475	
青浦区法院	13099	朱家角法庭	1022	18.53％	5	204	221
		青东法庭	1405		6	234	
崇明区法院	8157	庙镇法庭	714	64.99％	6	119	183
		堡镇法庭	2676		11	243	
		中兴镇法庭	781		5	156	
		长兴法庭	841		5	168	
		横沙法庭	289		2	145	

从表4-3可以看出,2016年,大部分区法院的人民法庭均办结了全院50％以上的一审民事案件,充分发挥了处于司法为民最前沿、化解矛盾的第一线的巨大作用。其中,松江区4个人民法庭配置的法官人数仅23人,却审理办结案件10136件,占全院结案数55.27％,法官人均结案数高达621件。闵行区5个人民法庭共有法官43人,审理办结案件17041件,人均结案数396件。崇明区的人民法庭则化解了全院64.99％的民事案件,青浦区的2个人民法庭人均结案量也达到221件。

(四)上海法院人民法庭的特色措施

1. 注重通过诉调对接、简易程序等灵活方式,就地化解矛盾

大多数法院将诉调对接中心的分中心设在人民法庭,在人民法庭设立诉调对接窗口,并以此为载体,探索法庭调解与就地化解相结合,诉前、审前和审中调解相结合,诉讼和人民调解相对接,以多元化方式解决矛盾。例如,崇明法院中兴镇法庭通过设立审判站、点等方式,每月选派经验丰富的法官前往审判站,就近立案、调解、开

庭,做到一站式服务。普陀法院通过与街镇合作,在人民群众工作生活的社区设置法官工作室,让法官于固定时间地点在社区办公接待群众。有的法庭通过设立圆桌调解室、在调解区域布置群众喜闻乐见的倡导良好社会风尚的漫画等形式,营造良好的调解氛围。

2. 有针对性确定各法庭收案范围,实行类别化、集中管辖等区分

各法院从本区实际情况出发,结合本部法院与法庭的地理位置、人员结构、历史传统等因素,有针对地制定区别化的收案标准,或规定某些法庭仅受理个别案由的案件,或规定全区某类案件全部由某法庭集中管辖,以更好地服务全局。例如,青浦区法院规定,民一庭与派出法庭按以下标准分案:涉及两个以上被告户籍地或注册地在不同的庭管辖区域的,由立案庭根据最密切联系原则确定受理部门。民一庭辖区为夏阳街道、盈浦街道、赵巷镇,朱家角法庭辖区为朱家角镇、练塘镇、金泽镇,青东法庭辖区为徐泾镇、华新镇等。奉贤区法院则规定,奉城法庭负责辖区内的普通民事案件、标的额 100 万元以下的买卖合同、加工承揽合同及房产类案件,并从 2015 年 9 月起,奉城法庭集中承办奉贤区内所有道路交通案件[1]。松江区法院 2012 年底成立的佘山法庭,作为全区审理机动车交通事故责任纠纷专业化审理部门,在 2016 年受理的 3800 件案件中,交通事故类案件 3543 件,占比 93.24%,佘山镇辖区案件仅 257 件[2]。松江区法院以此为基础,专门发布《上海市松江区人民法院机动车交通事故责任纠纷案件审判白皮书(2013—2015 年)》,延伸审判职能。

3. 参与社会基层治理、源头治理,强化预防和化解相结合

人民法庭贴近乡村群众,熟悉社情民意,能及时发现基层不稳定因素,上海的人民法庭充分发挥在预防纠纷"天时、地利、人和"的天然优势,从矛盾预防和源头治理上下功夫,参与基层社会治理。例如,朱家角法庭制定《朱家角法庭司法协作网络实施草案》,与朱家角镇政府建立司法协作网络,创设"诉调对接指导站""巡回审判点"模式,在辖区每村、居等组织设立一名司法协作员,使镇村两级有关组织和人员部分参与司法活动,以"借力、解困、综治、展示"为宗旨,借助多方合力、解决审判难题、化解辖区纠纷、展示法院风貌。奉贤区奉城法庭创新建立"庭所联动""法官工作室""老徐工作室""村镇巡回法制宣讲"等,与辖区司法所、人民调解组织、交警队、派出所等形成联动,将农村当事人纠纷进行繁简分流,启用速裁工作机制,着重以诉前调解方式解决纠纷。

三、现实困境——人民法庭运行中存在的问题分析

总体上看,现有人民法庭各项制度运行是好的,但也存在不少问题,比如,法庭与

---

[1] 参照上海市奉贤区人民法院内部网站的法院简介、新闻信息后综合而来。

[2] 参照上海市松江区人民法院佘山法庭编印的《佘山法庭情况》2016 年第 1 期、第 2 期。

法院本部职能区分还有待进一步厘清,受案范围不明确某种程度影响群众诉权便利行使,立审执功能交织有悖于诉讼基本原则,案多人少矛盾较为普遍。

(一)人民法庭与法院本部、民一庭等其他业务庭的职能区分不清

最高人民法院《关于人民法庭若干问题的规定》第 6 条规定:"人民法庭的任务:(1)审理民事案件和刑事自诉案件,有条件的地方,可以审理经济案件;(2)办理本庭审理案件的执行事项;(3)指导人民调解委员会的工作;(4)办理基层人民法院交办的其他事项。"该条文规定仅概括性规定审理"民事案件""经济案件"等,但具体包括哪些民事案件未明确,何为"经济案件"本身并非专门的案由分类标准。同时,最高人民法院在《关于全面加强人民法庭工作的决定》中又规定"人民法庭的案件管辖范围,由基层人民法院在自己管辖的一审民事、刑事自诉和执行案件范围内根据实际情况确定,并向社会公布",这就造成了全国各地人民法庭案件管辖范围的不统一,某种程度上给群众及时行使诉讼带来了诸多不便,有损司法统一及权威。有不少法院认为法庭与其他庭室无异,法庭与法院受理案件范围的区别仅以分管地域划分,近年来法庭受理案件也逐渐呈现标的较大、群体性诉讼频发、案情复杂等特点,因此并不符合人民法庭一般应审理较为简易案件的要求。另外,人民法庭不仅要承担案件审理工作,有条件的法庭还承担立案、执行工作,并开展巡回审理、就地办案、指导人民调解、法治宣传等,与法院本部其他内设庭室相比,显然要承担更多职能与社会责任,然而在实践中,对此也并无明确标准,法庭"面向农村、面向基层、面向群众"作用未得到充分发挥。

(二)存在"立审执"一体化诉讼服务与"立审执"分离的两难

最高人民法院《关于全面加强人民法庭工作的决定》第 9 条规定,经基层人民法院同意,人民法庭可以直接受理案件。法庭具有立案功能既是法庭现实工作的需要,也是为群众提供"一站式"诉讼服务的应有之义。法庭在延伸审判职能,对辖区社会矛盾提前介入,对人民调解进行指导、巡回审理时,常会碰到群众对纠纷要求处理,乃至要求起诉的情况,作为第一线工作人员,可即时提供诉讼指导,就地收案也利于减少当事人诉累,甚至经过法庭的现场勘查、调处,正式立案进入诉讼程序后,已具备相当程度的调判基础。上海实践中,也有相当部分的法庭已具备立案功能,例如上海首家综合性法庭——奉城人民法庭,提供立审执一体化诉讼服务中心,效果良好①。但由于法庭人员配置少,且立案应遵循"立审分离"原则,这就对法庭提出更高要求,实践中多由法庭工作人员兼立案人员进行初审、电脑录入,庭长审批。缺乏专业立案人

---

① 参照 2010 年 7 月 15 日上海高院简报《奉贤区法院推进全市首家综合性多功能人民法庭 就地解决纠纷显成效》。

员导致以下弊端:对案件受理范围、管辖、主体、案由等规定与要求掌握偏差、对立案条线最新精神了解较滞后。另外,作为已承担辖区大量立案及审理工作的法庭,若开展执行工作面临更多困难:执行工作同样要求"审执分离",既审又执难免导致被执行人抵触情绪,质疑司法公正;执行具一定专业性及技巧性,若一味强调法庭功能多样化,可能反而影响案件实际处理。

(三)农村地区厌讼情绪、独具风土特色,导致法庭工作难度大

首先,农村地区厌讼情绪强烈。受到我国社会传统的"厌讼""无讼"观念影响,当事人往往认为纠纷应私下解决或找政府反映,对于诉诸法院存在天然抵触情绪。笔者就曾处理过一起相邻权纠纷案件,当事人认为邻居阻塞其门前道路,影响其通行权,并因此事常年信访,政府部门多次劝说其采取诉讼手段维护自身利益,但当事人坚持不愿起诉,直至基层组织、司法所与法庭联合做其工作,反复释明法律,才选择司法途径解决纠纷,耗费了相关单位大量时间精力。其次,文化程度、法律素养较低。农村当事人由于其所受教育所限,尤其是老年当事人,例如认为成为"被告"是对自身的侮辱、无法理解在送达回证及笔录上签字的意义进而拒签,对公告、鉴定等耗时较长的程序性事项认为是法院故意拖延等。当事人对法律缺乏了解使执行工作也困难重重,例如,相邻关系纠纷当事人在拆除障碍物之后又另行搭建、再次侵权,不仅浪费司法资源,且造成双方积怨更深。最后,农村习惯、风土人情对审判工作提出了更高要求。例如,各地不同的婚嫁习俗在审理婚姻类案件时应予以一定考量,又如农业知识、当地俗语等对来自城区的法官也是挑战,更有甚者,上海农村社会还形成某些"村规民约",如针对创建文明城区、"美丽乡村"建设,制定行为规范整治违章搭建、家禽养殖及卫生治理等,还出现一些村委会以合同形式与村民"约法三章"、一方违约后守约方依据合同诉至法院的案例。

(四)基层案多人少矛盾突出,人才吸附力不强,审判资源紧张

上海市高级人民法院印发的《关于上海市法院人民法庭设置的若干意见》第4条规定:"人民法庭至少应由五名法官、二名书记员组成,并至少配备一名司法警察。"但实践中,上海的人民法庭审判工作人员配置很少,案多人少矛盾较基层法院更为突出,例如,2016年泗泾法庭共受理案件4435件,但该法庭仅有7名法官,虽另配有7名法官助理[①],但审判压力依然巨大。另外,由于法庭通常较为偏远、通勤不便,不少具有丰富审判经验的老法官及业务骨干较少在法庭就职,法院干警普遍不愿去法庭工作,部分法庭干警希望早日回到法院本部工作,法庭对优秀审判人员的吸附力不强。但随着我国农村的飞速发展,新农村建设、城镇化发展带来的环境保护、拆迁工

---

① 该数据从上海市高级人民法院内网"上海市法院工作人员通讯信息"列表中统计得出。

作的展开,法庭受理的纠纷日益呈现复杂化趋势,对法官的业务能力提出了更高要求,若没有一定人生阅历和社交技巧,往往难以把握案件走向、当事人心态,若简单一判了之,不仅可能挫伤人民群众对司法的期待,还有可能进一步激化矛盾。同时,因法庭远离法院本部,且法庭忙于繁重的办案任务、巡回审理、参与基层治理等,法庭条线的相关会议、专业学习培训也较少,法庭与法庭间交流较少,既不利于法庭工作人员了解审判理论实务最新动向与工作要求,也缺少先进经验的交流传播,从而使得法庭"闭门造车"、格局不高、只埋头于辖区事务。

(五)法庭的物质装备、信息化水平仍有待提高

目前,虽然上海市所有人民法庭均已达到《基层人民法院基本业务装备配备指导标准(试行)》中关于人民法庭装备配备的标准,均配备了庭审同步录音录像设备,局域网已基本接通,但部分法庭的物质及科技保障水平仍有待提高,例如,部分法庭安保设施及人员配置较为薄弱,处在社会矛盾第一线的广大法庭工作人员,面临的风险程度较高;部分法庭没有启用电子印章,诉讼文书、报表、报账、案卷送检、归档等无不要求干警频繁地往返于法庭和法院之间,直接导致办案经济成本和人力成本增加,严重影响审判效率;缺乏在线立案、在线查阅电子诉讼档案的功能,巡回审判无法做到同步录音录像并刻盘等,对于效果较好的巡回审理案件无法进一步挖掘其法治宣传的价值。

四、出路探视
——新时期城市化背景下人民法庭职能定位重构

如前述,当前人民法庭所面临的一个重大问题是,如何进一步准确把握职能定位。人民法庭职责范围越清晰,功能设计越合理,其所能展现出的作用也就越大。这是深化司法改革所要直面的问题,是巩固基层政权、服务人民群众、强化基层建设的基本途径。根据前述上海市人民法庭的运行实际和存在的问题,提出以下建议。

(一)统一人民法庭的案件管辖范围标准,强化审判核心功能

根据现有规定,人民法庭负责审理辖区内的民事案件、刑事自诉案件,有条件的地方,还可审理经济案件,但具体案件类型则由基层法院在管辖的一审民事、刑事自诉和执行案件范围内根据实际情况确定、向社会公布,即全国并无统一标准。司法权是国家权,人民法庭作为重要的一级基层组织,代表国家依法独立公正行使审判权,是人民法庭的核心职能。案件是行使审判权的基本载体,案件管辖范围的规定应最大限度上避免模糊不清、各地"百花齐放",以最大化实现人民法庭审判功能,同时厘

清与基层法院本部其他审判业务部门的关系,避免审判资源与任务不均衡分配。考虑到目前人民法庭审理的民事案件大多都适用简易程序,根据最高人民法院《关于适用简易程序审理民事案件的若干规定》第14条规定,"婚姻家庭纠纷和继承纠纷、劳务合同纠纷、交通事故和工伤事故引起的权利义务关系较为明确的损害赔偿纠纷、宅基地和相邻关系纠纷、合伙协议纠纷、诉讼标的额较小的纠纷"等六类纠纷人民法院在开庭审理时应当先行调解,且该六类纠纷在人民法庭审判实践中亦为常见的案件类型,为进一步落实人民法庭审理案件"应当将调解贯穿案件审理的全过程"原则,建议以修改民事诉讼法或制定司法解释的形式,明确规定人民法庭负责审理辖区内的前述六类民事案件。

鉴于刑事自诉案件的当事人往往是在公安机关不立案、调解无成情况下被害人采取的救济方式,起诉到法庭往往需法庭主动到案发地、深入群众了解案情,但目前人民法庭并无拘留的权力,对不到庭的被告人法庭暂无有效制约措施。此种情况下若由基层法院刑庭审理,可由法警拘传,能更好发挥审判职能。当然,若修改法律赋予人民法庭相应的司法拘留决定权,亦可将刑事自诉案件交由人民法庭审理。因"经济案件"概念不明确,建议不再在人民法庭案件管辖范围内作规定。

(二)成立综合性人民法庭,提供立审执一体化诉讼服务

在人民法庭的实际工作中,常存在着法庭工作人员自行审核立案、自行审理、自行执行的工作模式,这无论从诉讼法理论角度或现实角度均只是权宜之计。2009年上海奉贤区法院成立全市首家综合性多功能人民法庭——奉城法庭,便是解决这一问题的可行之策,同时也很好体现了人民法庭"两便原则"和"三个面向"的要求。该法庭自成立以来,坚持便民利民,实行"立、审、执"一体化;延伸审判功能,推进社会矛盾化解;推行法庭简便工作法,凸显法庭特色,工作成效显著。具体而言,应建立诉讼服务一体化中心,基层法院的立案庭、执行局均在人民法庭设置派出人员或机构,分别设置相应的窗口,并严格按照诉讼分工规则将立案人员、执行人员与审判人员实行相对的分离设置,既能保证立案及执行标准的统一性、相关工作的专业性,方便当事人就近办理诉讼业务,免去往返奔波的诉讼成本,也能确保不违背诉讼原则。

(三)探索赋予人民法庭独立审级功能,增强司法自治

司法实践中,我国基层法院的人民法庭所办理案件尤其是民商事案件的数量和相应比例是非常高的,上海大部分区法院人民法庭办结了全院一半以上的民事案件,崇明的人民法庭2016年办理全院64.99%的民事案件,人民法庭事实上成为法院层级体系中极重要的一级力量。若这些案件均进入到二审程序,当事人诉讼成本和人民法院司法成本都会增加,有违"两便"原则。为充分发挥基层法院、基层组织就地化解矛盾功能,可考虑借鉴同为派出机构的街道办事处、公安局派出所等的功能定位和

权限设置,探索赋予派出人民法庭一定程度的独立审级,并在基层法院设立上诉法庭,专门审理人民法庭的普通上诉案件①。具体来言,人民法庭作出的裁判文书,均加盖本法庭的印章,当事人上诉案件则由基层法院本部特设的上诉法庭审理。同时,因人民法庭一般均管辖若干街镇,为避免造成与街镇党政机关性质混淆的错觉,进一步增强派出人民法庭的司法权威、司法自治,可借鉴最高人民法院设置巡回法庭的经验,以序号将各基层法院人民法庭冠以"某某区人民法院第一巡回法庭""某某县人民法院第二巡回法庭"等,重构我国法院的审级制度②。

(四)全面加强人民法庭人财物和信息化保障,夯实基层治理基础

人民法庭作为"基层中的基层""关键中的关键",发展中却被案多人少、晋升空间受限、人才流失等瓶颈问题所困扰。为夯实基础,司法资源配置要坚持重心下移、力量下沉、保障下倾,以制度激励优秀审判人才向人民法庭聚集,让其成为审判骨干的成长基地、领导干部的选拔基地和晋职人员的基地。首先,要统一受案范围、以案配人、以案配物。通过精确统计分析每个人民法庭所办理的案件数量、类型、难易程度等,合理配置人力资源和物质资源,并根据实情及时调整,避免出现司法资源浪费、忙闲不均。其次,要明确价值导向。将拟提拔任用的后备干部、重点培养的审判业务专家安排到人民法庭锻炼,明确在法官等级调整、职级晋升时给予倾斜,增强人民法庭对人才的吸附力,让其成为法院优秀人才培养的"蓄水池"。再次,要厘清人民法庭与街镇党政组织的关系。坚持人民法庭的审判核心功能,破除人民法庭的行政化干扰,在法律框架下依法参与基层治理,避免人民法庭成为街镇的"附属""保姆"之嫌,免除人民法庭繁忙的事务性工作,让法官专心审判。最后,要全面提升法庭的办公系统科技含量,全面实现电子办公,配备诉讼服务导引机器人、自助立案机、电子诉讼档案查阅设备等,实现远程立案、职能巡回审判等,打造"智慧人民法庭""数字人民法庭"。

---

① 参照最高人民法院内网"焦点新闻"2017 年 9 月 8 日《江必新:在考虑审级制度改革时 要关注司法资源合理配置》,http://www.court/static/jdxw/20170908/96489.html,于 2017 年 9 月 9 日访问。

② 2017 年 9 月 7 日,最高人民法院党组副书记、副院长、中国法学会副会长江必新在中国法学会审判理论研究会 2017 年年会暨"司法改革与法院组织法法官法修改理论研讨会"上发表题为"关于审级制度改革的几点思考"的主旨演讲,提出在人民法院组织法修改过程中,应考虑研究和论证赋予人民法院派出机构独立审级功能的合法性和合理性。

第五章

论人民法庭职能发挥的
困境突破与实践进路
——以社会转型和司法改革对法庭职能的影响为分析视角

陈希国*　付金良**　李洪波***

人民法庭的设置由来已久,是中国特色社会主义司法中非常具有代表性的机构设置,并对中国司法进程的推进起到了不可替代的作用。随着司法改革的不断深入,人民法庭的内在要素(人员结构、职能定位、审判团队等要素)产生了新的发展和变化。随着社会发展和改革的不断深入,人民法庭的外部客观环境也在不断发生重大变化,人民法庭原来的功能定位逐渐不能满足这种内部、外部变化的需求。人民法庭的职能定位的成功与否决定着法庭中心工作的具体内容与发展方向,是法庭本职工作好坏与参与社会管理能否成功的关键点,可以称之为法庭改革的重中之重。

一、形势所迫:社会转型对法庭职能发挥产生新冲击

人民法庭的设置是与当时社会形势分不开的。我国司法进程的推进过程中,人民法庭也确实起到了设置之初"便民、利民、为民"的原则。但社会发展进程的速度超乎了设置者的考量,事实上在当时的环境下也无从进行考量,司法的滞后性也无法对这样的变化予以自身调整。在诸如"社会转型期""新形势""新常态"等字眼频繁出现在报端和网络时,人民法庭的职能该何去何从,应当予以良性呼应还是恪守传统摆在了改革者的面前。

(一)交通快速发展与传统便民方式产生冲突

1. 法庭便民设置的初衷。人民法庭的设置,主要遵循便利当事人进行诉讼和便

---

* 山东省高级人民法院研究室调研组负责人。

** 山东省滨州市无棣县人民法院碣石山法庭副庭长。

*** 山东省滨州市无棣县人民法院法官。

利人民法院审判案件的"两便"原则。法庭设置之初,"两便"原则主要体现在法庭的地域优势上。农村地区尤其是偏远地区,交通不发达,有的地区与县城区相距非常远,甚至有的村民一辈子去不了一次县城,如事事都需要到人民法院去办理,无疑极大增加了当事人的诉累。从这个起点出发,在乡镇设置人民法庭,尤其是当时"一乡一法庭"的布局及人民法庭可以独立受案的背景之下,偏远地区的群众能够"在家门口打官司",确实是起到极大的便民作用,满足了人民群众日益增加的司法需求,为缓解交通矛盾、充分发挥人民法庭地域优势发挥了重要作用,现在看来也不能否认其功能意义和科学性。

2. 法庭便民优势的消减。随着经济社会的发展和前进,道路网络四通八达,交通状况得到了明显改善,除极其偏远落后地区外,人民群众已经可以便捷地往来于县城与乡镇之间,甚至很多群众在保留了原住所的情形下迁入城镇落户。与此同时,人民法庭也发生了很大变革,传统的"一乡一法庭"格局已经不复存在,而是在几个人口相对集中的区域保留了几个法庭,人民群众对"家门口的法庭"的认同感逐渐消失。随着立案登记制的推行,人民法庭的立案也受到限制,甚至在"随机分案"的大环境中,人民法庭已失去了立案的权力,当事人不得不往返奔波于法院与法庭之间;网络技术的发展及"网上立案"制度的推行也使人民法庭在立案的优势进一步弱化。交通更加便捷,城镇化进程显著加快,网络改变着人们的生活方式和人民法庭的工作方式,这些都使以往便利的明显性日趋弱化,[1]打破了人民法庭在传统意义上的地域优势。更有甚者,在聘请诉讼代理人、申请财产保全和调查取证等许多方面,人民法庭相比于在"机关庭室"反而会让当事人更费周折,因此有人主张"现在经济条件变好了,交通便利了,农村群众可以进城打官司了,因而,人民法庭就不再重要了",甚至有人认为"可以将人民法庭送进历史博物馆了"。另外,部分群众主观认为人民法庭对其所在乡镇的群众有偏袒意识,诉讼时刻意规避法庭[2],甚至予以消极对抗。从这些方面看,人民法庭在方便人民群众诉讼方面似乎失去了存在的价值和基础。

(二)司法权威性要求与人民法庭"派出性"存在碰撞

1. 法庭权威与政府权威的早期融合。在社会发展初期,人民群众对"人民法庭"和"人民法院"并没有太多的认知,甚至对"人民政府"和"人民法庭"也没有太多的认识。在他们眼中,人民法庭就是当地人民政府的派出机构,法庭的工作是政府工作的一部分,而政府在原来的时代背景下,在人民群众中更加具有权威性,因此人民法庭的工作也不容置疑。事实上,当时的司法环境下,人民法庭也确实将更多的精力投放

---

[1]　宋世旭、李红伟、王黎明:《社会背景变迁与人民法庭之职能重塑》,载《第八届中部崛起法治论坛论文集》。

[2]　如笔者审理的一起案件,当事人因为被告居住地位于法庭旁,而申请"全部法庭人员回避"。

在配合当地人民政府的正常工作方面,对案件审理的主业反倒是并没有引起过多的关注①。在这样的环境中,司法权威并没有单独存在,更不用提如何树立的问题。人民法庭通过对"政府权威"的借力,也是在时代背景下司法工作的最佳选择,群众对"司法权威"没有提出质疑。

2. 脱离政府权威的司法处境尴尬。社会的不断发展,推动者"法治意识"的逐渐树立。在不断推进的司法改革进程中,诸如"司法独立"等原则已经得到人民法院的普遍推行,作为人民法院派出机构的人民法庭,也早已与当地党委政府自动剥离而单独作为一级执法的机构存在,却没有梳理出一条确立司法权威的新途径。与之相适应,人民群众对法治的理解也逐渐深入,人民法庭自然不能再借助政府权威实现司法权威,导致人民法庭的地位也开始遭受群众质疑。在法律意识尚未达到司法公信所要求的层次时,人民群众更加倾向于找层次更高的机构来处理问题。表现在实践中,当事人一遇到对其利益不利的地方,马上开始对人民法庭的层次、职能提出怀疑和对抗,并寻求法庭的上一级机构——人民法院来予以干涉。人民法庭也只能依靠人民法院的权威来保障正常司法获得,作为法院的一级派出机构自身的权威无法独立树立。

(三)传统处理方式与日益增强的群众维权意识产生矛盾

1. 法庭早期处理方式的空间不再。人民法庭对处理案件的方式上发生着变化。法庭成立早期,人民群众权利意识还没有形成,尤其是在与公权利产生冲突时,更是小心翼翼;群众对法庭的工作人员也有一种自然的"敬畏"心理。这种敬畏,首先是地位上的不平等,社会发展初期人民群众在面对"政府"时,会不自觉认为自己是"受制于人",因而即使权利有一定受损,也会盲目服从。另外,由于群众对法律知识的真空,他们会自觉形成一种依赖意识,认为法庭人员一定熟知法律,因此告知他们的法律知识是正确的,自己不服从就是违反了法律。在这样的环境下,人民法庭也利用这种"自然权威"和群众的"法律真空",采用了许多在现在看来不可思议,甚至是有些野蛮粗暴的工作方式来处理案件②,但在当时确实也化解了一大批矛盾纠纷。

2. 新的处理模式尚未形成。当前,人民群众维护自身利益的意识不断增强、手段不断创新,法律意识总体上来讲逐步增强。这是社会进步不可避免的衍生现象,"我们认为农户户主的法律意识,较之几年前对法律比较陌生不同,现正处于在一般

---

① 如根据笔者对以前老庭长的调查,原来的法庭甚至参与当地人民政府的"三提五统"收取及计划生育工作等现在看来与法院工作毫不相干的事务,这在当时却没有人提出质疑,甚至人民法院也不会予以纠正。

② 如在处理子女抚养的案件中,有的法庭会直接将当事人拘传到人民法庭,采用训斥、批评等方式告知其履行赡养义务,当事人并不会提出异议,反而会自动履行,周围的群众对这样的司法方式也认为理所应当。这样的案例现在仍为许多法庭的老庭长、退休法官津津乐道。

了解向进一步了解和深入了解转化的阶段"①。这自然是一种可喜的变化,也是社会进步的一种体现。就人民群众而言,其关注于自身权利的实现,注重的是维权的目的和最终结果。但人民法庭在逐渐摒弃了原来简单粗暴的工作方式的同时,如何解决当前形势下人民群众对自身利益保护的需求问题上,并没有太多建树,也没有形成新的工作方式和途径,在遇到人民群众过度维权,甚至采用比较极端的方式寻求解决问题时,不得不求助于人民法院来介入处置。

(四)人民调解不断弱化给法庭工作带来挑战

人民法庭的一项工作任务就是对人民调解委员会的调解工作进行指导。人民调解在特定的时期,对化解人民群众内部的矛盾纠纷起到了非常重要的作用。人民调解的主持人,一般是村庄负责人或乡镇的干部,或者是在当地宗族中具有话语权的族长或前辈。人民调解的手段,一是通过村负责人、干部职务上所具有的权威,引导群众接受在他们看来较为合理的处理意见;二是通过族长或前辈在该宗族中的地位,利用熟人社会中"留面子、讲情分"的心态,让群众自愿,有时候也是很不情愿地达成对双方都不算过分的协议。毋庸置疑,这样的调解方式在当时的时代对化解矛盾纠纷确实有效,甚至在现代人民法庭也会不自觉予以适当引用——尤其是在对人民陪审员和调解员的选任中。人民调解如同一条"过滤带",一大部分的矛盾纠纷在未进入法院系统前就得以化解。而这一条"过滤带"现在正在消失。随着人民群众法律意识和权利意识的增强,村级组织领导力、影响力逐渐下降,有时甚至站到了群众的"对立面",许多矛盾纠纷无法在基层化解,通过乡村负责人、干部依靠职权进行的调解模式已经逐渐丧失了其功能;同样的,随着经济意识增强和熟人社会的瓦解,金钱和经济已经成为处理纠纷中重要的衡量和考量因素,"民俗"与"金钱"冲突带来的纠纷屡见不鲜,依靠亲情或宗族的"面子式"调解也逐渐丧失了活力,调解能力逐渐下降。人民调解功能的弱化,使通往法院的"过滤带"逐渐消失。法院方面,立案登记制全面推行以来,人民群众更希望通过诉讼的方式明确一些通过调解无法厘清的权利义务关系,许多政府部门、村负责人也会在"依法治国"的号召下引导矛盾主体进入法院提起诉讼,许多原本不应该诉讼的纠纷涌入了法院,"强诉讼、弱调解"的纠纷解决体系结构特征已经形成。② 大量案件涌入法院,使案多人少的矛盾凸显,也无力再对调解组织给予指导,对此尚没有有效的意见或办法来引导解决。

---

① 郑永流等:《农民法律意识与农村法律发展》,中国政法大学出版社 2004 年版,第 43 页。
② 宋世旭、李红伟、王黎明:《社会背景变迁与人民法庭之职能重塑》,载《第八届中部崛起法治论坛论文集》。

二、改革需求：司法改革对法庭职能发挥产生新需求

在中央全面深化改革和司法体制改革深入推进的背景因素下，人民法庭改革的好坏事关司法体制改革，事关社会管理制度的创新。但近几轮的司法改革，均没有对人民法庭进行精细化设置，备受瞩目的"四五改革纲要"，也是站在宏观的角度，对今后一段时期人民法院人员设置、管辖制度、权力运行等机制作出指导，对人民法庭如何设置却几乎没有涉及。事实上，司法改革作为我国推进改革的一部分，其改革的立足点不应该是向社会、向国家要政策、要资源，而是首先对司法领域内的资源分配进行合理的调整。在进行宏观改革的同时，不断对细节进行完善和设计，以实现与宏观改革同步，[1]并满足社会公众日益复杂的口味和需求，这也是司法改革的题中之意。从实践角度，人民法庭对司法改革的回应，应从如下几个角度展开。

(一)功能要求：由单一逐步走向复合

人民法庭在历次司法改革中，经历了职能定位规范化、总体数量精简化、空间布局合理化的几大变化，但人民法庭的任务始终围绕着"审判、执行案件，对人民调解委员会的调解进行指导以及其他工作"展开，随着人民法庭在案多人少、对指导人民调解委员会工作分心无力，加之人民调解委员会与人民法庭并不隶属于同一上级党委部门管理，指导人民调解委员会的工作逐渐流于形式，参与"其他事项"的规定，作为兜底条款也没有在实践中得以明确。因此人民法庭的主要工作，甚至全部工作就是案件的裁判执行，相比于其他"机关庭室"，人民法庭的职能和任务并无特别之处，出现"同质化"的特征；这种"同质化"已普遍存在于全国其他的法院。上级法院和其他党委部门有关法院的各项考核指标，往往都是围绕着审判、执行绩效展开，并未专门针对人民法庭确立相应的考核标准。在案件数量和审判质效为考核数据的压力下，人民法庭无力从事深入群众走访、巡回办案、指导调解等工作，陷入"受理案件、坐堂办案、关门办案"的泥淖之中。[2] 人民法庭的作用局限于诉讼解决纠纷，强调审判职能、强化硬件建设，忽视了人民法庭作为基层政权组成部分的社会治理作用，导致人民法庭发展遭遇瓶颈。[3]

审判作为人民法院的本职工作，成为人民法庭工作重心自然无可厚非。但人民法庭同时也是与基层组织联系最密切的司法机关，相较于法院的"机关部门"，在掌握

---

[1] 李鑫、马静华：《中国司法改革的微观考察》，载《华侨大学学报(哲学社会科学版)》2016年第3期。

[2] 陈建鏊：《回归与反刍：法治背景下人民法庭参与乡土治理初探》，载《第八届中部崛起法治论坛论文集》。

[3] 陈建鏊：《回归与反刍：法治背景下人民法庭参与乡土治理初探》，载《第八届中部崛起法治论坛论文集》。

辖区情况，参与社会治理、化解矛盾纠纷方面有着无可替代的优越性，这也是人民法庭能够参与社会综合治理的现实基础，法庭在严守审判功能为中心外，其外延也应该进一步拓展，如放大化解纠纷的功能，除加强调解外积极参与其他方式的探索。根据当初的设计，人民法庭不能也不应该成为一个仅仅被动收案的审判部门而存在。人民法庭的特点和优势在于其鲜明的地域性、与群众直接的联系性，其受理案件的标准也是基于方便人民群众诉讼、便于人民法院更好行使审判职能的原则，并非单纯的作为审判部门履行职责。这意味着人民法庭除应继续做好审判案件的"主业"外，还要拓展矛盾预防与化解、社会治理与创新等方面的"外延"工作，建设成为一种"功能复合型"的新型人民法庭。

(二)案件类型：由全面概括逐步走向专业、集中

人民法庭受理案件不仅数量与"机关庭室"并无区别，在案件受理类型上，也并没有体现出人民法庭的特色。以笔者所在的法庭为例，除本院指定由民一庭审理的案件(劳动合同、机动车交通事故、执行异议纠纷)外，2016年度审理案件的类型与本院民一庭高度重合(见表5-1)。一方面，人民法庭几乎审理了民一庭可以审理的所有民事案件类型，出现案件类型上的同质化，甚至有的法官戏言"人民法庭就是人民法院的民五庭(本院设置民一庭至民四庭)"。另一方面，部分人民法院反倒是成立了审理某部分特殊类型案件的"机关庭室"，如道路交通事故法庭、金融借款合同法庭、少年审判法庭等。此种现象在全国范围内也是普遍存在。

表5-1 2016年度J法庭与本院民一庭审理案件类型

案件类型	离婚纠纷	民间借贷纠纷	建设工程施工合同纠纷	提供劳务者受害责任纠纷	房屋买卖合同纠纷	抚养费纠纷	其他
民一庭	65	61	8	7	34	5	539
J法庭	612	55	10	8	12	6	141

注：民一庭审理机动车交通事故纠纷案件511件、劳动争议18件、其他类型10件；J法庭其审理案件类型甚至比民一庭还要广泛。

人民法庭审理案件的"同质化"，不但使法庭毫无特色、法官疲于应付，也使得人民法庭无法展现自身的特色，人民群众也是以院机关庭室下属的眼光来看待人民法庭。事实上，人民法庭直接面对辖区的人民群众，完全可以结合辖区的实际情况，在司法改革成立审判团队的大背景下，有针对性的成立审理与辖区群众关系最密切、类型最集中案件的审判团队。如此一来，当事人不必再对同一类型的案件东奔西走、相互比较，案件审理的专业化和集中化，也使人民法庭的优势由原来的"交通便利"转向

"审理专业",使人民群众不会因人民法庭的"派出"性质而对人民法庭提出质疑,更迎合了司法改革案件审理专业化的要求,这无疑也符合了目前司法改革的大原则。

(三)司法公开:从抽象逐步走向具体

树立司法公开是本次司法改革的一项重要内容。然而,"四五纲要"中要求的改革举措,无论是完善审判信息数据库,还是加强中国裁判文书网网站建设,都是从宏观方面提出的总体要求,这样的要求放在全国的角度,确实能够起到促进司法公开、树立司法公信的目的;但如果定位在人民法庭的角度,从微观方面来衡量,这样相对抽象的措施对人民法庭能够起到的作用,或许是微不足道的。当然,这并不意味着人民法庭可以抛开"四五纲要"的要求,恰恰相反,人民法庭在遵守纲要要求的基础上,应当根据法庭的实际,充实进具体的东西。

以往的司法宣传中往往以案例指引为主,但人民群众对与自身关联不大的问题往往缺乏关注度,单方面的说教只会招致消极的抵制,因此仅依靠案例指导还远远不够。人民法庭对此却有得天独厚的优势,自身也已经建立了许多行之有效的促进司法公开的措施,如人民法庭的人民陪审员选任、法庭助理的培养等内容,使司法公信由抽象走向具体、由形式充实内容成为可能,只是还没有形成一套完善的体系。在这些措施中,人民法庭设身处地把自己置身于其所辖的相对具体的地域中,通过与陪审员、助理等法庭"编外"人员的互动,将自身的工作展现出来,并通过这样的媒介宣传出去,而这样近距离的"亮相",正是充实司法公开公信所要求的。从人民法庭的层面来讲,如果梳理好此类工作,并形成具体的体系,对推进司法公开、促进司法公信,无疑是更有帮助的。

三、宏观层面:厘清人民法庭职能发挥的宏观定位

从社会学的角度看,人民法庭的作用不仅仅要求对被研究事务本身的发挥,还要将其置身于总体活动来观察其对整体的贡献。在司法改革的微观要求与人民法庭外部环境重大变化的双重推动下,对人民法庭职能的重新定位已具备了理性和现实基础。

(一)优化司法审判职能

人民法庭审判活动的正规化、规范化进度绝不比任何级别的法院和专门法院低,人民法庭的审判活动的灵活性是形式上的,而非实质上的,而形式上的灵活性并不会影响其功能[①]。但作为人民法院的一部分,审判是人民法庭不可能回避的功能。无

---

① 李鑫、马静华:《中国司法改革的微观考察》,载《华侨大学学报(哲学社会科学版)》2016年第3期。

论基于在新一轮司法改革中进一步加强"以审判为中心"的基本要求,还是基于"便于依法独立、公正和高效行使审判权"的基本原则,人民法庭的审判功能只能进一步加强,而非削弱。我们也可以看到,本次司法改革,也正是围绕着更公正、公平、公信处理案件而展开。立足审判这一核心职能,通过具体案件的公正审判,实现社会公平正义,是法庭工作的基础,也是拓展其他方面工作的支撑。做到以审判为中心,既可以具体地解决基层社会的矛盾纠纷,同时又能通过审判这一主业来做好释法、普法等外延工作。

在明确了"以审判为中心"的同时,人民法庭也应围绕着这个中心,实现人民法庭审判职能的优化。人民法庭审理的案件大多是案情相对比较简单的一审民事、刑事自诉案件,办案的方式主要是独任审理和调解,适用的程序主要是简易程序。这些案件的性质和特点,决定了人民法庭可以在案件审理的类型上,成立专门审理某类案件的专业团队;在适用程序上,成立小额速裁程序适用基地。一方面,建立这样的审判团队,对人民法庭辖区的案件进行定向审理,既便利了人民群众的需求,迎合了人民法庭地域性的特点,也方便人民法庭对此类案件进行综合性、前瞻性的调研分析。另一方面,通过专业性的审判团队,极大提高审理案件的业务水平和审理效率,既缓解人民法院的审判压力,又可以更好地满足人民群众的诉求。

(二)充分参与社会治理

"推行法治"是人民法庭的职业追求。党的十八届三中全会作出的《中共中央关于全面深化改革若干重大问题的决定》中,专门将推进法治中国的建设作为一个专题。在这样的形势下,人民法庭势必发挥其无可替代的作用。现实中,人民法庭一般通过案件审理向群众宣传司法理念,但单纯通过个案寻求与群众的共鸣,显然是狭隘的,效果也微不足道。事实上,人民法庭从来不是一个封闭的坐等办案机关,人民陪审员、法庭助理等社会力量一直是法庭储存的宝贵资源。人民法庭在办理好案件的同时,可以通过其他社会力量的介入,将个案所包含的法律内涵,以更为通俗易懂和为群众所能接受的方式推广出去,将法庭打造成为有效地反馈与调整基层司法运行的场所。

诸如人民陪审员等社会力量一直是人民法院化解矛盾纠纷的重要组成部分,传统观念中往往更强调他们的"调解"功能,甚至这一功能被过度放大。不可否认,他们确实在调解中发挥了重要作用,但如果仅限于帮助法官调解案件,尚没有将他们的潜能充分利用起来。对于人民法庭来讲尤其如此,人民法庭选任的陪审员或法庭助理更贴近辖区,通过他们对周围群众的感染和案例的法律宣传,对于增强群众法律意识、实现矛盾化解前移意义更大。

(三)与当地政府良性互动

人民法庭的建设与当地党委政府是密不可分的。在原来"一乡一法庭"时期,人民法庭与当地党委政府几乎"形影不离",甚至部分法庭的部分经费保障都是由当地政府解决。在这样的背景下,人民法庭固然在党委政府的支持下开展了许多工作,但也失去了独立性,成了党委政府的分设机构[①]。因此,在司法改革中人民法庭逐渐去行政化,越来越独立于党委政府而存在,离政府也越来越远。人民法庭应独立于政府存在,这是毋庸置疑的,但在这个问题上也应当保持适度,与党委政府的距离远近并不能成为法治进步与否的标志。事实上人民法庭与党委政府在化解矛盾纠纷、维护社会和谐稳定这一目标上是相同的,党委政府也不排斥,甚至是渴望人民法庭在化解矛盾中的存在。

人民法庭不但要化解矛盾纠纷,而且需要注重解决纠纷的效率及耗费的资源,从这个角度看,人民法庭应当加大对非诉讼纠纷解决方式的运用。[②] 司法活动具有天然的滞后性,但通过对类案的处理,人民法庭可以掌握一定时期某一区域内的矛盾方向,也可以对矛盾产生的根源进行分析和挖掘。通过对类案矛盾分析和思考,人民法庭可以提出从根源解决矛盾纠纷的前瞻性建议,从而为当地的党委政府"出谋划策",将矛盾化解在萌芽时期。

四、微观层面:助推人民法庭职能发挥的机制构建

为探索人民法庭有关审判权运行机制的完善,满足人民群众日益复杂的司法需求,在做好审判工作的同时,积极参与社会治理工作,建设符合时代要求和我国实践的新型人民法庭,应着重做好以下工作。

(一)立足审判——建立符合法庭特色的审判运行机制

在备受瞩目的"员额制"改革已经逐步落实到位、法官专业化水平相对提高的前提下,人民法庭应该立足地域特点和案件类型,据此调整策略满足基层人民群众的审判需求。结合目前法庭审理案件的类型及特点,人民法庭的审判功能需从以下两方面提升。

1. 打造专业的家事审判业务团队。家事审判一直是基层人民法庭处理纠纷的重头戏,涉及家事审判类型的案件在人民法庭所占比重较高,而且该类型案件涉及宗

[①] 笔者所在人民法院的一位老庭长说的一句话可以充分概括当时党委政府对人民法庭的作用:"当时的人民法庭,离开当地党委政府的支持,寸步难行。"

[②] 陈建鋆:《回归与反刍:法治背景下人民法庭参与乡土治理初探》,载《第八届中部崛起法治论坛论文集》。

族、婚姻家庭等多方面因素,审理水平的高低和处理结果直接影响到当地社会和谐稳定。最高人民法院《关于开展家事审判方式和工作机制改革试点工作的意见》出台后,进行家事审判方式及工作机制的改革也已提上日程。基于人民法庭的地域优势及案件类型,以人民法庭为基础,对家事审判进行有益的探索条件得天独厚。

以笔者所在J法庭为例,每年受理的约900件案件中,有500件以上为离婚案件,与其他家事案件一起,能够占到受理案件总数的65%以上。离婚案件对于J法庭辖区群众来讲是"大事",每次开庭时前来陪同的人员比当事人多出十几倍,众口纷纭诉说对方的缺点,甚至当庭厮打的现象也时有发生。J法庭在审理此类案件时,并没有草率开庭、作出判决,而是在开庭审理前先进行"背对背"式的调解,了解双方矛盾所在,对一方情绪激动的先予以心理疏导;开庭审理后也不会急于作出判决,而是留出一段时间作为缓冲期,使当事人既不会对法庭产生误解,又能理性思考婚姻的问题。这与追求结案率、审判效率的思维方式存在一定矛盾,却更能赢得当事人的理解和信任,并服判息诉。

2. 建设成为小额速裁程序适用基地。民事诉讼法设置的"小额速裁"程序,具有明显的效率性和极大的便利性,但从实践来看其还未得到广泛的适用,使这一程序的创设停留在理论阶段。小额速裁程序适用于事实清楚、权利义务明确、争议不大的案件,这与人民法庭的审判能力高度匹配,进而与人民法庭按照地域分案原则受理案件的特征高度契合。人民法庭设置的初衷是基于"两便"原则以对群众权益的及时保护,这也从一个侧面反映出人民法庭受理的案件应当是,至少绝大部分是难度不大的案件。在这个基础上,人民法庭可以成为小额速裁案件的适用基地,对符合条件的简易程序案件,勇于适用小额速裁程序,进而总结小额速裁程序适用的经验做法,以便于对该程序进一步完善和补充。

(二)以案释法——建立各群体参与的纠纷解决机制

公众对于纠纷解决方式的选择,需要必要的引导,法院在努力降低当事人诉讼成本和提高司法行为质量的同时,必须采取必要的法治宣传模式,引导公众甄别和选择正确的纠纷解决方式。[①]

1. 以点带面,充分发挥人民陪审员的调解特长。人民陪审员以其地域上的便利性,逐渐成为人民法庭与群众之间的"双面胶"。近几年来,人民陪审员在化解矛盾纠纷方面起到了非常重要的作用,显示了他们在矛盾调解中的非凡能力,关于这一点,许多人民法庭已总结出了综合的经验做法。从目前来看,人民陪审员内部发展也不均衡,各陪审员之间层次及发挥的作用也并不统一。因此,应当以人民法庭为基地,构建人民陪审员共同参与的平台,把他们的人格魅力融入讲法律说道理中来,并把他

---

① 李鑫、马静华:《中华司法改革的微观思考》,载《华侨大学学报(哲学社会科学版)》2016年第3期。

们的位置前移,以陪审员为点,将法律、法理辐射到整个辖区,实现以点带面,预防矛盾纠纷的发生。笔者所在的J法庭,很多人民陪审员既是法官的法律助手,也是陪审员所在单位的"法律顾问",不仅在诉讼中尽职尽责,在诉前调解方面也是游刃有余。如一起相邻权纠纷中,J法庭借助与当事人同村的资深人民陪审员,勘验现场、释法明理,在陪审员庭院里商议出了解决方案,实现了人民调解员的"调解前置"功能。可以想象,如果能建立起配套的机制,使人民陪审员都能参与到矛盾化解中来,将会起到多广泛的影响。

2. 培养新型"法庭助理"。此处法庭助理,并非是员额制改革中的法官助理,而是根据基层社会治理特点,引入社区干部进入人民法庭培训,使他们成为社区"法律顾问"开展法律指导、纠纷调处、法制宣传工作。在强调依法治国的今天,乡镇党委政府十分重视社区、村庄的法制工作,很多镇政府年初工作会议时向人民法庭发出邀请函,希望法庭参与到当地的社会治理中来。人民法庭也正是基于这样的优势,以社区干部为依托,将社会的各项活动纳入法制的轨道中,弥补了基层组织法律知识上的种种缺陷,取得了良好的成效,成了优秀的"法庭助理"。如J法庭在人口密集的地方设置了法官工作室,定期安排人员到工作室与社区负责人交流社区的综合治理工作,并对一些有不稳定苗头的案件及时协商解决对策,成功化解了一大批矛盾纠纷,也成为当地人民政府的工作常态。

(三)信息共享——建立类案信息反馈机制

人民法庭审理的案件,大多是辖区群众矛盾的集中爆发点。从法庭受理案件的类型及数量分析,除离婚纠纷、机动车交通事故纠纷外,每年都有一大批相同或基本类似的案件涌入法庭[1],对这些类案如仅就案办案,无法从根源上解决问题。因此,对这些案件作追溯分析,得出案件问题的原因、现状、发展趋势的分析,并将信息反馈给相关部门,形成信息反馈机制,对实现矛盾纠纷的化解有重要作用。这其中,与人民政府的信息反哺无疑是很重要的一环。人民法庭虽然已与辖区的人民政府实现功能分离,但从化解矛盾纠纷的角度来说,人民政府的适度参与,可以更好地解决矛盾纠纷。这并不是说人民政府可以干预人民法庭的案件审理,而是人民法庭通过对类案分析,为人民政府提供前瞻性的解决意见,共同实现纠纷化解。笔者所在的J法庭2015年度受理了一大批因土地征用款分配引发的案件,经分析当地村委会制定的补偿款分配方案不科学、不合法是导致这一问题的根源,J法庭为当地党委政府发出了纠正分配方案的建议,被当地党委政府采纳,从而从根源上化解了这一矛盾,也得到了当地党委政府的高度评价。如将这一做法形成制度,形成与当地政府的良性互动,

---

① 除离婚案件、健康权案件等传统案件外,其他的类案则需要引起注意,如金融借款合同纠纷、土地使用权纠纷、宅基地纠纷等。

对建立统一而系统的矛盾化解机制将大有裨益。

结　语

　　司法改革的参照不是在海外，而是在基层。司法改革的成功在于人民法庭能否充分发挥其前沿阵地作用。作为矛盾纠纷集散地的最前沿，人民法庭既可以为新一轮司法改革提供试验田和实践反馈，也可以针对基层社会的特点积极探索家事审判、小额速裁等机制改革。基层法院审理全国大约80％的案件，得基层者得天下。只有牢牢抓住新型人民法庭建设，满足基层群众的司法需求，才能实现社会和谐稳定，才能让人民群众在每一个司法案件中都感受到公平正义。

第六章

新时期乡土司法场域中
人民法庭的职能定位
——以渝东南地区人民法庭建设为例

张俊文* 孙正心**

只有将推进法治中国建设落实到具体的案件和纠纷处理中,法治的理想才能变得丰满而可触摸。在我国,乡村在总的国土面积中的比重仍然很大,乡村人口过半,乡村法治牵系中国法治。人民法庭是乡村司法的主要力量,是化解和调处基础社会矛盾的前沿阵地,是党通过司法途径保持同人民群众密切联系的桥梁和纽带。法律与社会现实之间的错综复杂,往往在人民法庭办案中有更直接、生动、鲜明的反映和体现。随着我国城乡一体化建设的加快推进,法律共识和道德共识加速凝聚重叠,然而在一些较为偏远的地区,乡土社会氛围仍然明显可感,法律条文、司法规则与传统的民俗习惯还时有冲突,乡村社会的权力和秩序结构与现代司法制度在乡土社会运行的碰撞,于实践中产生了多元的行为逻辑和多种规则的运用。在法律、伦理、道德等多种因素并存的新时期乡土司法中,法律以一种糅合的方式潜移默化地影响乡村社会的法治化进程,人民法庭司法工作更加需要准确定位。

一、渝东南地区人民法庭的独特生存逻辑

(一)渝东南地区人民法庭的生存语境

渝东南民族地区地处偏远山区,经济欠发达,其所辖的黔江、石柱、酉阳、秀山、彭水"一区四县"为国家级贫困区县,老、少、边、山、穷为主要特征,开展法治建设的环境并不理想。其一,少数民族主要聚居区。如彭水地区常住人口约 54.51 万人,共 12

---

* 重庆市第四中级人民法院副院长、审委会委员。

** 重庆市第四中级人民法院民一庭法官助理。

个民族,其中苗族人口约占 43%,还有蒙古族、侗族等;酉阳地区常住人口约 57.8 万人,共 18 个民族,其中土家族人口约占 60%,还有回族、侗族等;其二,地势险峻、村落分散。境内 78% 的面积由山脉构成,喀斯特地貌显著,村落民居多穿行崇山峻岭之间;其三,人民法庭辐射面积广,距离城区远。如黔江区第四人民法庭,距城区距离远达 78 公里;酉阳县人民法庭,平均辖区面积 1500 平方公里。

各少数民族在漫长的生产生活实践中发展出了特别的行为规范和纠纷解决方式。如酉阳县法院第二法庭曾经办理的拾得漂流物归属问题的案子——一头牛被河水冲到下游,另一户捡拾后拒不原物返还。因当地民间有个说法"上流下截,一个半截",意思是被大水冲到下游的东西,应当由失主和拾得者各得一半。再如因悔婚而引发的彩礼返还及赔偿问题,酉阳县流行着"男不要女分文不取,女不要男全部退完"的说法,而彭水县则流行"男(悔婚,退)三千,女(悔婚,退)八百"的说法,人民法庭在办理此类案件时颇为踌躇。

(二)渝东南地区人民法庭的建设现状

党和国家心系群众利益。真正影响普通百姓生产、生活的案件,正是社会主义法治建设和发展中最关键的部分。人民法庭工作"必须从群众中来,到群众中去"。[①] 渝东南地区人民法庭建设也在不断努力:其一,加强基础设施建设。渝东南"一区四县"现已建成 24 个人民法庭并先后投入使用,下设 37 个巡回审判站,112 个便民诉讼联络点,859 名便民诉讼联络员,基本形成庭、站、点、员"四位一体"的便民诉讼网路;其二,在法律与民俗间平衡。从国家法制所体现的精神和原则出发,本着吸收良风美俗、规避恶俗陋习、引导中性习俗的态度对待案件中所涉及的少数民族地区风俗习惯;其三,积极参与乡村社会治理,充分发挥国家司法权力参与乡村社会治理的能动作用。

(三)渝东南地区人民法庭的生存逻辑

在乡土社会转型的新形势下,渝东南地区人民法庭在传统化纠纷解决与现代法治建设契合中形成了独特的生存逻辑。

逻辑一:场域的多元化背景。在典型司法场域下,讲求规则之治,倡导程序理性。法治理念深入人心,司法模式步入正轨,法官以专业的司法知识和公开的法律程序力求形式理性,使"正义不仅应得到实现,而且要以人们看得见的方式加以实现"。而在渝东南偏远山区,仍属乡村社会场域,村民在共存—熟悉—信任中产生彼此的认可及对规矩达成的共识性遵守,同时司法场域的特点又随时可见。

---

① 毛泽东:《关于领导方法的若干问题》,载《毛泽东选集》(第三卷),人民出版社 1991 年版,第 899 页。

逻辑二:秩序的多维性选择。法治理念下,秩序的维护多通过守法、找法、用法来实现,法律是解决纠纷的主要途径。而渝东南民族聚居区有社会舆论所维持的道德,有个人习惯所维持的风俗,有传统教养所维持的礼数,在道德、风俗、教化与礼数中养成了个人的敬畏感。法律并非解决纠纷的唯一途径,在偏远地区或个别纠纷领域,法律甚至不是首选途径。如在各地案件急剧增长的当下,彭水县黄家坝法庭管辖 5 个乡镇,5.8 万人口,但每年受理的案件仍只有不到 100 件。

逻辑三:价值追求的独特属性。法治社会"以事实为依据,以法律为准绳",追求程序正义和形式理性,而山区村落,"人情、天理"多为衡量人们行为"是非善恶"的标准,村民情感正义的表达求得的是裁判者对自己的同情和对其个案的特别处理。[①]而互惠补偿关系关心的是在纠纷双方之间构建一种利害关系的形式上的平衡,就像《乡土中国》所描述的"父子抽鸦片纠纷"中乡绅对双方各打五十大板的处理方式。[②]纠纷双方要在心理上达到互惠补偿关系的稳定性。

二、新时期乡土社会的嬗变

(一)民族性和地方性日渐式微

渝东南地区是典型的少数民族聚居区,体现着本民族地区长期生产生活实践发展出来的行为规范及本民族或地方性特色的纠纷。随着市场经济的发展、国家城乡一体化建设的推进、科教文卫事业的普及和日益完善,以及交通运输、信息传播的愈发便捷快速等多方面因素,少数民族地区正在经历着与我国其他地区的融合过程。频繁的交流、紧密的联系使少数民族地区的民族性和地方性不可避免地式微,当人们走向更大的交往空间,当原有的风俗习惯不再能够充当行为规范,人们的传统思维观念正在悄然改变。

(二)生存样态向城市化转型

和着新农村建设的气息,我国乡村地区也发生着巨大转变,与费孝通先生的"乡土社会"呼应,学界多用"新乡土中国""半熟人社会"等概念进行描述。虽然与东部发达地区的乡村相比,渝东南少数民族地区的乡村转变相对缓慢,但也正在褪去原来的乡土气息,向着城市人的生存样态转型。由此而来,纠纷类型也在发生着变化,一方面,由于农村人口向城市的流动,人们收入的提高,因鸡毛蒜皮的小事纠纷数量大减;另一方面,生产生活方式的转变使得一些新类型和新性质的纠纷不断出现,"除了传

---

① 吴英姿:《乡下锣鼓乡下敲》,载《南京大学学报》2005 年第 2 期。

② 费孝通:《乡土中国》,中华书局出版社 2015 年版,第 56 页。

统的婚姻家庭、邻里关系、小额债务、轻微侵权等纠纷，在新的历史时期出现了土地承包、拆迁安置、环境保护、医患矛盾等新的纠纷类型"，[①]能够更好地处理新型纠纷的国家司法成为民众期待。

三、新时期乡村人民法庭解决纠纷的考量因素

在乡土社会传统纠纷与乡村转变新型纠纷交融的新时期乡土司法中，有多种因素需要综合考量。

(一)国家法逻辑与民间规范的乡土逻辑

事实与法律的纠缠。在国家法逻辑中，"以事实为依据，以法律为准绳"是现代司法办案的基本原则之一，也是司法判决"三段论"演绎推理的体现。但法律事实有时候很难恢复，事件的"真相"往往会受到规则限制，如证据规则等；而在民间规范逻辑中，"法律事实"往往没有证据证明，解决纠纷的判断既无法律明文规定，也可能无法从法律的定义中推导出来，真正指导乡村法官决断的是他们所处的社会生活过程和具体细节。

在制定法与民俗习惯中穿梭。我国是大陆法系国家，大部分法律为制定法。但在渝东南偏远山区，对习惯、习俗的遵循有时超过了对法的呼唤。乡民们多依据他们熟悉并信仰的习惯性规则处理问题，法官对于民风习俗也有了下意识的认同和分享。如文中提到的漂流物返还问题，根据我国《民法通则》第79条第2款[②]，《物权法》第109条、第112条第3款、第114条[③]之规定，拾得人应该无偿返还耕牛。但本着知恩图报、平等互利的精神，当地民俗也有合理之处。

(二)解决纠纷与参与社会治理

乡村社会纠纷在特殊的乡土文化中产生。纠纷主体在长久的生活状况和利益瓜葛中因日常生活琐事引发矛盾，他们之间往往没有单纯的权益冲突和救济，只是对既往互惠关系的扭曲和重新建立，因此解决纠纷不单单是纠纷利益的补偿与公正的裁判，更重要的是对乡土社会资源配置与生存状况的整体平衡。如果一味判决有可能

---

① 何永军：《乡村社会嬗变与人民调解制度变迁》，载《法制与社会发展》2013年第1期。

② 《中华人民共和国民法通则》第79条第2款规定："拾得遗失物、漂流物或者失散的饲养动物，应当归还失主，因此而支出的费用由失主偿还。"

③ 《中华人民共和国物权法》第109条规定："拾得遗失物，应当返还权利人。拾得人应当及时通知权利人领取，或者送交公安等有关部门。"第112条第3款规定："拾得人侵占遗失物的，无权请求保管遗失物等支出的费用，也无权请求权利人按照承诺履行义务。"第114条规定："拾得漂流物、发现埋藏物或者隐藏物的，参照拾得遗失物的有关规定。文物保护法等法律另有规定的，依照其规定。"

扩大或激化矛盾,甚至会造成村民对法律的不理解或不信任。[①]

在新时期乡土司法中,人民法庭参与乡村治理的角色增强,法官除了是法律逻辑下的"法律人",尽可能地运用法律规则处理当事人之间的纠纷;还应是乡土逻辑下的"社会人",即有时还要屈服于习惯风俗,在情理法中寻找平衡;更应是政府逻辑下的"父母官",不仅解决当前纠纷,还要对裁判结果作出之后的社会效应及将要出现的各种后果进行合乎情理的预测。我们看到的不仅仅是法官如何运用法律规则对当事人作出"是与非"的判断,而是乡村法庭法官在履行自己的职责之时努力地调处纠纷及对纠纷最终解决的关注,有时甚至考量村民意愿,以情理上的推断代替法理上的推论。但这并不是"法官"角色的偏离,其更是新时期参与乡村社会治理下对法治梦想的一种坚守。

(三)法学理论在乡土社会的"水土不服"

一个露天摆放的简陋木桌,摆着"审判员""书记员""原告""被告"的纸质桌签,法官宣布开庭后,当事人或蹲或坐,群众围在一旁三三两两地聊天,这就是渝东南偏远山区流动法庭的真实写照。乡土社会的纠纷解决方式多半无法遵循法律条文和正式的司法程序,法律术语也还没有太多适宜发挥其精确注释和定义作用的语义环境。就像"马背上的法庭"中的年轻法官阿洛,他用法律思维分析问题,因"法事"为"封建迷信"不予接受,这在城市地区看似正确的决定在当地却可能引发家族互殴。因此掌握乡土社会的话语权,熟悉当地的风土习俗和人情世故同样至关重要。

(四)乡土社会当事人的困窘

受几千年来的思想影响,乡土社会轻法、轻讼、重礼、重情。孔子曰:"听讼,吾犹人也,必也使无讼乎。"尽管在乡土社会的蜕变过程中,人们的生活水平、思维方式都有了较大的变化,但法治观念还比较淡薄。村民不懂法、不懂程序,诉讼能力较弱。正如苏力先生在《送法下乡》一书中所言:"土生土长的农民群众,很多人连什么是辩论都不明白,如何让他们明白证据开示和互相质证,在一个根本找不到或雇不起律师的地方,如何期待进行抗辩,如果大量当事人因知识或能力或财力的原因期待法官为自己做主,法官又如何能够安心于审判技术以及职业伦理上的'坐山观虎斗'?"

(五)司法责任制改革后的困惑

当前,我国司法改革逐步推进,员额法官办案模式业已形成。法官员额制改革的实践探索与法律职业化进程的精英化要求逐步契合。人民法庭处在司法办案的第一线,办案编制精简后,使原本就处于饱和状态的工作任务变得更加繁重,尤其是在渝

---

① 粟峥:《面向村落:纠纷解决中的乡土逻辑与法治偏差》,载《学术探索》2010年第1期。

东南偏远山区,一个法庭辐射面积达上千平方公里,员额法官配置名额有限,又要兼顾基层法院的办案要求,在案件纠纷处理中往往力不从心。

纵观乡土司法中的法律人职业,进一步凸显了中国法治实践形态的多样性和法治进程的艰巨性,凸显了中国法治与中国的现代化、与整个中国的政治经济社会发展的无法分割。①

四、新时期乡村人民法庭的职能定位

渝东南地区崇山峻岭,地广人稀,民风淳朴,乡村转型进程开启但法治环境尚未成熟,乡村人民法庭需要在阻力中砥砺前行。

(一)乡村纠纷的理性平衡者

法律的功能性价值是提供一套合理的程序规则体系,以为解决人类纠纷提供有效的办法。乡土司法中没有严密的法律推理与法律逻辑的司法技术,也没有形式理性的司法制度,乡土社会民众对司法的形式理性、民间规范的非法律地位、司法的中立性、程序的规范性等不能真正理解和足够重视。乡土司法思维是一种平民式的追求实质目标而轻视形式过程的思维,②执着于从判决的合理性和实质正义出发评判裁判公正性,而对于审判过程的程序是否正当合法等形式理性常常"不作关心"。因此乡村人民法庭的法官要灵活地以现代法治的规制要求来处理民间纠纷,达到"善治"的效果。

第一,抓住案件的主要矛盾。洞察老百姓所在意的,重视老百姓所关心的。乡土司法工作中,尽管很多都是邻里之间的小纠纷,但处理不好可能引发大矛盾。单纯的裁判结果有时只能使纠纷暂时缓解,并不能实质解决问题,找到纠纷中的主要矛盾并全力化解,才是彻底解决乡村纠纷的关键。如在一起母亲要求解除母子关系的案件中,一位老妇人独自生活,因为儿子经常向她要钱,要不到就打,她就要求解除母子关系。然而在法律上,该请求没有法律依据,判儿子虐待罪又非母亲本意,最后,法官建议老妇人找一个老伴保护她。③ 在本案中,法官的处理方式尽管超出了案件裁判范围,但通过抓住主要矛盾,从根本上解决了实际问题。

第二,规范巡回审理。最高人民法院在《关于进一步加强新形势下人民法庭工作的若干意见》中指出,要正确处理坐堂问案和巡回审判之间的关系,在偏远地区加强

---

① 苏力:《崇山峻岭中的中国法治——从电影〈马背上的法庭〉透视》,载《清华大学》2008年第3期,第13页。

② 孙笑侠:《中国传统法官的实质性思维》,http://www.lawintsinghua.com,于2017年9月8日访问。

③ 赵晓力:《基层司法的反司法理论》,载《社会学研究》2005年第2期。

巡回审判。随着我国城乡一体化的发展及乡土社会的转型,有时人民群众迫切需要懂法的人能及时深入到他们中间,帮助他们解决矛盾纠纷。巡回审理就是在传统纠纷解决与推进现代化法治建设中的结合,在第一时间、第一现场及时将矛盾消灭在萌芽状态,且通过"就地开庭"组织村民旁听,传递法治正能量。因此,要坚持并充分发挥巡回审理在乡土司法中的优势,并且在能够规范的情况下尽量做到形式规范,在老百姓的耳濡目染中推进农村法治进程。

第三,情理与法理的沟通。孙立平教授在《过程—事件分析与中国农村中国家—农民关系的实践形态》中提到一个收粮案例:一个乡镇干部到一个六十多岁很穷的老人家里收粮,怎么都不能说服老人缴粮。最后乡镇干部说,"你也别把我当收粮的,你就把我当要饭的行不行"。老人不再坚持,马上缴齐了粮食。在农民的观念里,这就涉及情理法的问题。又如石柱县人民法院石家乡便民调解工作站的王某夫妻诉许某物权保护纠纷案①,双方系邻居,因许某房屋拆除重建,王某夫妻的房屋出现裂缝,王某夫妻认为裂缝系许某重建房屋所致,要求许某赔偿损失 8 万元。该案中,调解员提出将几张白纸张贴在裂痕处以观察是否扩大的"土办法",征得双方当事人的认可,经过连续一月观察,裂缝确有增大迹象,对房屋裂缝与许某重建房屋的因果关系即能确认。在双方对事实认可的前提下,最终以许某同意以 26 万元价格购买王某夫妻房屋了结纠纷。该案既未进行司法鉴定,也未纠缠于修复加固费用,法官以"土洋结合"的方法与当事人进行情理上的沟通,既处理了案件又解决了纠纷。

(二)乡土司法权的运行推动者

人民法庭作为司法权力机关的延伸,要时刻保持司法的独立性,同时要加强与其他部门的司法联动,推进农村法治建设工作的顺利运行。

一是保持司法独立。司法改革的一个重点就是司法权的独立。乡村人民法庭作为基础司法单位,其工作内容是我国司法权的一部分,且是与老百姓最紧密的那部分,在处理纠纷和办理案件时必须坚持独立行使审判权,合法公正地审判案件。如有些案件的调解需要通过村干部进行沟通,有些法庭设在老百姓院坝草棚,有些纠纷需要运用当地"民俗村约",这些灵活的解决方式是当下化解村民纠纷的有效途径,但不能降低法官和法庭的威严,不能削弱法律执行的有效性。

二是加强司法联动。乡村人民法庭除了承担起履行司法权的职能以外,还要参与地方综合治理、接待来访群众、开展诉调对接等,并巧用便民诉讼网络,促进案结事了。如在家事审判改革中,司法联动机制发挥了很大的作用。将行政、司法、妇联等有关部门纳入家事审判改革中,充分发挥社会各方职能优势,拓宽家事纠纷的化解渠道,将人民法庭对村民纠纷的理性认识与民政、妇联、社区的日常经验形成合力,实现

---

① 参见(2013)石法民初字第 02935 号判决。

工作上的良性互动。又如彭水县付某诉石某机动车交通事故责任纠纷一案①,涉案车辆未投保保险,付某伤情严重,情绪激动,要求石某赔付26万元,石某家境贫困,面对巨额赔偿态度消极对抗,双方几次酿成冲突。主审法官认为简单判决极有可能成一纸空文,应从思想上对双方进行劝导,后将该案案情通知给石某所在村的便民诉讼联络员张某,经张某几番做工作,加之同村多年,最终打开石某心结,并结合石某的赔偿能力,争取付某的调解让步。该案最终以石某赔偿付某10万元成功调解。

(三)乡土社会的司法能动者

司法改革体现了司法的文明和进步,符合成熟的市场经济条件下的法治追求,新时期乡土司法中,对人民法庭的司法能动提出了更高的要求。

第一,主动作为理念。乡村人民法庭要始终牢记为人民服务的宗旨,以主动服务为己任,以解决群众纠纷为职业追求。如苏力先生提到的一个赡养纠纷的案例,一对老年夫妇起诉四个儿子赡养纠纷,该案最终调解解决。在调解后,法官不仅考虑到老人同谁居住、口粮、生病的医疗费等,甚至还考虑到儿子提供的粮食中是否有绿豆和黄豆及有几斤的问题。从法律规范角度讲,法官完全没有必要关注当事人未诉之事,甚至不应主动提出,然而我们却看到了法官在乡土司法下解决纠纷的努力。如石柱县代某甲诉代某提供劳务者受害责任纠纷案②,代某甲在为代某砍树过程中受伤,要求代某赔偿各项费用。因立案后无法送达代某,承办法官只能到代某老家送达。随即发现代某父亲身患癌症,代某妻子是残疾人,还有两个小孩需要抚养,代某父亲与妻子向法院诉苦老人赡养和小孩抚养问题及家庭贫困状况,承办法官建议代某出面,尽量就提供劳务者受害责任纠纷案进行调解,并承诺解决老人的赡养问题。最终代某甲诉代某的案件成功调解,解决了一桩在偏远山区涉案标的近50万元的大案件。同时考虑到代某家庭情况,本案申请免受诉讼费,并帮助代某申请了5000元的司法救助金,而且,在该案解决后,承办法官按之前的承诺到代某家中做老人赡养问题的调解工作,最终也达成了调解协议,使老人老有所依、老有所养,解决了老百姓的实际困难,获得老百姓的信任和尊重。

第二,注重司法调解。司法调解是我国民事诉讼法规定的一项重要的诉讼制度,也是人民法院依法行使审判权的重要方式。在乡土社会,调解的旧词就是评理,一旦产生纠纷,便召集村民集会,由最有社会地位的长者进行评理,纠纷双方时常也就"和解"了。乡村人民法庭在法治建设新时期,要把这一村民熟悉并认可的纠纷解决方式与时俱进,尤其是在家事纠纷中,调解的重要性更为凸显。如彭水县黄某与陈某离婚纠纷案,陈某系再婚,并年长黄某13岁,与前妻生育的儿子共同生活,在矛盾长期积

① 参见(2016)渝0243民初2861号判决。
② 参见(2013)石法民初字第02221号判决。

而不化的情况下,黄某提出离婚。本案经过庭审前、庭审中、庭审后三次调解,庭审前调解软化了原告的离婚态度,庭审中通过不公开审理,让黄某对陈某的种种不满全部陈述,庭审后又通过调解及心理疏导,唤起双方对彼此的情感,贯穿案件始终的调解最终用温情和好了该起离婚案件。又如彭水县一起继承纠纷案件,老人冉某已过世,育有一儿两女,女儿要求继承老人财产。按照法律规定,子女均有权对老人遗产进行平均分割,而当地少数民族地区一般仍遵循"养儿防老"的民风习俗。针对少数民族地区家事纠纷特点,承办法官不仅秉承依法办案、公平公正的原则辨法析理,同时充分考量当地少数民族地区的"养儿防老"的民风习俗,邀请当地有名望的老支书参与调解,最终实现当天立案、当天调解、当天兑现的效果。

第三,诉后关心帮助。乡村人民法庭要主动延伸服务空间,将司法能动落实到案件审结后的服务和帮助上。人民法庭可以在案件处理后开展必要的回访,尽量消弭诉讼带来的消极性影响,尤其是判决处理的案件,有时候并不能仅靠一纸文字说服双方当事人,对判决结果的不满可能会产生潜在矛盾,要及时做好心理疏导和判后释疑工作。

(四)乡土司法的法治宣传员

人民法庭作为法院的派出机构,联系老百姓最紧密,也是群众了解司法工作的窗口。人民法庭应该充分发挥紧密联系群众的优势,加大法治宣传力度,并将宣传工作贯彻到农村法治建设工作的始终。

第一,健全法治宣传机制。首先,加强法治宣传领导机制,通过定期召开领导小组会议的形式,研究部署农村法治宣传工作;其次,健全宣传教育经费保障机制,确保经费充足,专款专用,保证宣传教育工作的顺利进行;再次,落实"谁执法谁普法"的普法责任制,通过类案不断向村民传导自觉守法、遇事找法、解决问题靠法的法治理念。

第二,创新法治宣传形式。乡村人民法庭要与当地村委社区加强配合,建立普法工作室、法治宣传栏等,并创新性开展法律赶大集、法制进校园等多种形式的宣传活动,通过生动形象的表述宣传婚姻法、物权法等与民间纠纷密切相关的法律法规和典型案例。同时,案件巡回审理尽可能选在乡村人员相对集中的地点或时间,争取审理一案,教育一片,使老百姓通过身边人的真实案例走进法律。此外,针对"村规民约"深入人心的地区,可以重点进行普法,帮助农民完善符合社会主义法治精神的"村规民约",营建良好的法治环境。如黔江区阮某诉鹅池镇杜家村三组、喻某土地承包经营权确认纠纷案[①],由于涉案小地名"小棕干"的自留地为祖上传下的风水宝地,喻某在此修建生基遭到村民们强烈反对,由于双方争执已久、矛盾很深,当地政府部门多次调解未果,村民多次到黔江区政府上访,调解难度很大。由于涉案地区是少数民族

①　参见(2016)渝 0114 民初 666 号判决。

聚居地,乡土观念、宗族观念很强,受案的石家法庭邀请该村诉讼联络员一起商量调解策略,经过一对一了解当事人思想动态,情绪暂时得以安抚,不再上访上告,随后,石家法庭以斡旋者的角色通过释法、析理、动情、晓义引导当事人寻求诉争利益契合点,最终双方达成"不在该自留地修建坟墓、私有住房以及耕种"的调解协议。同时,借此契机加大法律宣传、普及法律知识,提高村民法律意识,防止采取过激行为处理纠纷,在化解社会矛盾的同时,对村、社区的稳定发展起到重要作用。

第三,壮大法治宣传队伍。乡村人民法庭要培育三支法治宣传队伍,一是村干部、大学生村干部之纽带宣传队伍;二是村民小组、中心户之驻地宣传队伍;三是法律实务工作者之专业宣传队伍。在每个村创建普法宣传阵地,三支队伍首先通过法律知识培训和农村党员远程法治教育等进行普法教育,然后在外出务工人员、留守人员、老人、妇孺等各类人群中培育"法律明白人"。以点带面,以少带多,不断增强农民群众法治意识,真正享有农村法治建设过程中的知情权、参与权、管理权、监督权。

(五)司法责任制改革的先行兵

法官员额制,归根到底是要推动建立以法官为中心,以服务审判工作为重心的法院人员配置模式。[①] 实行人员分类管理,让法官能够专心处理审判事务,让人民群众在每一个案件中感受到公平和正义。人民法庭是司法办案的第一线,在案件数量并未减少甚至逐年增多的情况下,员额法官人数的减少,加大了人民法庭解决纠纷和参与乡村治理的难度。现行的审判模式中,主要是法官、法官助理与书记员的配置模式,因法官助理多是未入额法官或法学专业毕业生,可以考虑对于法官助理在限权法官框架内赋权:其一,在员额法官的授权范围内先行处理法律关系简单、权利义务明确的纠纷案件,对于能够调解协商解决的案件,把纠纷解决关口前移,减少法官的开庭数量;对于疑难案件,理清法律关系,引导当事人诉讼程序。其二,在人民法庭参与乡村治理过程中发挥衔接作用。加强与同级乡镇机关的沟通协作,减少员额法官的社会事务精力,保证员额法官的办案效率。

人民法庭是参与乡村社会法治建设的前沿阵地,与农村、农民接触最广泛、最直接,在乡土社会中体察着普通人的需求,了解着老百姓的喜怒哀乐,处理着日常生活最要紧的案件。社会转型期,农村向城市过渡,法治与乡土糅合,引领乡土司法环境步入新常态必将是漫长而复杂的。乡村人民法庭要担负改革"试验田"的重任,以司法服务满足村民的多元需求,促进乡土社会法治现代化的早日实现。

---

① 贺小荣、何帆:《深化法院改革不应忽视几个重要问题》,载《人民法院报》2015 年 3 月 18 日。

第七章

人民法庭职能定位调适
与内涵式发展模式之倡导
——基于江西法院人民法庭建设的实证分析

徐英荣[*]　刘　锋^{**}

2017 年 7 月 11 日在贵州召开的全国高级法院院长座谈会对当前法院工作部署了司法改革、信息化建设和基层基础建设三项重点任务。一直以来,人民法庭建设是基层基础建设的重中之重;而作为推动司法事业发展的车之两轮、鸟之两翼——司法改革和信息化建设,重点在基层,难点也在基层,人民法庭是全面推进司法体制改革、建设智慧法院的"最后一公里"。可以看出,加强人民法庭建设是法院当前和今后一个时期人民法院的一项重要工作。新形势下人民法庭仍然是人民司法的前沿阵地,是司法为民、公正司法的"第一线",是法院工作的形象窗口,是人民群众参与司法、感知司法、评价司法的桥梁纽带,但面临的形势更加复杂,承担的任务更加艰巨。面对新形势新任务新要求,全面加强人民法庭建设,要坚持问题导向,检视传统"外延式"发展模式的不足,调适职能定位,着力提升人民法庭的发展内涵,更好地发挥人民法庭的功能和作用。

一、问题的缘起:人民法庭"外延式"发展模式及弊端

(一)人民法庭"外延式"发展模式的生成

1954 年的《中华人民共和国人民法院组织法》确定了人民法庭制度,第 17 条规定:"基层人民法院根据地区、人口和案件情况可以设立若干人民法庭。人民法庭是基层人民法院的组成部分,它的判决和裁定就是基层人民法院的判决和裁定。"以后

---

 * 　重庆市第四中级人民法院副院长、审委会委员。

** 　重庆市第四中级人民法院民一庭法官助理。

的修法均保留了该条款。2017年9月提交十二届全国人大常委会第二十九次会议审议的《人民法院组织法》修改草案,只是增加了"经高级人民法院和省级编制部门同意"的程序限定。从以上法律规定可以看出,人民法庭制度是我国一项长期坚持的司法传统。

二十世纪八九十年代,在加强社会主义法制建设的背景下,人民法庭进入快速扩张期,形成了人民法庭"处延式"发展模式。这种发展模式基本特征是注重"铺摊子""搭架子",重数量、重基础建设。据统计,1987年全国人民法庭的数量为15000多个,1998年11月共有人民法庭17411个,干警达75553人。[①]

对设立人民法庭的条件、标准及数量等,最高人民法院做过一些规范和探索,比如1963年7月10日发布了《人民法庭工作试行办法(草稿)》,提出人民法庭一般在农村、牧区设置,大体上一个中等县应当不少于两个。1999年6月颁布了《关于人民法庭若干问题的规定》,强调人民法庭要配备三审一书,要有办公用房、交通工具等。此后,全国对人民法庭进行了大规模的撤并,截至2004年底,全国共有人民法庭10345个,法庭干警达41109人,与1998年相比,人民法庭减少了7066个,法庭干警减少了34444人。2005年最高法院出台了《关于全面加强人民法庭工作的决定》,对人民法庭的设置作了较为具体的规定,如强调人民法庭设置应坚持"两便"原则,主要在农村或者城乡接合部设置,城市市区、基层法院所在城镇不再新设人民法庭,人民法庭年受理案件数量一般不低于二百件。但随着2006年中央支持"两院"决定的出台,以及各地方党委对人民法庭工作的重视,人民法庭机构规格和庭长职级一般明确为副科级,基于这种现实利益的考量,已有的人民法庭,尽管达不到最高人民法院各种具体要求,大多也得以保留,外延式的发展模式传承至今。近年来,有的省份按"一乡一法庭"目标,仍在实施人民法庭全面扩张计划。[②]

(二)人民法庭"外延式"发展模式的实证观察

以江西为例,2017年年初该省高院成立了由院长任组长的基层基础工作领导小组及办公室,对全省人民法庭的情况进行了重新梳理,更新了人民法庭工作台账。从调研情况看,"外延式"发展模式仍然较为突出,不能适应新形势下人民法庭工作要求。

一是少数人民法庭设置虚化。目前,全省在编人民法庭408个,截至2017年6

---

① 参见胡夏冰、陈春梅:《人民法庭制度改革:回顾与展望》,载《法律适用》2011年第8期。

② 河北省自2014年全面实施"一乡(镇)一法庭"工作规划,至2015年4月已新建法庭1074个,到2016年全面实现"一乡(镇)一法庭"工作目标。http://hebei. hebnews. cn/2015－04/03/content_4675048. htm,于2017年9月8日访问。河北省邢台市于2014年11月率先实现"一乡一法庭",在原有89个中心法庭基础上,新设人民法庭101个。http://hebei. hebnews. cn/2015－04/03/content_4675048. htm,于2017年9月8日访问。

月底,实有人民法庭362个,其中实际受理案件的人民法庭351个,有57个人民法庭处于虚设状态。究其原因,一方面,是前一阶段人民法庭的扩张,导致一些人民法庭报批后,迟迟未能设立,造成这类人民法庭成为一无场地、二无人员、三无案件的"三无法庭";另一方面,有的基层法院由于经费、人员紧张,自行将原有法庭进行合并或合署办公,但保留了法庭的编制和干部职数。

二是人民法庭办案任务呈现"两极化"趋势。2016年,全省人民法庭总计收案86933件,占全省法院收案的21.97%;结案82099件,占全省法院结案的21.06%;平均每个人民法庭收案247.67件,结案233.90件。司法改革后,全省人民法庭实有员额法官524人,参照2016年的案件量,人民法庭员额法官人均办案量165.90件,人均办案量前三位的人民法庭分别人均办案740件、583件、528件。相比之下,2016年收案100件以下的法庭有36个,人均办案量后三位的人民法庭分别人均办案30件、21件、20件。这种案件量的巨大差异不仅存在于不同地区之间,在同一地区也同样存在。

表7-1 江西省2016年收案排名前十位的法庭情况

法庭名称	辖区面积(平方公里)	辖区人口(万)	收案(件)	结案(件)	人员	员额法官	法官助理	书记员
桃花法庭	24	27	2003	1810	11	8	2	1
红谷滩法庭	25	22	1814	1182	8	6	1	1
沙石法庭	293.6	20	1106	873	9	3	2	4
叶坪法庭	498	14	847	768	6	3	0	3
万埠法庭	220.15	11	843	811	3	2	0	1
冰溪法庭	100	11.5	742	683	5	3	1	1
西江法庭	577	16	740	685	6	1	1	3
浔阳开发区法庭	150	15	739	837	6	5	1	0
安源高新法庭	57.6	12	726	676	13	5	2	4
瑞金城郊法庭	426	18	713	666	6	3	1	2

表 7-2　江西省 2016 年收案排名后十位的法庭情况

法庭名称	辖区面积（平方公里）	辖区人口（万）	收案（件）	结案（件）	人员	员额法官	法官助理	书记员
棠阴法庭	632	5	68	65	2	1	0	1
花桥法庭	382	4.2	65	62	2	1	0	1
石市法庭	210	2.5	61	60	3	1	1	1
黄岗法庭	280	2.1	57	55	2	1	0	1
梅岭法庭	103.8	2.32	56	60	2	1	1	0
江洲法庭	128	4.2	53	49	2	1	0	1
紫溪法庭	528	4	46	44	2	1	0	1
新祺周法庭	58	5	30	30	3	1	2	0
邹桥法庭	400	4	23	21	2	1	0	1
恒湖法庭	60	5	20	61	2	1	0	1

表 7-3　南昌市 2016 年收案前三位和后三位的法庭情况

法庭名称	辖区面积（平方公里）	辖区人口（万）	收案（件）	结案（件）	人员	员额法官	法官助理	书记员
桃花法庭	24	27	2003	1810	11	8	2	1
红谷滩法庭	25	22	1814	1182	8	6	1	1
万埠法庭	220.15	11	843	811	3	2	0	1
梅岭法庭	103.8	2.32	56	60	2	1	1	0
新祺周法庭	58	5	30	30	3	1	2	0
恒湖法庭	60	5	20	61	2	1	0	1

　　三是法庭人员配备不强。有的基层法院编制内人员较少,导致人民法庭人员配备不足,"2 人庭""3 人庭"的现象仍然较为普遍,甚至存在无人庭。目前,全省配备 3 人及以下的人民法庭 180 个,占比 49.72%。司法改革后,仅配备 1 名员额法官的人民法庭 225 个,占比 62.15%。全省有 95 个人民法庭没有配备法官助理,64 个人民法庭没有配备书记员。此外,人民法庭安保力量薄弱,全省配备法警的人民法庭仅 49 个,除 1 个人民法庭配备 3 名、1 个人民法庭配备 2 名外,其他均配备 1 名。

　　四是驻庭工作制度落实不到位。全省 362 个法庭中,为人民法庭专门配备有工作人员的仅 269 个,有人驻庭工作的 290 个。司法改革后,一些基层法院出于人案矛盾、安全保卫等方面考虑,将人民法庭人员全部抽回机关工作,存在人民法庭与机关打乱随机分案现象,造成原有人民法庭空置。一些人民法庭人员每周仅到法庭办公 2～3 天或者有工作才去,一些人民法庭只聘请人员看守法庭、收转材料。

五是信息化水平有待提升。目前接入全省法院三级专网、实现网上办案的人民法庭 290 个,占比 80.11%;能使用电子签章的人民法庭 248 个,占比 68.51%。一些人民法庭因为改建、扩建原因,没有实现互联互通。配备科技法庭的仅 132 个,其中画面高清的 93 个,因为设备调试、网络不稳等原因,真正能实现庭审直播的只有 85 个,能远程视频连线的仅 53 个。总体看来,现阶段人民法庭信息化水平还不高,与智慧法院建设的目标仍有较大差距,人民法庭的信息化建设已然成为法院信息化建设的短板。

(三)人民法庭"外延式"发展模式的弊端

人民法庭"外延式"发展模式,只注重数量的增加,忽视了人民法庭的规范管理和内涵提升,除了导致人员和资源的分散外,最大的弊端是在一定程度上背离了人民法庭设立的初衷,未能充分有效实现人民法庭的职能,如法庭的虚拟化设置没有彰显便民;交通便利后司法便民职能弱化的人民法庭未能及时转型;过于专注执法办案而导致人民法庭参与基层社会治理程度不深;员额制改革后,少数人民法庭也纳入基层法院随机分案体系,更是让人民法庭的法官不了解辖区纠纷状况;等等。此外,还存在以下一些问题。

区域布局不尽合理。一些人民法庭简单的根据乡镇行政区划设立,导致有的年收案只有几十件。一些人民法庭设置没有真正体现"两便原则",江西全省距离县城 20 公里以内的人民法庭 199 个,其中距县城不足 10 公里的城郊人民法庭 76 个。调研中发现,因为交通条件的改善和基层法院设施更加完善,有的当事人距辖区人民法庭还较远,存在一些当事人自愿前往基层法院立案、诉讼的现象。

法庭管理容易松散。人民法庭虽然是基层法院的派出机构,但由于不在院机关办公,基层法院的管理制度在人民法庭往往得不到落实,特别是日常考勤、执法车辆管理甚至审判执行业务管理等方面,存在制度执行不严格现象。有的边远人民法庭长期无人驻守,无工作人员日常办公,背离了人民法庭设立初衷。

日常维护较为困难。基层法院有限的经费难以维护数量众多的人民法庭的日常运转,导致有的人民法庭长期无固定办公场所,无必要的审判设施、便民服务设施和办公条件,有的人民法庭车辆、设施陈旧而得不到及时更换。即便在一些发达省市,也存在人民法庭无独立办公场所，与其他单位合用办公场所等问题。①

存在一定安全隐患。由于地处偏远，人员配备不足，安检设施、设备缺乏，且人民法庭主要审理家事纠纷、相邻纠纷等矛盾冲突激烈的民事案件，使得人民法庭成为人民法院安全隐患的重点区域。加之，近年来基层法院女性人员比例上升，有的人民法庭以女性工作人员为主，进而加重了人民法庭的安全隐患。

二、发展模式转型动因：
基于新形势下人民法庭职能定位的分析

(一)基层司法面临的深刻变革

人民法庭设立初衷及职能定位，是以便民诉讼为主旨的，正如1999年最高法院《关于人民法庭若干问题的规定》第2条所规定的：为便利当事人进行诉讼和人民法院审判案件，基层人民法院根据需要，可设立人民法庭。人民法庭制度历经六十多年的发展，虽嬗变良多，但仍坚持"三个面向"(面向农村、面向群众、面向基层)和"两便原则"(便于人民群众参与诉讼、便于人民法院审理案件)，始终彰显着司法的人民性。人民法庭无论从扩张到撤并，还是从立审合一到立审分立，每一次制度调整和职能转型，都是为了适应社会变迁。当前，我国基层社会正在发生深刻变革，人民法庭面对的形势和任务也较以往不同。

1. 城乡格局的变化。随着经济社会的发展和城镇化进程的推进，以乡村为主体的传统社会结构发生了根本变化。经济体制的转型，催生了大量的非公经济和民商事纠纷；户籍制度的改革，带来了人口的大规模迁徙；城镇化的加速推进，改变了原有农村的面貌和人口结构；交通设施的极大改善，密切了城市与乡村的联系和交往。有学者将这种变化中的乡村社会称为"后乡土社会"。②可以说，人民法庭面对的不再是过去的乡村，人民法庭也已不再是过去的"农村法庭"。

2. 司法价值的变化。公正和效率是司法的基本价值目标，但在不同时期，司法的价值偏向及实现方式也略有差异。当下，我国司法机关和司法制度正在围绕"让人民群众在每一个司法案件中感受到公平正义"的目标进行深刻的自我变革，这要求司法机关在审理每一起案件时，既要保障程序公正，也要实现实体公正，并且要让人民群众切实感受到公正。

3. 法院职能的变化。虽然立法对法院职能有一个清晰的界定，但受制于人事、

---

① 参见陈斯：《人民法庭改革的进路选择——以东莞第一法院人民法庭工作实践为视角》，载《中山大学法律评论》第13卷第1辑。

② 胡玉霞：《人民法庭在司法实践中的实用主义倾向——"后乡土社会"转型背景下的分析》，载《武汉理工大学学报(社会科学版)》2015年。

财务等行政化管理体制,法院往往需要广泛参与非司法性的地方事务。十八大以来,党中央推进法治建设和司法体制改革的一系列重大决策部署,以及持续增长的案件量,都要求法院回归到执法办案第一要务,通过严格司法推进平安中国、法治中国建设。

4. 受理案件的变化。虽然人民法庭受理的案件中,离婚、解除同居关系、抚养、赡养、继承、民间借贷、相邻纠纷等传统民事案件仍然占据多数,但道交损害赔偿、医疗纠纷、劳动合同纠纷、环境资源、旅游纠纷等新型案件也在增多。特别是立案登记制改革以来,人民法院受理的案件呈井喷式增长,相应带动了人民法庭受案量的上升。面对大量案件,人民法庭传统的审判方式和工作方式面临巨大挑战。

5. 诉讼观念的变化。传统的乡村社会是一个"熟人社会","厌诉""耻诉"的观念较强。人们之间产生纠纷,更多的是通过村主任、族长、乡佬进行调解,遵循的是公序良俗、乡规民约。而在国家治理体系和治理能力现代化的背景下,传统的基层自治体系尽管仍有其市场,但也在寻求变革,与现代社会治理体系不断融合,遇事找族长变为遇事找法官,诉诸司法救济的现象越来越普遍。

6. 司法需求的变化。伴随社会变迁和利益多元化,人民群众对司法的需求也呈现多元化趋势。以往,无论是当事人起诉还是人民法庭办案,都存在实用主义倾向,为了实现案结事了、息诉解纷,甚至可以牺牲程序和规则。这种实用主义带来的是法庭办案的"非规范化"。如今,当事人到人民法庭诉讼,已不再单纯追求案结事了,对司法的仪式感和公平正义的追求也在增强。

(二)人民法庭职能定位的调适

基层司法应伴随乡土社会变迁而调整和发展,特别是人民法庭工作,在继承好传统的同时,需要与时俱进、有所创新。[①] 既要继续发挥传统社会治理方式中人民法庭的独特优势,又要融入现代治理体系,特别是以法治化方式推进基层治理现代化。面对传统与现代的双重挑战,人民法庭职能定位应有所调适。

1. 正视司法便民职能相对弱化。以往由于交通不便,广大农村群众前往县城法院诉讼十分困难,导致基层群众选择法律外途径解决纠纷。这既不能体现我国司法的人民性,又与我国推进依法治国、建设法治国家的方略相悖。为了方便基层群众诉讼,就必须在广大乡村大量设立人民法庭,让基层群众能够在家门口诉讼,同时通过个案的审判来彰显法治、宣传法治。但囿于基层社会的相对封闭,为便民诉讼而设立的人民法庭长期面临案件不多、案件类型单一的问题,一些法庭甚至为了完成办案任务而努力拓展案源。因此,执法办案并不是设立人民法庭的主要考量因素,而司法便民是其主要职能。当前,城乡二元结构发生了深刻变化,交通设施的完善和信息技术

---

① 孙海龙:《人民法庭的功能——方便诉讼、化解纠纷、传播法治》,载《中国审判》2014 年第 8 期。

的发展,让乡村与城市的距离正在缩短,人民群众从"足不出户"到"日行千里"。在可预见的未来,随着城镇化推进,更多的乡村将转变为城镇,更多的村民将变为市民。毋庸讳言,人民法庭传统的司法便民职能正在相对弱化,职能定位的重新调适已是现实所需。

2. 坚持社会矛盾化解基层化。司法便民职能的相对弱化,并不意味着人民法庭就没有存在的意义和空间。作为基层社会治理的重要力量,人民法庭仍然承担着将矛盾化解在基层的重要职责。在发展是第一要务、稳定是第一责任的话语体系下,确保矛盾化解在基层,确保矛盾不寻求更高层级的解决渠道,是一项重要的政治任务。同时,它还是一项法定义务。《人民法院组织法》第 3 条明确规定法院有维护国家安全、政治稳定、秩序稳定和财产安全的职能。作为基层人民法院的派出法庭,将社会矛盾化解在基层,甚至是萌芽状态,是应尽的法定义务。这一法定性还表现在,人民法庭有指导人民调解的职责,《人民调解法》第 5 条规定,基层人民法院可以通过其派出机构履行指导职责。而人民调解的主要目的就是及时解决民间纠纷,将矛盾化解在基层,化解在萌芽状态。

3. 着力推动基层治理法治化。十八届三中全会提出推进国家治理体系和治理能力现代化,要求"坚持依法治理,加强法治保障,运用法治思维和法治方式化解社会矛盾"。以习近平同志为核心的党中央提出了国家治理的一系列新理念新思想新战略,推动了国家治理的新实践,体现出鲜明的时代特色。司法权天生具有权利救济功能、纠纷终结功能和公权制约功能,[①]自诞生之日起就是国家实施社会治理最重要、最有效的手段之一,[②]人民法庭是基层人民法院的派出机构,是司法权向最基层的延伸,代表司法权的人民法庭是基层社会治理的重要力量。2014 年,在第三次全国人民法庭工作会议上,周强院长指出:"人民法庭在国家和社会治理特别是县域治理中承担的责任重大,任务艰巨。要以依法公正审判、创新社会治理为着力点,充分发挥人民法庭职能。"[③]基层社会治理是宏观国家治理的微观实践,人民法庭应当积极适应形势需要,将参与基层社会治理作为当前和今后一个时期的主要职能,让人民法庭制度历久弥新、焕发生机。

(三)人民法庭推动基层治理法治化的主要路径

"人民法庭发挥作用的方式及其在基层社会治理结构中所占有的位置,于不同的

---

①　参见周玉华主编:《中国司法学》,法律出版社 2015 年版,第 29～32 页。

②　沈德咏:《人民法院推进社会管理创新的几点思考》,载《人民司法》2010 年第 21 期。

③　参见《强化司法便民 创新社会治理——以深化司法改革为契机谱写人民法庭工作新篇章》,载《中国审判新闻月刊》2004 年第 102 期。

历史阶段又呈现出各种的差异和区别。"[①]笔者认为,当前,人民法庭参与基层社会治理主要有以下几种方式:

1. 公正高效执法办案,化解社会矛盾。人民法庭参与基层社会治理,首要是公正高效地审理各类案件、化解矛盾纠纷,维护基层社会的安定和谐。随着改革的推进,在案件激增和办案力量缩减的双重挤压下,人民法庭承担的办案任务将越来越重。一方面,人民法庭需要强化规则之治,依据法律程序和事实对案件作出是非明确的裁判,进而实现对社会的规则治理;另一方面,人民法庭可以充分发挥基层司法的灵活性,综合运用司法调解等诉讼手段和多元纠纷化解等非诉讼手段,高效地化解大量简单民事纠纷。

2. 创新司法便民渠道,延伸司法服务。司法便民一直是人民法庭的重要职能,在新的历史时期,这一职能只能加强不能削弱。但新形势下,司法便民不应再简单理解为"当事人诉讼路程和时间的缩短",而是通过创新为当事人提供更加便利、快捷、人性化的司法服务。例如,通过诉讼指引、便民服务让当事人获得更好的诉讼体验,通过案件繁简分流、轻案快审减轻当事人的诉累,利用现代信息技术、司法公开让当事人更轻松办理诉讼事务、享有更多知情权,等等。

3. 指导民间组织,强化基层自治。在大量的社会矛盾纠纷面前,应充分发挥村民委员会、居民委员会、各种行业组织等民间组织化解矛盾纠纷的作用。[②] 人民法庭可以通过加强对各类民间组织的业务指导,强化民间组织调处矛盾纠纷的能力,通过司法确认、多调联动发挥民间组织调处矛盾纠纷的作用,将基层自治引入法治轨道。

4. 密切与乡镇联系,推进依法行政。人民法庭扎根乡镇,与乡镇党委、政府及"七站八所"等基层行政机关联系密切,调研发现,乡镇党委、政府对人民法庭的设立及法庭工作都十分重视、支持,遇有重大行政决策事项或法律问题一般会向人民法庭征询法律意见。人民法庭可以通过提出司法建议、提供法律意见等方式,助推基层政府依法行政。

5. 加强法治宣传教育,促进法治建设。一方面,可以通过陪审员制度、以案释法、巡回审判等开展法治宣传教育,让基层群众走近司法、参与司法。另一方面,人民法庭本身也是重要的法治宣传阵地,通过推进人民法庭标准化建设,实现人民法庭外观、装饰、法庭文化建设方面的统一,让基层群众在人民法庭亲身感受司法仪式和法治氛围,增进基层群众对法治和司法的认同。

---

① 王亚新:《人民法庭审判工作的再次转型》,载《基层司法方式转型之路》,人民法院出版社2012年版,第65页。

② 杜万华:《加强人民法庭研究 深化司法体制改革》,载《中国审判新闻月刊》2014年第102期。

三、内涵式发展模式之倡导：基本框架和实施路径

为应对基层司法的深刻变革，更好契合人民法庭参与基层社会治理的需要，就必须改变人民法庭以往的发展模式，从"外延式"发展向"内涵式"发展转变，实现人民法庭的制度创新、功能创新、管理创新。结合近期江西法院人民法庭建设的思路，提出内涵式发展模式初步构想如下。

(一)基本框架

1. 从注重法庭的数量增加，向注重法庭的整体质量提升转变。"内涵式发展"不贪多求全，不追求法庭的数量，更不要求在每一个乡镇设立一个人民法庭。相反，内涵式发展追求的是法庭外观的统一、功能的完善、案件质效的提升、法官队伍专业素质的提高及法庭职能的延伸。通过集约化、规模化，实现人员、经费、物质装备的集中配置，实现人民法庭软硬件的整体提升。

2. 从执法办案的"实用主义倾向"，向遵守诉讼程序和办案规则转变。在"实用主义倾向"影响下，法庭办案不注重诉讼程序，不遵守办案规则，以单纯追求结案为目的。"内涵式发展"要求人民法庭回归专业化、职业化、正规化发展方向，开庭办案要严格遵守法定程序，严格执行办案规则，做到实体公正和程序公正并重，防止司法权随意而为、任性妄为。

3. 从传统的办案方式，向审判信息化、智能化方向转变。"内涵式发展"要求人民法庭改变以往"用眼看、用耳听、用笔记"的传统办案方式，借助全国法院正在开展的信息化建设热潮，大力建设科技法庭、网上办案系统和司法公开平台，引入语音识别、庭审直播、远程音视频传输等现代化信息技术、设备，实现人民法庭办案方式质的飞跃，让人民法庭的法官从事务性工作中解脱出来，提升整体办案质效，适应当下司法发展的需要。

4. 从法庭管理的缺位、松散，向日常管理规范化转变。"内涵式发展"要求人民法庭加强日常管理，建立完善人、案、事三管齐下的人民法庭管理体系，健全诸如党建、考勤、节假日值班等日常管理制度，落实驻庭工作制度，实现管理的精细化、规范化，让人民法庭真正植根基层、服务基层。

(二)实施路径

1. 以标准化建设促内涵提升。丰富和拓展人民法庭标准化建设的内涵，实现人民法庭"基础设施规范化、开庭办案科技化、诉讼服务便民化、文化建设特色化、驻庭生活庭院化"。针对当前的突出问题，注重人民法庭环境的美化，结合精准扶贫、乡村美化等活动，使人民法庭建筑具有较高的可识别度，甚至有地标性；注重文化氛围的

营造,通过文化设施建设和法制宣传板块,既为当事人、诉讼参与人等提供温馨舒适的环境,又提供息诉劝访、和谐共处,心平气和化解矛盾纠纷的文化氛围。

2. 以规范化管理促内涵提升。建立健全符合人民法庭工作实际的执法办案规范、诉讼服务规范、业外行为规范、司法政务规范等制度体系,强化制度刚性和执行力。落实驻庭工作制度和假期值班制度,建立完善考勤等法庭日常管理制度,法庭工作人员必须在人民法庭办公、办案,切实避免人民法庭空心化。适应司法体制改革的需要,为每个人民法庭至少配备一名员额法官,配齐配强法官助理、书记员等司法辅助人员。人民法庭的案件不纳入随机分案范畴,办案任务压力小的人民法庭可以兼办基层法院机关的案件。加强法庭安全保卫工作,为每个人民法庭配备司法警察或者安保人员,安装安保监控系统,配备必要的安检设备和防暴器械,制定安全防范预案。

3. 以专业化改造促内涵提升。在优化人民法庭布局的过程中,利用好现有资源,高标准建设中心法庭,集中配置人员、经费、装备,避免司法资源浪费和法庭维护困难,将案件量很少的人民法庭改造为巡回审判点、便民服务联系点。对于司法便民功能显著弱化的城镇法庭,根据社会发展需要、辖区案件特点和当地实际情况,积极推进专业化法庭建设,将其打造为家事法庭、环保法庭、旅游法庭、金融法庭、物业法庭、劳动争议法庭、道路交通事故速裁法庭等专业化法庭,深化人民法庭推进基层治理法治化的平台和载体建设。

4. 以信息化手段促内涵提升。一方面,因地制宜、切合实际加强人民法庭信息化建设,以信息化促基层司法公正公开公信。另一方面,以信息化手段推进人民法庭工作的台账式、可视化、项目化管理,开发人民法庭管理软件,实行挂图作战模式,实现人民法庭各类数据的实时更新,对重点工作抓手建立"工作项目化、项目责任化、责任具体化"的工作机制,完成一项销号一项。

5. 以延伸化服务促内涵提升。充分发挥人民法庭扎根基层、服务基层的独特优势,进一步做好司法便民利民工作,同时切实加强诉前调解、诉调对接、法治宣传教育,支持其他国家机关和群众自治组织调处社会矛盾纠纷,加强对人民调解委员会和其他群众自治组织、行业组织调处化解矛盾纠纷的指导。建立工作台账,健全科学的人民法庭工作考核评价体系,将参与基层社会治理的非司法事务列入重要考核项目。

6. 以"全面双达标"活动为载体促内涵提升。开展标准化建设和规范化管理"全面双达标"活动,可考虑利用 3 年左右的时间,按照第一年 20%、第二年 30%、第三年 50%的进度分批逐步推进,使人民法庭全面实现"双达标"。科学建构人民法庭工作评估体系和考评标准(评估体系附后),基础建设分值占 40%,规范管理分值占 60%。两项分值均达到 95%以上,可评选为示范人民法庭;达 80%以上的,为"全面双达标"人民法庭。

结　　语

　　诚如苏力先生所言:"我们可以预测中国司法改革的一般趋势,却很难预测中国转型时期的法院体系具体最终形态。在一个司法制度重新定位的过程中,制约因素很多,路径依赖不可避免。"[①]人民法庭由"外延式发展"向"内涵式发展"转变,是适应形势发展和职能转变的需要,是解决原有法院建设面临的系列问题的必然选择,应当是人民法庭制度在新时期丰富和发展的基本路径。

---

　　① 转引自江涛:《人民法庭工作方式的传承与创新》,载《基层司法方式转型之路》,人民法院出版社 2012 年版,第 64 页。

第二编

人民法庭建设

第八章

"智慧法庭"：通往智慧法院的人民法庭建设前景展望

刘　畅[*]

引　言

人民法庭是基层人民法院的派出机构和组成部分，处于司法审判、化解矛盾纠纷的第一线，其不仅是深化司法改革的重要一环，更是其中"关键的关键"和"试验田"。[①] 人民法庭通过司法裁判向社会公众提供司法服务、输出"司法产品"，这其中的全部工作及体制机制可视为"供给侧"。但近年来案多人少矛盾似痼疾顽症困扰着人民法庭，法官如司法机器般的连轴运作，不仅有损身心健康，更难以满足民众的司法"需求侧"，人案矛盾使"供给侧"和"需求侧"严重脱节。2017 年 7 月，国务院印发的《新一代人工智能发展规划》提出了"智慧法庭"这一概念，[②] 推行智慧法院在人民法庭先试，具有其他级别法院无法比拟的优势地位。目前国内对"人民法庭与智慧法院建设"的课题研究较少、语焉不详。本文对人民法庭的智慧法院建设进行了前瞻性思考，为人民法庭借力信息化建设释放和提升审判"生产力"、破解人案矛盾，提供了切实可行的应用路径。

---

[*] 天津市红桥区人民法院研究室法官助理。

[①] 参见周强院长在第三次全国人民法庭工作会议上的讲话，http://legal.china.com.cn/2014－07/08/content_32889299.htm，于 2015 年 9 月 10 日访问。

[②] 智慧法庭，建设集审判、人员、数据应用、司法公开和动态监控于一身的智慧法庭数据平台，促进人工智能在证据收集、案例分析、法律文书阅读与分析中的应用，实现法院审判体系和审判能力现代化。

一、现状省察:建设"智慧法庭"
破解人案矛盾的必要性与可行性

(一)人民法庭案多人少矛盾的现状剖析

在我国,人民法庭布局地域范围广,全国 3122 个基层人民法院共有 10162 个人民法庭,①东中西部地区甚至同一地区内部因经济发展水平、人口、面积、交通的因素影响法庭布局差异较大。从人民法庭设置数量上看,数量在 200—300 个的省份有福建、江苏、浙江;数量在 300—400 个的省份有广东、黑龙江、内蒙古、云南;数量在 600 个以上的省份有四川、河南、山东、贵州。直辖市因面积和省份相比较小、交通更为便捷,因而在人民法庭的设置数量上也较少,如重庆 124 个、天津 65 个、北京 61 个、上海 35 个。② 具体在人民法庭的设置和布局上,以笔者所在的天津市为例,除市内六区未设置人民法庭外,其他环城及远郊各区均设置了人民法庭。截至 2017 年 9 月,全市共 12 家基层法院(审判区)共设置了 65 个人民法庭,其中:环城四区 23 个、滨海新区 6 个、远郊五区 36 个。由于各区间地域面积、人口数量和经济发展水平存在差异,人民法庭在管辖面积和收案数量上也较不平均(见表 8-1)。另外,人民法庭受理案件数呈逐年上升趋势,其中 2005 年共受理 22026 件,2015 年共受理 43775 件,同比上升 98.74%,与之相随的是法官审判压力不断加大。2005 年至 2015 年,全市各区人民法庭共审结案件 344415 件,占全市一审民事案件的 32%,占全市基层法院(包括未设置人民法庭的法院)一审民事案件的 50% 左右。而人民法庭在编干警数量仅占全市在编干警总数约 8%,占设置人民法庭的 12 个基层法院在编干警总数约 11%。从人民法庭在编干警数量和收案数来看,虽然人民法庭干警人数少,却承担了约 40% 的审判任务量,分配到人民法庭的审判资源较薄弱,却承担了基层法院大量的一审民事案件。③

---

① 数据来源于最高人民法院内网数据集中管理平台,http://192.2.0.145:8090/fyml/fymlsy/ptsj.html,于 2015 年 12 月 30 日访问。

② 天津市高级人民法院课题组:《关于人民法庭司法标准化的实证研究——以天津市人民法庭为考查重点》,载《天津法院司法标准化理论与实践研讨会优秀论文汇编》,第 37 页。

③ 数据来源于天津市高级人民法院课题组:《关于人民法庭司法标准化的实证研究——以天津市人民法庭为考查重点》,载《天津法院司法标准化理论与实践研讨会优秀论文汇编》,第 39 页、第 45 页、第 47 页。

表 8-1　2014 年天津市各区人民法庭案件受理数情况表

法　　　院		法庭数量(个)	法庭受理案件数(件)
环城四区	东丽	4	3848
	津南	5	4337
	西青	8	3400
	北辰	6	1913
滨海新区	塘沽	3	5410
	汉沽	1	757
	大港	1	1282
远郊五区	武清	13	6521
	宝坻	6	3047
	静海	10	2933
	宁河	2	1224
	蓟州	5	4882

由此可见,人民法庭案多人少矛盾突出,审判工作任务占据了法庭工作的绝大部分时间和精力。员额制改革后法官人数精简,更加剧了人案矛盾。因此,唯有提高法官办案能力与效率才能缓解人案矛盾。部分法院采取一系列手段"深挖"法官"潜力",但效果并不能立竿见影,人民法庭相对原始的信息化水平更难以满足一线法官的需要。

目前科技已达到将其实质性运用到司法工作中的"临界点",这种史无前例的发展迫使我们重新审视整个司法业务领域。律师界对人工智能的挖掘和利用已箭在弦上,无论是美国 IBM Watson 开发的"人工智能律师"ROSS,还是国内"无讼"团队的"法小淘",都倒逼着法院进行一场"头脑风暴",颠覆传统的工作模式,对生产"正义产品"的工作方式进行一场深入的自我革命。人民法庭由于其基层基础地位,导致其在借助信息技术建设智慧法院过程中更具有示范效应。因此,建设集审判、人员、数据应用、司法公开和动态监控于一身的智慧法庭数据平台,促进人工智能在证据收集、案例分析、法律文书阅读与分析中的应用,实现基层人民法庭审判体系和审判能力现代化极为必要。另外,"智慧法庭"建设的成功经验可作为智慧法院建设推广的样本,具有较强的可复制性。

(二)智慧法庭建设的政策背景及各地成果梳理

2015 年李克强总理做政府工作报告时提出"制定'互联网＋'行动计划和国家大数据战略"。在此背景下,2015 年 7 月最高人民法院首次提出智慧法院这一概念,并于 2017 年 4 月印发了《关于加快建设智慧法院的意见》。2017 年 7 月在贵州举办的全国司法体制改革推进会召开前,习近平总书记曾专门批示,"要遵循司法规律,把深化司法体制改革和现代科技应用结合起来"。全球数字化浪潮造就了一个新时代的到来,人民法院正在海量数据组成的"天网"中,通过对海量数据具有超级计算能力的"天算"和具有超级智控能力的"天智",为智慧法院建设勾勒出一幅全新蓝图。智慧法院建设是个系统工程,司法人工智能是其中技术难度最大、最有挑战性的环节,最高院对此极为重视,采取深谋远虑积极进取的姿态。在 2017 年最高院工作报告中,周强院长强调"在综合运用云计算、大数据等技术的基础上,推进数据共享,研究开发司法人工智能系统"。2017 年 7 月 20 日,国务院发布了国家人工智能战略《新一代人工智能发展规划》,释放出支持在智慧法院建设中以人工智能协助法官审理案件的信号。以人工智能促进法院审判体系和审判能力智能化已箭在弦上,目前全国已有多家法院尝试研发司法人工智能 A3 系统,以适应智慧法院的建设需求(见表 8-2)。2017 年 9 月 24 日,周强院长在甘肃调研时指出,基层法庭贴近人民群众,要充分运用好信息化技术,发挥基层法庭优势,针对人民群众司法需求,努力提供更加优质、高效、便捷的司法服务,让人民群众切实感受到信息化的便利。[1]

表 8-2　各地研发司法人工智能助力智慧法院建设情况表

代表法院	系统名称	系统概述
上海高院	上海刑事案件智能辅助办案系统,简称"206"	选择 7 类 18 个具体罪名,运用大数据对上海 3 万余份刑事裁判文书、9012 件典型案例、1695 万条司法信息资源进行比对、分析,针对取证环节常见问题,制定了证据标准、证据规则,并将法定的统一证据标准嵌入公检法三机关数据化的办案系统中。通过运用深度神经网络模型和图文识别技术,基于对 1.5 万余份卷宗材料的学习,初步实现了对各种证据的印刷体文字、部分手写体文字、签名、手印、签章、表格、图片等职能识别、定位和信息提取,对单一证据实现了自动校验。
贵州高院	贵州刑事审判智能系统	依托大数据,通过抽样、建模等手段,对五年以来 60 余万件常见多发的盗窃、抢劫、故意伤害、故意杀人和毒品等五类案件进行分析研判,总结出刑事案件立案、侦查取证、文书制作三个环节总计 67 项常见问题。根据案件定罪要素、量刑要素、证据材料、证据要求构建了犯罪构成的知识图谱。

---

① 　宁杰:《周强:切实加强人民法院基层基础建设》,载《人民法院报》2017 年 9 月 27 日第 1 版。

代表法院	系统名称	系统概述
重庆高院	人工智能系统	利用百度搜索技术和自然语义分析技术结合法院提供的案例资源,在法官办案过程中,根据个案精准推送涉案法条和类案案例给法官。利用图像识别技术自动聚类电子卷宗,便于法官查找;庭审时适用话音识别技术,使文字记录最大限度还原审判活动原貌,实现审判工作全程留痕。
河北高院	智审系统	资源数据化,将案件电子卷宗、音视频转化为可读写的数据,并将这些数据与结构化数据、电子文书等信息资源整合为统一的案件数据。自动关联相关案件,允许查阅关联案件的电子卷宗,避免虚假诉讼和矛盾判决。电子卷宗深度利用,多数文书可一键生成,通过案件画像和机器学习技术,为办案法官推送最相似的案件、最可能应用到的法律条文及全自动化的大数据分析,实现结构化数据的回填和校验。
海南高院	量刑规范化智能辅助办案系统	系统具有智能识别提取犯罪事实和量刑情节,自动推送关联法条和类案,自动依据历史量刑数据推荐量刑,自动生成程序性法律文书和框架裁判文书,以及多维数据统计等功能。该系统在海南15家法院试运行以来,法官办理量刑规范化案件的时间减少约50%,制作裁判文书的时间减少近90%,减少了同案不同判的情况发生。
江苏高院	法务云系统	构建了智能检索分析系统,汇集裁判文书、审判信息、电子档案及法律法规、社会热点等信息,全数据关联、全网络检索;实现同类案例、审判资料的智能推送,提供案例比对分析、类案专题分析和案件基础指标展示对比等业务辅助,为法官办案提供参考。
浙江高院	审务云系统	依托浙江省法院沉淀的丰富案件数据资源,结合公安、政务等周边数据,形成智慧法院大数据生态圈。对审判偏离度进行分析预警,智能化协助法官工作,通过广泛采集、综合处理、科学分析审执工作特点和规律,提高司法预测预判能力和应急响应能力。

表 8-2 系笔者通过浏览《人民法院报》上的新闻,对上海、贵州等 7 地法院司法人工智能系统建设与适用情况进行的总结概括。由此可知,各地法院"百家争鸣"纷纷创新推出符合本地特点的司法人工智能系统,但也存在着产品重复开发、标准不一、利用率不高、服务对象不明的问题。要解决这些问题的前提是将人工智能服务基层人民法庭审判的开发和利用同步进行标准化,并根据人工智能系统在审判中不同的服务对象来确定其不同的角色定位。

二、理论镜鉴：
将司法人工智能服务人民法庭建设的前提与角色定位

(一)域外人工智能嵌入司法领域的理性思考

人工智能(Artificial Intelligence)，即研究、开发用于模拟、延伸和扩展人的智能的理论、方法、技术及应用系统，可以对人的意识、思维的信息过程进行模拟，1956年DARTMOUTH学会首次提出这一概念。[①] 人工智能一经出现就对各行业的知识体系和伦理产生了巨大冲击，从IBM"深蓝"到Google AlphaGo，预示着人工智能正在攻克"人类智慧的最后堡垒"。将人工智能嵌入法律的话题肇始于1958年，由法国Lucien Mehl博士提出法律机器的设想。1987年美国波士顿东北大学举办了首届国际人工智能与法律会议(ICAIL)，Lieth Gardner博士发表了《人工智能与法律推理》一文，1991年国际人工智能与法律协会(IAAIL)成立，在此背景下法律科技(Law-Tech)持续兴起。此后的十年，是人工智能嵌入司法的蓬勃发展期，澳大利亚、加拿大、美国等国接连开发了专家系统与裁量模型。[②] 近年来，多国将司法改革的目光瞄准人工智能，如英国2016年伦敦大学学院牵头研发的人工智能预审系统利用欧洲人权法院公开的判决书构建模型，预测的准确率高达79%。[③] 但目前直接适用人工智能处理案件仍具有不稳定性，如近期发生的Eric Loomis诉威斯康星法院案，人工智能系统COMPAS被认为具有种族歧视。[④]

由域外经验得知，人工智能与法律融合的话题已持续半个多世纪，国外关于人工智能服务司法的开发在法律推理、案例检索、模型构建等方面存在四大"痛点"：其一，人工智能对案件的判断、推理和预测需依赖对大量法律和案例进行自然语言翻译，而机器学习对自然语言的理解极为困难；其二，法律概念过于复杂，建立于法律知识库基础之上的机器学习任务量庞大；其三，专家系统模型受法官价值观影响，裁量过程难以模拟；其四，检索系统需建立在海量的规则和案例基础上，并对其进行大规模统计分析，工程量过于巨大。而我国无论在远超以往的云计算能力还是海量的司法大数据采集方面均不落后于欧美，司法人工智能系统的开发有可能成为中国司法"弯道超车"的机会。

---

① 蔡自兴、徐光佑：《人工智能及其应用》，清华大学出版社2010年版，第2页。
② 张妮、杨遂全、蒲亦非：《国外人工智能与法律研究进展述评》，载《法律方法》2014年第2期。
③ 《人工智能预测判决准确率胜专家》，载《参考消息》2017年5月8日第2版。
④ 《他偷辆车就被人工智能评估重判8年。当AI触角伸向司法界，是合理，还是荒唐？》，http://finance.ifeng.com/a/20170527/15413793_0.shtml，于2017年6月28日访问。

(二)适用人工智能服务人民法庭建设破解人案矛盾的前提是标准化

有人将大数据和人工智能结合比喻为第四次科技革命,将人工智能融合到司法领域无疑是对法院工作的一次供给侧结构性改革,充满了机遇和挑战。目前,已有越来越多的法院为满足破解人案矛盾的实际需求,将司法人工智能投入到审判当中。然而,司法人工智能尚属新生事物,仅是对人脑思维的"模拟"而非"再现",在适用过程中应遵循标准化原则,由各级法院对人民法庭统一规划适用,否则反会造成开发者和利用者的各行其是,增加工作的复杂度和管理难度,变相增加人案矛盾。比如,将纸质卷宗转化为电子卷宗,需依标准化流程将原始纸质信息拆分为一个个最基础的简单要素,利用自然语言处理能力去识别案件文本,并评估案件中所有可能的含义,然后通过人工智能自动抓取和转换,这一步骤虽不涉及逻辑推理模型、无须依赖法官,但需依赖数据标准化和分词技术。另外,由于司法数据的来源不同,如案件审执信息、司法统计信息、庭审录音录像信息、卷宗档案信息等;交换对象也不同,如法院系统、公检系统、政府部门等,因此人民法庭在适用司法人工智能辅助系统时需要通过标准化的数据接口路径,打通数据流通渠道,解决数据的流通障碍。

(三)适用人工智能服务人民法庭审判对象的角色定位

有人担心将人工智能嵌入司法领域最终会导致替代法官,笔者认为这种想法过于以偏概全。在 IT 时代,人民法庭工作和传统的信息技术相融合经过多年更新迭代已基本满足了案件管理与司法统计需求。在 DT 时代,人民法庭工作与大数据、云计算、物联网等技术融合推进已初有成果,如最高院建立和不断完善的"人民法院数据集中管理平台",将全国 3520 个法院、9277 个人民法庭和海事派出法庭全部接入一张法院专网之中,使全国四级法院各项数据随时生成、自动更新。但无论在 IT 时代还是 DT 时代,信息技术均被定位于服务审判管理的重要载体,司法政务公开、庭审与文书公开、文书质量评查、司法统计、绩效考核等模块均倾向于满足审判管理部门的"管理需求"。而 AI 时代则更侧重于服务法官审判,关注法官自身的"用户体验"。"人工智能+法院"的应用方兴未艾,如北京法院的"睿法官"、上海法院的"C2J"和"206"、江苏法院的"法务云"、河北法院的"智审"、贵州法院的"法院云"等系统,均属在一定程度上带有人工智能元素,但远未达到成熟落地的程度。依据员额制改革后审判团队成员分工不同,人工智能对服务审判对象的角色定位亦不同,具体如下:

1. 替代审判辅助人员从事的事务性工作。由于审判辅助人员从事的事务性工作具有繁重低效、重复率高、入门门槛低、智力劳动少的特点,无须人工智能识别人类的主观心理状态,因此可以充分利用人工智能替代非审判性事务,变相的使审判辅助人员"腾出手",提高整个审判团队的运行效率。

2. 智能辅助法官从事的高度智力型审判工作。由于"法律的生命在于经验",当社会转型产生新价值冲突时,需要法官进行价值判断。比如,在刑事案件中对被告人"主观恶性"的衡量由于涉及被告人的心理状态和基于自由意志的价值观念,无法从客观上进行量化,需要法官基于其社会经验和人生阅历去分析判断。司法是理性逻辑与人性情理的融合,而不是"法律的自动售货机"。依托于海量大数据的人工智能由于仅具有纯粹理性逻辑和算法,追求的是事物间的"相关关系",而非审判追求的"因果关系"。但司法人工智能相对于法官也有其得天独厚的优势,即可凭借大数据和算法模型查找案件间的相关关系用于识别证据的客观性、合法性、真实性,对认定事实具有极高的准确性和稳定性,可以弥补法官在自由心证方面可能造成的认知偏差。因此,人工智能只是人类大脑的延伸,是辅佐法官裁判的"智囊团",帮助法官回归其"法律帝国王侯"的本职,并不能淘汰法官。司法人工智能会催生出更多专注于司法领域的"技术型""专家型"法官,他们对复杂案件具有更强的分析决策能力,对当事人间的情感有更深厚的协调与修复能力。

具体到适用司法人工智能破解人案矛盾这一问题的应用路径上,可从"解放审判辅助人员事务性工作""协助法官对简单案件自动化处理""辅助法官对新颖、疑难案件决策判断"三步走,[①]破解人案矛盾(见图8-1)。

三、求索进路:建设"智慧法庭"破解人案矛盾的应用路径

(一)智能化的第一步:解放审判辅助人员的事务性工作

员额制改革后,虽然大部分人民法庭的审判团队能做到一审一书,少数为二审一书或三审一书,但仍使法官感到事务性工作繁重,审判辅助人员紧缺。大量程序性、事务性活动占据着法官的有限时间,掣肘着整个团队的工作效率。因此,要想破解人案矛盾,解放审判辅助人员的法庭记录、卷宗归档、送达保全等事务性工作则显得尤为必要。

1. 送达不再难——电子送达平台

送达贯穿案件从立案到执行各个流程节点始终,大量案件在送达起诉状副本时便遇阻,当事人怠于履行诉讼促进义务造成的"送达难"使原本简单无争议的案件变得疑难复杂,激化了人案矛盾。为破解"送达难",最高院正逐步完善全国法院统一新型电子送达平台。[②] 法官在内网办案系统发送"文书送达"或"找人"请求,电子送达平台会基于大数据分析算法将所有涉及被送达人的信息聚合,计算出各种送达渠道的置信度并构建分析模型进行送达(见图8-2)。

---

① 何帆:《我们离"阿尔法法官"还有多远》,载《浙江人大》2017年第5期。
② 罗书臻:《全国法院统一新型电子送达平台试运行》,载《人民法院报》2017年3月3日第4版。

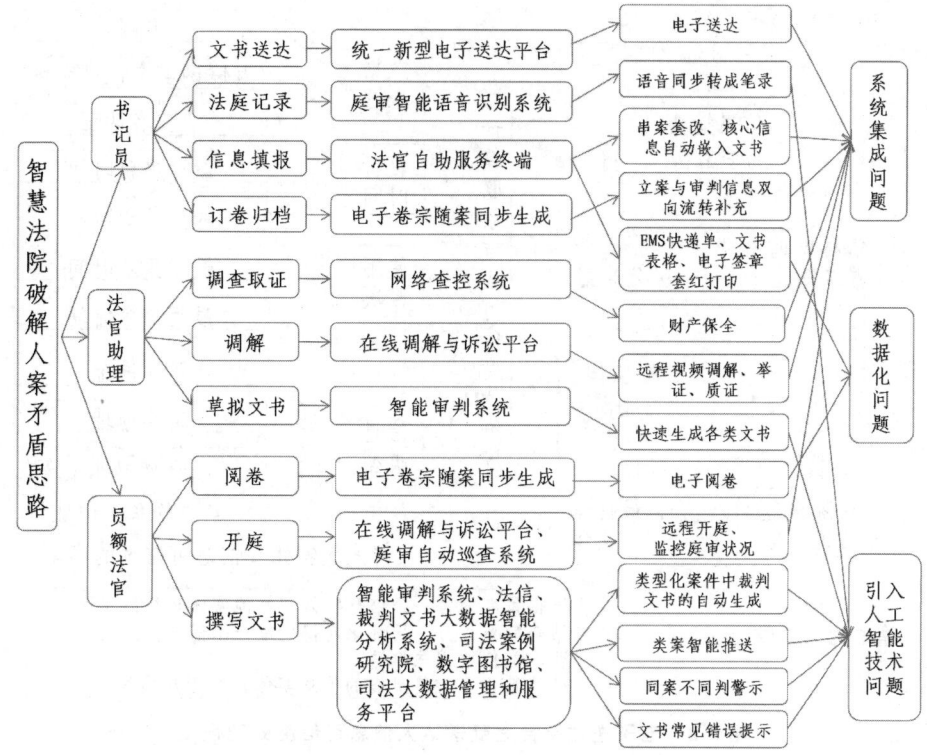

图 8-1　审判团队各成员运用司法人工智能的工作机理

当然,若想从根本上解决"送达难"还需将人工智能与司法大数据结合,消除"信息孤岛"现象。一方面,积极利用人民法院数据集中管理平台,将全国四级法院所有案件中涉及该受送达人的身份信息进行挖掘、汇聚、整理、分析,形成一张"相关关系要素"网;另一方面,将案件数据资源与电商、公安等周边数据资源整合,依靠 DT 时代的"司法大数据生态圈"查找送达线索(如图 8-3)。[①]

2.庭审不再暂停——智能语音识别系统

传统庭审现场受书记员法庭记录速度、总结能力及各方语速等诸多因素的制约,难以做到"有言必录",庭审难以一气呵成。为此,最高院深化庭审录音录像改革,探索无书记员到庭的庭审记录模式。目前多地法院适用庭审智能语音识别系统,笔录正确率已达 90％以上。[②]"机器换人"使法官有更多精力进行案件审理、把控庭审节奏。智能语音识别系统还可适用于合议庭合议、审委会讨论、文书制作等工作(见图8-4),将书记员从繁重的记录中解放出来去从事其他辅助性事务。

---

① 孟焕良:《大数据作笔,为律师和法官"画像"》,载《人民法院报》2016 年 10 月 23 日第 8 版。
② 张宽明:《智慧法院建设国际研讨会在苏州举行》,载《人民法院报》2017 年 5 月 18 日第 1 版。

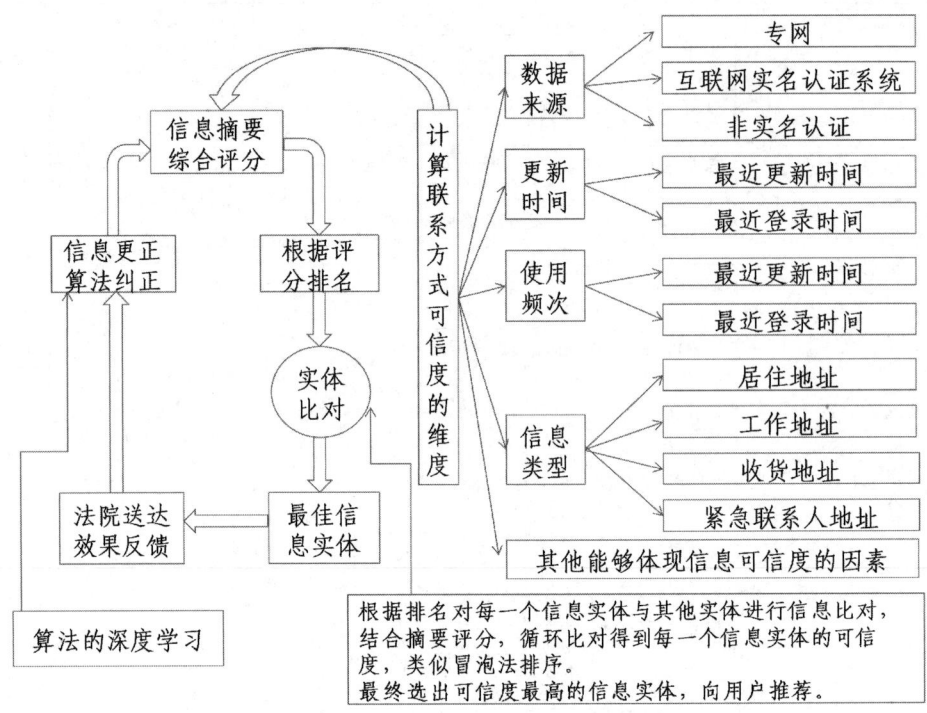

图 8-2　电子送达平台之受送达人信息可信度处理模型

图 8-3　人工智能与大数据相结合的"送达与找人"模型

3. 零碎事务性工作不再低效能——法官自助服务终端

审判辅助人员需承担如庭前准备、打印、签字盖章、结案归档的事务性工作,这些工作属于重复性的低效能劳动,与法官的审判权相对区分,却又密切相关不可分割,

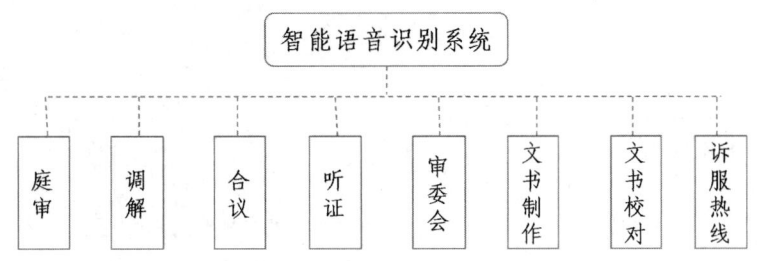

图 8-4 "智能语音识别系统"模型

一旦在这些事务性工作上拖延势必影响整个案件的审理进程。目前,天津高院首创的"法官自助服务终端"至少降低法官助理 30％以上的事务性工作(见图 8-5),天津法院每年收案 20 万件,预计约节省 12500 小时的信息录入时间(见表 8-3)。[①] 与"法官自助服务终端"类似的是福建闽侯法院首创的"诉讼服务自助终端",证据扫描、缴费、打印文书等事务性工作可由当事人自己完成。

表 8-3 天津法院法官自助服务终端节约时间表

测试项	传统手写	利用信息化成果	节约时间	同比
诉讼文书	22 分 49 秒	1 分 42 秒	21 分 7 秒	−92.55％
EMS 快递单	6 分 17 秒	1 分 28 秒	4 分 49 秒	−76.29％
卷皮	3 分 22 秒	43 秒	2 分 39 秒	−78.71％
法综填写	1 分 23 秒	28 秒	55 秒	−66.26％
共计	33 分 51 秒	4 分 21 秒	29 分 30 秒	−87.15％

4. 时空不再受限——在线法庭

我国幅员辽阔,部分省份面积广阔、人口众多,如四川、河南均为人口大省,山区较多,交通不便,为当事人诉讼和案件审理造成不便。另外,近年来,涉及多个当事人且当事人均不在同一城市的案件越来越多,部分当事人因诉讼经济成本过大,选择拒不出庭;随着电商的繁荣,部分买卖合同案件证据完整、案情简单、交易金额不大,但作为原告的消费者天南海北,难以集中;部分刑事案件被告人犯罪情节轻微,但受交通不便影响,提押被告人需支付较大的警备力量。因此,借鉴美国、欧盟等国家积极推广的 ODR,开展在线庭审就显得尤为必要。依托在线身份识别和音视频转换技术,最高院建设的"在线诉讼与调解平台"已在北京、河北等多家法院试点,使案件审理突破时空壁垒(见图 8-6)。2017 年 8 月设立的杭州互联网法院就是在线法庭的延

---

① 赵文艳:《天津高院以信息化为技术支撑着力破解案多人少矛盾》,http://tjfy.chinacourt.org/article/detail/2017/05/id/2865999.shtml,于 2017 年 6 月 28 日访问。

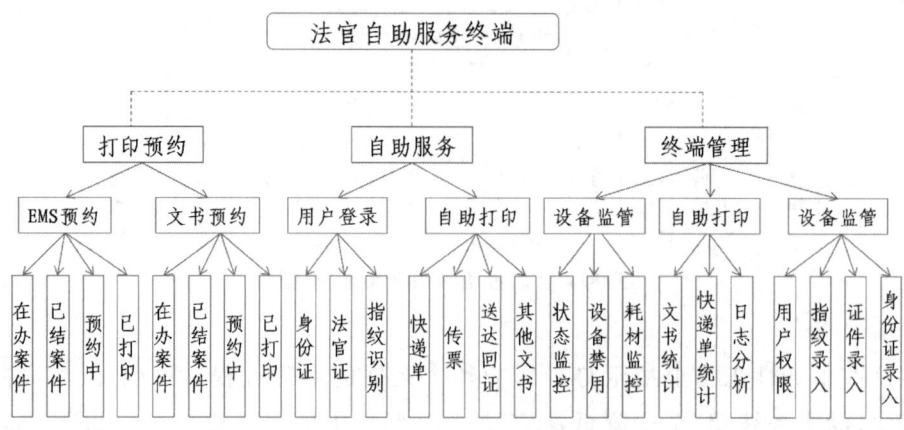

图 8-5 "法官自助服务终端"模型

伸之举,有利于对网络金融、网络著作权、电子商务等涉互联网案件的统一受理、统一调配法官资源。

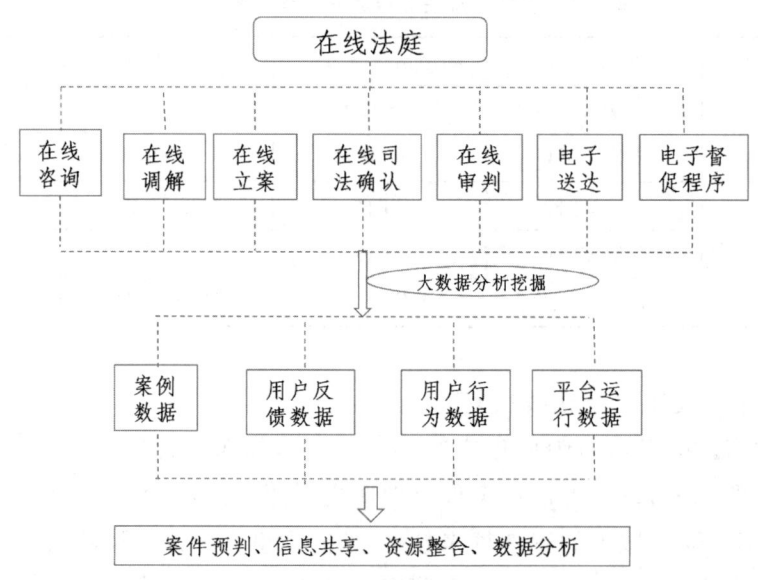

图 8-6 "在线法庭"模型

5. 卷宗信息不再沉睡——电子卷宗随案同步生成

卷宗作为案件信息的载体历经整个诉讼流程,传统纸质卷宗的流转过程较烦琐,即便将卷宗以图片形式扫描,也未能激发卷宗信息的内在价值。为了挖掘卷宗背后的"宝藏富矿",最高院积极推进对纸质卷宗进行数字化处理和深度应用。例如,苏州中院开创了"电子卷宗随案同步生成"的先河。[①] 通过"集中扫描—OCR 识别—关键词提取—智能分目归档—信息自动解析与回填"的流程使电子卷宗在录入、生成、归档方面随案同步生成,法官仅需核对信息。庭审中,双方当事人可围绕电子卷宗质证,避免纸质文件过多而拖累庭审。庭审后,法官在合议与撰写文书时可查看数据化后的文本,编辑、提取电子卷宗中的"证据材料"和"法律文书",激活卷宗的数据价值(见图 8-7)。

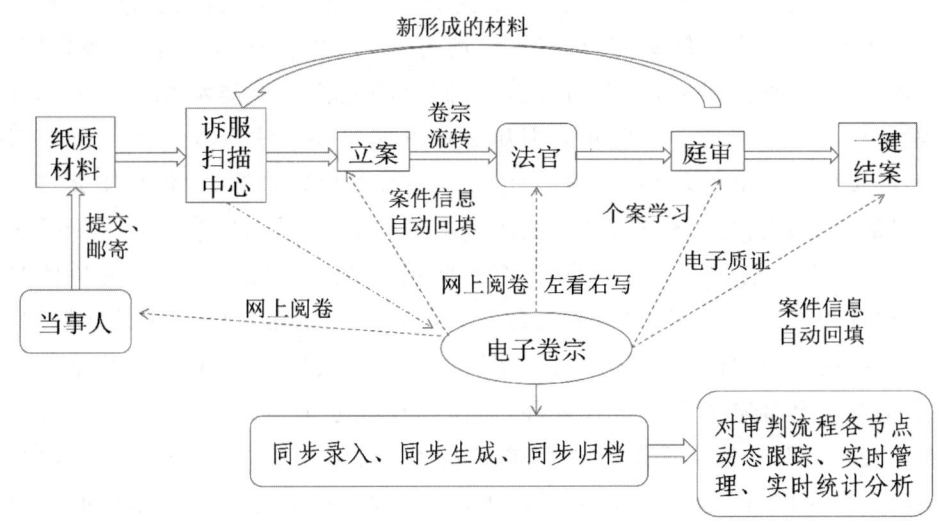

图 8-7 "电子卷宗随案同步生成"模型

(二)自动化的第二步:协助法官要素式"简案快审"

"案多"的原因可分为"案件简单但数量多"和"案件新颖、疑难"两类。案件简单但数量多,类似于刑事的简单盗窃、轻微伤害和民事的物业、抚养费等速裁案件,这类案件案由统一、内容相似、争议不大,法官耗费大量时间处理类案、串案;新颖、疑难,往往与地域经济发展相关,如网购合同案件在电商较为发达的江浙地区较为常见,但在商事案件少而传统民事多的地区则尚属新鲜事物,法官对互联网支付手段、流程及案件管辖等问题拿捏不定、左右摇摆,急需相关判例做参考。面对人案矛盾,将案件进行"繁简分流"已在全国达成共识。因此,在司法资源配置上可运用"二八定律",即用 20% 的一线法官人力资源化解占总数 80% 的简单案件,用 80% 的精力办好占总数 20% 的重大、疑难、复杂案件。

人民法庭的收案特点是数量大、类型集中,多涉及传统民事。如天津市 12 家基层法院的 65 个人民法庭,从 2005 年至 2015 年共审结案件 271746 件,占全市一审民

---

① 林子杉:《审判如何"智慧",苏州这样装"科技大脑"》,载《人民法院报》2016 年 12 月 25 日第 8 版。

事案件的 30%。案由主要集中于婚姻家庭、继承、物权保护、所有权确认、侵权、买卖合同、机动车交通事故责任纠纷等。这些案件大部分法律关系简单,简易程序适用率约高达 94%。[①] 因此,人民法庭主要审理的是"案件简单但数量多"的第一类案件,可为智慧法院建设提供了充足、典型的案件样本。另外,由于人民法庭以独任审判为主,涉及权力层级和签字审批环节较少,法官对案件的处理过程和结果享有更多决定权,[②]推行"智慧法庭"建设可为落实司法改革主审法官办案责任制提供物质平台。因此,可对人民法庭的案件试点裁判文书内容简化,推行令状式、表格式、要素式文书。在具体操作上,将案件按案由分类,将相同案由的案件通过"司法大数据库"提取大量的相关要素(见图 8-8),给案情"画像",制定和完善重点类案裁判文书标准化模板,探索重点类案文书自动生成和文书质量标准化校验。法官仅需将案件要素输入电脑,即可实现简单案件裁判文书自动生成。系统的辅助计算,可使刑事案件量刑更加科学规范、民事案件的自由裁量和法律适用更加统一,使法官节省了对简单案件庭审和裁判要素进行分析的脑力劳动,将有限的精力集中于法学专业性的价值判断领域,不再被称为"司法民工"和"办案机器"。近期,深圳福田法院上线的巨鲸智平台,是利用互联网推行案件"繁简分流"、重塑诉讼流程的典型,该平台以信用卡纠纷为切入点,推动互联网金融类案要素式审理、全流程在线办理、令状式裁判文书智能化自动生成。之所以对简单案件推进要素式模板化的自动生成,是为了防止在简案上法官因对法条存在偏差理解而造成对案件审理的偏离,从而造成同一地区简单案件"同案不同判"的裁判不良导向。

另外,还可将"简案快审"功能融入当事人服务环节,社会公众还可通过系统输入对案情的简要描述,通过要素精准匹配,模拟生成裁判结果,使当事人对裁判结果有一定的预期,避免过度期望,从而促进调撤率上升,减少案件上诉上访,从源头上减少"案多"的发生。

(三)前瞻性的第三步:辅助法官"难案精审"

目前第一步、第二步在不少人民法庭试行已初见成效,正在"脚踏实地"地运行。对于第三步,则是值得仰望的"星辰大海"。用人工智能辅助法官"繁案精审"已从最早的将专家知识和经验以规则的形式转变成计算机语言的专家法律系统逐步过渡到以大数据、云计算、机器学习为支撑的自主系统。要实现"繁案精审"需在不同的司法场景中创设无数个简单规则,然后在线上叠加成复杂的司法人工智能,其最重要的三个环节是"专家经验+模型算法+海量数据"。

---

① 天津市高级人民法院课题组:《关于人民法庭司法标准化的实证研究——以天津市人民法庭为考查重点》,载《天津法院司法标准化理论与实践研讨会优秀论文汇编》,第 34 页、第 60 页。

② 天津市高级人民法院课题组:《关于人民法庭司法标准化的实证研究——以天津市人民法庭为考查重点》,载《天津法院司法标准化理论与实践研讨会优秀论文汇编》,第 34 页。

票据付款请求权纠纷案件诉讼要素表

一、基于何种对价获得票据（基础法律关系）：□买卖　□贴现　□其他：_____。

二、是否基于税收、继承、赠与无偿取得：　□是　　□否　□其他：_____。

三、是否以欺诈、偷盗或者胁迫等手段取得票据的，或者明知有前列情形，出于恶意、重大过失
　　取得票据：　　　　　　　　　　　□是　　□否　□其他：_____。

四、票据类型：□汇票　□本票　□支票
　　有无字样：□有　　□无

五、票据号码：_____。

六、出票日期：____年___月___日。

七、票据到期日：____年___月___日。

八、收款人：_____。

九、付款人：_____。

十、出票人及出票账号：_____　　　　　　签章有无：□有　　□无

十一、票据金额：_____。

十二、承兑情况：_____　承兑日期：___年___月___日。

十三、付款日期：_____　或 ___年___月___日。

十四、付款情况：
　　票据是否载明无条件付款的委托或承诺　□是　　□否
　　提示付款是否在到期日前　　□是　□否　原因说明：_____。
　　是否足额付款　　　　□是　□否　原因说明：_____。

十五、背书情况：被背书人_____
　　背书顺序：第一背书人：　　　　背书日期：　　　　。
　　　　　　　第二背书人：　　　　背书日期：　　　　。
　　　　　　　第三背书人：　　　　背书日期：　　　　。
　　　　　　　补充：
　　背书是否附条件：□是　　□否　　　　　背书是否连续：□是　　□否
　　是否载明"不得转让"：□是　　□否
　　是否汇票金额的一部分转让或分别转让给二人以上：□是　　□否

十六、是否申请过宣告票据无效，进行除权判决：□是　　□否

十七、需要说明的其他事项：_____

图 8-8　"民事简单案件诉讼要素表"模型

1. 以浩如烟海的司法大数据为基础。司法大数据之于智慧法院，如燃料之于工业革命。案件之间有复杂的"家族"相似性和关联性，可借助中国裁判文书网吸收全国法院案件信息，遵循"获取—分析—建模—预测"的应用规律对案例进行反复审视与挖掘。值得注意的是，目前的司法大数据库仍有三个缺点：其一，中国裁判文书网上的文书虽是海量，但有相当一部分是"冗余数据"，如大量的撤诉裁定和各种程序性裁定，并无数据挖掘价值，法官由于办案件量庞大无法静下心来对大量文书进行深度阅读理解，因此需要通过大数据和人工智能技术对上述数据通过关联要素比对，涤清冗余数据，保留有效数据。其二，由于缺乏案件审视环节，文书数量"多"并不代表类案裁判一定"准"，法官参考了类案但无法保证该类案裁判的正确性。其三，查询检索与智能推送技术有可能阻碍类案文书说理的多元化。现在已有的并不代表未来可能

的,现在的人工智能技术是以现存的数据为基础试图解释未来的类似问题,但随着技术和社会的不断发展,类似问题在不同时期会有不同的解决方案,对既有裁判规则与社会新矛盾的对接和对数据积累的反思,是人工智能研发过程中需着手解决的问题。①

因此,为使法官在短时间内将海量司法大数据"去粗取精",可让专家法官与学者共同参与机器深度学习,对每一篇文书内容均进行有效监控,从"论证文书裁判结果正确性—深度剖析法条—分析文书逻辑思维—分析文书行为导向"的流程对程序进行不断调试。①

2. 以完善的专家智库与知识图谱为依托。仅有裁判文书网上的海量数据并不能解决法官对疑难案件的困惑,还需要一个知识库。传统的基于关键词检索的法律数据库如 Westlaw、北大法宝等,检索过程耗费法官大量时间。而算法时代对法律检索进行了一次伟大的重铸,将知识库的存储信息数字化,基于自然语言处理、文本分析等技术来识别文本的句法、语义、修辞、色彩乃至文本内容的文化内涵、时代特征、政治倾向等全方位的要素;基于主题词、关键词来梳理文档的类别和全文,实现对文档内容的理解、分析和比对。通过智能检索和法律问答可向法官呈现出最相关、最有价值的答案,而非传统数据库一般呈现成百上千条检索结果。

具体到该知识库,可包含法律法规、审判经验和典型案例三部分。对于法律法规库,主要存储法律法规、司法解释等,是知识库的核心;对于审判经验库,主要存储相关案件的诉讼要件、争议观点、审判经验、期刊论文、书籍章节等;对于典型案例库,主要存储相关的公报案例、指导性案例、经专家审定的合理判例等。要推进司法裁量的标准化,可依靠神经元网络与长期记忆等相关技术,模拟人脑对海量数据的处理方式,使系统通过快速阅读知识库中的类型化案件信息,对其共性因素进行聚类分析、提纯建模、反复经过算法测试,形成案件要素的知识图谱,使之成为挖掘司法标准、检验和评价司法裁判的工具。

3. 以对类型化案件的检索为突破口。2017 年 8 月,最高院印发《司法责任制实施意见》,要求法官审理案件时应依托信息化对类案和关联案件进行全面检索,形成了"信息检索＋审判"融合的新模式,其目的是统一类型化案件实体和程序法律适用的司法尺度,确保法官依法行使审判权和自由裁量权,实现司法裁量的标准化,推进以审判为中心的诉讼制度改革。近期最高院不断完善的"中国司法案例研究院"和"法信"均是检索案件信息的重要平台。

具体到人工智能辅助办案系统的检索设置,在检索方法上,可设置案由、法律事实、关键词、当事人等;在检索层次上,按照案件所属范围,可设置本院、本市、全省、全国数个层次;在检索内容上,除特别情况外,能检索到的案例均能下载裁判文书,同时

---

① 余斌:《论大数据时代司法裁判的层级和创新发展》,2017 年 8 月 20 日在江苏徐州召开的第十二届中国法学青年论坛第四分论坛上的发言。

开放卷宗申请在线浏览功能,方便了解类案审理情况。下一步可完善中国裁判文书网的解锁功能,使已公开的裁判文书信息成为大数据公司的研发资源,同时逐步开放庭审视频和流程数据,使专家知识和司法大数据相辅相成。

4. 以一线法官的实践经验和技术人员的算法与编程为核心。网络技术领域有梅特卡夫定律,即所构建的网络平台的价值,与平台用户数的平方成正比,这源于平台不仅分享资源,更会接受其用户贡献的价值。因此,使用智能辅助办案系统的法官越多,系统价值就越大。可根据立案案由,将相关司法标准的具体内容进行深度加工、分类聚合,并转化为信息要素、设定逻辑规则。在人民法庭主审法官的办公系统前端嵌入案例提示模块,依据自然语言处理技术提取案情要素、抽取争议焦点和裁判要点,智能推送类案信息,根据该案之前审理情况、当事人涉诉情况、全市法院类案审理情况、关联法律法规分析等对比系数对法官起草的裁判文书内容进行筛查比对,剖析在事实认定及法律适用方面与司法标准的契合程度,智能分析预警法官的审判偏离度,归纳偏离司法标准的具体问题及表现,减少法官自由裁量权、统一裁判尺度,避免同案不同判的情况发生,发挥人工智能系统的"校准器"功能。另外,还可将与类型化案件相关的实体裁量与证据采用标准等嵌入数据化的办公系统中,达到自动生成庭审提纲和审判指导意见,辅助法官办案的目的。

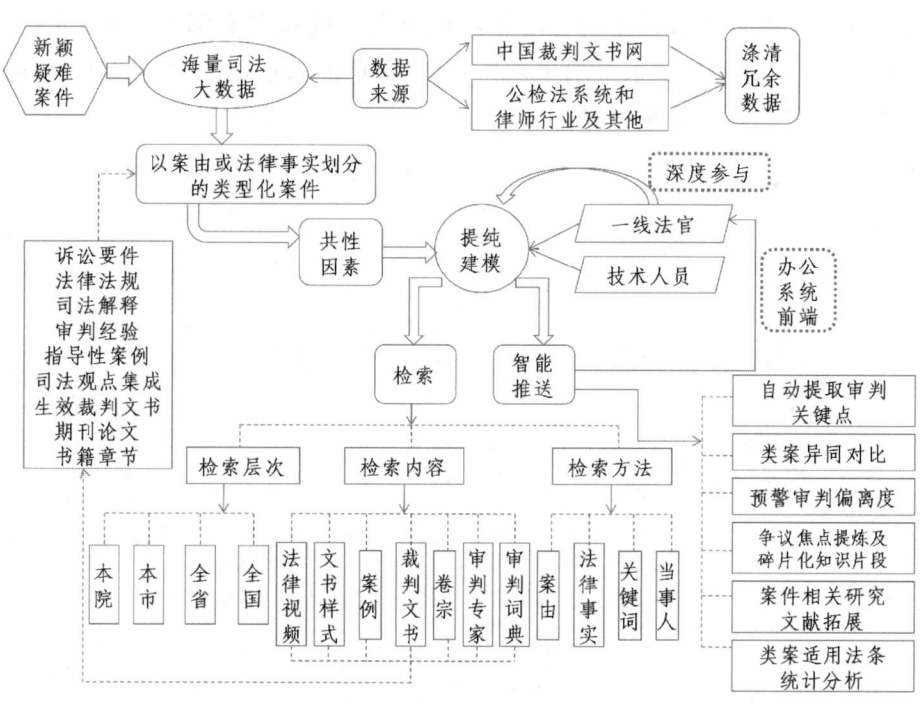

图 8-9　人工智能辅助法官"繁案精审"的逻辑导图

法律是一门社会科学,具有较多的不可控因素,需要依赖司法者的经验和价值体系,而仅精通算法与编程的程序员面对的全是确定性的程序和逻辑语言,难以与司法的需求整合。建设智慧法院固然离不开信息化的"硬件"设备,但更离不开一线法官智慧的"软件"。要实现人工智能辅助法官办案,一线法官才是机器学习的真正"导师",需以其需求为导向,让其深度参与测试与提炼,形成审管人员、一线法官、技术人员的智慧乘积、强强融合,推动系统形成统一的智能化算法,实现全国法律统一适用和结果预判机制(见图8-9)。另外,通过大数据和人工智能的辅助作用还可对法官裁判水平作出系统、客观的评估,使法官不仅要对涉案法条进行理解与解读,还需关注裁判的社会导向与司法能动性发挥,推动以审判为中心的诉讼制度改革。

结　　语

改革不能孤立存在,必须在相互协调间统筹推进。人民法庭既是人民法院"基层的基层",又是司法改革"关键的关键"。提高效率,破解人民法庭的案多人少矛盾,解放法官的"双手"、发展法官的"生产力",只是将人工智能嵌入人民法庭工作的初级目标,最终目标是形成超越法官个人智慧、汇集无数人专业知识背景的"智慧法庭""智慧法院"。"未来已来,任重道远",建立在大数据、云计算基础之上的司法人工智能改变人民法庭的工作方式可以使司法改革释放出更多的红利和活力,提高人民法庭的司法竞争力,促进整个法院系统的审判体系和审判能力现代化,真正让人民群众在每一个司法案件中感受到公平正义。

第九章

人民法庭团队建设的进路选择
——以北京市朝阳区人民法院派出法庭工作实践为视角

俞里江[*]　裴小星[**]

十八届三中全会确定了司法体制改革的目标:深化司法体制改革,加快建设公正高效权威的社会主义司法制度,维护人民权益,让人民群众在每一个司法案件中都感受到公平正义。为贯彻党的十八届三中全会精神,进一步深化司法体制改革,最高人民法院结合法院工作实际,制定出台了《人民法院第四个五年改革纲要》,其中明确提出:要坚持以法官为中心、以服务审判工作为中心,建立分类科学、结构合理、分工明确、保障有力的法院人员管理制度。

人民法庭是人民法院的基础单元,被称为"基层法院中的基层法院",处于矛盾纠纷化解的第一线,担负了大量民事案件的审理,与人民群众有着最直接的联系,是党通过司法途径同人民群众保持密切联系的纽带和桥梁,长期以来在化解社会矛盾、维护社会稳定和促进社会经济发展方面起到了重要作用。

北京市高级人民法院院长杨万明表示,改革的价值目标实现,关键是组建符合改革要求的审判团队。审判团队的组织结构会直接影响法院工作效率。因此,通过构建以"人"为核心的审判团队,整合优化审判资源,科学配置审判力量,创建专业审判团队,有着现实的必要性。在此基础上,还应进一步明晰法院人员的职责定位及工作分工,完成以"案件"为核心的审判流程再改造,规范司法权力运行,落实法官责任制,释放司法生产力。

---

[*]　北京市朝阳区人民法院民一庭庭长。
[**]　北京市朝阳区人民法院南磨房法庭审判员。

一、人民法庭团队建设的改革契机

纵观最高人民法院四个五年改革纲要关于人民法庭团队建设的叙述：第一个五年改革纲要提出在科学的法官管理制度下，造就一支高素质的法官队伍；第二个五年纲要提出推进人民法院工作人员的分类管理，加强法官队伍职业化建设和其他各类人员的专业化建设；第三个五年纲要提出坚持党管干部的原则，进一步深化法院人事管理制度改革，建立一支政治强、业务精、作风好的法官队伍；第四个五年纲要的核心内容之一即深化法院人事管理改革，从专业角度提出法官人选，按照法定程序任免，推进法院人员分类管理制度改革，建立法官员额制。2015 年 9 月最高人民法院发布了《关于完善人民法院司法责任制的若干意见》，正式提出探索审判团队建设。由此可见，组建高素质、高效率的审判团队始终是司法改革的重要目标之一。

司法改革的创新和积累离不开基层审判一线的经验和智慧。作为改革的基础，人民法庭是人民法院的基础单元，其改革的成功与否对维护基层社会稳定、促进社会健康发展具有重要意义。中央政治局委员、中央政法委书记孟建柱同志在第三次全国人民法庭工作会议上强调：各级人民法院要深刻认识做好新形势下人民法庭工作的重要性，进一步开创人民法庭工作新局面；要在人民法庭首先探索实行主审法官办案责任制，加强审判活动监督管理，深化司法公开，提升司法公信力。① 最高人民法院院长周强也强调：要牢牢把握司法为民、公正司法工作主线，以改革为动力，以便民利民为目的，全面加强人民法庭建设……以深化司法改革为契机，不断完善人民法庭工作机制，推动建立权责明晰、权责统一、管理有序的司法权力运行机制。②

二、人民法庭的团队建设现状
——以北京市朝阳区人民法院派出法庭为例

北京法院一直以来高度重视人民法庭的建设工作，坚持以"三个面向"和"两便"原则为指导，在司法为民、公正司法、队伍建设和工作机制改革等领域均取得了不俗的成绩，人民法庭建设工作在全国人民法庭工作中具有典型性。据此本文的调研将主要以北京市朝阳区人民法院（以下简称朝阳法院）派出法庭建设作为样本进行实证分析。

朝阳区位于北京市主城区的东部和东北部，区域面积 470.8 平方公里。目前朝阳法院管辖区域内共有街道办事处 23 个，地区办事处 20 个，辖区内户籍人口 340 余

---

① 《人民法院报》：中央政治局委员、中央政法委书记孟建柱同志在第三次全国人民法庭工作会议上的讲话。

② 《人民法院报》：最高人民法院院长周强同志在第三次全国人民法庭工作会议上的讲话。

万,设置有 7 个派出人民法庭,其中南磨房法庭管辖劲松街道、双井街道、潘家园街道、南磨房地区及建外街道,双桥法庭管辖管庄地区、三间房地区、常营地区、八里庄街道及高碑店地区,温榆河法庭管辖东坝乡、金盏乡、孙河乡、崔各庄乡、平房乡、东冈乡以及首都机场街道,酒仙桥法庭管辖望京街道、麦子店街道、将台地区、酒仙桥街道及东风地区,奥运村法庭管辖大屯地区、奥运村地区、来广营地区、小关街道及和平街街道,王四营法庭管辖王四营地区、豆各庄地区、黑庄户地区、十八里店地区、垡头地区及小红门地区,亚运村法庭管辖太阳宫地区和四类速裁案件(民间借贷纠纷、物业服务合同纠纷、供用热力合同纠纷及机动车交通事故责任纠纷)。

据统计,2014 年、2015 年及 2016 年,七个派出法庭受理的案件总量分别占朝阳法院民事案件总量的 76%、74% 和 77%。朝阳法院派出法庭无论是在审判工作,或队伍建设方面在全市乃至全国范围内都具有突出代表性。除裁判人民群众矛盾纠纷外,派出法庭已经成为专业化法官培养、多元化纠纷化解等一系列工作的重要依托,是凝聚审判经验和创新成果的司改实践基地。

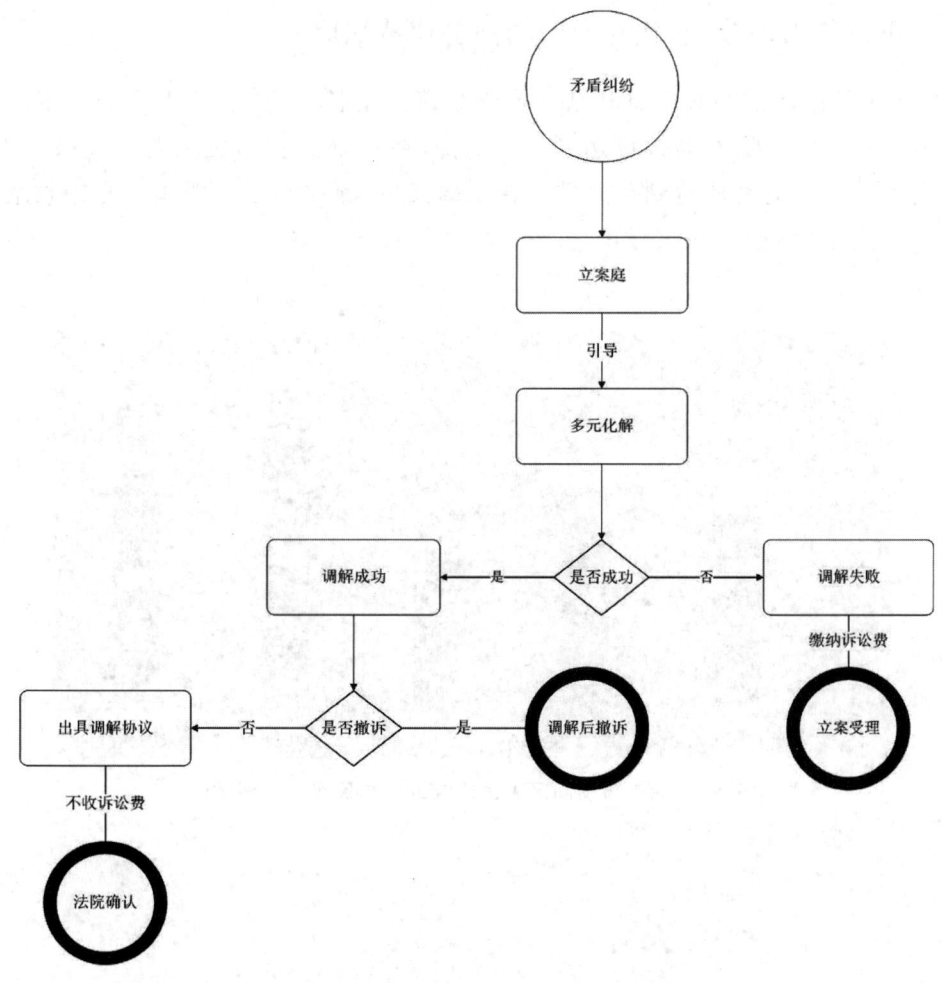

图 9-1　多元化纠纷化解机制流程图

(一)积极吸纳社会力量,推进多元化纠纷化解机制

朝阳法院把推动完善多元化纠纷解决机制作为首要工程来抓,已初步形成"一统三进三对接"的工作格局。在立案庭统筹协调下,积极推进人民调解进法庭、专业调解进法院、司法调解进社区,努力实现人民调解与人民法庭、专业调解与专业审判及诉前调解与速裁审判的相互对接。具体工作中,在立案庭成立诉调对接中心,负责案件分流工作,同时依托各审判庭室特别是派出法庭的地缘优势,选任228名特邀调解员派驻13个民商事审判庭,分别负责诉调对接中心分流案件的调解工作;同时发挥律师资源丰富的区位优势,加强与朝阳区司法局、朝阳区律协的沟通协调,选聘了124名政治素质和专业素质俱佳的律师作为特邀调解员,分别派驻13个庭室开展诉前调解工作,推动多元调解工作高效开展。(见图9-1)2017年1月至7月,朝阳法院共通过多元化纠纷解决机制分流案件53260件,调解成功6202件,调解成功率为11.64%。

(二)注重案件繁简分流,建立专门的简易速裁法庭

近年来朝阳法院的收案量和结案量继续持强增长态势,连续六年居全市基层法院首位。2012年全院收案数量达到60670件,在首都法院历史上首次突破六万件,2016年更是史无前例地达到十万件。在全部民事案件中,七个派出法庭的收案量几乎占据了朝阳法院全部收案量的75%。

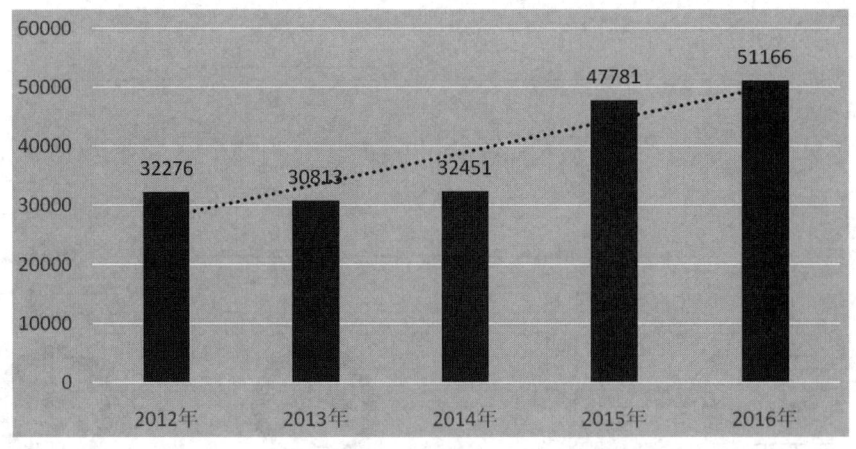

图9-2　北京市朝阳区人民法院近五年民事收案量统计

表 9-1　北京市朝阳区人民法院派出法庭近五年民事收案量统计

单位:件

法庭/年度	2012 年	2013 年	2014 年	2015 年	2016 年
南磨房法庭	3655	3900	4468	6738	9486
王四营法庭	3688	3442	2775	4283	3937
双桥法庭	3450	3190	3648	5910	6222
酒仙桥法庭	3390	3429	3914	5360	5000
温榆河法庭	3600	2753	3332	4646	5324
亚运村法庭	3122	2636	3047	3591	4225
奥运村法庭	3206	2914	3622	4599	5020
派出法庭收案量总数	24111	22264	24806	35127	39214
民口收案量总数	32276	30813	32451	47781	51166
所占比例	75%	72%	76%	74%	77%

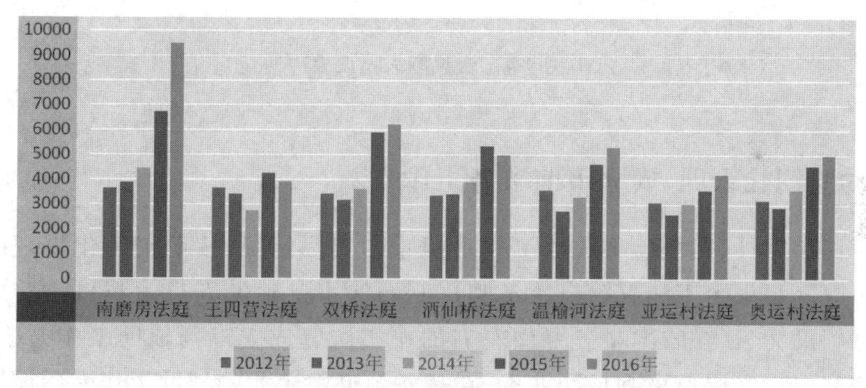

图 9-3　北京市朝阳区人民法院派出法庭近五年民事收案量统计

　　为解决案多人少的矛盾,使类型化民事案件得到批量高效解决,朝阳法院通过组建"1+1"的速裁团队,推动"简案快审"。在简易案件速裁庭及各派出法庭负责审理简易案件的速裁组组建一名审判员搭配一名书记员的速裁团队,并且明确审判辅助人员的作用,充分利用信息化手段,确立法官的主体地位和裁判职能。目前朝阳法院共有速裁团队 92 支,其短小精悍、运转灵便的组织结构特点极好地适应了"简案快审"的要求。以亚运村人民为例,朝阳法院通过在 2017 年年初建立亚运村民事案件速裁庭,在民事领域构建起以四类案件专业化审判为基础的繁简分流工作机制,通过物业、供暖、机动车交通事故、民间借贷四类案件的批量化解决,形成了多元化解优先、简易程序为主的纠纷化解机制。2017 年前 7 个月,亚运村法庭共结案 11053 件,以 10%的民事法官数量完成了 34.6%的民事审判任务,法官人均结案达到 850 件,实现了以较小比例人员分流较大比例案件的目标。

(三)促进"类案精审",组建专业化审判团队

按照专业化审判思路,在派出法庭成立专业合议庭,选任在相关审判领域理论功底深厚、业务技能过硬、审判经验丰富的审判员,在人员配置允许的情况下,以"1∶1∶1"的比例配备法官助理和书记员,组建专业化审判团队。如南磨房法庭,简易案件由速裁工作办公室进行快速审理,疑难复杂案件则由以侵权合议庭、房地产合议庭、家事合议庭构成的专业合议庭进行重点审理。

图 9-4　合议庭人员配置

(四)推动集约化管理,成立审前事务工作室

针对民事案件数量多、事务性工作负担重的实际情况,按照集约化管理的思路,以北京市高院组织全市法院统一招录聘用制司法审判辅助人员为契机,充分运用增加的审判辅助力量,在收案量一万件左右的派出法庭成立审判辅助工作办公室。即在派出法庭内设立服务审判核心业务、对接各个办案单元的辅助工作专门团队,将大部分审判事务性工作交由该团队统一办理,形成了"1+N+1"的集约化审判团队组建模式。以南磨房法庭为例,南磨房法庭于 2016 年 11 月 1 日起设立审前工作室,并专门制定了《诉前调解中心工作流程图》《南磨房案件信息流程表》《南磨房法庭案件审前送达情况表》等文件。审前工作室由三名法官两名法官助理、一名外勤、七名审判辅助人员及被委派的人民调解员组成,设有保全组、外勤调查组、法官助理调解组、人民调解组、速裁组和送达组。其中由法官助理调解组和人民调解组集中负责审前调解工作,保全组依当事人申请及职权集中处理庭内保全事务,送达组由审判辅助人员组成,负责案件当事人的通知工作。该内部机构的成立推动了审判辅助事务的集约管理和审前调解的集中管理,仅 2016 年 11 月一整月,南磨房法庭共计结案 1015

件,环比增长 21.4%。

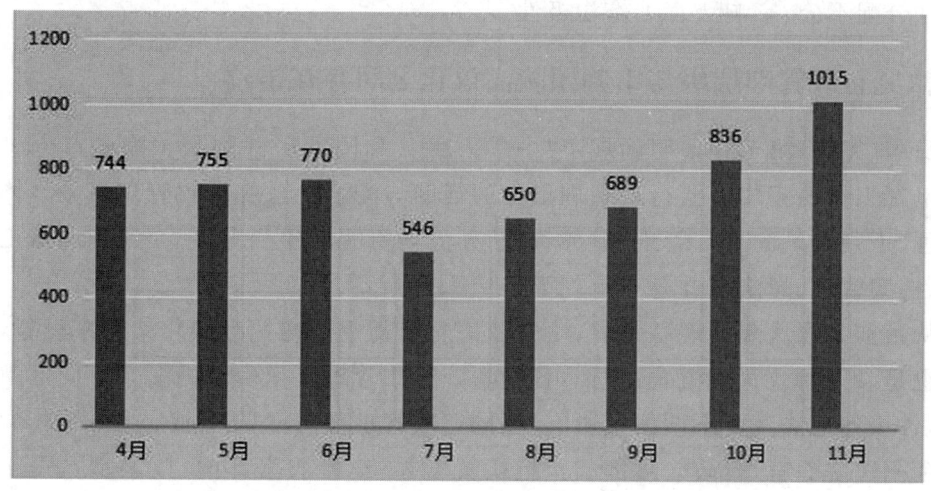

图 9-5　南磨房法庭 2016 年 4 月至 11 月结案量示意图

三、人民法庭在团队建设中的问题及其困境

当前朝阳法院人民法庭团队建设无论是在运行机制还是在审判成果方面,均有多处创新点,也涌现了获得"全国十佳法庭"殊荣的双桥法庭等先进典型,然而与司法改革的总要求相比,朝阳法院在人民法庭团队建设方面仍存在一些亟待梳理解决的问题。

(一)庭长分案职能与案件分流分配的不适应

人民法庭内部管理仍实行领导负责制,即庭长负责制,由庭长对审判工作、行政事务管理及党务等工作"一肩挑",朝阳法院也不例外。具体到案件的分流分配方面,以往案件在立案庭登记后,要先移送到审判庭,再由审判庭庭长分派给具体的承办法官。在司法改革开展之后,随机分案虽然在部分人民法庭试点,但大部分人民法庭仍是庭长指定分案占主导地位。

庭长分案的优点在于庭长对庭内的法官情况比较了解,可以根据案件难易程度灵活调配审判力量,尽可能让本部门的每一位法官审理相对适合于他的案件。[1] 但庭长分案模式的缺陷也很明显:其一是案件流转周期较长,一起案件从立案庭到审判庭,再分配到具体承办法官手中,需要一周甚至更长的时间;其二是增加了人为因素,

---

[1] 王小新:《法院分案系统的检视与重构——以 X 法院刑事案件分配为例》,载《法律适用》2016 年第 4 期。

让"人情案""关系案"有机可乘;其三是人工分案易导致案件类型和难易程度不同,造成案件分配不公、影响法官工作积极性。

(二)法庭行政管理层级与审判团队高效化之间存在错位

我国《宪法》第 123 条明确规定"中华人民共和国人民法院是国家的审判机关",但是审判工作的完成需要行政管理事务的辅助与配合。法院行政管理事务具体指人事管理、审判人员的日常管理、财务管理、办公场所的扩建和修整、交通和通信工具的管理、档案管理、司法统计等非审判工作。

从目前我国法院的现状来看,法院及法官管理主要按照行政化架构来设置,内部管理也是参照行政管理模式进行。各级法院行政管理工作由院内多个不同部门分工负责,各级各地法院受不同因素影响,不同行政管理部门的职能划分也不尽相同。具体就朝阳法院而言,行政管理部门包括机关党委、纪检监察部门(监察室)、司法行政部门(包括办公室、基建办、财务室、技术室)、组织人事部门(包括政治处、档案室)及综合办公部门(包括研究室、新闻宣传办公室)。

上述行政管理部门绝大部分设置在院本部,却挤占了大量的法官资源,削弱了本应在派出法庭一线办案的审判力量。而且此种内设机构的层级过多,作为资深法官的庭室领导往往被行政事务缠身,无暇专注审判业务;某些重大敏感涉民生案件需要层层汇报请示,影响办案周期,不利于提升工作效率;而下级必须严格服从上级指定的行政管理模式也与"法官除了法律没有别的上司"的要求相冲突,易导致法官的职业尊荣感缺失,限制人民法庭法官的个性成长空间,与人民法庭队伍建设的正规化、专业化、职业化的要求明显不符。

(三)审判辅助事务混同与法官工作专业化之间的矛盾

虽然朝阳法院已有部分派出法庭建立了审判辅助工作办公室,集约处理保全、调查、调解、送达等工作,但在各派出法庭中"1 名法官＋1 名书记员"的职责分工还是目前更为普遍的模式。此种模式没有适应法官员额制对法官专业化的高度要求,易导致审判工作与审判辅助事务混同、法官与书记员的职责不清,造成审判资源的浪费。具体表现如下:

第一,程序性事务繁重,牵扯法官过多精力。在一审一书的审判组合模式下,1名书记员有时难以胜任全部程序性工作,为避免案件的过分拖延,法官不得不主动承担起送达、接待当事人、案件信息录入等大量的审判程序性事务。这使得法官无法专注于审判的核心事务,从而影响审判效率。

第二,业务职能混同,影响书记员工作积极性。法院的书记员队伍目前主要由三部分人员组成:一类是中央政法编制书记员,其以最终晋升法官为目的;一类是聘任制书记员,主要是从与法院有合作关系的职业学校中接收,此类书记员的年龄一般都较小;另一类是聘任制司法审判辅助人员,系从社会上招聘而来。其中很多聘任制书记员和司法审判辅助人员只是将法院的工作作为临时的过渡性岗位,加上工资待遇较低,且主要是以庭室为单位对其业绩进行考核。在这种情况下,书记员的辅助职能发挥不明显,工作积极性也不高。

(四)考评指标机械化与法官队伍职业化之间的冲突

目前我国法官考核制度的主要法律依据是《中华人民共和国法官法》和《中华人民共和国公务员法》,法官一直以来都被划归到公务员队列,适用公务员的行政考核制度。但是公务员考核制度并未突出法官这一职业的特点,无法体现司法审判规律,不能准确地对法官综合素质进行评判。法官队伍实现职业化急需科学、具体、周密的指标作为考核标准。

虽然法律有明确规定,对法官的考核应当将平时考核和年终考核相结合,但包括朝阳法院在内的绝大多数人民法院在巨大的结案压力下为图轻省,都更为重视年终考核,忽视平时考核。在具体考核方法上也采取较为简单的结案量统计和民主测评。在民主测评环节,大多采用民主投票的方式进行,实际中这种方式并非在考察法官的工作业绩,而是变成了能力、运气、人缘和机会等综合因素的考量,其实质上是一种人际关系优劣的博弈,或者说被考核对象的公关能力成了考核中更重要的因素。[1] 这样的考核制度显然是不适应当下法治社会的发展趋势的。不仅有碍法官独立审理案件,也不利于突出法官的核心地位。因此为了提升法官的社会地位,增强法官内心的职业荣誉感,就必须使法官的考核区别于普通的公务员考核,为法官的考核确立一套单独的、科学合理的体系。

四、人民法庭团队建设的进路和方向

中共中央总书记习近平同志在 2014 年 1 月 7 日的中央政法工作会议上指出:一个国家实行什么样的司法制度,归根到底是由这个国家的国情决定的,评价一个国家的司法制度,关键看是否符合国情,能否解决本国实际问题。[2] 具体到人民法庭团队建设的改革亦是如此,改革需要遵循司法运行规律,立足区域发展实际,将行政性事务从审判工作中剥离,以提升审判质效为根本出发点,以满足辖区内群众最深切的司法诉求为目的。

---

① 王宏、王明华:《法官内部考核机制研究》,载《山东师范大学学报(人文社会科学版)》2006 年第 1 期。

② 《人民法院报》:中共中央总书记习近平同志在 2014 年 1 月 7 日的中央政法工作会议上的讲话。

(一)进一步推行随机分案,弱化庭长分案职能

根据分案方式的不同,分案模式主要包括以下几种:庭长指定分案、轮流分案、简单随机分案及电脑随机分案。"二五改革纲要"中明确提出要建立和完善随机分案制度,电脑随机分案随即在全国各级法院内推广运行。电脑随机分案是指案件立案受理后,立案庭实行电脑自动选定承办法官,只要将案件信息录入电脑,电脑就会自动选定承办法官,一般是将案件分给未结案数量最少的法官,以保持每位法官收案的均衡度,随后案件会直接交付给法官,立案人员也可当即告知当事人承办法官。

随机分案固然可以从源头上避免人为干扰,有利于案件的公正处理,但是并未考虑到不同法官的业务水平、审判经验、案件的难易程度等因素。因此坚持"随机分案为主、指定分案为辅"的原则,既可以提升分案的公开透明度,也可以弥补随机分案僵化死板的不足之处,提升法官审判的积极性。

应当注意的是,需要对适用指定分案的情形进行严格掌握,只有当承办案件的法官出现法定回避情形时,或者法官因庭室变动、健康状况不佳等原因无法继续审理案件时,才能进行庭长人工分案,以确保控制立案变更率。

(二)从三个层面实现扁平化办案管理模式

"扁平化"是与层级结构相对应的一个词,其核心意义是去除冗余、厚重和繁杂的一系列不必要的装饰效果,让"信息"本身作为核心被凸显出来。"扁平化"被引入管理学领域,即扁平化管理,是相对于等级式管理架构的一种管理模式,是指通过减少管理层次、压缩职能部门和机构,使组织机构中决策层和操作层之间的中间层级尽可能减少,以便将决策权快速延伸至业务的最前线,从而提高组织效力。① 扁平化管理模式较好地解决了等级式管理层次重叠、人员冗繁、组织机构运转效率低下的弊端,提高了决策效率。

"四五改革纲要"提出要推动法院人员分类管理制度改革,在法院内设机构推进扁平化管理,以此为政策指引,朝阳法院的速裁法庭、审判辅助办公室等办案模式已初具规模。然而,并非单纯地减少管理层级、撤销内设机构和裁减人员编制就是扁平化办案管理模式。减少管理层级仅仅是扁平化管理的表征之一,其并不必然能够实现办案效果的优化。在司法改革的大背景下,除了要加强不同部门的沟通和信息的流转外,最重要的是要突出审判人员的核心地位。因此,扁平化办案管理模式的关键就在于以"人"为中心,完善审判团队的建设。笔者认为可以从以下三个层面着力,真

---

① 扁平化管理是企业为解决层级结构的组织形式在现代环境下面临的难题而实施的一种管理模式。当企业规模扩大时,原来的有效办法是增加管理层次,而现在的有效办法是增加管理幅度。当管理层次减少而管理幅度增加时,金字塔状的组织形式就被"压缩"成扁平状的组织形式。

正实现审判工作的扁平化管理:

1. 因人制宜,科学配备审判力量

建立合理的团队构架是激活团队活力的前提,审判团队亦不例外。虽然人民法庭的人员数量相对有限,但在审判团队的人员配备上还是应当尽可能体现出互补性,可以根据每个人的专业背景、学历层次、年龄性别、个性性格等因素不同合理搭配,互补的同时互相学习,更好地形成团队合力,实现"1+1>2"的"团队作战"效果。同时应当确保审判团队人员的相对稳定性,以稳定军心,增强团队凝聚力和战斗力。

2. 合理分工,明晰各类审判人员的权责

根据审判人员的身份、案件类型及复杂难易程度不同,实行不同的办案形式。对于相对简单的案件,实行独任法官办案形式,对于疑难、重大、复杂案件,可临时组成合议庭,由有审判经验的资深法官担任审判长,与其他法官或人民陪审员组成合议庭,并配备暂未入额的法官助理从事部分审判工作,经审判长授权,法官助理可以行使部分法官职责,但案件的决定权最终归于合议庭。同时根据"让审理者裁判、让裁判者负责"的思路,科学确定办案主体的权力界限。

3. 设立共同目标,实现团队协作

要引导审判团队内每个成员树立以大局为重的整体意识,个人任务的完成必须被置于团队整体目标的大背景下,引导成员齐心协力,在团队中实现自我价值。还要培养法官助理、审判辅助人员的责任意识和学习精神,案件法官终身负责制并不意味着其他审判人员就完全不需要承担责任,培养其树立"有责任共担"的观念。

(三)建立"微团队",释放司法生产力

扁平化办案管理模式的基础在于审判团队,而审判团队的建立应当围绕主审法官展开,让法官从非审判事务中解脱出来、实现审判独立,发挥法官对审判团队的引领和带动作用。传统的"一审一书"工作模式是在未实行法官遴选入员额的情况下所进行的简单分工。这种工作模式虽然能够满足基本的办案要求,但是不符合司法改革的总体目标,也无法适应法治社会的发展要求。

现朝阳法院南磨房法庭实行的"1+N+1"的团队建设模式对各类审判人员的数额有较高的要求,难以在人员较少的人民法庭实现。因此,要想实现法官的专业化和精英化,就必须结合人民法庭的实际,建立符合司法审判规律的优秀团队。对此笔者认为,"微团队"应当成为人民法庭团队建设的方向。"微团队"是指在一个组织中,将工作任务分解成由不同的工作小组或团队来完成,每个工作小组就是一个微团队,由若干人员组成。根据审判工作的内容不同,"微团队"可以被划分为审判"微团队"和审判辅助"微团队"。

1. 完善审判"微团队",落实法官责任制

在团队组合模式和团队内部的具体分工上,应由各人民法庭根据审判实际灵活

确定。为保证团队的专业性，审判"微团队"应以专业合议庭为基础，根据案件类型在人民法庭内部设立房地产类审判"微团队"、家事类审判"微团队"、侵权类审判"微团队"等团队，将人民法庭现有的法官、法官助理及书记员划入各"微团队"。每个团队是一个相对独立的整体，实行自治管理，内部成员在审判业务上通力合作、在专业上互帮互助、在创新工作上集思广益，形成一个小规模的学习型组织。

在人员的构成上，因人民法庭的人员配置一般很难像院内机关的庭室那么充裕，因此在法庭人员无法实现"1名法官＋1名书记员＋1名助理"配比的情况下，可根据庭室的实际情况组建"2＋2＋1"或"3＋3＋2"的审判"微团队"模式。每个"微团队"设立一名组长，全面负责该团队的审判、调研宣传等各项工作。

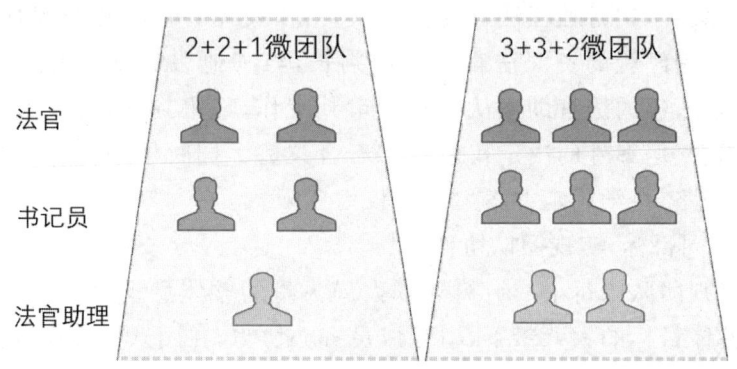

图 9-6 审判"微团队"模式

在人员的选任上，根据社会学的关系支配性原理，在关系支配性中，个人本身的因素是次要的，个人之间的互惠互利、相互关联占据了首要位置。在境外主审法官选择法官助理比较普遍，如香港高等法院，独任审判团队由1名法官2名助理和1名非法律专业的后勤人员组成。法官助理由有司法执业资格但还不能担任法官的人担任，由法官选任，团队人员相对固定，一般不变动。无论美国联邦法院系统还是地区法院系统，法官助理都是由主审法官选任，且可以选任2—3个法官助理，但是常设法官助理只能选任1个，且是为法院院长服务的。欧洲法官助理选任模式与美国接近。[①] 法官助理是主审法官的助手，是否有一个得力的助手，是法官能否高效完成工作的关键。因此我国不妨借鉴国外的做法，将法官助理的选择权交由法官行使，法官会倾向于选择自己较为了解和放心的人当助理，由此会增强法官的自主性和团队的协调性。

2. 引入社会力量，完善审判辅助"微团队"

根据中组部、最高人民法院制定的《人民法院工作人员分类管理制度改革意见》的规定，审判辅助人员包括执行员、法官助理、书记员、法警、司法技术人员等五类人

---

① 张永辉：《深入推进合议制改革的思考与建议》，载《人大建设》2014 年第 12 期。

员。其中法官助理、书记员作为协助法官履行审判职责的辅助人员,是审判工作不可缺少的力量。法官助理、书记员的配置,是法院人员分类管理制度改革的重要内容,甚至可以说,"法官员额制、司法责任制能不能顺利推行,很大程度上取决于审判辅助人员管理制度能不能改革到位"。[①]

根据"微团队"的思路,可以依据业务类型的不同组建不同的审判辅助"微团队",如送达"微团队"、诉前调解"微团队"、速裁"微团队"、保全"微团队"和调查"微团队"等。具体到人民法庭,因其硬件设施、人员配置、收案情况等因素不同,常常难以保证建立业务全面的审判辅助"微团队"。因此从审判工作的迫切需要出发,可选择在人民法庭建立若干对审判核心事务具有最重要作用,优先级最高的业务建立相应的"微团队",而其他业务的"微团队",则可以在院级层面、借助更为丰富的司法人力资源来完成。

(四)重构法官考核指标,提升法官职业化水平

现代法官考核实质是司法绩效考核。绩效考核最终是要考评每个成员为组织做了什么。[②] 绩效评估的真正价值在于作为组织和成员之间的一个沟通工具,让他们找出绩效中的障碍。[③] 科学的法官绩效考核制度不应仅仅将结案作为衡量法官业绩的唯一标准,因为法官的审判工作从宏观上说,会影响到整个社会法治和经济的发展,从微观上看,会涉及法官职业道德、专业素质等具体业务,所以衡量法官绩效的指标应当涉及多个方面,既要能体现司法独立性、法官职业性的特点,同时也要具备可量化性和可操作性。基于上述考量,笔者认为法官绩效考核应当包括职业道德和行为规范考核、职业技能考核、业绩考核及裁判公正指数考核。

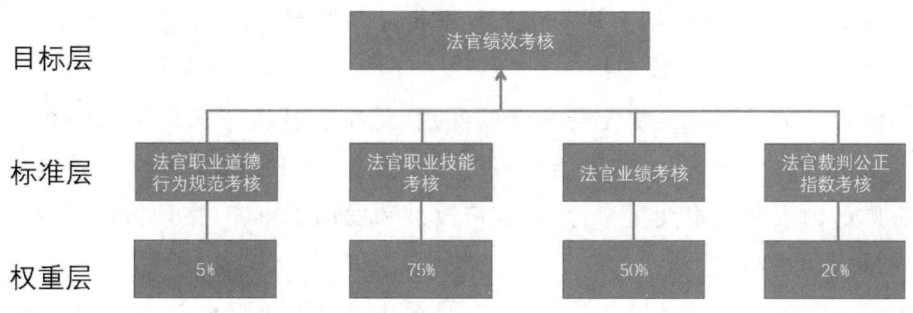

图 9-7 　法官绩效考核

---

① 最高人民法院党组成员、政治部主任徐家新同志 2015 年 2 月在全国高级法院政治部主任会议上的讲话。

② 林泽炎、王维:《执行绩效管理》,中国发展出版社 2008 年版。

③ [加]罗伯特·巴克沃:《绩效评估》,艾茂林译,机械工业出版社 2005 年版。

1. 法官职业道德和行为规范考核

法官职业道德和行为规范是指法官应当自觉遵守职业道德,忠诚司法事业,保证司法公正,确保司法廉洁,坚持司法为民,维护司法形象;在审判过程中要遵守各项纪律规定,注重仪容仪表,规范庭审言行,认真做好判后答疑和涉诉信访工作。法官职业的特殊性决定了职业道德和行为规范考核在法官职业化建设中的重要地位,道德的存在是法律制定的基础,法律和道德在国家意志中的体现必须是一致的。综合考虑各项因素,此项指标的权重在5%上下浮动是较为合适的。

2. 法官职业技能考核

法官职业技能包括庭审驾驭能力、裁判文书制作能力、案件指导能力、调研能力和司法宣传能力五个方面。庭审驾驭能力是法官运用规则主持庭审过程、指挥诉讼参与人依法行使诉讼权利、履行诉讼义务,围绕案件争议焦点开展调查、查明事实的能力。裁判文书制作能力要求做到文书格式统一、要素齐全、逻辑严谨、详略得当、用语规范。案件指导能力主要是指法官对庭室内疑难复杂案件及对所带法官助理审理案件的指导作用。调研能力是指法官在案例、学术论文等材料撰写方面的能力。司法宣传能力则是法官延伸审判职能、推进司法公开、落实司法为民的重要表现。此项指标的权重建议在25%左右。

3. 法官业绩考核

法官仍应当专注于审判。因此法官业绩考核的重点还应当是结案情况,同时要考虑案件的调撤率及一些审判事务性工作的完成情况。每个庭室根据上一年度的收结案情况确定当年的结案指标,按季度考核当季的结案情况,避免出现某个月结案数畸高或畸低的情况,确保结案均衡度。此项指标的权重在50%左右较为恰当。

4. 法官裁判公正指数考核

司法公正关系到社会稳定与和谐的实现,是维护社会正义的最后防线。法官要以最大的努力去捍卫司法公正,给当事人一个公正、公平的裁判结果。裁判公正指数主要考虑的因素是立案变更率、案件二审改判和发回重审率、案件再审率等。此项指标的权重建议控制在20%上下。

人民法庭的工作是法院工作的基础,是司法为民的重要窗口,是我国司法体制改革的着力点和攻坚点。而审判团队的构建是审判权运行机制改革的一项积极探索,既可以实现法院人力资源的优化配置,又可以使裁判者真正回归到审判者手中,让法官成为法院的核心,让案件成为审判流程的中心。因此人民法庭的团队建设工作在司法改革的关键时期显得尤为重要。

本文中所研究的人民法庭团队建设的方向,主要通过对朝阳法院七个派出人民法庭审判团队及审判流程的现状进行调研考察,在现有的文献资料和数据信息的基础上提出完善团队建设应当进一步推进随机分案、实现审判工作的去行政化、实行审判扁平化办案管理模式、组建审判及审判辅助"微团队"和重构法官考核指标的建议，以期对朝阳法院人民法庭的工作起到积极的推进作用，为北京市等一线城市城区人民法庭的建设提供点滴有益的参考。

第十章

传承与转型：自由贸易试验区
基层法庭建设路径探析
——以上海自贸区法庭设立三年的审判实践及机制建设为分析样本

秦　男[*]

2013年11月，随着上海自由贸易试验区（以下简称自贸区）的成立，上海浦东法院自贸区法庭揭牌设立。2015年至2016年，随着天津、福建、广东三省自贸区的新设，滨海新区法院自贸区法庭、厦门湖里法院自贸区法庭、南沙自贸区法院、深圳前海法院自贸区法庭等自贸区基层司法机关相应成立。为回应各地自贸区的不同发展需求，各自贸区法庭（法院）[①]制定并实施了一系列创新性工作机制。其中，上海自贸区法庭作为全国首个自贸区法庭，同时被上海高院确定为"综合改革试点"，承担着保障自贸区"试验田"建设和成为司法改革"试验田"的双重使命，具有代表意义和示范作用。在上海自贸区设立三周年、第三批自贸区挂牌成立之际，回顾、分析上海自贸区法庭的建设历程，为新设自贸区的基层司法工作提炼经验，成为值得研究的新课题。[②]

一、沿革背后：人民法庭角色的合理偏离

长期以来，作为中国特色司法制度的重要内容，人民法庭制度为有效解决基层社会纠纷、维护社会稳定发挥了积极而独特的作用，其确立的司法权威对基层社会尤其

---

　*　上海市浦东新区人民法院自贸区法庭法官助理。

　①　为论述便，下文中仅称"自贸区基层法庭"。

　②　本文撰写参考于以下未公开或未发表资料：浦东法院自贸区法庭：《传承与转型：改革创新特殊区域基层法庭的建设路径探析——以上海自贸区法庭设立一年的审判及机制建设为分析样本》，2014年；浦东法院自贸区法庭：《上海自贸试验区新设资本认缴制企业纠纷动向及司法对策研究》，2015年；深圳前海法院：《深圳前海法院服务和保障自贸区与合作区建设发展的工作情况》，2016年；南沙自贸区法院：《广东自由贸易区南沙片区人民法院运行一周年工作情况报告》，2017年。

是县域社会的治理和法治进步具有其他机关不可替代的公信作用。[①] 然而,与传统人民法庭相比,自贸区基层法庭建设的现实环境和制度基础发生了关键性的变化,人民法庭的原有建设模式已无法全面回应自贸区基层司法工作的需求,从而使得其定位与职能一定程度上偏离了人民法庭的固有设定。

(一)定位基础:"定纷止争"与"在商言商"之别

1. 设置布局——由地域主导转向区域功能主导

综观现有自贸区基层法庭的布局基础,虽然也考虑到区域内相关主体的诉讼便利性和法院审理案件的方便因素,但并非主要依据区域大小、案件数量、人口分布、交通条件等状况,而是基于服务和保障自贸区功能及建设目标的实现。这种以自贸区法庭为载体的集约化、专业化审判,一方面有利于为自贸区制度创新的复制推广提供司法支持和成案指引,另一方面有利于对自贸区重点领域案件进行定期分析研判及风险预警,使监管部门、立法机关及时汲取司法经验。因此,其设置已脱离地域因素的主导,而是以支持和保障区域功能的实现为基本出发点。

2. 解纷理念——由息诉止争转向营造公平透明的规则体系

化解纠纷、维护稳定是基层法庭的重要职责,"一件案件就是一个维护稳定的政治任务"[②]。在传统人民法庭的司法实践价值取向中,"案结"能否"事了"具有举足轻重的地位。因而在基础事实与法律事实、法律条文与民间习惯之间,法官往往采取较为灵活的实用主义方式进行裁判或调解,以达到息诉止争的目的,且有部分做法并不严格遵循成文法的规则和逻辑。这种解纷理念与礼俗人情纠结的小额、基层社会纠纷有着极佳的适应性。[③] 然而,自贸区的纠纷多发生于贸易、金融、投资等市场经济行为中,市场主体更期待司法给予公正、透明、可预期的规则指引。因此,自贸区基层法庭在解纷理念上更注重发挥司法对投资、贸易等行为的评价、示范和导向作用,[④]着眼于明晰市场交易规则、规范市场交易秩序、制裁违法交易行为,并以此引导确定的市场预期、促进诚实守信。

3. 体制机制——由契合区域特色转向可复制推广的制度创新

我国幅员辽阔,东西部及城乡经济社会发展不均衡,社会风俗习惯差异较大,作

---

① 参见周磊、徐贵勇:《人民法庭职能转型实证调研》,载《东南司法评论》2013卷,第87页。

② 《为油城护航,树满意丰碑——天津市大港区人民法院滨海法庭事迹》,http://old.chinacourt.org/public/detail.php? id=137817,于2014年11月23日访问。

③ 马志相、周舜隆:《在制度供给中蹚出基层法治之路——兼论人民法庭的传统与改革》,载《全国法院系统第二十二届学术讨论会论文》,第6页。

④ 盛勇强:《为自贸试验区建设提供优质司法保障和服务》,载《人民法院报》2013年12月18日版。

为司法权延伸至基层社会的神经末梢,为适应"这样一个规模国家丰富的诉讼样态需要"①,人民法庭的工作机制必须契合本区域的经济社会发展状况,展开符合区域特点的机制探索。但对于自贸区基层法庭而言,契合区域特色虽属必行,却并非机制建设的终点。自贸区涉及新领域、新模式、新业态、新措施的司法保障工作并无经验可借鉴,一方面,需要在体制机制建设上进行契合自贸区特色的突破与创新,使自贸区法庭的审判资源配置、审判权运行机制及纠纷解决机制、诉讼服务、司法公开等适应自贸区建设需求和司法改革的要求;另一方面,更需要创造、积累和总结经验,为在全国范围内进一步深化改革、扩大开放提供可供参考的有效司法保障范式。

(二)转型驱动:自贸区基层法庭运行的现实考验

1. 案件体量持续增长、纠纷所涉领域众多,考验自贸区基层法庭的审判质效。上海自贸区法庭成立三年来,浦东法院受理涉自贸区案件数量呈现井喷式增长。以上海自贸区扩区为节点,2013 年 11 月至 2015 年 4 月,共受理涉自贸区民商事案件1109 件;2015 年 5 月至 2016 年 10 月,共受理 14417 件,上海自贸区地域面积扩大了约 3 倍,案件数则增长了 12 倍。如此,如何在应对案件体量变大、难度升级的同时保持高质高效的审判,是自贸区基层法庭必须面对的首要挑战。

2. 涉外特征突出,考验自贸区基层法庭工作的"国际水准"。自贸区离岸贸易、跨境收付融资、国际大宗商品交易、跨境电子商务、跨境人民币创新业务、设立境外投资股权投资母基金等创新措施,无一不体现着"国际化"这一关键词。上海自贸区法庭成立三年内,所受理案件存在大量涉外因素,如涉诉外商投资企业占比高,交易过程涉外特征凸显,"法源"复杂多样等,给事实认定、法律适用等审判工作增加了难度。

3. 涉"新"纠纷增加,考验自贸区基层法庭的研究和法律适用能力。随着自贸区诸多改革创新内容的细化落实,与该政策措施相关的"新政"纠纷浮出水面。② 由于自贸区内的"制度破茧"涉及近百项改革内容创新,而自贸区内立法体系尚不完善,司法判案依据不足,审判工作面临在改革举措与现行法律存在不协调的情况下,如何依法合理解决纠纷的难题。③

4. 风险预警需求,考验自贸区基层法庭的司法延伸工作能力。可以说,基层司

① 马志相、周舜隆:《在制度供给中蹚出基层法治之路——兼论人民法庭的传统与改革》,载《全国法院系统第二十二届学术讨论会论文》,第 16 页。

② 依照自贸试验区《外商投资企业变更备案告知单》,股权转让只需向自贸试验区管委会备案,无须审批就已生效。这一变化引发了上海自贸区法庭所受理的一起股东知情权纠纷中,原告在自贸试验区设立前转让股权但合同未经审批尚未生效,自贸试验区设立后原股权转让合同是否生效,原告是否具有被告公司的股东身份、是否可以行使股东知情权,以及外商投资企业股权转让备案性质、备案制度溯及力等法律问题。该案经法官释明相关法律问题后,原告撤回了起诉。

③ 包蕾:《涉自贸试验区民商事纠纷趋势预判及应对思考》,载《法律适用》2014 年第 5 期。

法机关是检验自贸区创新制度运行效果、发现市场行为潜在风险的前沿阵地。2014年上海自贸区法庭受理的 11 件仓储合同纠纷中有 8 件起因涉嫌利用自贸区进口货物进境备案清单漏洞、保税仓库经营不规范等进行交易欺诈而引发,暴露旧有的保税区市场规则下的不规范做法及交易环节漏洞,法庭通过专报及时提示风险,相关意见被纳入区内《大宗商品现货市场交易管理规则(试行)》中。2016 年滨海新区法院自贸区法庭发现,其所受理的保理合同纠纷中,保理多呈非典型的有追索权的"暗保理"形式[1],遂向融资行业发出管理经营及发展建议。以此类推,改革创新折射在案件中的种种问题,需要自贸区基层法庭及时总结并通过各种方式预警和提示风险,考验着自贸区基层法庭延伸司法效果、参与社会治理的能力。

(三)新形势下对人民法庭制度的传承

诚然,总体上看,传统法庭建设路径已不足以承载在自贸区探索以国际化、法治化为核心特征,与区域功能相适应的可复制、可推广的新型司法保障机制的要求。但这并不影响自贸区基层法庭在建设中继续贯彻和传承传统法庭植根基层、面向基层、回应基层的工作精髓。

1. 不断强化诉讼便利化。便于当事人诉讼是传统基层法庭建设的基本原则,同样适用于自贸区基层法庭的建设。对自贸区而言,需要根据自身受案范围和区域情况,全面分析区域内当事人的诉讼便利化需求。如上海自贸区面对的主要是区内市场主体,外商投资企业多,因此在诉讼便利化建设过程中十分注重诉讼服务内容和方式的中英文双语化;广东自贸区则因处于粤港澳经济圈而需考虑香港、澳门特区的送达与调查取证程序等方面的便利性。

2. 不断贴近基层司法需求。对自贸区基层法庭而言,贴近基层社会的司法需求,就是贴近区内市场主体的司法需求。与区外市场主体相比,自贸区市场主体往往国际化程度更高、涉外因素更多,对区内法治环境的期待也更高。因此在审判实践中,特别需要注重保障各主体市场地位平等,尊重合同效力、尊重市场主体的意思自治,通过案件审理向市场主体提供统一、权威指引,同时拓展国际视野、借鉴国际有益经验等,以增强市场主体对法治环境的信心。

3. 积极推进基层社会治理力量的联动。传统法庭建设为有效化解辖区内纠纷,往往与区域内其他基层社会治理力量,如村居委、社区街道,以及司法所、人民调解委员会、行政调解力量保持较为密切的联系。自贸区建设所牵涉的范围更广、程度更深,更需要各种社会治理力量的有效联动。有鉴于此,自贸区基层法庭更应积极推进区域内监管机构、基层组织、行业协会、社会团体等的联络互动,形成社会治理合力。

---

[1] 即保理合同的签订双方(保理公司与卖方)签订合同后不向买方发出通知,应收账款的到期追索方式为保理公司向卖方追索,即融资款项仅在债权人与保理商之间清算。

二、探索与困惑:司法保障"先行先试"的几个典型问题

在区域创新需求和司法改革推进的双重驱动下,自贸区基层法庭肩负着服务自贸区建设和司法保障"试验田"的双重使命,司法能力面临前所未有的挑战。在其传承和转型建设的过程中,上海自贸区法庭发现并总结出一些影响和制约司法功能发挥的共性问题,可供思考。

(一)受案范围的动态边界与静态界阈

1. 动态:"涉自贸区案件"的界定

什么是"涉自贸区案件",截至目前并没有一个统一、全面的说法。[①] 就上海自贸区来说,随着制度创新、扩大开放的深化,更多具有自贸区特性的纠纷不断涌现,如涉及规范政府职能边界的涉自贸区行政案件、与自贸区金融监管等"新政"相关的涉自贸区刑事案件、国际劳工纠纷等涉自贸区劳动争议案件等,需要通过集中审理来发现问题、进行研判,进而统一法律适用。因此,各自贸区"涉自贸区案件"范畴如不能及时调整,就会限制基层司法机关对新案件、新需求的有效回应。换言之,可以说"涉自贸区案件"是一个动态的概念。上海自贸区法庭成立初期,仅审理4个海关特殊监管区域相关联的"涉自贸区案件";扩区后,即相应将陆家嘴金融片区、金桥开发片区和张江高科技片区等3个扩展区域及浦东新区其他区域相关联的涉外、涉港澳台、涉外商投资企业(含港澳台)相关案件包括进来,并根据上海自贸区发展运行实际情况适时进行调整。而受案范围的"机动性",将直接影响自贸区基层法庭的收案体量与纠纷类型,相应的,人员配备、团队组建、专项合议庭等法庭建设事项都需得到系统性的调整。

2. 静态:与海事法院的管辖交叉问题

上海海事法院于2015年率先成立了全国首个海事法院自贸区法庭,专门审理当事人主体注册登记在自贸区、纠纷发生地位于自贸区及与自贸区特殊监管政策、开放经营业务、重大功能性项目实施等有关的案件。据统计,至2017年3月底,上海海事法院自贸区法庭共受理并审结各类涉自贸区海事海商案件770余件,涉案标的额近9亿元。[②] 一般而言,海事法院与基层法院的管辖交叉问题多发生在海事行政案件领

---

① 最高人民法院近期出台了《最高人民法院关于为自贸试验区建设提供司法保障的意见》,但没有对"涉自贸试验区案件"进行明确界定。

② 严剑漪、黄丹:《上海海事法院:构筑自贸区海事司法创新高地》,载《人民法院报》2017年5月23日第6版。

域，[1]而上海自贸区法庭在审判实践中发现，由于与上海海事法院自贸区法庭在区域功能导向上具有一致性，因而在"涉外""商事"等关键词的指引下，存在一部分两者均可审理的案件。上海自贸区法庭成立至今，共受理1起海上保安服务合同纠纷、62起货运代理合同纠纷，且案件当事人均未提出管辖权异议。由于两个自贸区法庭在受理案件的专业领域上有所不同，纠纷管辖的交叉现象可能导致在细节认定、法律适用乃至审判结果上的偏差，对于维护司法裁判的一致性和司法环境的透明度有所不利。

(二)司法服务需求和司法工作难度双面升级

1. 送达难问题突出

自贸区内企业设立、经营相当灵活，集中注册、跨地址经营为企业带来便利。一方面，受自贸区辐射效应影响，区内新设立企业数量大幅上升，区内注册区外经营，以及注册地址与实际经营地址分离的情况比较普遍；另一方面，由于自贸区的国际化特征，区内企业与自贸区外乃至境外市场主体交易频繁，相对方企业经营地址变动情况较多。基于上述原因，司法实践中诉讼文书的送达成为难题。上海自贸区法庭成立以来，受理涉自贸区民商事案件5700余件，其中因无法向被告注册地址直接送达而需通过公告送达的案件比例超过20%。对企业而言，这些公告送达大大延长了其合法权益的保障周期，拉低了不良资产回收率，使其经营风险增加；对司法机关而言，则拖延了审理期限、影响了审判质效。如遇部分案件债务人故意隐瞒实际经营地址、恶意逃避诉讼，企业和司法机关都将面临被动消耗的局面，造成资源浪费。

2. 案多人少矛盾突出

案多人少是全国基层司法机关面临的普遍问题。对自贸区基层法庭而言，"案多"不仅是数量多，更是类型多、难度大、工作量大；"人少"不仅是数量少，更是时间紧、任务重、质效并求。上海自贸区成立后，自贸区法庭收案体量持续升级，尤其所审理的涉外投资贸易、金融案件类型增加，演出合同、建筑设计合同等新类型纠纷增多，新兴领域外商投资人股权转让等纠纷频现。相似的，前海法院2016年新收案件亦呈跨越式增长，较2015年相比增长218.15%，其中涉外涉港澳台商事收案占比高达39.7%。与普通案件相比，涉外案件在送达、调查取证等程序上所需时间更多、要求更高，审理周期也更长，而层出不穷的新情况、新纠纷更需审判人员调研学习、拓展思路以达到公正裁判的结果，在人员编制增加困难的普遍现状下，造成案多人少矛盾尤为突出的局面。

---

[1] 张勇健、王淑梅、傅晓强：《〈关于海事诉讼管辖问题的规定〉的理解与适用》，载《人民司法》2016年第10期。

(三)司法国际公信力和国际影响力有待提升

1. 域外法查明制度有所"失灵"

域外法查明是涉外案件审理中一个具有普遍性的问题,对自贸区司法裁判的国际影响力有重要影响。在依据方面,《最高人民法院关于为自由贸易试验区建设提供司法保障的意见》《中华人民共和国涉外民事关系法律适用法》《最高人民法院关于适用〈中华人民共和国涉外民事关系法律适用法〉若干问题的解释(一)》的规定相一致。目前,我国成立了多家外国法查明机构,法院系统也和这些查明机构达成合作来减少域外法查明的难度。仍然存在的问题是,一方面,据相关统计结果显示,现有域外法查明制度仍然存在一定程度的"失灵"现象,使得出于各种考虑法官并未积极依职权查明外国法或判令外国法无法查明;[①]另一方面,由于当事人和法院在域外法查明的权威性和优先级上并无明显差别,在当事人对于对方或法院所查明的域外法有异议时,除对于查明异议情况记录在案之外,并无权威指引该如何处理异议。尤其在涉自贸区案件中,如果法官不熟悉涉案专业领域,则查明的专业性和准确性也会相应受到影响。

2. 国际法、外国法的适用形势不良

自贸区"境内关外"的特殊地位,使得相当一部分涉自贸区案件的法律适用涉及国际条约、国际规则、国际惯例和外国法。因此,自贸区基层法庭如何平衡法律适用成为关键。自贸区业务涉及领域众多,从原则上讲,对于我国已加入的国际条约,应遵循适用,注重平等保护中外当事人的合法权益;相对的,对于规避中国强制性法律、恶意串通损害国家利益和社会公共利益的,应依法否定其效力。由于我国现有的国际经贸规则与国际通行规则尚有许多不统一之处,如何正确适用国内国际两种法律渊源,同时积极运用国际私法规范公平、公正地确定涉外案件的管辖权、法律适用、判决的承认与执行,将直接关系到自贸区的国际声誉。由于在适用外国法和国际法时,法院需要考虑识别、反致、先决问题、法律规避、外国法查明和公共秩序保留等各种国际私法问题、分阶段地博弈法律适用过程中的各种因素,对于法官和当事人来说既是压力又是挑战,不免出于方便考虑而"想办法"选择适用国内法,使得国际法、外国法客观上适用频率很低。

3. 对外国判决、仲裁裁决的态度陈旧滞后

出于保护司法主权的考虑,我国法律对外国判决的承认与执行设置了较为严格

---

① 王徽、沈伟:《论外国法查明制度失灵的症结及改进路径——以实证与法经济学研究为视角》,载《国际商务——对外经济贸易大学学报》2016 年第 5 期。

的门槛。^① 即使与他国存在互惠关系，实践中的具体尺度也是较为收紧的，一直以来都适用正向互惠的做法，^②动辄拒绝承认和执行外国裁判的做法近年来越发受到中外学者的指责，认为将导致双输局面，不利于对外战略的实施。^③ 而对于仲裁裁决，一方面，倘若案件不具有涉外因素，我国司法实践中是拒绝承认约定外国仲裁机构的仲裁协议效力的；另一方面，立法在区分中国裁决和外国裁决时，采取的是"仲裁机构所在地"标准，而非严格的"仲裁地"标准，这与《纽约公约》采取"仲裁地"标准的做法产生矛盾，^④并使得境外仲裁机构在国内进行仲裁的裁决效力失去了确定性。对外国判决、仲裁裁决的态度，决定了我国司法的国际形象，以目前陈旧的法律规定和滞后的司法实践，久将不利于树立国际威信。

三、经验与展望："可复制、可推广"前提下的进路思考

（一）扩展司法职能延伸维度

1. 建立风险预警反馈机制与会商制度，实施风险信息交换机制。畅通沟通渠道，与自贸区的相关职能部门、行业组织等及时进行信息互通交换，建立常态联络、信息通报、风险预警反馈机制。将基层司法机关在案件审理中发现的涉及本区域案件的"第一手资料"，尤其是涉及新模式、新业态的相关法律问题，及时、准确地向相关机构反馈，对于重点领域发布《自贸试验区审判白皮书》，提出司法建议，为支持区域内改革创新工作的稳定有序、风险可控积极建言献策。同时，对融资租赁、信托、保理等自贸区新兴领域制定中的行业规范提出合理化建议，从源头上防范和减少风险。如上海自贸区法庭曾于 2016 年组织召开"自贸区商业保理法律问题及司法协同监管"研讨会；南沙自贸区法院在南沙探索建立粤港合作区的过程中对适用香港规则可行性等法律问题进行梳理和论证，供相关单位参考。

2. 与职能部门共建企业信息披露和信用约束机制，拓展监管信息共享平台。需要完善以"企业异常经营黑名单"为代表的信用约束机制，促使企业主动完善披露信

---

① 根据我国《民事诉讼法》第 281 条的规定，我国法院承认和执行外国法院判决主要有根据双边民商事司法协助条约的规定和根据互惠原则两种方式。就前一种方式，我国目前仅同 37 个国家签订有民商事司法协助条约，涵盖的国家范围极为有限，其中还有些条约并没有对法院判决的承认和执行作出规定。

② 我国《民事诉讼法》第 280 条至第 282 条虽然规定了判决承认和执行中的互惠原则，但没有具体规定如何适用。实践中，当外国当事人或外国法院向我国法院申请承认和执行外国法院判决时，我国法院通常会考察外国法院有无承认和执行过我国法院判决，据此来判断是否存在互惠，并将此种判断互惠是否存在的传统方式称为正向互惠。

③ 朱伟东：《试论我国承认与执行外国判决的反向互惠制度的构建》，载《河北法学》2017 年 4 月第 35 卷第 4 期。

④ 刘晓红：《非国内仲裁裁决的理论与实证论析》，载《法学杂志》2013 年第 5 期。

息,才能在源头上解决自贸区特有的法律文书"送达难""执行难"问题,防范交易风险。上海自贸区法庭联合上海自贸区管理职能部门建立自贸区企业涉诉、涉执行信息共享、公示制度,2016年已在自贸区诚信平台公示区内企业涉诉信息63382条、失信信息17783条,为开展市场监管提供了有效信息,同时为企业开展交易提供了信息便利,促进了诚信市场建设。

(二)追求诉讼便利度与审判便利度的平衡

1. 建立司法机关附设商事纠纷多元解决网络。借鉴国际通行的商事纠纷ADR解决模式,充分体现市场主体"在商言商"的意愿,将自贸区的相关商事调解组织、行业协会、商会等具有调解职能的组织引入自贸区基层法庭,对适宜委托调解的商事纠纷开展委托调解工作,力争使更多的商事纠纷能以高效、便捷、经济的非诉讼方式解决。目前,上海、南沙、前海等地均已建成具有所辖自贸区特色的商事纠纷专业调解机制,并已取得良好的运行效果。继"诉调对接"之后,进一步探索仲裁与诉讼的合理对接途径,协调自贸区内各类解纷方式的有效衔接,构建重点突出、层次分明、针对性强的多层解纷网络。

2. 实施并延伸约定送达机制。在涉自贸区主体中推行约定送达机制,即在当事人意思自治的前提下,允许并鼓励当事人在合同订立阶段就约定诉讼文书的送达地址,法院认可向该约定地址送达的法律效力,能够一定程度上解决送达难题。上海浦东新区法院于2016年发布《关于自贸区企业约定诉讼文书送达地址案件审理的若干意见(试行)》,已取得良好效果。同时,尝试将其适用范围延伸至涉外送达领域,进一步缓解涉外、涉外资案件因送达期限长导致的审理期限拖延问题。

3. 推进司法机关信息化建设。综合运用信息化手段,提高司法工作效率,节约当事人诉讼的时间与经济成本。如采用卷宗材料即时扫描系统,方便电子卷宗的查询和利用;推行裁判文书电子印章,提高文书制作签印的效率,降低当事人诉讼成本;建设数字化审判法庭,提升庭审工作的信息化水平等。

(三)打造司法权威国际"新名片"

1. 搭建域外法数据库与专家库,创设法院主导下的查明与适用机制。当前国内值得一提的探索是2014年年初深圳设立的首家非营利性的民办非企业单位——深圳市蓝海现代法律服务发展中心,主要解决香港法查明的问题,其采用搭建平台的思路,改变因事而定、因时而定的点对点传统模式,与多个机构建立广泛联系,以解决法律查明渠道少、选择困难的问题。虽然目前司法实践对当事人在合同中选择适用香港法的问题存在一定争议，①但对于法院来说，深圳的做法具有重要的借鉴意义。随着区域性外国法查明合作机制的不断完善，还可以考虑设立全国性的"外国法查明"平台，并借此打造我国的外国法资料库。相比社会上的数据库，专门的外国法资料库在权威性、针对性上更具优势。对此，域外的法律实践同样颇具参考性，如美国纽约大学便设立有专门的外国法数据库。② 此外，应当搭建域外法查明专家库，有意识地提升法律查明渠道的广度和权威度，尝试构建以法院为主导的域外法查明机制，为完善涉外案件的审理机制积累可复制、可推广的经验。

2. 以需求为导向，适度放开对域外法、外国裁判的认可限度。作为司法保障的"试验田"，各自贸区基层法庭可以结合实际发展需求，有侧重地尝试适度放开对某一领域或某一方向域外法、外国判决、境外仲裁裁决的认可限度。如对于福建自贸区，可本着"两岸司法协助是内部区际司法协助"的一贯立场，相互认可民事判决，并在实践中不断地更新司法理念，及时修补存在的漏洞和缺陷，共同致力于构建更加完善、更具操作性的互认机制。而广东自贸区则可侧重于在涉港、涉澳案件中进行试点。着眼于长远效应，适当放开对域外法、外国裁判的认可，不但可以减少当事人的诉累，节约时间和经济成本，而且可以避免司法资源浪费，提高司法效率，促使自贸区基层法庭更好地履行服务保障自贸区建设的职责。

---

① 对于无涉外或者涉港澳台因素案件的当事人选择适用香港法，目前尚存在法律障碍。参见刘贵祥：《前海民商事案件选择适用法律问题研究》，载《法律适用》2016 年第 4 期。

② 王徽、沈伟：《论外国法查明制度失灵的症结及改进路径——以实证与法经济学研究为视角》，载《国际商务——对外经济贸易大学学报》2016 年第 5 期。

第十一章

后乡土社会语境下
人民法庭信息化建设的理性思考

赵　倩* 　高继凯**

一、问题提出

　　"乡土社会"这个概念最早由费孝通在其《乡土中国》一书中提出:"从基层上看去,中国社会是乡土性的,乡土中国,并不是具体的中国社会的素描,而是包含在具体的中国基层传统社会里的一种具体的体系,支配着社会生活的各个方面。"[①]中国作为一个拥有九亿农村人口的农业大国,中国社会的基础是乡土社会,而乡土社会下孕育的道德规范和价值观深刻地影响着中国人的民族性。《中华人民共和国人民法院组织法》第 19 条规定:"基层人民法院根据地区、人口和案件情况可以设立若干人民法庭。人民法庭是基层人民法院的组成部分。它的判决和裁定就是基层人民法院的判决和裁定。"人民法庭是按照"便于群众参与诉讼,便于人民法院审理案件"的原则和"面向农村、面向群众、面向基层"的要求设立的,乡土社会支配着对中国传统农村社会性质最为基本的判断,乡土社会中的人民法庭反映了中国基层司法最真实状态,对于维护基层社会稳定、丰富基层社会治理模式具有重要意义。随着科技的发展、"互联网＋"和大数据时代的来临,社会发展变革的触角从城市延伸至乡村,信息化成为新时期人民法庭创新发展的重要支撑和动力,新一轮司法体制改革正全面起航,基层人民法庭信息化建设迫在眉睫。

　　法院信息化是推进司法为民、公正司法、司法公开、司法民主的重要内容,也是审判体系现代化的题中之意,更是实现人民群众在司法案件中真切感受公平正义目标

　　*　华东政法大学民商法专业 2015 级硕士研究生。
　　**　西南政法大学民事诉讼法专业 2017 届硕士。
　　①　费孝通:《乡土中国》,人民出版社 2008 年版,第 1 页。

的重要保障。信息化服务的不仅仅是人民法庭这一司法机构本身,更重要的是要服务过去长期在司法信息交换中处于被隔绝的"信息孤岛"和"数据烟囱"中的基层百姓,主要体现在以下几个方面:第一,通过人民法院的信息化,诉讼服务更加便捷。打造全方位、立体式的"互联网+"诉讼服务体系,推动网上办理各项诉讼事务,实现网上咨询、网上预约、网上立案、网上缴费、网上材料转递等,大大节约了司法成本,缩短了群众与司法的距离。此外,人民法院加强与自媒体受众直接和广泛的沟通互动,借力官方微博、微信、手机 APP、12368 诉讼服务热线、律师服务平台、法治微电影等多元渠道,快速精准传递司法信息,让沟通更通畅。第二,通过人民法院的信息化,审判更加智能,实现从立案到归档各个环节的信息化管理,法官办案效率大幅提升。第三,通过人民法院的信息化,能提高执行的效率,最高人民法院建立的执行指挥系统可以对全国法院执行案件进行统一管理,实行网络查找和控制,对重大执行案件进行在线指挥,全面推进跨行业信息共享和业务协同工作,为破解执行难提供了新的途径。第四,通过人民法院的信息化,管理更加科学,运用大数据的理念和方法改造人民法庭审判执行管理方式的机制很好克服了传统审判执行管理放肆的弊端。第五,通过人民法院的信息化,司法活动更加透明。最高人民法院打造了审判流程公开、裁判文书公开、执行信息公开和庭审公开等四大司法公开平台,让人民群众在司法公开、透明中感受到公平正义。第六,通过人民法院信息化建设,促进决策更加科学。大数据的应用与分析,为党中央、国务院、其他政务部门和社会公众提供更多更有价值的司法服务,为参与社会治理、促进经济社会发展提供决策服务。

人民法庭作为人民法院的最基层单位,处于司法为民的最前沿、化解基层矛盾纠纷的第一线,是法院系统信息化建设的重点单位。但是在传统社会向现代社会转型的变革时期,传统社会运用的纠纷解决方式并未彻底消失,相反还占据较大比例,由此形成了处于社会转型阶段的乡土社会所存在的特殊纠纷形态与解决机制,呈现出"乡土正义"与"法律正义"的张力拉锯,"法律正义"非但没能取代"乡土正义"具象化为乡村百姓心目中的法律意识和正义观念,反而导致两者之间的张力呈拉锯之势,导致司法难以满足乡村百姓的正义期望,乡村百姓也无法真正认识和理解司法正义的精神和内涵。根据第 40 次中国互联网络发展状况统计报告,城乡互联网普及率持续提升,但城乡差距仍然较大,农村互联网普及率上升至 34.0%,但低于城镇 35.4 个百分点。大部分人民法庭所处的农村地区相对落后,乡村互联网的普及率远低于城市,人民法庭信息化建设会更加不易。在后乡土社会的宏观大背景下,人民法庭的信息化建设不得不考虑到在其所处的后乡土社会语境下的司法现状特殊性。要使人民法庭建设这一上层法律制度设计与农村社会治理良性互动协调发展,必须解构后乡土社会的基本特征。实际上,虽然探讨人民法庭这一中国农村基层司法制度构建是极为本土化的司法问题,但是建设中的农村法治建设,连同附于其上的各种法理学说与制度属于"拿来主义",追根溯源是产生于西方的历史经验和思想传统,要厘清人民法庭参与乡土社会治理路径的探索,就必须使其验于具体的中国基层司法语境,验之于本土问题。因此人民法庭信息化建设需要植根于我国的乡土社会,要充分考虑乡土社会的特殊性,辩证地看待人民法庭信息化建设在中国特色的乡土环境下的困境与障碍,探索在人民法庭建设信息化与传统继承的选择中的理性回归,才能始终坚持真正做到服务人民群众、服务审判执行和服务司法管理,从而落实法院现代化建设所要求的"两便"和"三个面向"原则。

二、后乡土社会语境下人民法庭司法现状审视

人民法庭植根于我国的乡土社会,就必须将乡土社会放诸中国基层司法语境之下,用发展的眼光看待变动中的后乡土社会。社会学家对乡土社会的全貌解构体现在"乡"和"土"二字上,"乡"是一个标志特定地域文化和情感归属的概念;"土"是一个标志特定地域范围的概念。① 情感归属是指对家庭归属、熟人关系的依赖,特定地域范围则决定了乡土社会对土地的紧密联系。在改革开放、新农村建设之前的传统乡土中国是一个封闭的社会符号。传统农业生产方式使人被固定在土地之上造成相当封闭,人口的低流动性使人与人之间情感联系强烈,形成紧密的人际关系网与对家族对村落的依托。随着改革开放的进一步深入发展,特别是在 2005 年中共第十六届五中全会通过的《十一五规划纲要建议》②提出了"扎实推进社会主义新农村建设的总体规划要求"。传统乡土社会在向新乡土社会的转型过程中,农村居民的乡土依赖性降低、乡土意识逐渐式微、家庭规模小型化且发生了功能转向,伴随经济体制转轨而延伸的是社会结构转型,社会学家将这一发展转向定义为"后乡土社会"。在"互联网+"及大数据等信息网络高速发展的当下,信息化的影响及从城市伸向乡村,理解后乡土社会中的人民法庭司法建设现状,特别是其特殊功能定位和鲜明特征,是理解人民法庭如何利用现代信息化技术更好地发挥其职能的突破口和关键点,具体体现为以下几点。

(一)人民法庭司法主体角色定位的特殊性

这种主体的特殊性体现在人民法庭法官的角色上。人民法庭的法官是司法在基层的前哨,是人民法庭的核心要素。较之于一般理解上居中"消极"裁判的法官形象,

---

① 饶旭鹏:《中国农村社会结构演变的历程——从"乡土社会"到"新乡土社会"》,载《开发研究》2012 年第 5 期。

② 社会主义新农村建设是指在社会主义制度下,按照新时代的要求,对农村进行经济、政治、文化和社会等方面的建设,最终实现把农村建设成为经济繁荣、设施完善、环境优美、文明和谐的社会主义新农村的目标。中国共产党十六届五中全会通过《十一五规划纲要建议》,提出要按照"生产发展、生活富裕、乡风文明、村容整洁、管理民主"的要求,扎实推进社会主义新农村建设。

人民法庭制度中的法官是主动化与大众化的角色。主动化是对法官的综合素质的严要求,在人民法庭审理的案件中,所追寻的不是"结案"而是更进一步的"案了事结",除了正确适用法律之外,还必须比普通法官更为重视裁判效果与社会效果的统一,而大众化则是法官的裁判必须在符合法理的要求之外照顾村民的习惯与情绪,因而法官的裁判不是孤立于个人的理性裁决,而是具有大众化色彩的决断。费孝通在《乡土中国》中认为中国传统社会可以说是个"无法"的社会,是一个"礼治"的社会。虽然已经步入转型期的后乡土社会,社会治理表面上呈现与传统的断裂状态,表现出某种程度的现代色彩。不过,这些变化是表面的、浅层的,就其实质、实态而言,还是接续、连续的,具有内在一致性。① 因此在乡土社会呈现出"法治"与"礼治"对立统一的特征。

　　这里的"礼"就是一种长期的文化积淀所形成的区域亚文化及其制度表现形式——非正式制度,②而法律是一种逻辑严密的正式制度,这种理性制度对乡土社会的案例,法官采取的是一种"主动为常态,被动为例外"的策略,此时法官居中裁判者的社会角色存在司法人员与乡村长官双重复杂性。其中的代表是河南省封丘县人民法院黄陵人民法庭践行马锡五巡回审判方式,③再如,在结案方式的选择上,人民法庭的纠纷处理思路往往是"以调解为主判决为辅",根据司法数据统计,某省共设有人民法庭 350 个,实有人员 1090 人,法官 694 人,自 2008 年至 2015 年 9 月以来,共受理各类民商事案件 367444 件,审结 355270 件,年均结案率为 98.63%;调撤案件 257038 件,调撤率为 72.35%;自动履行 164505 件,执行案件 52045 件。④ 此时人民法庭的法官更多的是着重把法律的力量、道德伦理的力量、乡风民俗的力量及群众监督的力量结合在一起,调动起人民陪审员、基层调解员、村委干部等的作用。1 名老法官和 1 名驻庭人民调解员组成的"1+1 速调速裁组",将人民调解和司法调解力量结合起来调处纠纷,那么本应是居中裁判的法官不仅承担了居中裁判者的角色,还承担了发挥社会综合治理功能的区域长官的政治角色。

(二)人民法庭追求的司法价值目标的特殊性

　　中国有句古话叫"入乡随俗",在后乡土社会的人民法庭建设中,现代法治理念的对农村基层社会的输入,意味着对当地传统价值观念造成冲击,面临规范性法律在实践运用中对当地"习惯法"的逐步适应。"若夫天地气化,盈虚损益,道之理也。法制

---

① 高其才:《乡土社会中的人民法庭》,载《法律适用》2015 年第 6 期。
② 费孝通:《乡土中国》,人民出版社 2008 年版,第 60 页。
③ 佚名:《马锡五审判方式在人民法庭的实践和创新》,http://rmfyb. chinacourt. org/paper/html/2012－12/16/content_55143. htm,于 2017 年 9 月 9 日访问。
④ 佚名:《 人民法庭家门口"一站式"普法》,http://news. hexun. com/2016 － 01 － 06/181627871. html,于 2017 年 9 月 9 日访问。

正事,事之理也。礼教宜适,义之理也。人情枢机,情之理也。"①根本上来说,人民法庭所追求的价值目标的特殊性正是体现在"法律效果与社会效果"的统一。乡土司法中的"习惯法"实际上指的就是乡土社会传统价值观念和村民潜移默化所遵循的习惯准则,即村庄的"礼治"秩序与村民的"乡土意识"。"与一个社会的正当观念或实际要求相抵触的法律,很可能会因人民对它们的消极抵制以及在对它们进行长期监督和约束方面所具有的困难而丧失其效力。"②因此,"习惯法"的地域性决定了人民法庭的"地域性"。人民法庭在转型时期的后乡土社会的司法功能的发挥中,乡土司法的法律逻辑顺序依次是"法""理""情":所谓"法"是指成文法的法律规范,"理"是指案件的客观事实,"情"是指作为乡土社会运行基础的乡土传统风俗和人情世故。在社会主义法治建设中,司法审判的基本要求是"以事实为依据,以法律为准绳",实际上就是把握乡土司法中人民法庭裁判逻辑中的"法"和"理",而把握"情"则需要深入了解后乡土社会当地风土人情和民俗习惯,因此人民法庭角色定位上作为基层中的基层,司法的结果追求的应当是情理并重,从而达到定分止争、案结事了的目的。

当然这也并不意味着乡土社会处处充满了大写理性化身的法律价值与"常识常情常理"的道德价值间的冲突,也并不意味着法官的审判是一种毫无拘束力的司法意志行为。实质上这是一种把判决立于那些被认为是审判活动的合法工具的正式和非正式的渊源之上带有乡土情感色彩的有意识的努力。例如,在农村彩礼纠纷当中,不能单纯地将彩礼给予只视为赠与合同,以赠与合同已经实际履行为理由驳回男方要求返还彩礼的请求,即使在后乡土社会彩礼也往往被视为特定的风俗习惯,婚姻如果不成立,返还彩礼也是人之常情,因此在男方有证据证明其已经给付对方彩礼的情况下,对其诉讼请求支持是合乎乡土社会风土人情和民俗习惯的体现。根植于中国乡土社会的人民法庭的司法过程中,忌讳对社情民意的充耳不闻,以僵化的适用法律作为挡箭牌,让裁判生长在没有蕴藏情理的野蛮文字里,生长在没有人伦气息的真空中,这也与后乡土社会的司法土壤严重不适应。

(三)人民法庭在基层权力网络中角色定位的特殊性

司法的基本规律,就是司法独立。党的十八大和十八届四中全会提出的司法改革的重点之一是根据司法规律进行改革。司法改革,就是要实现司法独立,并经由司法独立,实现对国家权力之间的内部监督,因此就人民法庭来看,要保障其独立司法,就必须去行政化、去地方化。而行政化、地方化与司法化却是乡土司法中的一个典型

---

① 刘劭、梁满仓注译:《人物志》,中华书局 2009 年版。转引自:池建华:《乡土司法中的法、理、情》,载《西北工业大学学报(社会科学版)》第 36 卷第 4 期。

② [美]博登海默:《法理学——法律哲学与法律方法》,邓正来译,中国政法大学出版社 2004 年版,第 405 页。

悖论。受此影响,基层法官在办案时,遵循的是一种治理逻辑,即尽量避免规则方面的争议,将规则争议转为事实争议,在事实层面而不是在规则层面解决问题,以结果导向取代规则导向。在现实中被追捧的全能型法官背后实际上是法官承担了过多的本不属于司法本职工作的行政职能。

根据《最高人民法院关于进一步加强新形势下人民法庭工作的若干意见》(法发〔2014〕21 号)相关精神,要明确把握人民法庭的职能定位,人民法庭的核心职能是代表国家独立公正行使审判权,新时期人民法庭还要发挥在参与基层社会治理创新机制中的积极作用,并把推动基层法治建设、探索基层管理制度创新、健全纠纷解决防范机制作为人民法庭的另外几项重要职能。因此,从组织结构上看,人民法庭隶属于县一级法院的基层派出机构,其在管理上与政府并不发生关联。但是在现实中,在人民法庭发挥其职能的过程中不可回避的仍然会被要求参与到某些具体行政事务当中去,比如在某县人民法庭的构建中,全县 6 个人民法庭共建成便民服务站 19 个、便民联系点 358 个,全院 65 名法官担任"法官村长",选任 196 名人民陪审员,培训人民陪审员全面参与调解工作。① 从该县的实际情况看,人民法庭与所在地党政组织及派驻检察室、司法所、派出所、民间调解组织等联系十分密切,尽管人民法庭并不承担与审判无关的其他社会事务,但在实现地方社会治理,特别是各类社会矛盾和纠纷的解决过程中,人民法庭与这些组织与机构之间具有很高的相融度,呈现出较为鲜明的"行政化"与"地方化"的色彩。有学者认为,法庭工作之所以时时需要行政工作的支持,是因为法律越出了自己的领域而直接进入社会治理领域。人民法院参与社会治理的方式主要有两种:一种是司法治理,即通过行使审判权解决权利义务纠纷及司法解释的制定;另一种是非司法化社会治理,即与前者相悖的治理技术。② 而司法则在相当程度上被弱化,人民法庭的地方化、行政化本身隐含了行政对司法的干预。这种状况或许在强调司法独立的理论语境中很难得到肯定性评价。人民法庭一方面谋求在审判地位上的独立不希望受到行政力量的干预,另一方面却依赖于行政力量的权威以弥补自身在基层社会当地权威不足的窘境,其根本原因在于当地的乡民缺乏对于人民法庭作为一个中立的审判机关所承载的司法公信力的普遍绝对信赖。党的十八届四中全会提出:"法律的权威源自人民的内心拥护和真诚信仰。"另外,最高人民法院公布的《关于进一步加强新形势下人民法庭工作的若干意见》(法发〔2014〕21号)③也特别指出,"超越审判职能参与地方行政、经济事务以及其他与审判职责无关的会议、接访、宣传等事务,不是人民法庭参与社会治理的正确途径,必须纠正'司法

---

① 参见《最高人民法院关于进一步加强新形势下人民法庭工作的若干意见》(法发〔2014〕21 号)第 13 条。

② 鲁篱、凌潇:《论法院的非司法化社会治理》,载《现代法学》2014 年第 1 期。

③ 参见《最高人民法院关于进一步加强新形势下人民法庭工作的若干意见》(法发〔2014〕21 号)第 15 条。

万能'的错误观念,始终坚持立足审判参与社会治理"。换言之,人民法庭去行政化与地方化的过程实际上就是立足于以司法审判为中心环节,摒除行政对司法的干预,以及农村基层社会司法权威重建的过程。

(四)乡土社会矛盾纠纷类型日益复杂的特殊性

正如笔者在前文所论述,中国的乡土社会正进入一个激烈变动的社会转型时期。随着经济转轨和社会转型,新、旧类型矛盾纠纷大量爆发于农村基层。一是国家在推行农村土地市场化经营试点改革过程中土地流转、征用、承包产生利益纷争。二是农村经济社会发展中工业、厂矿、建筑等活动造成生产生活环境污染。三是农民负担开始呈现"反弹",一些外出务工人员为达到利己之目的,以"公益"噱头力促基层组织以"修路、架桥、通渠、环境整治"等名目向其他乡民集资征款,造成贫困家庭生活难上加难。[①] 农村贫富不均,意识形态也开始分化。四是农村"三空现象"引起社会治安问题,如"空巢老人与小孩"遭受人身财产权利受害,部分乡民"精神空虚"引发社会治安稳定问题,"农村经济空壳化"导致弱势群体生存、生活成问题。五是老百姓之间的土地纠纷、宅基地之争、生产灌溉水源争执等传统相邻权纠纷。六是农村经济社会发展对"和睦、友好、团结"的传统理念逐渐瓦解,酿成乡民个性张扬,私权利意识觉醒又非理性,乡民间因"语言不和、盲目攀比"一些原因演变成矛盾的导火索。后乡土社会的这些问题,不仅涉及法律问题,还涉及道德、综治层面的冲突。同时,随着经济与社会的发展,道德的外在约束力减弱,功利思潮逐步流行,乡土社会自治力降低,村庄自主解决纠纷的内生能力不断弱化。古时宗教力量、传统道德规范、乡土风俗习惯、人情面子等传统治理明显式微化。[②] 乡村自治能力慢慢失去曾经应有的内在约束力。面对如此复杂的形势,受限于人力的不足,人民法庭的功能难以得到全面的发挥。

三、后乡土社会语境下人民法庭信息化的困境

进入信息化时代,"网络强国战略""互联网+建设""大数据研究"等国家级信息化战略构成了各级人民法院信息化建设波澜壮阔的大背景,在后乡土社会极具鲜明社会转型色彩的人民法庭亦不能脱离这场深刻变革。传统农业社会形成了一个相当封闭的、低流动性的社会结构,边远地区、交通不便、信息闭塞的贫困农村或者少数民族地区,在那里力量薄弱、设施简陋、方式随意,成为人民法庭的固化的符号与标识,

---

① 近年来,因多年前在大城市务工的"60后""70后"乡民,挣足钱后却无法融入大城市生活,且随着年龄的增长与体力的消退,部分打工致富者纷纷回乡享受生活或者在家创业,但对农村落后交通、环境设施等不满足,便带头唆使部分人以公益为名集资建设农村基础便利自己,致使家境贫困者生活更加艰难。

② 栗峥:《国家治理中的司法策略——以转型乡村为背景》,载《中国法学》2012年第1期。

而在后乡土社会深刻转型的时期,人民法庭的信息化正是解锁这种窘境的关键钥匙。按照《人民法院信息化建设五年发展规划(2016—2020)》的要求,人民法庭的信息化建设在加快系统建设、强化保障体系、提升应用成效、加快建设以数据为中心的信息化3.0版等方面,取得了显著的成效。一方面,基于人民法庭信息化的建设,人民法庭提高了乡土审判管理方式的规范化;另一方面,基于人民法庭信息化的建设促进了基层司法工作的公开透明,信息化系统逐步成为人民法庭办案各个环节的重要监督手段。但是在社会转型时期的后乡土社会,信息化的春风虽然已经在这片传统的土壤留下痕迹,但乡土观念仍然根深蒂固,不可否认现代法治与传统的农村基层社会存在某种程度上的隔阂。在这样的社会背景下,信息化人民法庭精确运用法律裁判的技术性,与农村群众程序参与能力,以及与乡土社会的行为规则并不完全相契合。在后乡土社会语境下,人民法庭司法主体的角色定位存在特殊性、人民法庭追求的司法价值目标存在特殊性、人民法庭在基层权力网络中的角色存在特殊性、乡土社会矛盾纠纷类型日益复杂存在特殊性,基于上述人民法庭特殊的司法现状,我们在看到人民法庭的信息化建设取得的一系列成绩时,一些客观存在的问题和困境亦不容忽视。

(一)信息化间接增加了法官的工作负担

后乡土社会中,人民法庭信息化建设的初衷原本是基于法院信息化系统,可以实现审判执行的全方面渗透,提高管理工作的水平和效率,一来提升基层法官工作的效率,二来提高基层人民法庭司法工作效果。"法院信息化建设的目的是进一步提升司法效率促进司法公正,也就是通过信息化工具节约司法资源,花费更少的资源产出更多的正义。"[1]但是在后乡土语境下的农村社会中,这种高效、经济的正义却难以达到预期的目标,基层法官在后乡土社会中除承担基本司法功能外还有基层社会综合治理的功能。过度强调规范化、形式化的信息化人民法庭建设中,如果完全按规范化的诉讼程序走,就有可能导致数额不大的乡村经济纠纷或简易民事纠纷,通过现代司法体系来打官司,付出的成本将大于案件本身,可能有赢了法理输了情理的可能性。另外,案件信息的全面、客观、同步录入的工作量何其重,何其复杂和困难,这需要系统研发与改进时更多考虑一线办案人员的工作量问题,法院管理信息化在提高司法效率和透明度与促进司法规范化的同时,司法处理的公开化带来的是对法官业务素质更高的要求,如某人民法庭在信息化建设实践中发现,在配置人员严重不足的情况下,运行维护工作普遍依靠法官及其助理来监管,运行维护效率不高。[2]乡土司法中的信息化虽然能够推动人民法庭向规范化迈进,却没有及时回应这种司法过程可视

---

① 娄必县:《法院信息化建设的反思与展望——兼议"智慧型法院"的发生与发展》,载《三峡大学学报》第39卷第2期。

② 娄必县:《法院信息化建设的反思与展望——兼议"智慧型法院"的发生与发展》,载《三峡大学学报》第39卷第2期。

化后法官负担增加的司法事实,使得乡土司法在实际运行中以形式掩盖了实质内容,不利于减轻法官业务压力,提高办案效率。

(二)对法律效果与社会效果统一的作用有限

后乡土社会语境下,情理是乡土社会普遍的正义观,是乡土社会成员评判正义是非的一杆秤,其实质就是民心,就是司法权威在乡土社会能否得到尊崇的问题。新功能定位下的人民法庭是缓解"乡土社会"意识和现代法治观念矛盾的产物。法院信息化建设的目的和手段存在错位,受到司法地方化的制约,信息化的人民法庭建设中,采取网络化办公的前提是互联网络硬件设施的普及,但是在大部分的西部山区或者少数民族地区,互联网的普及程度和网络覆盖率还不高,因此网络征询民意的方式在乡土社会的运用中代表性大打折扣,不利于人民法庭追求乡土语境下法律效果与社会效果统一的要求。除了制度环境、技术支持外,法院信息化建设不只是从笔墨到计算机网络的形式变化,也涉及法官思维的转变。比如,案件审理方式的选择上,过去人民法庭并非完全采取坐堂问审的方式,严格遵循诉讼程序环节的规定,相反经常下乡,深入调查研究,进行巡回审判的"马锡五审判方式"在中国后乡土社会的纠纷解决中得到了很好的继承和发扬。如果让审理方式在信息化建设的今天又回到以网络民意代表普遍民意的变相"坐堂问审"中,在信息技术的助力下,社会公众可以较为轻易地获得与自己所涉案件类似案件的相关司法信息,带来的负面影响是法官可能会依据既有判例而忽视了在具体个案中后乡土社会人情关系网、乡土原生生态环境的特殊性。再如,在审判效果追求上,片面追求同案同判的标准,忽视了对法律效果与社会效果的统一,可能会造成案结事未了的情况。"熟人社会"环境中,蕴含于法官与群众之间的,并不完全是法官单向度的权威,同时也有群众对法官的潜在制约。另外,后乡土社会虽然在结构上遭遇着现代化、城市化的冲击,但是本质仍然属于熟人社会,基层社会民众赖以生存的是地方色彩浓重、范围狭小的人情关系网,这种关系网往往是以村集体或者家族为单位的。在人民法庭信息化的过程中,农耕社会长期固着于土地的人们,具有以重视血缘和地缘关系为特征的乡土观和家族本位意识,家族本位意识压抑着个体意识。[①] 无论是裁判过程还是裁判结果的公开化都会对这种熟人社会的人情关系造成冲击,纠纷的解决不再是隐秘的双方之间的行为,而是被放诸众目睽睽之下,诉讼在人情关系中打下负面的烙印,可能对于在纠纷解决后原被告双方之间人情关系的修复造成困难,甚至激发当事人之间的矛盾,加剧乡土社会关系的紧张。

---

① 吴英姿:《法官角色与司法行为》,中国大百科全书出版社 2008 年版,第 77 页。

（三）不利于人民法庭内部去行政化的要求

不可否认,政治思维一直影响着人民法庭基层建设与改革的着力方向,注重司法的政治功能,使人民法庭参与到社会基层综合治理过程中,成为在后社会语境下人民法庭司法政策的导向,对政治功能的不断强化使中国人民法庭的基层司法蒙上了浓厚的工具主义色彩。无论人们如何强调司法审判的独立性,不能回避的是,在我国政治结构中,基层人民法庭总是地方社会治理中不可或缺的重要角色,承担着重要职能。基层人民法庭与地方党政组织或其他机构在地方社会治理中形成了常态性交集,人民法庭信息化建设能够在某种程度上将这种交集放诸"阳光"之下,是具有其进步意义的,在去地方化这一方面有积极作用。事实上虽然地方党政机关与党政官员对于审判独立存在干预,但是法院内部未参与庭审的人员对案件审判的干预更直接,来自法院外部的干预大多数也是通过内部干预间接进行的。司法地方化是司法行政化的根源,也是去行政化改革的基础障碍。人民法庭的信息化,一方面固然可以确保法官在规定审限内及时结案,但是另一方面也让行政权和审判权的关系变得更为复杂。也就是说,法院信息系统在某种意义上成了行政权监督审判权的重要工具,在司法领域形成了福柯所谓的"全景敞视主义"。① 法治发达国家审判管理普遍不同于行政科层制管理,我国也不应全同于行政科层制,所以管理要适当,不宜过度,不宜在外部去行政化后却加强了法院内部的行政化。

四、后乡土社会语境下人民法庭信息化建设的理性回归

法院信息化建设既可以克服影响司法公正的体制机制性障碍,又可以提升司法效率,丰富公众接近司法的途径,扩大公众与司法的接触面,对法治社会的建设具有极大的促进意义。但是,由于我国乡土社会司法自身的特殊性,人民法庭的信息化建设存在一些困境,导致人民法庭信息化建设中存在一系列的抵牾和矛盾。同时,人民法庭信息化尽管具有强大的力量,只能作为促进司法公正的一个重要手段而非主导力量。在乡土社会中,人民法庭的信息化建设需要回应这些现实,在渐进式改革中推动整个人民法庭的信息化水平。

（一）参与综合治理,助于便民利民

在人民法庭的信息化建设过程中,一方面要推进审判体系和审判能力的现代化,另一方面要保存人民法庭职能发挥的传统方式,才能适应后乡土社会的主客观条件。

---

① ［法］米歇尔·福柯:《规训与惩罚:监狱的诞生》,刘北城译,生活·读书·新知三联书店出版社2014年版,第219页。

人民法庭在推进信息化的同时,继续坚持适用调解优先制度、巡回审判制度,参与社会的综合治理。调解在我国人民法院的纠纷解决机制中占据着十分重要的地位。在实践中,调解因为具有快速、易操作及充分体现当事人自主性等诸多优点,受到各级人民法院尤其是基层人民法庭的青睐。人民法庭应坚持"调解优先、调判结合"的司法原则。巡回审判制度作为回应型司法的一种运行模式,巡回审判制度是探寻司法职业化与司法大众化有效衔接的桥梁,是促进司法能动回应社会和社会管理创新的一种有益探索。其中最具代表性的就是"马锡五审判方式",最明显特征是深入基层,现场办案,注重与基层民众的互动,并且通过以案说法让基层民众接受相关的法治教育。应当说,将案件置于基层群众当中,并且请基层调解组织的有效介入,人民法庭各项工作的开展必会收到事半功倍的效果。人民法庭是人民法院发挥审判职能、调处矛盾纠纷的基层第一线,人民法庭参与社会综合治理具有独特优势和价值依归,人民法庭参与社会综合治理既是基层化解矛盾的需要,也是人民法庭自身发展的需要,亦有其时代背景和政治意义,更是司法本土化下的特殊产物。人民法庭参与社会综合治理使正义、善治、秩序等司法追求的基本价值之实现能进一步向司法最基层扩展。

(二)加大统筹投入,增强保障水平

物质基础是法院信息化建设的重要前提。人民法庭的信息化建设是一场新的变革,对于人民法庭开展工作提出了新的要求,在基层"人多案少"的矛盾没有根本缓解的情形下,信息化建设在某种程度上提高了对人民法庭工作量和质的双重要求。由于信息化建设在一段时间内未能统筹规划,导致各项工作难以统一,浪费了大量的资源。例如,在一些地区上下级法院之间、法院和其他单位之间、不同信息系统之间数据共享交换体系尚未全面互联互通;不同法院网络或司法服务平台执行不同的技术标准,应用程序烦琐复杂;平台分散重复建设,给公众准确快捷查询带来不便,部分法院同时开设两个网站,功能区分标准不清;电子送达等实际应用缺乏法律支撑;等等。为克服法院信息化建设中的这些弊端,其中最为重要的就是尽快推进省级统管,理顺地方法院的司法行政管理体制。一是将信息化建设纳入统一的司法管理范畴,统筹工作部署,节约司法资源;二是统一信息化建设财政预算,加大财政投入,提升保障水平。

(三)培养互联网思维,提升人员素质

除了制度环境、技术支持外,人员素质也是人民法庭信息化建设的重要因素。人民法庭信息化人才建设包含研发者与使用者两个方面。很明显,研发是信息化发展的基础因素,是技术力量的自然延伸,使用者体验是信息化获得持久生命力的决定因素。在人民法庭信息化建设过程中除了强化研发人才的培养和研发力量的配备外,

还应当通过各种方式营造使用信息技术的氛围,确保法官能够在工作中了解、接受信息化办案方式,能够将信息技术与传统司法进行有机结合。正如最高人民法院院长周强所指出的那样:"积极推进司法人工智能建设,在法律法规检索、类案推送、简易案件裁判文书自动生成、文书智能纠错等方面,为法官提供更加智能、高效的服务,尽可能把法官从事务性负担中解放出来,使法官集中力量从事体现司法智慧、具有创造性的司法活动。"[1]

对于人民法庭而言,要以农村群众的司法需求为导向,加大宣传力度,必要时送网、送法下乡,让农民群众在真实的案件中切身体会互联网时代司法服务的优越性,并以地区为维度,推行更符合地域特征、更贴近农民生活的相关措施及司法服务,解决引导农村非网民转变管理,借以互联网更好地行使诉权。

结　　语

后乡土社会语境下,人民法庭的信息化建设必须兼顾司法现代化与乡土治理两项使命。信息化建设对于人民法庭而言,说是一场现代化变革也不为过,在很大程度上增强基层司法能动性,能够更好地服务群众,服务法官,服务社会。后乡土社会治理的复杂性决定了人民法庭的工作方式具有其特殊性。在我国农村社会结构未完全改变现状的基础上,人民法庭所面临的任务仍然是解决乡土社会环境下的综合纠纷。在运用规范化方式的基础上,人民法庭仍需要借助一些非规范化的方式来解决纠纷。因而,推动人民法庭的信息化建设与我国现代化进程息息相关,这种变革不仅牵涉制度、物质层面,更为关键的是人民法庭的信息化建设本身,触动了几千年来中国传统乡土社会观念与思维层面的变革,很显然这种改革的进程是渐进式的,不可一蹴而就。

---

[1]　娄必县:《法院信息化建设的反思与展望——兼议"智慧型法院"的发生与发展》,载《三峡大学学报》第39卷第2期。

第十二章

深化"枫桥式"法庭创建
打造"枫桥经验"升级版

枫桥人民法庭课题组[*]

引 言

枫桥人民法庭地处"枫桥经验"发源地,50多年来始终与时俱进、改革创新,不断丰富、发展"枫桥经验"的时代内涵,实现了理论长青、实践常新。法庭先后荣立集体一、二、三等功各一次,被最高人民法院评为"全国法院系统指导人民调解工作先进集体""全国法院先进集体""全国优秀人民法庭""全国法院人民法庭工作先进集体"。

在"枫桥经验"50周年之际,枫桥人民法庭创新"四三五"基层司法机制,在庭内设立诉讼服务中心四站点,推行"三维度"诉调同向调解机制和"五时"执行法,形成了独具一格的人民法庭建设体系。绍兴中级人民法院全面推广"枫桥式"人民法庭创建活动,最高人民法院院长周强亲自到枫桥人民法庭调研,人民法院报多次宣传报道"枫桥式"人民法庭创建活动。[①]

2018年是纪念毛泽东同志批示"枫桥经验"55周年,枫桥人民法庭结合深化司法体制改革、《最高人民法院关于进一步加强新形势下人民法庭工作的若干意见》(以下简称《意见》)、《浙江省高级人民法院关于建立健全"大立案、大服务、大调解"机制的指导意见》(以下简称《指导意见》)等文件精神,进一步创新发展"枫桥经验",形成了"诉调无缝对接""三下乡一提升""庭领导首问制""四即时"等新做法,切实提高了案件调撤率,提升了办案质效,维护了社会和谐稳定。枫桥人民法庭再次赋予了"枫桥

---

    * 郭志军:诸暨市人民法院枫桥人民法庭庭长;王羽:诸暨市人民法院枫桥人民法庭副庭长;沈碧婵:诸暨市人民法院枫桥人民法庭法官助理。

    ① 余建华、孟焕良、丁林阳:《绍兴"克隆"枫桥式法庭》,载《人民法院报》2013年8月19日。

经验"新的时代内涵,走出了一条新形势下加强人民法庭工作的新路子。

一、枫桥人民法庭创新发展"枫桥经验"的历史回顾

(一)"枫桥经验"诞生初期,枫桥人民法庭积极参与社教运动

枫桥人民法庭始建于1951年,当时称为诸暨县人民法院枫桥分庭。1956年枫桥人民法庭正式建立,在枫桥这块土地上扎实开展工作。1963年,在社会主义教育运动试点中,枫桥区创造了"发动和依靠群众,坚持矛盾不上交,就地解决,把绝大多数四类分子改造成新人,实现捕人少,治安好"经验,并得到毛泽东主席的亲笔批示肯定。当时这个经验推动以公安系统为主,枫桥人民法庭主要是配合参与。"文革"期间,枫桥人民法庭被撤销(1967年9月),六年后恢复建设(1973年1月)。"文革"结束后,枫桥的干部群众勇敢地冲破"左"的思想禁锢,率先给"四类分子"摘帽,给全国开展摘帽工作提供了范例,枫桥人民法庭也积极置身于这场具有重要历史意义的活动中。

(二)改革开放初期,枫桥人民法庭参与对调解队伍的重建与指导

改革开放后,随着经济的快速发展,民间纠纷开始增加,我国重新重视调解工作。1980年,经全国人大常委会批准,重新公布了《人民调解委员会暂行组织通则》。1981年司法部公布《司法助理员工作暂行规定》,明确人民公社(镇)、街道办事处要设专职司法助理员。枫桥区高度重视调解工作,加强镇村调解组织和队伍建设。枫桥人民法庭注重对调解队伍的法制知识、调解方法的培训,每年都要组织全区的村调解主任到集镇统一培训,这为枫桥镇村之间良好的联动调解机制提供了人力资源培训。

(三)30周年前后,枫桥人民法庭加入"枫桥经验"重新推广中

20世纪90年代初,绍兴重新重视"枫桥经验"。1990年2月至4月,绍兴市委常委、公安局长傅缨带领绍兴市公安局、诸暨市公安局联合调查组进驻枫桥,对"枫桥经验"进行深度调查和总结。4月,中共绍兴市委在枫桥召开推广"枫桥经验"现场会。值得关注的是,枫桥人民法庭和诸暨各法庭庭长也参加了这次会议。1993年11月22日,浙江省委在诸暨市隆重举行纪念毛泽东诞辰100周年和批示"枫桥经验"30周年大会。这次会议上,省高级人民法院院长夏仲烈出席了会议,标志着法院系统正式开始介入"枫桥经验"的纪念活动。

(四)35周年前后,枫桥人民法庭参与"四前"工作法创新

随着市场经济的发展和经济体制改革的深入,"枫桥经验"面临社会稳定新挑战。

枫桥镇创新"四前"工作法,即"组织建设走在工作前、预测工作走在预防前、预防工作走在调解前、调解工作走在激化前",形成"小事不出村,大事不出镇、矛盾不上交"的经验,成为新时期维护社会稳定的法宝。枫桥人民法庭也是"四前"工作法的参与者,但当时主要以镇党委政府和公安派出所为主。1998年召开"枫桥经验"35周年纪念活动时,省高院没有出席庆典仪式。

(五)40周年前后,枫桥人民法庭创新"四环指导法"

2002年8月,枫桥镇率先开展"平安枫桥"建设。枫桥人民法庭积极主动参与,把"枫桥经验"与法院工作相结合,创造性地提出了"四环指导法"。所谓"四环指导法",指抓住四个环节(诉前、诉时、诉中和诉后),建立四项制度,全方位指导人民调解工作。诉前,法官作为法律指导员,定期到人民调解委员会辅导工作;诉时,对于简单的诉讼案件,尽量引导到人民调解委员会解决;诉中,即法院开庭时,请人民调解员来陪审或旁听;诉后,即法庭判决以后,及时向调解会反馈,为今后处理类似的纠纷案件提供借鉴。在实行"四环指导法"以来,2003年枫桥人民法庭的案件数量下降到726起,2004年又下降到500多起,而且70%以上的案件都通过调解得以解决。枫桥人民法庭的做法得到最高人民法院的认同,三次获得全国荣誉。2003年11月,中央综治委和浙江省委联合召开纪念毛泽东同志批示"枫桥经验"40周年大会,最高人民法院院长肖扬出席会议,这标志着法院系统进一步扩大参与"枫桥经验"。

(六)45周年前后,枫桥人民法庭创新诉讼调解双行制和调解劝导制

这个阶段,枫桥镇创新"社会管理综合治理"经验,着力探索基层维稳新方法。枫桥人民法庭积极参与,探索出两个新经验:一是开展"诉讼调解双行制",即迳行开庭调解制度和先行开庭调解制度,使枫桥人民法庭的调撤率一直保持在70%以上。二是实施"人民调解劝导制",由法庭的调解劝导员向当事人进行耐心的劝导,出示法庭制作的《纠纷劝导手册》,引导当事人优先选择调解。2008年11月,中央综治委和浙江省委联合召开纪念毛泽东同志批示"枫桥经验"45周年大会,最高人民法院副院长出席会议,这标志着法院持续支持对"枫桥经验"在法院系统的应用与推广。

(七)50周年前后,"枫桥式"人民法庭创建活动在全市推广

2010年8月,诸暨市被中央政法委、中央综治委确定为全国社会管理创新综合试点单位。枫桥人民法庭积极参与社会管理创新,设立一站式诉讼服务中心,探索"三维度"联调机制和"五时"执行法。枫桥人民法庭的做法被绍兴中级人民法院进一步提炼为"845"模式,并在全市23个法庭推广。"枫桥式"人民法庭创建活动受到最高人民法院院长周强的肯定和批示,并刊发工作简报在全国推广。2013年10月,习近平总书记对创新发展"枫桥经验"作出重要指示,中央综治委和浙江省委联合召开

纪念毛泽东同志批示"枫桥经验"50周年大会,最高人民法院院长周强出席了会议。至此,法院系统最高领导已经两次出席"枫桥经验"纪念大会,标志着法院系统对"枫桥经验"创新的持续重视。

二、深化"枫桥式"法庭创建面临的新形势新问题

(一)案多人少矛盾

枫桥人民法庭辖枫桥、赵家两镇和东和一乡,面积300多平方公里,常住人口15万,外来人口2万多,是诸暨五个法庭中所辖地理面积和人口最多的法庭,但是只有员额制法官2名。从2013年至2016年,每年办结案件1000件至1200件,2017年截至7月,已办结案件834余件。枫桥人民法庭的法官人均办案量远远超过全国平均水平,据估算,全国一线法官人均负案量超过200件,[①]浙江一线办案法官年人均结案260.3件(名列全国第一),[②]枫桥法庭员额法官平均结案417件(见图12-1)。案多人少的矛盾突出,必须要继续创新"枫桥经验",依靠和发动基层自治组织、各类调解组织、社会组织加大诉前调解,为法庭减负。

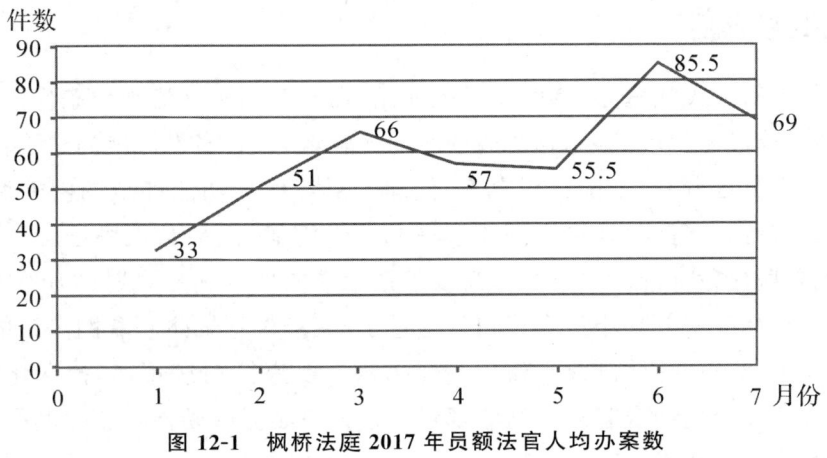

图 12-1　枫桥法庭 2017 年员额法官人均办案数

(二)办案难度增加

前几年,受经济危机和产业链担保的影响,枫桥镇的大量纺织企业面临破产或组建,大量追索劳动报酬案件起诉至法庭,一方面要保护劳动者的合法权益,另一方面要配合当地政府协助企业度过调整期走出困境,法庭只有从各方共赢的角度出发,进

---

①　陈陟云、孙文波:《法官员额问题研究》,中国民主法制出版社 2016 年版。

②　陈国猛:《浙江省高级人民法院工作报告》,2017 年 1 月 18 日在浙江省第十二届人民代表大会第五次会议上所作工作报告。

行多方沟通,制定合理的付款方案,才能既保护劳动者权益,又能为企业争取资金调整的时间,确保社会稳定和经济发展。近两年,枫桥镇大力培育新兴产业,大力改造枫桥古镇,大力建设精品村,加大土地征用力度,集体经济权益纠纷增多。另外,随着"三改一拆""五水共治"等政府行为的推动,民告官的案件开始攀升,法庭办案的压力加大。可见,新时期枫桥人民法庭面临的案件压力不但体现在数量上,而且体现在案件标的额越来越大、案件类型越来越复杂,这加剧了法庭和法官的工作压力。

(三)治理手段传统

"枫桥经验"在传统社会治理时代创造了许多引领性的经验做法。但是这些传统治理方式已经不能很好适应当前治理现代化的要求,暴露出一些不足。比如,"枫桥经验"主要依靠传统群众工作方法,工作效率比较低,成本比较高,治理精准度也不够;"枫桥经验"的从业人员中,信息化专业人才缺乏,社会治理的智能化水平、专业化水平有待提高。[①] 另外,枫桥人民法庭调解室的两名"老娘舅"系退休干部,对于当地的政策、法律法规知之甚详,其人格魅力、多年工作形成的威信有助于调解工作的开展,但调解人员年龄偏大,对电脑、互联网等新型事物接受度不高,在很大程度上制约了调解工作的创新开展。

(四)硬件比较落后

现在的枫桥人民法庭系 2002 年投入使用,在当时属于一流硬件条件。但时隔十多年,这些设施已经比较简陋,且法庭的布局比较老,有许多设计上的缺陷,如安检未与审判区及办公区分开,未配置当事人(代理人)休息室、功能齐全的网上调解室、法庭党建活动室等。当前各地法庭都在重视基础设施建设,最高人民法院早就推出了"人民法院法庭建设标准",要求法庭建设根据标准的规定统一规划。另外,2018 年 6月中央全面深化改革领导小组会议审议通过了《关于设立杭州互联网法院的方案》,7月习近平总书记对司法体制改革作出重要指示:"要遵循司法规律,把深化司法体制改革和现代科技应用结合起来。"这些都对枫桥人民法庭的硬件设施尤其是信息化设施提出了更高的要求。

---

① 刘树枝:《构建"互联网+社会治理"新模式 打造"枫桥经验"升级版》,载《政策瞭望》2017年第2期。

三、新时期深化"枫桥式"法庭创建的实践与探索

(一)始终坚持司法为民,切实发挥人民法庭的审判职能

1. 完善立案机制。为加强和完善直接立案工作机制,着力解决当事人立案难问题,枫桥人民法庭积极探索与创新,推行"三下乡一提升"制度,即集中下乡立案,下乡调解,下乡开庭,最大限度提升人民群众对司法需求的获得感。枫桥人民法庭工作人员多次走访司法辖区内的三个乡镇,通过与当地党委、政府衔接,在各个乡镇设立"便民立案点",定期到"点"办理立案手续。2018年又在枫桥司法所安装法院自助服务终端机一台,方便群众就近办理立案手续,打通"立案难"的最后一公里。

2. 加强诉讼服务。建立一站式诉讼服务中心,内设"诉前劝导""诉讼引导""法律指导""信访疏导"四个站点,提供高效便捷的诉讼服务。(1)"诉前劝导站"先行调和。对涉及婚姻家庭、邻里矛盾、小额债务等案情简单、争议不大的民事纠纷,在当事人前来立案时,向其发送《调解劝导书》,引导其到驻庭调解中心先行调解。2013—2016年,共计377件案件诉前调解成功,2017年1—7月,通过诉调对接诉前调解结案266件。(2)"诉讼引导站"简化手续。诉前调解不成的,由调解员填写《调解情况表》,记录纠纷情况,与诉讼材料一并移送诉讼引导站,引导员当天完成立案审查,并详细告知注意事项,提示诉讼风险,避免当事人东奔西走。(3)"法律指导站"援助弱势。针对有些当事人文化程度低、诉讼能力较弱,不清楚如何起诉、应诉的实际,现场帮助补充诉讼材料,解答法律问题,指导申请法律援助。四年来(2014—2017年),累计接受法律服务的人数达千余人次。(4)"信访疏导站"释法明理。当事人对判决不服或者不理解的,开展面对面的判后答疑工作,引导他们正确面对判决结果。对符合司法救助条件的,启动司法救助申请程序。两年来,成功化解涉诉信访十余件,提供司法救助资金近20万元。

3. 诉调无缝对接。2015年借助枫桥镇人民政府承担国标委首批标准化项目"基层社会治理综合标准化试点"的机会,积极参与"基层社会矛盾纠纷大调解体系建设规范"的制定,进一步完善了诉调对接机制。(1)明确基本内涵。诉调对接是指矛盾纠纷调处中的诉讼方式与非诉讼方式相衔接。主要目标是充分发挥人民法庭、行政机关、社会组织、企事业单位及其他各方面的力量,促进各种纠纷解决方式相互配合、相互协调和全面发展,做好诉讼与非诉讼渠道的相互衔接,为人民群众提供更多可供选择的纠纷解决方式,维护社会和谐稳定。(2)部门及职责权限。应在人民法庭设立人民调解工作室,作为民事诉讼与人民调解工作衔接沟通的平台,选派经验丰富、业务水平高的同志,担任专职业务指导员,对比较突出的法律适用问题、调解技巧、调解格式文书制作等方面进行指导。人民法庭宜建立"诉讼服务中心",可内设"诉前劝导

站""诉讼引导站""法律指导站"和"信访疏导站"等站点,为群众提供纠纷调解、诉讼引导、法律咨询、法制教育、判后答疑等人性化的法律服务。(3)诉调对接程序。第一,诉前劝导。凡未经人民调解委员会调解的,且符合《中华人民共和国民事诉讼法》适用简易程序规定的一般民事纠纷,当事人到人民法庭诉讼的,立案窗口应向其宣讲人民调解工作的优势、特点,劝导当事人首选人民调解委员会调解,当事人不同意的,应依法登记立案。第二,委托调解。对已经立案但符合人民调解的民事案件,应以"减少讼累,降低成本,方便群众"为原则,依据《诸暨市人民法院、诸暨市司法局关于委托调解工作实施办法》,在征得当事人同意的前提下,将案件委托人民调解委员会调解。第三,协助调解。乡镇调解委员会受理或接受委托调解纠纷,在当事人不接受调解,或调解无法达成协议时,乡镇调解委员会应引导当事人通过诉讼途径解决纠纷,并主动向人民法庭提供相关情况,协助法庭尽早调处纠纷。(4)诉调衔接保障制度。第一,联席会议制度。人民法庭应与当地司法所每季度召开一次联席会议,加强法庭与司法所的日常联系。遇到重大疑难案件时,应及时召开联席会议。第二,通报备案制度。人民法庭在立案受理案件时,发现有对调解协议反悔的案件,应及时将相关情况通知司法所和乡镇调解委员会。在案件审理完毕后,调解协议被已生效的判决变更、撤销,或者被确认无效的,人民法庭应及时将结果告知或通报相关的司法所和乡镇调解委员会,必要时可在告知或通报的同时,依法提出司法建议。第三,联合考评制度。人民法庭和司法所应定期评阅人民调解协议等调解文书,切实帮助人民调解员提高调解格式文书的制作水平,共同开展对各镇乡(街道)人民调解工作的考核评比,调解案件情况纳入年终考核。(5)对接程序及要求。按诉调同向联调机制,具体见图 12-2。

(二)积极参与基层社会治理,切实发挥人民法庭桥梁纽带和司法保障作用

1. 坚持服务地方事务。法庭除了履行审判职能,还积极参与基层社会治理。一是通过具有法庭特色的途径,如庭审观摩、公开活动日、以案释法等多种形式,积极开展法治宣传,引导本地干部群众依法行政、依法办事和遵法守法。二是法庭积极协助辖区镇乡党委、政府中心工作,每季度编写法庭工作通报,把辖区内案件情况(辖区办案总量、同比增长情况、不同案例类型及所占比例)、法庭信息(创新亮点、理论研究、同行考察、领导指导等)、平安报表(辖区各村涉诉民商案件数量和无讼村)等情况反馈给镇乡党委政府、相关站所和辖区各市级以上人大代表,提出司法建议和为他们工作提供参考。四年来,法庭共计编写工作通报 18 期,对推动当地基层治理法治化发挥了积极作用。

2. 加强对调解组织的引导与培训。按照"不缺位、不越位、不错位"的原则,依法加强对人民调解委员会的业务指导。从 2014 年开始,四年来法庭已为辖区调解组织开展了 20 多次不同形式的法制引导与培训。一是加强各类培训。虽然枫桥有较好

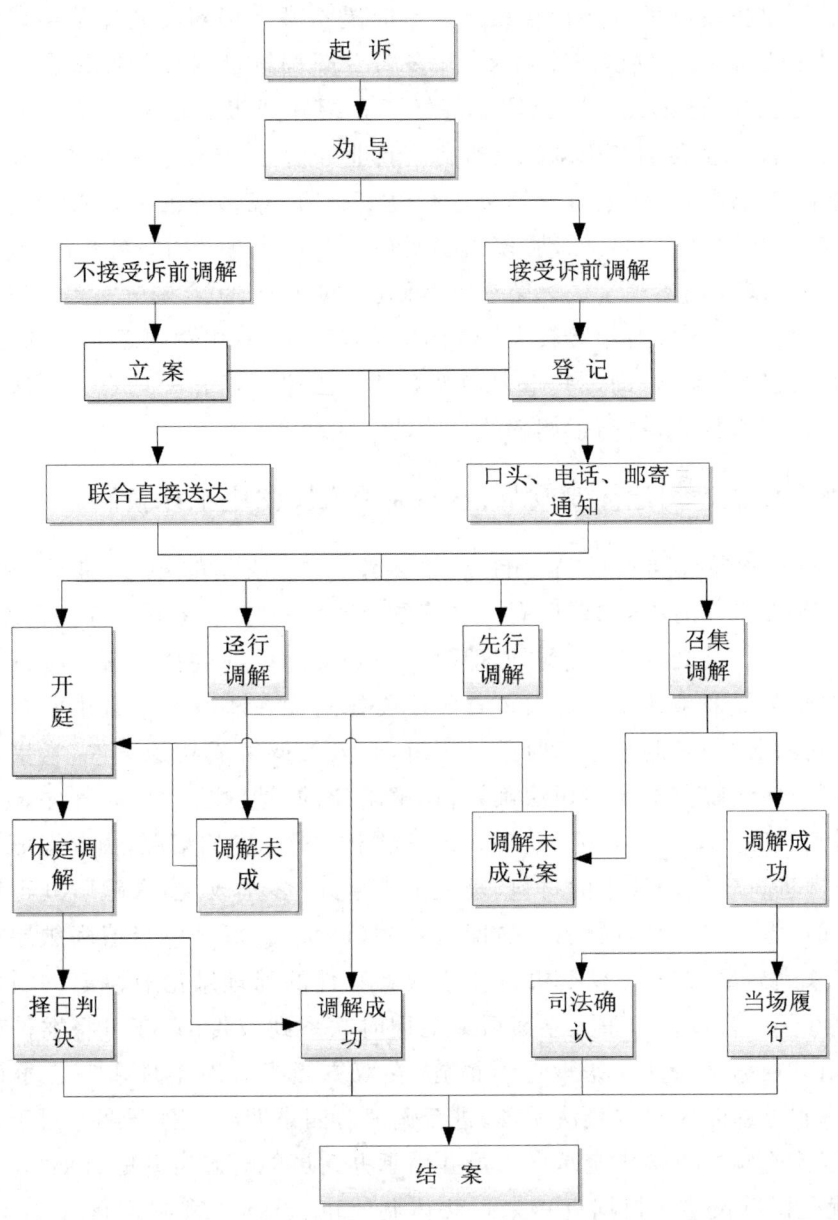

图 12-2 诉调对接流程图("三维度"机制)

的调解基础,调解志愿者人数众多。但志愿者知识体系单一,法律知识欠缺等因素制约了调解志愿者作用的发挥。对此,枫桥人民法庭制定了详细的法制培训计划,由专人(员额法官)负责,定期和辖区调解员联系,收集反馈意见,通过整理反馈意见制定培训课程,每季度开展辖区乡镇调解员、陪审员法制培训讲座,针对性地指导人民调解工作,以提高基层调解员的法律水平。二是进行座谈交流。每年法庭都会针对不同主题召开座谈会。有时是下村(居),与村(居)民委员会等基层群众组织加强联系和沟通,共同维护良好的基层社会秩序。有时是召开专门对象的座谈会,如2018年6月枫桥人民法庭召开辖区三个镇乡10多名专职调解员参加的座谈会。在座谈会上,郭志军庭长对法庭人员结构、职能等做了介绍并通报了法庭上半年诉调对接情况,李荣震法官对参会的专职调解员进行了新业务指导、交流。专职调解员老杨对法庭工作提出三点建议:"多安排调解员进行庭审旁听、观摩等活动;多用好法官、法庭这一平台来开展讲课等学习活动;多组织调解员下乡参与一些简易案件调解。"会后,法庭还组织调解员们参观了法庭荣誉室、诉调对接中心、联合调解室等。三是加强个案指导。人民调解员普遍年龄较大,善于做群众工作,但相对缺乏专业的法律知识,因此经常向法庭求助、咨询一些重大疑难案件的法律依据和处理意见。法庭从来不推诿,每次都耐心指导,提高了调解的合法性与成功率。

(三)积极稳妥推进司法体制改革,不断完善人民法庭工作机制

1. 推行庭领导首问责任制。响应"最多跑一次"改革的号召,推行庭领导首问制,要求凡是在工作时间,均保证有一名庭领导在法庭大厅导诉服务台值班,负责接待来庭来访群众,接受咨询,做到"四即时":一是即时诉前委托调解。根据当事人自愿原则,对部分民商事纠纷在立案审查阶段委托附设在法庭的诸暨市联合人民调解委员会或司法所、公安调解室即时进行调解,经人民调解成功的案件,当事人认为有需要的,可以向法院免费申请司法确认;调解不成的,即时启动诉讼程序。二是即时立案。对来法庭立案的当事人,即时立案。对于资料不齐的情况,由立案庭工作人员当场一次性进行告知需补齐的材料,避免了当事人"多次改、多次跑",真正让人民群众办事省时、省心、省力、省钱。三是即时引调(调解)。每日由当值庭领导在法庭调解室接待来庭当事人,对于法庭办事流程或者案件的处理结论有疑惑的当事人可直接向当值庭领导咨询。当事人立案后如能即时联系到被告的,亦可将案件交至当值庭领导,由其根据案情即时采取应对措施,在双方当事人对案件事实无争议的情况下,当值庭领导即时向双方释法明理,进行调解。四是即时安排开庭。对于调解不成的案件,当值庭领导直接指定承办人员并由承办人员即时确定开庭日期。

2. 优化团队设置。根据近年来司法体制改革、员额法官制推行等变化,相应进行调整,设置专业化审判团队。枫桥人民法庭现有正式编制仅6名(含事业编制书记员1名),员额法官2名。法官员额制改革后,法庭的审判力量有所下降,枫桥人民法庭结合自身实际,一方面,实行以审判团队为中心的集约化管理模式,整合审判资源进行优化重组,按照"1名员额法官+1名法官助理+1名书记员"的模式建立了以员额法官为核心、团队成员分工协作的审判团队;另一方面,为了提高工作效率、实现同案同判的工作目标,专业审判团队中实行以审理特定类型案件为主,调剂案件为辅。分案前,通过分析各类案件的案情和难易程度,结合类型化案件数量,构建分案搭配机制。

3. 强化司法公开。"正义不仅要实现,还要以看得见的方式实现。"深化司法公开,是建立公开透明的审判权力运行机制、推进审判体系和审判能力现代化,更好地满足人民群众日益增长的司法需求的重要举措:第一,全面公开法庭人员信息、管理制度、行为规范、诉讼指南,依法及时公开案件信息、司法依据、诉讼流程、裁判结果,满足当事人知情权,杜绝暗箱操作。第二,积极发挥人民法庭根植基层的特殊优势,主动邀请和组织社会各界代表旁听庭审、参观法庭工作。2013 年至今,累计组织、安排五十余次旁听活动,取得了很好的社会效果。第三,利用寒暑假时间,组织开展"学生进法庭"的主题公众开放日活动。让学生参观法庭荣誉室、观看电教片、开展模拟调解、模拟法庭等活动,对中小学生进行普法教育,实现"普法,从娃娃抓起"的良好效果。第四,枫桥人民法庭正在筹划微信公众号,打算借助微信平台,发布案件情况及法庭动态,使老百姓足不出户就能了解法庭最新情况,当事人亦能通过微信公众号直接查询案件进展,增强社会对法庭工作的认同度和满意度。

(四)加强组织领导,提升法庭干警素质及物质装备保障水平

1. 改善法庭管理。不断健全法庭干警管理规章制度和考核制度,通过"周一夜学""疑难案件讨论会"等学习制度,一方面增强法庭干警的党纪党规意识,另一方面提升干警的专业素养。另外,落实休假、疗养制度,每年定期组织体检,每月定期心理辅导课程,加强对干警的人文关怀和心理疏导。

2. 抓好基础设施建设。枫桥人民法庭于 2017 年下半年开展提质装修工程,并于 2018 年上半年竣工。重点抓好四方面基础设施建设:一是完善便捷化的诉讼服务中心。在原有设施的基础上,进一步设立诉讼自助服务终端机、银行自助柜员机、便民自助购物机等,提升司法为民、便民力度。二是新增功能性的空间场地。增设专业调解室,改进网上调解法庭,提供律师和当事人休息室。三是建立独立化的安保区。要将安保独立于审判区及办公区,进一步做好安全保障工作,切实保障法院干警和当事人的人身、财产安全。四是实现全覆盖化的网络。目前法庭还没有免费 Wi-Fi,下一步将实现无线网络全覆盖,方便调解工作和律师、当事人对外联系。

3. 推动信息化建设。枫桥人民法庭充分利用省高院"智慧法院"、最高院"在线法院"两个网络平台,开展网上立案,网上调解,为"枫桥经验"的创新发展插上了"互联网"的翅膀。一是在枫桥司法所内设置法院自助立案终端机一台,并对司法所工作人员进行网上立案培训。如果当事人在司法所调解不成,就可直接网上立案,这有助于为群众解决纠纷提供"一站式"服务。二是在法庭诉讼服务中心树立浙江智慧法院安装使用告知牌,引导当事人通过手机下载智慧法院 APP,并指导他们如何使用该软件进行立案、查询案件进程等。三是进一步利用好"在线法院"的网上调解平台。为枫桥调解委员会配置专用电脑一台,并请法院立案庭的陈建丽大姐为调解员讲授如何适用"在线法院"平台进行视频连线等各种调解方式,使得纠纷当事人即使相隔

千里也能通过网络平台在调解员的支持下进行协商调解,甚至实现"最多跑一次"向"一次都不跑"的跨越。

4. 重视理论研究。枫桥人民法庭加强与法学研究机构的合作,以理论指导"枫桥式法庭"创建工作。一是与"中国法治实践派"合作。浙江大学法学院钱弘道教授在枫桥建立了"中国法治实践派"研究基地,多次赴枫桥人民法庭进行调研与指导。钱教授结合司法体制改革方向、提升司法公信力方向和加强司法民主化方向对进一步深化"枫桥式"法庭提出了具有建设性的意见,为深化创建工作指引了方向。二是与绍兴市委党校"枫桥经验"研究所合作。2016 年 9 月,诸暨市人民法院与绍兴市委党校签订合作协议,合力打造"枫桥经验"升级版。协议规定研究所要经常性地对矛盾纠纷多元化解机制、"三度联调法"、诉调对接机制、网上调解、社会组织参与诉前调解等项目开展指导,并最终提供深化"枫桥式"法庭创建的一套工作体系。三是与其他专家教授与研究机构的交流。每年有不少专家教授与法学博士生来枫桥人民法庭参观,法庭利用接待的机会,向他们请教,了解最新动态和汲取有益观点,并及时借鉴到法庭创新工作中。

四、深化"枫桥式"法庭创建的成效及启示

(一)主要成效

1. 深化了司法体制改革。党的十八届三中全会把深化司法体制改革作为全面深化改革的重点内容之一,十八届四中全会进一步强调"完善司法体制"。中央已经绘就了深化司法体制改革的蓝图,关键是真抓实干,"把蓝图变成方案、把方案变成现实"。① 司法体制改革的重点在基层,难点也在基层,人民法庭是司法体制改革的最基层,近年来备受重视。2014 年 7 月,第三次全国人民法庭工作会议在济南举行。同年 12 月,最高人民法院出台了《关于进一步加强新形势下人民法庭工作的若干意见》,这标志着中国将由基层人民法庭入手,全面深化司法体制改革,着力让人民法庭在国家和社会治理特别是县域治理中发挥更大作用。枫桥法庭按照《意见》的精神,在完善立案机制、加强诉讼服务、完善诉调对接机制、加强对调解组织的引导、改善法庭自身建设及参与基层社会治理等方面先行先试、积极探索,走出了新形势下加强人民法庭工作、深化基层司法体制改革的一条特色路径。

2. 健全了"三大"机制。2016 年 9 月,浙江高院发布《关于建立健全"大立案、大服务、大调解"机制的指导意见》,以"2016 年启动、2017 年建成、2018 年见效"为目标对全省法院诉讼服务中心建设工作作出具体部署。"三大机制"建设是浙江法院系统

---

① 朱诗瑶:《尊重司法规律积极稳妥推进司法改革》,载《人民法院报》2014 年 11 月 2 日。

落实习近平总书记提出的"以人民为中心"发展思想的重大举措,是落实浙江省委提出的"最多跑一次"改革的重大举措,是解决案多人少矛盾、提升人民群众满意度的重大举措。"枫桥式法庭"创建很好地落实了"三大机制"建设,通过构建一站式的新型诉讼服务中心,严格落实立案登记制,完善矛盾纠纷多元化解,推进案件繁简分流,有效优化了司法资源配置,积极引导了群众参与,不断创新发展了"枫桥经验"。

3. 取得了"三提升"效果。(1)提升了思想认识。深刻认识到新形势下人民法庭的职能定位要与时俱进,除了要把握好"代表国家依法独立公正行使审判权"这一核心职能,还要拓展"依法支持其他国家机关和群众自治组织调处社会矛盾纠纷,依法对人民调解委员会调解民间纠纷进行业务指导,积极参与基层社会治理"这一重要职能。只有双管齐下发挥人民法庭职能作用,才能推动人民法庭工作不断科学发展。(2)提升了办案质量。2017 年 1—7 月,枫桥人民法庭共收案 825 件,比 2016 年同期上升 28%;结案 834 件,比 2016 年同期上升 45%,总结案案件中调解、撤诉案件达575 件,占总结案数比例接近 70%,调撤率在诸暨市五个法庭中排第一名,并超出全省平均调撤率约 11 个点,调解、撤诉案件中通过诉调对接诉前调解结案 266 件。从其他考核数据来看,诸如月均存案工作量 0.86(合理区间为<2.5)、平均审理天数为28.83,均较 2016 年有大幅提升,位居诸暨各基层人民法庭前列。同时,2017 年以来,枫桥人民法庭加大庭审记录改革力度,1—7 月,庭审记录改革适用率达 97.17%,立案调撤率接近 50%。(3)提升了司法公信力。"司法公信力,体现的是人民群众对司法制度、司法机关、司法人员、司法权运行过程及结果的信任程度,反映的是人民群众对司法的认知和认同状况。"[1]枫桥人民法庭通过深化创建工作,有效降低了上诉率,杜绝涉诉信访发生。据统计,近年来从未发生涉及法庭的信访,社会各界对法院工作的认同度较高。

(二)若干启示

1. 司法社会化是加强人民法庭工作的重要基础。"枫桥经验"的核心是依靠和发动群众,司法工作与"枫桥经验"的结合,也必须以此为主要切入点。当前随着经济社会快速发展,民商事案件呈几何级数增长,"诉讼爆炸"已成为基层法院的常态。要缓解、改变这一困境,必须依靠"枫桥经验"来减负。枫桥人民法庭一直坚持和发展"枫桥经验",推进诉调对接机制建设,利用社会资源来分流和化解纠纷,有效缓解了"案多人少"矛盾,取得了很好的实效。[2] 新时期,法庭又加强与各类社会组织、志愿者的联动,调动更广泛的社会力量参与诉前调解,坚持矛盾不上交,就地解决。这其

---

[1] 周强:《以提高司法公信力为根本尺度 推进司法改革 确保公正司法》,载《人民法院报》2015 年6 月 24 日。

[2] 李祐喜、章建荣、魏佳钦:《"枫桥经验"的法治意蕴与司法实践》,载《绍兴文理学院学报》2013年第 6 期。

实走的是司法社会化的道路,不但能在法庭之外、诉讼之前及时解决矛盾与纠纷,而且又不浪费有限的司法资源,节约了司法成本 ①

2. 司法法治化是加强人民法庭工作的根本要求。遵循法律的准则、在法律的框架内解决矛盾与纠纷,是人民法庭工作的基本要求。随着我国法治建设的深入推进,基层群众(即农民群众)的法治意识、维权意识也越来越强,传统的权力压制式解决、"和稀泥"式调解都不再适用,只有运用法治思维和法治方式解决矛盾才是大道。枫桥人民法庭一直注重加强法官自身法律素养和廉政建设,加大对专兼职人民调解员的法治培训,突出法律在化解矛盾纠纷中的权威地位,所以多年来一直是基层人民法庭的法治标兵,没有出现过腐败问题、涉及法庭的信访问题。究其秘诀,还是牢记司法法治化这一根本要求,把法治作为加强人民法庭工作的最重要保障。

3. 司法专业化是加强人民法庭工作的基本保障。司法审判权有着独特的判断思维与逻辑要求,法官办案一般要经过认知、推理、判断几个专业化思维过程。专业化是司法的基本属性,司法专业化是提高人民法庭业务水平的重要保障。枫桥人民法庭注重专业化团队建设,按照"1 名员额法官+1 名法官助理+1 名书记员"的模式建立了一流的基层审判团队,在办案思维、审判程序、调解技巧等方面都融入专业化元素,有效提高了办案效率和成功率,实现了"1+1+1>3"的审判团队效果。可见,司法专业化是人民法庭工作的业务保障,而且它与司法社会化并不矛盾,而是互为补充,是司法机关专业工作与群众工作有机结合的体现。

4. 司法智能化是加强人民法庭工作的发展趋势。最高人民法院早就在《关于全面加强人民法院信息化工作的决定》和《人民法院信息化建设五年规划》中规定,要求东部地区在 2014 年年底前完成信息化建设。目前随着"互联网+"时代的来临,法院由信息化建设向智能化建设升级,智慧法院、智慧法庭纷纷出现。枫桥人民法庭也依托"互联网+"技术创新办案模式,开展网上立案,网上调解,网上动员(群众参与),极大地提高了办案效率和方便了当事人。这为人民法庭工作插上了"互联网"的翅膀,也有利于推动传统"枫桥经验"转型升级。

结　　语

落实全面深化改革任务要求,推进平安中国、法治中国建设,深化司法体制改革,满足人民群众多元司法需求,促进国家治理体系和治理能力现代化,是当前和今后一个时期人民法院工作面临的新形势。人民法庭作为人民法院"基层的基层",是深化司法体制改革、推动司法公正的重要一环。②

---

① 翁里:《推广"枫桥经验"节约司法成本》,载《公安学刊》2013 年第 3 期。

② 《最高人民法院关于进一步加强新形势下人民法庭工作的若干意见》(法发〔2014〕21 号)。

枫桥人民法庭作为全国基层法庭的老先进、排头兵,在新时期积极探索,针对基层法治要求的提高和人民群众需要的多样化,进一步深化"枫桥式"人民法庭创建工作,打造了"枫桥经验"升级版,走出了一条具有时代特色、"枫桥经验"特色的新路子。不但有效加强了法庭自身的建设,而且也可为全国各地推动人民法庭工作科学发展提供了范本与启示。

第十三章

挑战与机遇：
新形势下人民法庭发展的路径选择

孟祥刚* 任运通**

前 言

新形势下，人民法庭发展面临两大挑战，一是基层社会司法需求快速增长与法庭资源配置和司法能力有限性的矛盾，二是司法改革特别是审判权运行的统一性和单向性要求对传统法庭工作理念和模式的冲击，二者交错叠加，加剧了基层司法供需不平衡。人民法庭作为基层社会治理体系中的重要组成部分，在依法行使审判职能的同时，还承担着联系群众、服务基层、化解矛盾、推行法治等多项职责使命。面对挑战，唯一的出路是针对人民群众的新要求新期待，更新司法理念，匡正职能定位，创新工作模式，积极探索新形势下人民法庭发展的新路径。具体工作中，要深化基层司法"供给侧改革"，挖掘潜力，提高能力，激发活力，凝聚合力，充分发挥人民法庭便民优势，打通服务群众"最后一公里"。①

一、大环境：基层司法需求增加与人民法庭的"不可承受之重"

当前，我国经济社会发展进入新阶段，城乡一体化、城镇现代化进程加快，城乡制度结构和社会结构加速转型，基层社会治理的任务不断加重，社会矛盾纠纷复杂多

---

　* 山东省德州市中级人民法院党组书记、院长。

　** 山东省德州市中级人民法院研究室主任。

　① 习近平：《在党的群众路线教育实践活动总结大会上的讲话》，载《习近平总书记重要讲话文章选编》，中央文献出版社 2016 年版，第 164 页。

变,基层社会对司法的需求、依赖和期待日益提高,对人民法庭工作提出重大挑战。主要体现在以下几个方面。

(一)行政手段自抑导致社会矛盾司法化

近年来,"依法治理"成为基层社会治理的根本准则,基层党委政府正在逐步实现治理方式转型,很多原来由行政手段解决的矛盾被"引入法治轨道"。这种转型既是基层治理现代化的要求,也是社会发展的必然趋势:一是全面依法治国成为国家战略,基层必须认真贯彻落实;二是城乡二元结构逐渐瓦解,新的利益群体和利益诉求不断涌现,基层社会治理面临的形势更加严峻复杂,日益呈现出碎片化、分散化、矛盾化的特点,[①]原来长期使用的"老办法"不管用了;[②]三是大量实践证明,基层突破法律边界的行政化治理方法,极易产生缠访闹访、群体性事件、个人极端事件等"次生灾害",导致矛盾纠纷的复杂化长期化。因此,基层党委政府逐渐改变"为了追求地方秩序稳定,违反规则处理社会矛盾或者回避矛盾的做法",[③]不断提高运用法治思维和法治方法化解矛盾的能力,把大量原来由行政手段解决的土地征收、拆迁安置、劳动报酬等矛盾引导到人民法庭。在依法治理转型过程中,人民法庭一方面受理了很多单靠司法手段难以解决的棘手案件,承载了司法之外的政治、信访和舆论压力;另一方面,基层党政领导干预、插手、过问司法案件的情况减少,对法庭的支持也减少,法庭协调党委政府解决困难的能力被弱化,靠"单打独斗"无法从根本上化解矛盾。

(二)基层自治缺位导致司法防线前沿化

基层自治是消化社会矛盾的第一道防线,是实现基层社会治理的基础。当前,基层自治的缺位主要表现在三个层面:一是一些基层组织不健全,或涣散无力、功能弱化,或缺少权威性和凝聚力,仅能完成最基本的治理任务,不能实现更高层次的良性治理;二是市场经济发展中基层人口流动性增加,农村常住的大部分为留守妇女、儿童、老人,难以形成完整的社会自治结构;三是赖以维系传统社会秩序的宗法体系和"礼治"文化受到严重冲击,基层社会问题的自我调整和修复能力减弱。此外,对于很多基层组织来讲,完成上级党政机关下派任务是第一位的,如果无法解决或不愿理会群众矛盾纠纷,会鼓励群众去"打官司"。作为提供无偿公共服务的人民调解和行业调解组织,也缺少解决矛盾问题的内生动力,很多处于半瘫痪状态。一些地方由法院或司法局聘请专兼职调解人员,虽冠以"人民调解员"之名,却丧失了基层群众自治组

---

① 刘爽:《基层社会治理面临哪些突出难题》,载《人民论坛》2017年第2期。

② 参见习近平:《依靠学习走向未来》,2013年3月1日在中央党校建校80周年庆祝大会暨2013年春季学期开学典礼上的讲话,载《习近平总书记重要讲话文章选编》,中央文献出版社,2016年4月第1版,第32页。

③ 参见常怡:《中国调解的理念变迁》,载《法治研究》2013年第2期。

织的属性。[①] 由此,大量本来可以在基层组织内部消化的矛盾纠纷涌入人民法庭。

(三)基层矛盾多发导致诉讼压力剧增

更多矛盾纠纷通过诉讼途径解决,是人民群众法治意识觉醒和社会法治进步的表现,但通过司法统计数据的分析,也可以直观感受到人民法庭面对的案件压力和处理难度不断增大。

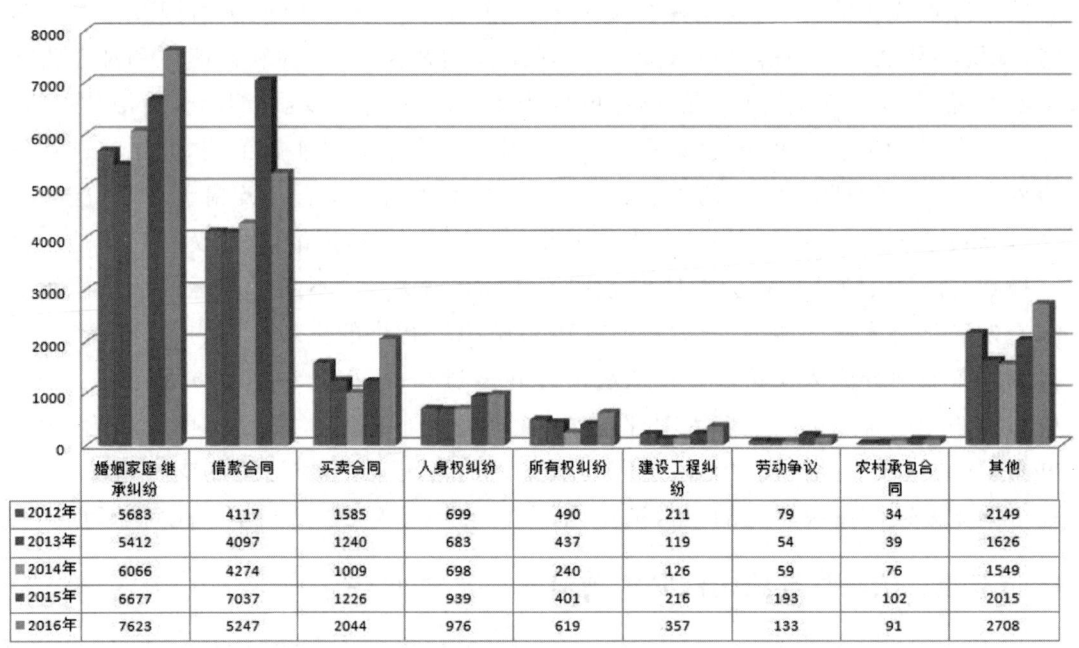

	婚姻家庭继承纠纷	借款合同	买卖合同	人身权纠纷	所有权纠纷	建设工程纠纷	劳动争议	农村承包合同	其他
2012年	5683	4117	1585	699	490	211	79	34	2149
2013年	5412	4097	1240	683	437	119	54	39	1626
2014年	6066	4274	1009	698	240	126	59	76	1549
2015年	6677	7037	1226	939	401	216	193	102	2015
2016年	7623	5247	2044	976	619	357	133	91	2708

图 13-1　近 5 年德州人民法庭审结案件数量和主要类型

根据近 5 年来德州 46 个人民法庭审理案件的数据,2012 年至 2016 年,法庭分别审结案件 15047 件、13707 件、14097 件、18806 件、19798 件,基层社会的矛盾纠纷明显呈现数量多发、类型多样的趋势。涉及群众切身利益的民间借贷、劳动争议、土地承包、人身权利等纠纷不断增多,关系群众生活质量的婚姻、继承、抚养等家事类案件也稳中有升,法庭受理的新类型案件持续增加。(见图 13-1)

与此同时,人民法庭审理案件的调解率持续下降,服判息诉率略有下滑,二审改判发还率略有上升,这固然与案件数量增长、案多人少矛盾加剧及司法改革过渡期的适应性因素有关,但也反映出基层社会矛盾纠纷的激烈程度、复杂程度和处理难度日益加大,人民法庭承载的办案压力不断加重。(见图 13-2)

---

① 田平安、王阁:《论清代官批民调及其对现行委托调解的启示》,载《现代法学》2012 年第 4 期。

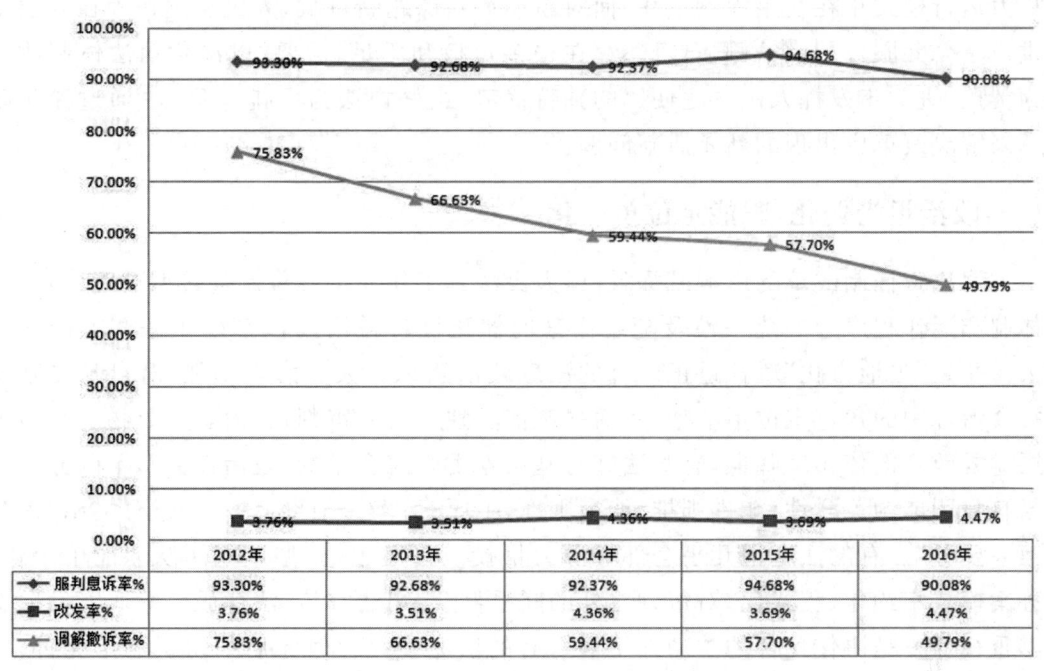

	2012年	2013年	2014年	2015年	2016年
服判息诉率%	93.30%	92.68%	92.37%	94.68%	90.08%
改发率%	3.76%	3.51%	4.36%	3.69%	4.47%
调解撤诉率%	75.83%	66.63%	59.44%	57.70%	49.79%

图 13-2 近 5 年德州人民法庭主要审判指标数据

(四)司法需求多元导致法庭公信危机

在人民法庭履行职能的过程中,明显地感受到人民群众对司法工作的期待和要求不断提高。主要表现在以下几个方面:一是聘用律师代理诉讼的越来越多,不但要求实体公正,而且要求程序公正;二是对立案、信访、接待、咨询等司法服务的要求越来越高,不仅要求司法公平公正,还要求司法更便捷更高效,还有一些当事人认为基层法庭不庄重、工作不规范,强烈要求自己的案子移交到法院机关审理;三是对法官的综合素质要求更高,既希望法官具备过硬的专业能力,又希望法官能够用他们听得懂的方式沟通交流,还期盼法官体谅他们的特殊困难,解决他们的实际问题;四是对法治宣传的内容和形式要求更高,希望有更多贴近他们实际需求的内容,利用生动活泼的案例、故事来讲法说法;五是一些群众仍存在"信访不信法"的现象,不愿走司法程序,不相信司法裁判,要求领导出面、特事特办、马上解决。对人民群众多个层面的新需求新期待,人民法庭虽主动作为、积极适应,但仍存在较大提升空间。

二、小气候:法庭司法服务供给不足
与深化改革的必要性分析

随着司法责任制改革的深入推进,人民法庭的职能定位、司法理念、队伍结构和权力运行模式正在发生深刻变化,面对新形势新课题新挑战,人民法庭作为在基层提供司法公共服务的供给侧,自身还存在很多短板和不足,需要"以深化司法体制改革为契机,进一步发挥人民法庭便民的独特优势,当好司法为民排头兵",[①]通过深化改革来解决改革中出现的新矛盾新问题。

(一)政治担当弱化,职能定位单一化

司法责任制改革的影响既深且巨,人民法庭工作在全方位调整转型过程中,司法体制和运作程序中的统一性及随之而来的僵化性日益增强,[②]产生了一些方向性迷失。一是"去地方化"矫枉过正。有的法庭政治意识和大局意识不强,对自身在基层社会治理中的角色定位不清晰,片面强调依法独立行使审判权,由于人财物对驻地基层党委政府的依赖度降低,有些法庭对基层党委政府安排的"政治任务",不区分是否与自身职能的关联性,能推则推、能拖则拖,不愿意"多管闲事"。二是过分突出"审判第一要务"。有的法庭把几乎全部资源力量投入办案中,新型审判团队职能单一化,办案模式集约化、程式化,对审判之外的联系群众、司法宣传、法律服务等职能发挥不够重视。三是协作配合的主动性不够。有的法庭多元化解矛盾纠纷机制不完善,与相关部门协调联动不够,主动把维护公平正义的"最后一道防线"变成"最前线",把"综合治理"变成"单打独斗"。"审判权是独立的,但它不是孤立的……它要发挥作用离不开外部机制的承接、支持、续展甚至监督",[③]以上种种,造成法庭工作对基层党政领导的自我疏离,对基层社会治理的参与度不够,法庭应有的职能作用发挥不充分。

(二)基础建设不均衡,资源配置不合理

人民法庭处在司法公共服务的第一线,应当紧紧围绕"两便原则"和"三个面向"投入司法资源,但揆诸实际,一些法庭的基础建设、设施配备、信息化建设、队伍配置、工作模式等还有待加强和优化。有的法庭空间设计不合理,审判区、办公区、生活区混同,便民岗位和设施不健全,不能提供诉讼引导、立案审查、咨询解答"一站式"服务,群众为了一点小事跑上跑下、费时费力;有的法庭信息化投入不足,科技法庭故障频出,不能保证全程录音录像,网上立案、电话预约、电子签章等工作平台阙如;有的法庭队伍配置不全,法官助理、书记员、法警等辅助人员配备不足,不能满足正常的工作需求;有的法庭工作程序不规范,繁简分流机制不完善,流程管理不到位,司法各工

① 孟建柱:《在第三次全国人民法庭工作会议上的讲话》,http://www.chinacourt.org/article/detail/2014/07/id/1335886.shtml,于 2017 年 9 月 6 日访问。

② 高其才、黄宇宁、赵彩凤:《基层司法——社会转型时期的三十二个先进人民法庭实证研究》,法律出版社 2009 年版,第 363 页。

③ 蒋惠岭:《同步推进司法改革的五大配套工程》,载《法制日报》2016 年 1 月 20 日第 11 版。

作环节衔接不顺畅,造成大量司法资源内耗。总之,由于资源投入不足和管理不科学、不规范,司法服务水平不能满足人民群众益增长的司法需求。

(三)司法理念不端正,工作方法简单化

一些法庭工作水平不高、效果不好、得不到群众认可,主要是司法理念和司法方法存在问题。一是服务意识不强。没有摆正自身与司法工作对象的关系,以国家权力行使者和基层社会的管理者自居,高高在上,远离群众,坐等当事人上门。二是纪律作风不严。有的法庭"天高皇帝远",管理粗放,纪律松散,工作人员着装不规范,用语不文明,对群众动辄冷硬横烦,自以为用治理逻辑而不是法治逻辑解决问题,[①]严重影响司法权威和形象。三是工作方法简单。有的法庭习惯于"坐庭问案",按固定程序,走审判流程,只求结案数量,无论办案效果,长期不搞巡回审判、送法上门、判后回访活动。[②] 对于法庭自身难以解决的疑难复杂案件,不会争取党委政府领导支持、协调有关部门参与、利用多元力量共同化解。四是创新意识不强。有的法庭成为"办案作坊",案件办了很多,但不注重理论学习,不思考专业问题,总结不出可推广的经验做法,提不出有价值的司法建议。这些问题,都会导致法庭工作画地为牢、故步自封,跟不上形势任务的变化。

(四)法庭队伍不稳定,综合素质不过硬

新形势下,人民法庭处理的案件类型已经远远超出了传统的"田土细故"和"家长里短",[③]要求法官要同时具备过硬的专业素养和群众工作能力。当前司法改革的重要目标是提高队伍的正规化、专业化、职业化水平,但短期内不可能使队伍素质产生质的变化,在过渡期司法能力与任务不匹配的矛盾可能会更突出。如新型审判团队成员要经过充分磨合,提升各类人员的专业水平,形成工作默契,才能发挥分工协作的优势;年轻法官要经过相当时间的实践锻炼,才能适应基层工作环境,掌握办案技能;法庭队伍保持相对稳定,与当地党委政府和有关部门充分协作配合,职能作用才能充分发挥。基层司法环境和条件艰苦,职业保障不足,年轻同志往往工作一段时间,就通过考选和岗位调整离开,真正长期扎根在基层、奉献在基层的同志不多,综合职业素养突出的同志更少。队伍素质是决定法庭司法水平最根本的因素,因此必须深化系统性改革,解决这一关系全局的问题。

---

① 参见赵晓力:《基层司法的反司法理论——评苏力〈司法下乡〉》,载《社会学研究》2005 年第 2 期。

② 参见周磊:《职能回归:人民法庭参与创新社会管理新模式探寻——以 S 省 P 县法院人民法庭职能转型为微观样本》,载《今日中国论坛》2015 年第 10 期。

③ 参见苏力:《中国农村对法治的需求与司法制度的回应——从金桂兰法官切入》,载《人民法院报》2006 年 3 月 27 日第 B01 版。

三、新路径:人民法庭发展的理念更新和机制探索

德州是传统的农业大市,下辖8县2市2区,基层人民法庭几经撤并整合,[①]现有46个,每个县市区3—5个不等。基层法庭年均审结案件占基层法院民事案件总数的60%左右。鉴于法庭在法院整体工作中举足轻重的位置,为了适应司法改革的新形势新要求,2017年,德州中院提出"强化四个理念、打造四个品牌"的工作思路,构建"围绕大局、高效审判、优质服务、资源共享"的工作模式,推动人民法庭转型升级。

(一)强化政治理念,打造基层社会治理品牌

一是高点定位,全面参与。充分认识人民法庭是基层社会治理的重要组成部分,理顺法院、法庭与基层党委政府的关系,由基层法院党组围绕县域社会治理的重点工作,出思路、划重点,安排部署所辖法庭参与基层社会治理的具体工作。如2017年,乐陵市全面构建社会矛盾大调解格局,建立完善市乡村三级调处平台,乐陵法院统一部署所辖5个法庭全面参与,与综治、维稳、信访、公安、司法等部门建立联调联动机制,把大量矛盾纠纷化解在基层,得到乐陵市委市政府充分肯定。二是把握机遇,主动融入。坚持法庭"守土有责、守土尽责",深刻领会地方党委政府工作思路,全方位、多层次介入中心工作,认真完成交办的各项任务。如我市陵城区提出"全面融入城区、创建文明城市"的任务目标,陵城法院5个法庭积极开展"弘扬司法文明、建设法治陵城"活动,通过法治宣传、法律咨询、维护交通、净化环境等工作,为创城加油助力,得到社会各界广泛好评。三是发挥优势,服务全局。针对影响基层改革发展的突出问题,充分发挥职能作用,发挥法庭阵地靠前、熟悉民情的优势,主动为党委政府排忧解难。如宁津县民营经济活跃,在县农村信用社银行化改革过程中,不良贷款清收任务很重,宁津法院和所属3个法庭全部开通"绿色通道",一年内审结3200余件金融借贷案件,为优化全县金融环境、建设"诚信宁津"做出突出贡献。

(二)强化专业理念,打造基层"法官工作室"品牌

一是科学配备法庭队伍。司法责任制改革中,全市法庭根据辖区案件数量等因素,按照"1+1+N"模式配备1—3个新型审判团队。为保证完成繁重的审判任务,尽快度过磨合期,各法庭审判团队全部按照"一名资深法官,一名年轻助理,若干书记员和法警"模式配备力量,原则上法官应为具有5年以上审判经历、业务能力强、审判经验丰富的员额法官。通过队伍的优化配置,保证了基层法庭队伍的稳定性,实现了业务上的传帮带,提高了审判的专业化水平。二是着力提高法庭审判规范化水平。

---

① 参见胡夏冰、陈春梅:《我国人民法庭制度的发展历程》,载《法学杂志》2011年第2期。

在队伍整体素质和业务能力突出的德城区黄河涯法庭,选取典型案件,先后举办普通程序和简易程序示范观摩庭审,形成《人民法庭庭审规程模板》,印发全市法庭学习参考。三是精心打造"法官工作室"品牌。2017年以来,全市法院先后建立了31个法官工作室,其中22个在基层法庭,优质高效审理案件,进一步升级便民服务,形成司法品牌效应。如我市陵城区法院郑家寨法庭的"张浩法官工作室"和糜镇法庭的"郭正芝法官工作室",年均结案都超过400件,调撤率均在65%以上,两名年轻女法官都成为远近闻名的"明星法官",在当地社会治理中发挥了关键作用。再如禹城法院市中法庭的"韩杰法官工作室",专门在该市回族聚居地区设立"韩杰法官工作站",每周两次到站值班,韩杰法官本人为回族,发挥熟悉民族风俗的优势,现场化解民族内部矛盾纠纷,为维护民族地区和谐稳定做出突出贡献,他本人也在回族群众中树立了崇高的威望。通过设立法官工作室,进一步强化了法官的职业尊荣感,同时发挥示范表率作用,引导更多优秀法官到基层建功立业。

(三)强化协作理念,打造多元化解矛盾纠纷品牌

一是搭建诉调对接平台。2017年以来,特别是省人大制定出台《山东省多元化解纠纷促进条例》后,全市各基层法院全部建成"四室一中心",即诉调对接中心和指导分流室、人民调解室、法官工作室、司法确认室,在各基层法庭设立诉调对接工作站,与综治、公安、司法行政、仲裁、妇联、消协等部门建立联动机制,除法院配备干警进驻外,引入169名人民调解员、行业调解员进驻各"室""站",大量案件在立案阶段分流化解。二是加强专业诉调联动。德城区、陵城区、乐陵、齐河等8个法院均建立了交通事故联调机制,派出法庭法官到公安交警部门常驻办公,高效化解了大批交通事故纠纷。平原法院龙门法庭在人民医院设立专业"法官工作室",现场调处医疗纠纷,得到医患双方的充分信赖。三是构建家事调处网络。武城法院被确定为全省家事审判改革试点,在3个法庭建立家事审判专业团队,对审判场所进行改造,积极探索符合家事案件特点的审判程序和工作方法。积极争取县委领导,纳入全县社会治理重点项目,与民政、妇联等部门建立联动机制,在民政局婚姻登记处设立家事指导中心,对办理结婚离婚登记的进行调解、指导和心理疏导,1/3的申请离婚登记的夫妻被重新劝和。同时,聘用社会各界热心人士建立家事调解团队、家事调查团队、心理疏导团队,以基层法庭为平台,在乡镇村搭建"家和网络",把大量家庭矛盾纠纷化解在萌芽状态。武城法院通过积极探索,整合各方力量,使化解家事矛盾、维护家庭和谐成为一项全社会共同参与的事业,得到最高法院、省法院和社会各界的充分肯定,成为基层社会治理的典范工程。

(四)强化为民理念,打造司法服务品牌

一是升级服务平台。2017年以来,全市法院新建9处、改扩建5处法庭,严格按

照最高人民法院《人民法院法庭建设标准》设计施工，按照"两便原则"，把立案、审判和司法服务场所全部设置在群众最方便出入的位置，让当事人真正体验到"一站式"服务。加大信息化投入，新建法庭全部实现网上立案、预约开庭、视频接访、网上查询案件进度、电子显示屏即时更新诉讼信息等功能。提升大厅和窗口服务水平，规范着装和用语，改进工作作风，热心、细心、耐心、诚心对待当事人。部分法院组织法庭干警到银行学习大厅服务，从细节入手，让群众真正感受到司法温暖。二是创新服务方式。选取典型案件，经常性组织巡回审判，达到"审结一案、教育一片"的效果。积极开展"法庭五进"活动，送法上门，主动提供司法服务。2018 年，禹城法院在所辖法庭多次探索利用微信和 QQ 视频开庭，减轻了当事人远程奔波之苦，进一步提升了司法的便捷性和亲民性。三是改进司法宣传。利用法庭贴近农村的区域优势，有针对性地开展法治宣传工作。宁津法院柴胡店法庭建成全国首家面向农村的青少年法制教育基地，有力预防青少年犯罪、促进青少年健康成长。该法庭朱孟友法官是当地人，熟悉民情，热心细致，庭里把他的手机号公开为"小朱热线"，24 小时为群众提供法律咨询，成为当地有名的司法服务和法治宣传品牌。

结　　语

在工业化、信息化、城镇化、农业现代化在基层协调推进的进程中，在"熟人社会"走向"陌生人社会"的基层结构性调整中，在全面深化改革和全面依法治国的历史大潮中，人民法庭既是基层社会变迁的感知者和见证者，更是基层社会转型的参与者和推动者。司法改革给基层司法带来过渡性、适应性问题，但其基本方向和最终目标是以司法体系和司法能力的现代化，满足人民群众日益增长的司法需求。"改革的目标高远，不可能一蹴而就，既要有周密筹划，逐步推进，又要锁定目标，坚持不懈，才能获得改革的成功。"[1]现阶段，人民法庭工作在司法改革"四梁八柱"之间，只要符合司法基本规律、能够满足基层群众对实质正义的追求，[2]有足够的机制探索和创新的空间。因此，人民法庭坚持需求导向，因时因势而动，在继受传统与深化改革之间找到平衡点，就能够找到自身的发展契机，成为基层法治建设的"主力军"和基层社会治理的"桥头堡"。

---

①　徐静村：《司法公正是司法改革必须实现的目标》，载《中国司法》2017 年第 3 期。

②　参见王冠玺：《再论中国法学发展的"十字现象"——从现代化法律的继受中反思"中国特色"》，载《比较法研究》2009 年第 3 期。

第十四章

司法改革视野下山区移动智慧法庭构建路径探索
——以广西L市R县法院人民法庭为样本

李 佳[*] 黄 智[**] 戈 宁[***]

"一种真正现代的司法制度的基本特征之一必须是,司法能有效地为所有人所接近,而不仅仅是在理论上对所有人可以接近。"

——[意大利]莫诺·卡佩莱蒂

2017年6月8日上午,最高人民法院院长周强在第三届中国－东盟大法官论坛上以"中国法院新的运行形态——智慧法院"为题做专题发言,对构建智慧法院的意义、智慧法院建设情况及未来做了重要论述。为此,在深化司法体制改革的大背景下,健全人民法庭的移动信息化建设,方便偏远地区民众诉讼,实现他们的政治愿景和民生诉求,既是人民法院实现信息化、法治化、现代化的必然要求,也是构建中国智慧法院的重要组成部分。本文以广西L市R县法院人民法庭为样本,在分析问题的基础上,对少数民族地区特别是偏远山区人民法庭的信息化建设提出了可行、可操作设想和建议,尝试构建具有偏远山区特色的移动智慧法庭,以期为山区人民法庭的智慧法院建设提供一些有益参考。

之所以选择广西L市R县法院人民法庭为样本,原因有三:一是广西L市R县为经济欠发达地区,山地面积占85%以上,群众居住较为分散,该县法院所辖4个派出人民法庭年均案件受理数高达1400件。如何在有限的经费预算下进行山区智慧法庭建设,对全国的人民法庭信息化建设具有一定的普适性。二是为缓解山区群众诉讼难的问题,2016年以来,R县法院结合自身建设能力,投入100万元资金,以最

---

* 广西壮族自治区柳州市中级人民法院民一庭副庭长。

** 广西壮族自治区柳州融水苗族自治县汪洞人民法庭庭长。

*** 广西壮族自治区柳州融水苗族自治县四荣人民法庭庭长。

偏远的 W 人民法庭为试点,积极推进智慧法庭建设,并就此召开了"智慧法庭"上线新闻发布会。这对于研究少数民族偏远山区的移动智慧法庭建设提供了良好的前提和优质土壤。[①] 三是 R 县法院近年来在加强人民法庭信息化、智慧化建设方面进行了大量的探索和实践,也取得了一定成效,对其进行梳理和研究,可以为改革提供示范样本。

一、现实背景:
信息化时代下人民法庭内外部需求和基础条件

(一)满足偏远地区民众诉讼需求和创新移动互联网时代社会治理的必然选择

尽管中国东西部经济发展差异较大,但总体上看,法庭设置大都地处偏远,经济发展水平落后,"边远地区、交通不便、信息闭塞、力量薄弱、设施简陋、方式随意",庶几成为人民法庭的主要符号与标识,有学者因之把人民法庭的审判活动直接定义或定位于"乡土司法"。[②] 例如广西是全国少数民族人口最多的省(区)[③],在全区 14 个地级市的县、区设 111 个基层法院,基层法院在各城区、乡、镇共派出共 279 个人民法庭(不含筹建中的人民法庭[④]及北海海事法院派出的防城港法庭、贵港法庭和景洪法庭)。广西全区 279 个人民法庭所辖城区、乡、镇共计 1042 个,辖区人口共计约 4095.7131 万人。[⑤] 平均每个人民法庭辖 4 个乡镇,辖区人口约 15 万人。以广西 L 市 R 县法院为例,R 县辖区面积为 4663.8 平方公里,其中山地面积占 85.46%,人口为 51.55 万人。为方便山区群众诉讼,R 县法院共设置有 4 个派出法庭,每个派出法庭管辖约 5 个乡镇,所辖人口约 13 万人,年均办案量 400 件左右。以 R 县法院 W 人民法庭为例,该法庭辖区共有 6 个乡镇,辖区群众到人民法庭大约需要 1—2 小时车程,行经 20～40 公里的山路。

---

① 2013 年 8 月 5 日,全区人民法庭创新管理工作总结表彰会议在融水召开,最高人民法院审判委员会专职委员杜万华及自治区高级人民法院党组副书记、副院长林金文等领导出席会议。

② 顾培东:《人民法庭地位与功能的重构》,载《法学研究》2014 年第 1 期,第 30 页。

③ 据百度搜索统计,广西行政区划为 14 个地级市,7 个县级市,67 个县(含 12 个民族自治县),36 个市辖区,722 个镇,405 个乡(含 59 个民族乡),120 个街道。乡村人口 2567 万人,占总人口的 54%,少数民族人口占广西总人口的 37.18%,在全国居第 1 位。

④ 筹建中的人民法庭有:嘉会法庭(恭城县)、东山法庭(全州县)、柘木人民法庭(雁山区)、甲篆法庭(巴马县)、金牙法庭(凤山县)、板升法庭(大化县)、马步法庭(武宣县)、涠洲人民法庭(海城区)、滩营人民法庭(防城区)、江山人民法庭(防城区)、华兰人民法院(上思县),共 11 个。

⑤ 数据来源于广西高院民一庭提供的"全区人民法庭创建情况统计表(2015 年 7 月止)"。

(二)移动网络的全覆盖和智能终端的普及为移动智慧法庭打下良好的硬件基础

目前,广西移动已建成 4 万多座 4G 基站,实现了全区 14 个地市 99％城区、县城和乡镇区域的连续覆盖,99％行政村区域的有效覆盖,其他移动营运商同样也在积极构建 4G 网络。[1] 随着信息网络应用的深化,互联网扁平化、交互式、快捷性优势得以凸显。以广西 L 市 R 县为例,90％以上的乡镇都普及了 3G 以上移动网络,只有不到 10％的乡镇没有 3G 以上移动网络或是信号不好。在乡村地区,3G 以上移动网络普及率达到 70％,近 3 成的乡村没有 3G 以上移动网络或是信号不好。[2]

(三)建设"智慧法院"背景下推行移动智慧人民法庭具有强有力的组织和物质保障

目前,广西全区 279 个人民法庭共配备了干警 1495 人,其中在编人数 1134 人,聘用人数 361 人,配备人民陪审员 1259 人。以广西 L 市 R 县法院为例,该院 4 个基层人民法庭共 23 人,从性别比例看,男性 17 人,女性 6 人;从年龄分布看,25 岁以下有 4 人,25～35 岁有 14 人,35～45 岁有 3 人,45 岁以上有 2 人;从学历结构看,大专有 4 人,本科有 18 人,研究生有 1 人。以上数据说明,人民法庭在人员队伍方面具有年轻化、学历高、男性比例高等特点,基本能够满足智慧法庭建设的人才队伍要求。与此同时,法院信息化建设正处在国家信息化建设整体推进的重大战略机遇期,得到了各级财政的有力支持。各级人民法院大都建立了信息化建设经费保障落实机制,并将人民法庭信息化建设经费纳入法院工作经费的财政预算之中。R 县法院仅信息化的经费投入每年在 150 万元左右,其中用于移动智慧法庭建设的为 100 万元,约占 67％,并逐年增加。

二、困境探究:基于广西 L 市 R 县法院智慧法庭的实证分析

笔者以 R 县法院打造的智慧法庭为样本,并结合调查问卷情况,[3]出如下结论:

---

[1] 《广西移动 4G 用户突破 1000 万大关》,载《广西日报》2016 年 3 月 25 日第 3 版。

[2] 中国电信股份有限公司融水分公司于 2016 年 1 月 12 日在融水苗族自治县第十五届人大常委会第三十六次会议上所作《中国电信股份有限公司融水分公司关于推进全县 4G 网络建设的报告》,第 4 页。

[3] R 县法院为了更好地推进智慧法庭建设,于 2017 年 3 月在其所辖的 4 个派出法庭,向前来立案的当事人发放调查问卷,共计 200 份。被调查人员的年龄分布情况为:18～30 岁占 33％,30～40 岁占 42％,40～50 岁占 19％,50 岁以上占 6％;文化程度分布情况为:高中及以下占 57％,大专占 18％,本科占 25％,硕士及以上为 0;居住地域分布情况:村屯占 74％,乡镇占 19％,县城占 7％,市城区为为 0。

(一)山区民众对人民法庭信息化建设的渴求和期待高与人民法庭信息化设备使用率低之间的矛盾

1. 山区群众对人民法庭信息化的认知和认可程度不高。在调查中,笔者发现近 6 成的当事人对人民法庭信息化建设了解很少或完全不了解。在了解人民法庭信息化建设的 4 成当事人中,近 7 成的当事人对当前法庭信息化服务内容有着积极的评价(满意及非常满意)。其中对网上立案、远程开庭宣判、查询案件进展、电子送达、手机缴纳诉讼费、推送电子裁判文书、案件信息安全保密性评价及与法院沟通便捷性等 8 个选项满意度(满意及非常满意)依次为 61%、67%、78%、77%、81%、78%、56%、68%(见表 14-1)。可见,对于享受过或了解 R 法院的前述信息化服务的民众来说,这些信息化服务还是比较满意的。

表 14-1　法庭信息化服务内容评价表

服务项目	网上立案	远程开庭宣判	查询案件进展	电子送达	手机缴纳诉讼费	推送电子裁判文书	案件信息安全保密性	与法院沟通便捷性
满意度	61%	67%	78%	77%	81%	78%	56%	68%

2. 山区群众对便捷的移动信息化服务需求迫切。在调查中,笔者发现山区群众获取司法信息的主要渠道是通过平面媒体及电视、广播等,分别占 33%、23%;而最希望通过手机移动平台获取司法信息,占 78%,没有人希望通过立案大厅电子查询平台获取司法信息,对于电话查询及法院专门官方网站平台的需求也不高,仅各占 11%。可见,山区群众对便捷的移动信息化服务需求迫切。

3. 法庭信息化设备使用率低。(1)法庭向当事人推送审判流程信息的方式大多还停留在电话告知、邮政送达等传统方式。在文书送达环节,尚未能使用电子送达;对开庭时间的公告,法庭干警一般采取电话告知案件当事人。(2)自推行电子触摸屏后,当事人和律师可以凭密码在触摸屏进行相关查询,但许多律师及当事人并未使用过电子触摸屏,电子触摸屏的使用率非常低。自阳光司法网开通后,均可网上预约立案,但部分当事人及律师表示,网上预约立案并不实用,比较烦琐,而且就算在网上成功预立案后,还是要按照程序在 7 日之内到法庭窗口立案。从三大平台网站的点击量来看,访问量、查询量并不高,特别是在偏远地区的访问量、查询量非常低,网站的点击量也仅为几百次,鲜有当事人登录网站查询案件流程信息。(3)对于电子签章系统,R 县法院原来曾启用过电子签章系统,经过一段时间的推广和使用,最终因系统建设的不足,无法真正满足司法实践而导致停用。(4)人民法庭在搭建与人民群众的司法沟通自有新媒体平台上还比较薄弱,人民法庭本身并没有独立建设网站,也没有经过认证的 QQ、微信、微博等新媒体平台,而人民法庭多是以其所在基层法院所建设的新媒体平台为依托,进行有限的应用。

4. 法庭干警、诉讼参与人对信息化设备的实用性、安全性、合法性存在疑虑。(1)对信息化设备的目的、意义及功能了解不够。人民法庭开发了电子触摸屏查询系统、通过司法公开三大平台建设网站公布案件相关信息、开通网上预立案及使用电子签章,由于律师、案件当事人及社会公众对其目的、意义及功能了解不够,在司法活动中往往容易忽略这些司法便民新功能,依旧沿用传统的方式进行立案、咨询、申诉。(2)之前 R 县法院使用的电子签章是参照本单位实物印章,自行通过技术处理手段(如 PS 抠图)输入到 PC 端签章管理系统中,既不是按照有关规定由官方机构制作,也没有经过官方机构认证和核准,更未经有关主管单位登记注册,其合法性遭受质疑。(3)电子签章所采用的安全防护技术和手段存在较多的隐患和不足。在调查中笔者发现,目前在用的电子签章等硬件设备均没有相对统一、规范的技术标准,随意性较大而导致不能兼容使用。技术维护和管理也没有稳定的专业队伍,没有建立起一套行之有效的制度措施。例如配备的电子签章系统大部分安全强度偏弱,除了有限实行内外网物理隔离的手段外,均没有对电子签章所盖章的文件采取一定的安全技术措施,使用电子签章的文档易被他人伪造,且在实际使用中不易鉴别。

以上数据说明,虽然 R 县法庭已搭建起网上立案、远程视频开庭等平台,但平台未得到常态化的使用,这使得信息化建设投入的人力、物力与实际的效果形成反差。

(二)部分干警的认知能力、素质能力与法院信息化发展需求之间难以匹配

法院信息化本质上是一项司法改革工程,如果没有强有力的组织领导,形成自上而下的示范效应,法院的信息化应用便难以推广和应用。另外,R 县法院干警由传统行为方式向信息化方式转变也需要一个过程。例如,部分老法官仍习惯于用笔草拟裁判文书,耗时大,效率低,且不利于修改,但由于自身欠缺的信息化应用技能及思维方式的固化,难以向信息化方式转变。在调查中,笔者发现,法庭硬件设施的建设已经不是大问题,法庭信息化之所以运用效果不佳,其中一个原因就是没有熟练地掌握操作技能及形成良好的习惯。

(三)偏远山区法院相对薄弱的经费预算与高昂成本的移动信息化建设之间的矛盾

各地经济发展水平不均衡,造成了各地法院信息化建设经费预算难以均衡,且差距进一步拉大。人民法庭是基层法院的派出机构,没有自己独立的经费预算,资金投入均从所在基层法院支出。在偏远山区构建移动智慧法庭所需花费要远比在经济较发达的沿海平原地区高昂得多。县级财政属于一级财政,由自治区直接拨付。R 县法院无法直接从 L 市一级财政及 L 市中院申请经费。R 县法院获取信息化建设经

费有三条途径：一是每年自治区高院下拨的法庭建设经费，约 50 万－100 万元；二是当地县级财政按比例下拨（返还）诉讼费及罚没款，每年 300 万－350 万元；三是向县级财政申请专项经费，如法庭建设、信息化经费等，每年不超过 10 万－20 万元。2016 年，R 县法院以最偏远的 W 人民法庭（距 R 县法院约 100 公里山路）作为试点打造智慧法庭只是初见成效，投入的信息化建设经费约 100 万元，还需进一步完善和升级，所以连同升级加所有法庭全部建成将是一个漫长的过程。

三、理论基础：契合构建智慧法院以及推行司法责任制、落实法官员额制之改革

(一)构建移动智慧法庭是智慧法院建设的重要组成部分

健全人民法庭的移动信息化建设是构建中国智慧法院的重要组成部分，笔者认为，在山区人民法庭信息化建设经费有限的条件下，不能照搬东部沿海发达地区人民法庭的信息化建设，而要突出如下三大特征：

1. 简便。在 R 县发放的 200 份调查问卷中，近 6 成的被调查者是高中及其以下学历，考虑到山区民众的文化程度和认知能力，信息化建设呈现出来的应用界面和操作程序，应当是简便的、容易操作的。

2. 实用。山区法庭的经费有限，信息化建设更是需要精准发力。从山区民众参与诉讼活动的各阶段出发，务实地在立案、送达、开庭、签发、宣判及了解诉讼发展进程等关键节点下功夫，充分运用移动互联技术，积极拓展面向公众的移动应用，随时随地为当事人、律师和社会公众尤其是山区民众提供司法公开和诉讼服务。

3. 互联共享。紧紧依托目前在用的人民法院数据集中管理平台，以人民法庭实际需求为导向，进一步促进人民法庭信息化建设与所在法院、上级法院甚至其他单位部门的信息化建设的深度融合，实现全国法院信息资源的统一管理和信息共享，构建覆盖范围广、互联互通、资源共享的人民法庭信息化工作网络。

(二)推行移动互联网＋电子签章机制是遵循司法亲历性和权责一致性的司法改革思路

"让审理者裁判、由裁判者负责"的理念，遵循司法亲历性和权责一致性的司法规律，突出并尊重法官的主体地位，真正让法官及其组建的办案团队依法独立履职。另外，裁判文书签署机制是审判权运行中的一个关键性环节，目前各地人民法庭均在积极探索和总结"让审理者裁判、由裁判者负责"具体思路和做法。主要的做法是：独任法官审理的案件由独任法官直接签署，合议庭审理的案件，由承办法官、合议庭其他成员、审判长依次签署。另外，审判长作为案件承办人的，由审判长最终签发。需要

指出的是,除审判委员会讨论决定的案件以外,院长、副院长、庭长对其未直接参加审理案件的裁判文书不再进行审核签发。在人民法庭,95％以上的案件的审理均为独任审判,大部分裁判文书均由独任法官直接签发,改变了过去由庭领导或院领导签发的做法。有法官独立签发文书的做法为法官现场开庭、制作并签发调解书、判决书提供了可能,为人民法庭移动智慧化建设特别是"互联网＋电子签章"的实行,提供了强有力的制度保障。

2016年以来,广西L市R县法院所辖4个人民法庭受理相邻纠纷、林地纠纷等案件180件,占人民法庭办案总数的10.8％。这些案件往往需要法官进村入户进行现场勘验,包括查看林地、相邻房屋的排水、通道、采光等。人民法庭推行"互联网＋电子签章"系统后,将大大缩短法律文书的流转流程,由原来签发、印制、盖章来回需要一天时间缩短为几分钟,解决了人民法庭到院机关盖章往返周期长、消耗人力物力的问题,提高了诉讼保全案件、调解、撤诉、裁判文书的制作、送达的效率,也减少了当事人经常往返于法庭的诉累。移动"互联网＋电子签章"的实行又将进一步推进裁判文书签发机制改革,真正实现"让审理者裁判、由裁判者负责"。

(三)移动智慧法庭能够有效缓解山区人民法庭案多人少的现实矛盾

2014—2016年,广西L市法院受理案件每年均以过万数增长,从2014年的不足5万件递增到2016年的超过7万件,而法官人数一直没有明显增加。2016年年底,广西L市两级法院根据案件数量、质量和法院分布情况,全面推开"以案定员"的司法体制改革,由原来具有审判资格的714人,减少了近300人,首批定员421名法官。在广西L市R县法院,2014年至2016年,四个人民法庭收案数从1086件增长至1658件,办案人员由原来具有审判资格的12名减少至8名员额法官。在当前入额法官、法官助理、书记员不足以按照1∶1∶1比例配备人员,法官助理、书记员职责还未明晰的过渡时期,入额法官仍需承担大量的辅助性、事务性、技术含量低的工作。为此,在"案多人少"的严峻态势下,加快智慧法庭建设对于简化审判流程,减少来回奔波,提高审判质量和效率有重要意义。

四、路径探索:构建山区人民法院移动智慧法庭

要想让地处偏远的山区群众认识并接受人民法庭的信息化工作,首先就是要加大宣传力度,从思想上让山区群众认可人民法院的信息化建设的合法性、安全性、实用性,充分调动他们参与的积极性和主动性。限于篇幅,合法性、安全性及组织保障、物质保障等人民法院信息化建设的共性问题本文在此不再赘述。本文以广西L市R县人民法庭为样本,尝试构建具有山区人民法院特色的移动智慧法庭。

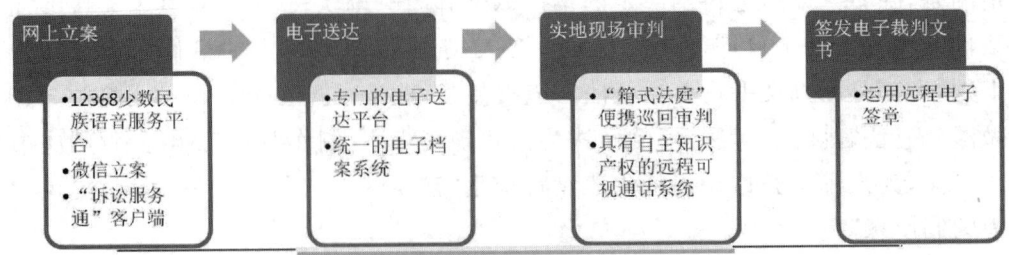

图 14-1　山区人民法庭移动智慧法庭图例

(一)网上立案:建立和完善多位一体的网上立案平台

1. 开通 12368 少数民族语音服务平台,实现电话预约立案。对于广西大部分法院而言,地方语言在诉讼中使用是普遍现象,尤其地处少数民族山区的法庭基本用桂柳话。目前,R 县法院正在开发桂柳话语音识别系统。对于老、弱、病、残等行动不便的特殊当事人可以通过 12368 少数民族语音服务平台先行申请上门立案。在上门立案时,立案法官携带可移动 POS 机、便携式打印机、手机等,一站式完成立案的缴费、诉状打印、证据拍照传输等工作。

2. 推行微信立案。在调查中,笔者发现有 82% 的山区民众在手机中安装了微信客户端,并用微信进行交流,其中 40 岁以下的年轻人占到了 95%。R 县法院在微信平台上分别设置"诉讼服务""司法公开""了解法庭"三大栏目,其中包括"民事立案""审判流程查询""工作动态"等子栏目。需要立案的当事人需要关注该微信,并进入"诉讼服务"大栏目,再点击进入"民事立案"子栏目,并进入民事诉讼立案界面。在逐项填写用户名、身份证号、联系电话等信息后,点击"新建案件",正式进入民事案件的立案程序。在了解了民事立案系统使用须知后,当事人逐项填写案件的基本信息,通过手机拍照的方式上传诉讼、委托手续、证据等电子文档。上传完毕后,提交立案申请。R 县法院人民法庭负责立案的工作人员在当事人提交申请的第一时间,对申请人填写的信息、上传的电子文档进行审核,并及时告知当事人受理结果。对未通过审核的案件作出书面说明,告知当事人注意事项及需要补充的其他材料。案件获得受理后,工作人员即把案号、承办法官姓名及联系方式通过网络告知当事人。当事人需在 7 日内将案件的相关原件材料,通过邮寄等方式递交主办法官,案件顺利进入诉讼程序。另外,当事人可以通过微信、支付宝等方式支付案件受理费。

3. 开通"诉讼服务通"客户端,即当事人直接在手机上安装 APP 客户端,实现网上办理各类诉讼业务。"诉讼服务通"设置"诉讼服务""非诉服务""诉调对接""法治宣传"四大服务板块,为当事人提供各类司法服务。例如,当事人在案件审理的过程中有和解意愿的,可以在客户端的"诉调对接"板块直接提交调解申请,并提前预约时间,还可直接与承办案件的法官进行在线语音交流。同时,客户端设置双向语音互动功能,更加有利于加强沟通和化解矛盾。

(二)电子送达:构建权威、专业、安全的电子送达平台

1. 建立专门的电子送达平台,保障传输环境安全。首先,为了提高电子送达的公信力和确保电子送达环境安全,人民法院应该独立享有官方的电子数据发送平台,人民法院的主体身份应明显标识,数据发送平台的名称和地址应该通过广告、宣传栏、标语的方式对外予以公布。其次,在网络安全保障上,法院应当聘用专业的网络管理人员进行管理和维护。同时,法院在建立自有网站时应使其具备必要的安全保障功能,尤其是法院的专门的短信发送平台、邮箱、微信、客户端等平台必须使用数据加密、数字签名等技术,确保安全可靠。

2. 建立统一的电子档案系统,固定电子送达的内容。首先,为确保电子送达程序的真实和公正,法院以电子数据传输方式对外送达的诉讼文书一经发送,非经正当法律程序不得任意修改和删除。其次,建立统一的电子数据档案室,自动、及时、有效地保存电子送达的内容、状态和结果。最后,电子送达的数据应及时转化成纸质文档,以便归档备份。

(三)庭审:"箱式法庭"便携巡回审判+法庭远程可视通话系统

1. 运用"便携式数字法庭系统",所有设备都可以装进一个箱子内。箱子内装有一个特制的具有刻录光盘等功能的笔记本电脑及三个录像镜头,只要手机有信号能上网,即可进行远程开庭,也可同步进行高质量录音录像,庭审结束后光盘当即刻录完成。实现了对庭审音、图、像的实时同步采集存储刻录,并具备远程传输、庭外旁听、司法监督、庭审观摩等功能。当事人对法庭笔录有异议的,可以当场视频回放、核对补正。

2. 在人民法庭安装具有自主知识产权的法庭远程可视通话系统。当事人在人民法庭的庭审显示屏可直接拨打法官电话,与在县院的法官进行远程可视通话,方便山区群众在人民法庭完成诉讼活动,而法庭干警可以兼顾法庭工作及县院内工作。在区内外已经有少部分法院在庭审中使用语音自动识别系统,但仅限于普通话。与12368少数民族语音服务平台相一致,R县法院也在致力于开发桂柳话语音识别系统。

(四)结案:移动互联网+电子签章

1. 完善人民法庭电子签章制度

(1)提高人民法庭干警使用电子签章的积极性,要明确使用电子签章的积极意义,提升电子签章的使用技能,把使用电子签章作为提高审判效率、提供便民的司法服务的有效手段,鼓励各地法庭在条件具备的情况下,进行有效的尝试。

（2）通过自上而下的统一规划，提高电子签章硬件、软件建设的兼容性，推进电子签章应用的规范性。上级部门及时总结、出台电子签章建设阶段性工作指导意见，统一规划，明确硬件、软件使用标准，加强应用系统整合力度和业务支持能力，避免形成"信息孤岛"，各自为战，盲目发展。

（3）明确电子签章的适用范围。确定电子签章的适用范围为本院各部门通过网络流转的各类公文及诉讼类法律文书，其中公文包括通过网上办公系统流转的各类行政文件、办公室文件，诉讼法律文书包括表格类文书、填充类文书、制作类文书（如判决书、裁定书、调解书等）。

（4）明确电子签章图像的合法性。建议上级部门及时出台有关意见，明确电子签章审核、制作、登记的机构和程序，指导电子签章的规范管理和使用。

（5）完善电子签章的管理制度。根据工作需要确定电子签章的数量，统一配发到办公室秘书或指定的专人保管和使用，并做好登记工作，电子签章管理人因病、事等客观原因无法在岗的，应由主管院领导指定他人代管。

（6）加强电子签章使用规范化。电子签章的签署流程与实物印章的加盖流程一致。提起电子签章的公文、诉讼法律文书需按照审批流程通过审批后方可申请加盖电子签章，签章人需审核是否经有签发权人签发后方可使用电子签章。公文、诉讼类法律文书未经审批，不能启动电子签章在线打印程序。文书一经送电子签章，系统自动设定该文书无法编辑。如确需修改，应重新启动审批程序。

2. 构建移动智能电子签章的运行机制

实现人民法庭电子签章移动化和智能化，其主要内容有两个方面，一是标准电子签章模式，即目前的办公方式，以 PC 为客户端，连接至网路访问各类应用服务器；二是移动电子签章模式，即通过笔记本或手机等通信设备访问应用系统服务平台，进行电子签章应用。同时，经过电子签章的法律文书打印后左上角附有二维码，当事人通过扫描二维码即可获取案件的案号、当事人、承办人等审判流程信息。两种办公模式的系统部署结构如图 14-2 所示。

（1）笔记本电脑终端移动电子签章。笔记本电脑终端移动电子签章主要依靠 4G 无线上网设备（SIM 卡）使笔记本接入互联网，再通过预先开设的专用端口接入 VPDN 内网，通过用户认证后实现笔记本端访问人民法院办公专用网络，利用便携式打印机，实现电子签章的笔记本端使用。

（2）手机终端移动电子签章。手机终端移动电子签章系统由手机终端设备、4G 无线上网设备、可以连接手机的彩色打印设备构成。手机终端移动电子签章主要依靠 4G SIM 卡 GPRS 流量接入互联网，再通过预先开设的专用端口接入 VPDN 内网，通过用户认证后实现手机端访问人民法院办公专用网络，利用便携式打印机，实现电子签章的手机端使用。其特点为：一是用户签章占用网络流量少、签章速度快，即时签章，从而提高办公的效率，节省办公成本。二是主流手机操作系统和智能手机设备

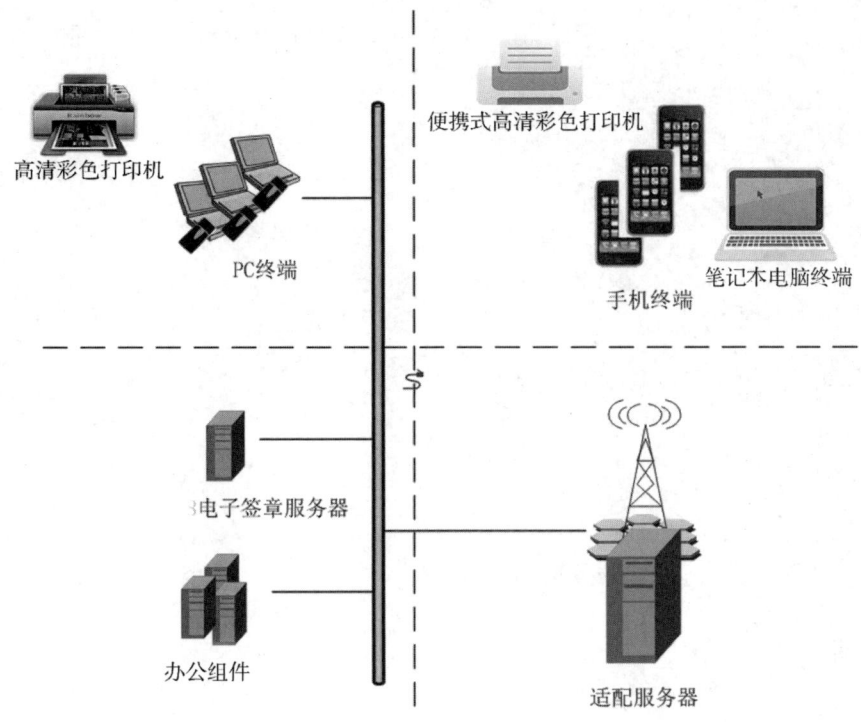

图 14-2　标准电子签章模式及移动电子签章模式

均能支持签章应用,支持手机和 PC 机的 WEB 表单签章互看、互通、互验。三是支持 HTTP/HTTPS 标准传输协议,通信性能稳定、高效,无须对现有应用系统进行改造。四是以法院系统内网为基础,结合数字签名技术,完成对电子数据的盖章,保证电子数据的安全性、完整性。

结　　语

　　广西 L 市 R 县人民法院移动智慧法庭建设是不断完善和发展的工作,今天的实践又将更好地指导 R 县法院下一步的工作,努力为人民群众提供更为便捷高效的诉讼服务,更好地实现司法为民、公正司法的庄严承诺。

第三编

人民法庭法官

人民法庭法官角色期待的多维思考

李 辉* 张 宇**

研究我国基层司法制度不能脱离对法官的研究,而人民法庭法官在我国农村社会中可谓扮演着特殊的角色。随着乡土社会结构不断变化,利益诉求更加多元,基层司法作为法治建设进程的关键内容,正面临着审判权力行使与司法需求更加相符的挑战。[①] 在当前,作为一种治理术的"法治"模式正在向基层渗透,但是在解决纠纷和进行农村"治理"的过程中,人民法庭法官的行为在一定程度上偏离了社会对法官角色的要求。笔者作为体制内的司法人员,将本文的研究重点聚焦于时代变迁下人民法庭法官的角色定位。事实上,人民法庭法官处于司法实践工作的最前沿,其所进行的司法活动对于推动中国法治进程具有相当重要的意义,其所扮演的角色也随时代变迁而持续演进。从社会分权、职能体系、纠纷解决等视角来看,法官的角色也需满足更多元的期待。

一、社会分权视角下的人民法庭法官角色定位

从社会分权的角度切入,人民法庭法官的角色可以区分为稳定秩序的过去人、宪法人权的捍卫者及有限正义的分配者三种。

(一)稳定秩序的过去人

人民法庭法官的主要工作为通过审判的方式为农村社会纠纷定分止争,重建已经发生的历史,遵循法定程序调查个案发生的来龙去脉,据此依法作出裁判,因此本质上还是在于处理过去。从这个角度进一步延伸开来,人民法庭法官所享有的司法

　＊　河南省信阳市光山县人民法院党组书记、院长。

＊＊　河南省信阳市光山县人民法院法官助理。

①　江苏省东台市人民法院课题组:《人民法庭审判权运行机制分析——以四家试点法庭的共性问题为基点》,载《人民司法》2016 年第 28 期。

权是被动地被要求介入解决纷争,也即司法行为存有消极性。不过法官仅依据法律相关规定去解决争议的模式,存在着法律迭代无法跟上社会更新的可能,亦即司法行为具有滞后性。若然如此,当社会变迁之迅速致使法律对于各种行为规范的需求也随之变迁时,立法跟不上社会变迁脚步所产生的落差也会随着个案的逐渐出现而凸显。立法甚至会被称为恶法。司法夹在此间,面临着进退维谷的窘境,当然也使得人民法庭法官的传统角色定位被挑战与质疑,而需进一步作出调整以适应改变。

(二)宪法人权的捍卫者

人民法院在职能定位上被期待扮演人民主观权利的救援者,而人民法庭法官所维护的是客观的基本权,个案救济仅为附带性功能。尽管我国人民法庭法官不具有违宪审查的权力,但是人民法庭法官在案件审理与判决的过程中,除了必须依据法律的规定,判定相关个案法条的适用之外,也需要从宪法、人权的角度出发,确认相关法规及引用法规所作出的相关判决是否符合宪法相关规定的精神。因此人民法庭法官若在法规适用上出现疑义,也必须扮演维护宪政人权的角色。

(三)有限正义的分配者

从社会分权的角度界定我国人民法庭法官所应扮演的角色,将使得法官所必须扮演的角色更加多元化,从传统所被赋予的角色而向外延伸。当人民法庭法官角色的界定受到社会分权观点更大的影响时,民众对于法官角色的期待也会逐渐和传统基层法庭法官所扮演的角色渐行渐远。也就是说,社会对于人民法庭法官、司法的期待与现代社会司法权的自我期待出现越来越大的落差。现代司法的特质是有限的正义,而正义要全面实现必须以分工的方式,通过其他的社会机制达成。另外,现代司法必须在一个公开、直接、严格的程序上进行,人民法庭法官只能摘取法律规定要件的片断事实,以构成要件作为判断基础。这与传统所谓"父母官""牧民官"的角色定位相差太远。简言之,古代社会的司法一方面可自由融入运用世俗的道德观,另一方面可以将社会上认为合理的方法都拿来使用,这种全面正义式的司法与现代司法讲求程序、构成要件的想法是相背离的。西方国家的人民都了解司法重程序,也明白这个制度本身有其偏颇,且这样的法律文化、价值观及条件深植其心,故西方民众的司法正义观与我国有所差异。对于具体纠纷,人民法庭法官所处理案件的当事人脑海里并没有实体法是如何规定的、程序上应该注意什么内容等知识或者说意识,他们只关心案件的处理结果,关心法院的判决是否符合他们在生活中认定的某种人情正义观。当发现法院的判决与自己的感觉不相符合时,他们就会觉得法院是不公正的、法律是不可信的。① 这套朴素的情理正义观深深植根于乡土社会人们的精神观念和社

---

① 杨瑞:《论人民法庭法官的角色偏离及其正当性》,载《安徽大学法律评论》2007年第1辑。

会生活之中,通过一代又一代的传承而延续成习,被模式化为一种带有遗传性的特质,经过长时间的积累、净化得以绵延、传递,凝聚在人们的心里、智力与情感中,通过人们反复适用而逐渐被认同,成为人们接纳和共享的资源。① 人民法庭与乡土社会密切相关,其设立在乡土社会,依靠乡土社会的长者,依据包括乡土规范在内的规范解决乡土社会的纠纷,满足乡土社会民众的需要,维持乡土社会的秩序。② 因此,它在中国乡土社会中有着高度的稳定性、延续性、群体认同性和权威性,事实上成为乡土社会平时更为常用、更容易接受的法律样式。对于这套朴素的情理正义观,人民法庭法官夹杂其间,在严格的规则之治与适当的自由裁量之间左右平衡,艰难地做着选择。由此可以看出,我国民众对于正义的要求非常高,人民所期待的与司法所能做的尚存差距,因此如何将法律通俗化,让人民了解法律在干什么,是人民法庭法官工作中的一个重要课题。

二、司法职能与政治职能交互视角下的人民法庭法官角色定位

我国人民法庭法官同时担负着裁判者的司法职能及解决社会纠纷、维护社会稳定的政治职能。基于此,即可以从两个交叉角色中展开另外一种角色为分析方法,通过法官司法开创性的高低及政治自主性的高低两个面向,交叉出法官角色的四种类型。其中,司法开创性是指法官超越法律文义去做一些突破与解释,积极补充为高度,消极等待立法为低度;政治自主性低度是指依附政治部门的多数决定,而高度则是思索法律自主的价值。从上述架构理解人民法庭法官所扮演的角色,可以进一步诠释如下。

(一)人民法庭法官的执行者角色

扮演执行者角色的人民法庭法官,具有司法开创性低及政治自主性低的特质。而这也显示出法官被期待消极地等待立法,并且在法律诠释上,仅忠实地以立法的本意作为依据,并不对法律作出过度的诠释。

(二)人民法庭法官的守护者角色

扮演守护者角色的人民法庭法官,具有司法开创性低及政治自主性高的特质。当法官的角色被界定为守护者时,虽然仅被期待消极地等待立法,但是一旦有法律作为依据,在法律的诠释上,便不仅仅拘泥于法律法规的立法意旨,而需进一步根据社

---

① 田成有、李撼雄:《乡土社会民间法与基层法官解决纠纷的策略》,载《现代法学》2002年第1期。
② 高其才:《乡土社会中的人们法庭》,载《法律适用》2015年第6期。

第十五章 / 人民法庭法官角色期待的多维思考　　189

会变迁的背景,省思在社会变迁后,法律诠释所应该作出的调整,确保法律的适用不与社会脱节。通过这样的方式,法律及司法体系更能得到人民的信任。

(三)人民法庭法官的代理人角色

扮演代理人角色的人民法庭法官,具有司法开创性高及政治自主性低的特质。当法官的角色被界定为代理人时,他们便被期待具有更高的司法开创性,针对法律规定的不足之处进行补充,以维护司法体系的协调性和完整性。

(四)人民法庭法官的政治人角色

扮演政治人角色的法官,具有司法开创性高及政治自主性高的特质。在这种角色期待下,法官必须更积极主动全面地捍卫司法正义。一方面,通过个案的审理补充法律规范的不足;另一方面,积极通过法律诠释等手段,维护司法追求社会正义的根本价值。

三、纠纷解决视角下的人民法庭法官角色定位

人民法庭法官一般以审理传统类型的案件为主,案件主要集中在婚姻家庭、合同纠纷、机动车交通事故等侵权纠纷这些类型上。对于人民法庭法官的角色,我们也可以从民事权益保护、婚姻家庭纠纷等案件的实务中进行界定,还包括了转介者、协调者、教育者、整合者与倡导者等五种角色。

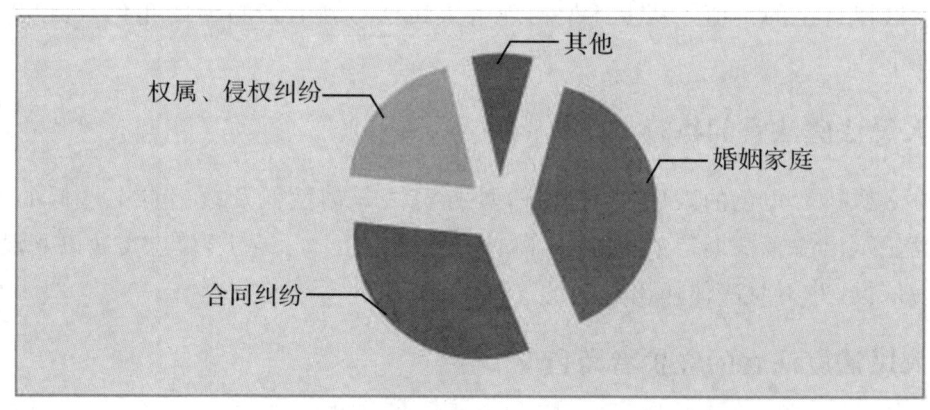

图 15-1　H 省 G 县法院五个人民法庭 2015 年至今审理案件类型分布图

(一)人民法庭法官需承担转介者的职能

中国农村社会对法治需求的多样性,使得无论是追求实质正义的经验主义还是

强调程序正义的形式主义都不足以解决现实中国农村出现的法律问题。人民法庭要实现其化解矛盾纠纷的基本功能,对法官的司法技能要求必然是多方面的。[①] 人民法庭的法官除了承担起基层法庭法官所应有的职能以外,几乎还兼有基层地方官和村民自治组织的职能,这就要求人民法庭的法官必须在法官、行政官和村官之间采取不同的扮相。[②] 人民法庭法官在审理婚姻、家庭相关案件时,若发现被害人有需要,应转介诸如社区、教育单位或医院等部门,以协助、预防甚至保护被害人。

(二)人民法庭法官需扮演协调者的角色

依据我国《民事诉讼法》的相关规定,当事人起诉离婚前,应经法院调解。依此条文可看出,人民法庭法官需扮演协调者的角色。由于在传统经济模式依然存留的农村熟人社会,严格的坐堂公审和循法裁判某些情形下并非最好的纠纷解决方式。在农村,人民法庭是解决社会矛盾与纠纷的最重要和最权威的社会组织,法官要善于控制和引导当事人的情绪,为有效调解创造适当心理环境。基于当事人之间的情感、伦理及长期互惠、交往等因素,诉讼调解这种"协商优势型纠纷处理方式"在农村具有一定的优势,尤其适合于解决农村社会的身份关系纠纷。[③] 由于人民法庭的法官与当事人之间往往具有不同程度的熟识,人民法庭的司法活动常常是在"熟人"之间展开和进行的,这就为调解手段的充分运用提供了较好的条件与基础。[④] 在人民法庭所处理的案件中,以调解结案的比例较高,某种意义上,调解成了一般民事案件的前置程序。(见图 15-2)

(三)人民法庭法官需作为事实经验的教育者

人民法庭法官虽然不具备专业的心理咨询辅导能力,但在法庭上审判时即有是非曲直,经过相关的教育训练,辅以深入探索的事实经验,人民法庭法官仍可在法庭上利用短暂时间,分享情绪管理、家庭经营或夫妻相处的心得,这可能比只告知当事人法条硬性规定更有助益。法官在审理案件过程中,经常扮演的是"沟通的另一方"角色,通过"聊天"的形式帮助当事人解决纷争。

(四)人民法庭法官需作为社会环境的整合者

学者的早期研究业已表明,随着社会发展,基层法庭人员分工进一步细化、素质

---

① 蔡咸军:《徘徊在厅堂与厨房之间——对中国农村基层法庭司法能力建设的思考》,载《中共郑州市委党校学报》2008 年第 4 期。

② 冯辉:《在法官、行政官与村官之间——对基层人民法庭法官职能的思考》,苏州大学 2010 年硕士学位论文。

③ 胡玉霞:《人民法庭在司法实践中的实用主义倾向——"后乡土社会"转型背景下的分析》,载《武汉理工大学学报(社会科学版)》2015 年第 1 期。

④ 顾培东:《人民法庭地位与功能的重构》,载《法学研究》2014 年第 1 期。

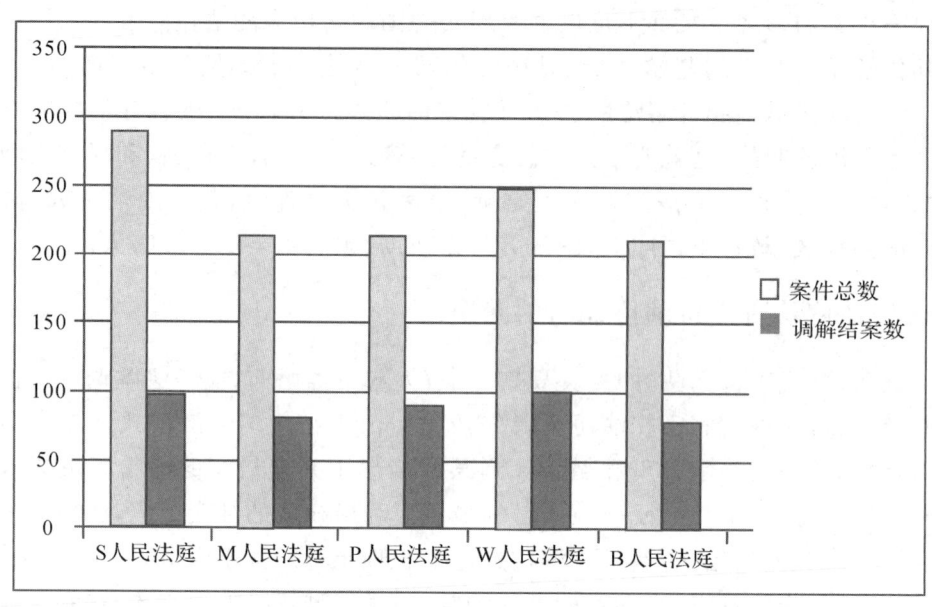

图15-2 H省G县法院2015年至今五个人民法庭审理婚姻家庭案件调解结案数

进一步提高,既积累社会经验、了解地方风俗,又通晓新法律、新知识,很好地完成了本职工作,同时顺应社会发展趋势,努力提高自身素质。为此,法院也采取了很多措施,使法官的学习活动与人民法庭的特点相适应。例如,有的女子法庭注重学习家庭美德和心理沟通方面的知识,有的法庭在学习法学理论的同时,注意结合实践经验,解决常见和疑难问题。[①] 在农村司法环境下,人民法庭的法官应当具备一心服务农民的政治素质、通晓风俗人情的人文素质、精通民事法律的专业素质、擅长诉讼调解的业务素质等。[②] 以家暴防治工作而言,重点在建立整体的防治网络,人民法庭法官不应将自己禁锢于封闭的专业体系里,而应与相关专业人员、团体或组织共同参与防治家庭暴力与保护被害人安全的工作,以期在各种环境脉络中,进行互动及联结关系,促成关系人有所改变,从而解决家事纠纷。

(五)人民法庭法官需作为法治的倡导者

基层人民法庭法官依据自身的审判经验与立场,可以走入社区,走进农村大众中间,在解决纷争的同时,积极宣扬法律知识。例如,在婚姻家庭案件的审理或者调解过程中,积极引导当事人对受暴行为零容忍的态度,辅以专业法律知识,更易使民众

[①] 高其才、赵小蜂、黄宇宁:《法官:基层司法的主体——全国32个先进人民法庭法官的实证分析》,载《金陵法律评论》2007年第1期。

[②] 胡志斌:《论农村司法环境下基层法官的素质要求》,载《安徽农业大学学报(社会科学版)》2010年第2期。

了解暴力不只是道德上的问题,更有法律上的责任,会使人正视此类问题。再如在近期 X 市 G 县法院开展的"法在身边,送法进校园"活动,人民法庭的法官们走进农村小学,以"校园欺凌"为主题,选取办理的此类案件,深入浅出地向学生们讲述校园欺凌的相关问题,让学生们不做被欺凌者、不欺凌他人、不做旁观者,教育学生们自觉遵纪守法、学法用法、远离暴力、健康成长。人民法庭法官对于大众认知法律、遵守法律的倡导是其自身职责的重要组成部分,也是服务群众的有效途径之一。

四、对我国人民法庭法官角色定位的反思

(一)人民法庭法官具有法律代言人的双重属性

关于人民法庭法官的角色定位,传统见解一般认为人民法庭法官即为法律代言人。事实上,在理性主义法律思潮背景下,法官严格受束于法律、相信法律理性,并认为可建构一个完美无瑕的法律体系,使得所有法律问题均能抽象化运用。但在这种结构下,法官所扮演的角色相对而言即显得无足轻重。对法官而言,裁判就是一种纯粹逻辑、概念法学的操作结果,而法律之外的其他存在,无论政治、经济或社会因素,则完全未在考虑之列。如此无条件肯定法律理性的完美无瑕,因而将法官的裁判行为限制成适用法律的机器,在社会上形成贬低法官的地位。但也因为如此,赋予法官相当大的免责效果,亦即法官只要合乎逻辑地适用法律、作成裁判,至于该裁判对社会上所衍生的不利后果,法官均无须负责。

就我国的情况而言,现行对于法律、法官及法庭运作的各项认知,除了继受本土的法律制度外,还有移植自西方法律制度的产物。然而,在制度移植的过程中,现行认知也和我国传统文化对于法官作为判官的期待及我国当前的司法构造出现了冲突。有主张认为法官在我国的司法构造下所扮演的角色,应该局限于被动地适用法律;但是也有主张认为法官在判决过程中已经主动地就法律进行诠释,甚至可以应对社会环境变迁的需求,运用法条文字上所给予的弹性"造法"。不过,本文认为法律代言人应区分为主动诠释的代言人及被动适用法律的代言人。就主动诠释的代言人角色而言,由于法条是死的,唯有视法官在审判过程中如何认定事实与适用法律,才能赋予法律生命。换句话说,从主动诠释的角度切入,法条文字的撰写绝对无法顾虑到所有案件的情境,因此,法官在审判的过程中也就自然必须先认定事实、诠释法条,最后才能进行裁决。就被动适用法律的代言人角色来看,法官依法审判天经地义,法官忠实于法条所规定,因此法官仅能就法规文字上所呈现出来的内容进行代言,而非去诠释文字背后所代表的意义。当然,若法官仅拘泥于法规文字进行判决,这样的法官不过就是法匠而已,也和我国传统上习惯于以人治解决纷争的观念有所落差。基于被动适用法律的代言人角色,法官就仅仅是操弄法律这项"术"的匠人,那就僵化、无

弹性,难以适应社会变迁,所以将法律代言人看作法匠,也有揶揄的味道。

基于以上主动与被动两种不同的法律代言类型,我们可以进一步思考不同类型法官所代言的内容又是什么。本文认为法官进行法律代言的内容,在概念上可以区分为三个层次。首先,就代言范围最限缩的层次而言,法官进行法律代言的内容就是在告诉大家"法"在讲什么,亦即法官通过判决,告诉双方当事人在争议的个案上,法律条文如何适用。其次,广义来看,法官在代言法律上所扮演的角色,法官必须从法律人的专业出发,符合法律最原始自然的价值,而非仅是代言法条文字本身,亦即不能仅代言立法者的意志而已,还必须确保法律的适用符合法律专业领域所认定的法律原则。最后,法官的法律诠释需与时俱进,这也是最广义的层次,法官还必须在合理应对社会环境变迁的前提下诠释法律,使得判决更符合社会期待。法条一经确定便已过时,但社会生活所发生的事件是不断变动的,社会对于正义价值的判断也会随着时代的变迁不断更迭。法官身为依法审判者,如何运用有限的法条解决双方争端已是一大难题。而当前的社会期望更是尽可能实现每个个案最大的正义,而在信息进步的现在,法官面临这样的期许,也是需要挣扎、抉择的过程。

(二)人民法庭法官并非严格意义上的社会工程师

若将人民法庭法官定位为法律代言人,其仅依法裁判,法律之外无论是政治、经济或社会因素,均不在考虑之列。这一点对于一般简单案件较无疑问,因为若是一般案件,法官有精确的法律规定可资适用,其所扮演的角色,即立法政策发生实效的工具。然而在许多法律晦暗不明的领域,并无明确的法律答案时,法官则需要运用自己的裁量,选择可能的解决途径,而在其选择时必然要考虑其他非法律的标准,这涉及法官个人的价值判断,以选择其所认为对个案最佳的解决方案。如此演变的历程,使法官在适用法律时,虽然和以往一样须受束于法律,但实际上已拥有较多行动自由,法官对于法律适用的补充或解释,亦类似创造法律的行为也获得普遍承认。立法者在通过某一项法律时,所同意的是法律隐含的理念,非只是法律文字;而由社会生活所产生的法律问题,在立法时不可能均有所预见而赋予法律效果,所以法律不免存在漏洞。然而法官不能拒绝审判,所以需自问,若立法者遇到类似案例,会将其归类为何种案型的相同或类似利益状态,然后再类推此案型的价值决定以解决该问题。不确定法律概念及概括条款,便是立法者不为价值决定,授权法官在具体案件中作出价值补充,此无异为法官造法。自此,法官已从法律代言人转而成为法律的主宰者,并非法官唯法是从,而是法唯法官是从。法院虽受限于不告不理原则,不能主动介入社会事务,但对于诉讼案件,应顺应时代潮流,甚至本着社会良知的角色主导,从具体个案出发,建造社会工程。

尽管如此,法官希望扮演社会工程师的角色,要视其有无承办特殊案件的机会。这也就是说,由于法官被动承办案件,因此唯有承办民众广泛关注的特殊个案的审理与判决,法官才有机会在过程中扮演社会工程师的角色。也就是说,法官在扮演社会工程师的角色上可遇而不可求。此外,法官成为社会工程师时也会面临一些限制及顾虑,因为若扮演社会工程师的角色,法官将在法律适用的限制上出现争议。例如,由于罪刑法定主义是刑事审判中基本原则,如果刑事庭的法官要超脱法条成为社会工程师,在运用上就必须加倍留意,不能违反罪刑法定主义的根本原则。另外法官扮演社会工程师,将可能有损于判决的可延续性。因此,法官审判必须注意其判决的可延续性,毕竟法官适用法律就是要延续法律生命,法官判决则不能专断为社会工程,而不考虑判决前后法的延续性。

本文对于人民法庭法官扮演社会工程师的角色持较为保留意见的另一个重要原因是,人民法庭法官是否应扮演社会工程师的角色将牵涉到我国审级制度中各级法官所应该扮演的角色与分际。保守看来,基于我国目前的审级制度,只有最高人民法院的法官才能扮演社会工程师的角色。

(三)人民法庭法官与司法价值教育者之间的耦合

除了将人民法庭法官定位为法律代言人、社会工程师,还有传统见解认为宜将其定位为司法价值教育者。当前中国民主社会开放意识愈发明显,透明成为社会大众对司法部门重要的诉求之一,人民法庭法官身为社会分权下有限正义的分配者,有必要将司法讲求程序与法律关系构成要件的概念,嵌入个案情况,如此既能使人民了解法律,又能使人民感受到法官能依其个别情况予以体谅、了解并阐明,而非仅是死板、冷硬的裁判。此外,在当下的中国农村,很多当事人还没有充分的自觉和十足的动力去委托律师或法律工作者来代理案件,他们对于审判过程中繁文缛节的必要性和重要性还缺乏足够的了解和理解。[①] 农村社会当事人对法律服务的制度性需求,迫使人民法庭法官的职业角色发生了微妙的变化或位移——他不但是法官,而且也是另一种传播当事人关心的法律信息、提供相关法律服务的法律工作者。[②]

不过对于法官在司法价值教育者的角色扮演上,也出现了不同看法。赞同者认为在诉讼过程中,法官对于法条的论述、法条的构成要件甚至是劝当事人和解等,都是在教育诉讼双方当事人,而在诉讼中对当事人的教育,除了改正或建立当事人的法律观念之外,也可以使他们明白法院及法庭上的运作,才能提升民众对司法的信任。此外,法官在担任司法价值的教育者时,其所受的限制有二:一是时间因素,二为适当性。首先,法官开庭的时间有限,在诉讼进行中对当事人可能仅用一两句话纠正其错误法律观念,但往往法律用语艰深,当事人是否从寥寥数语就能完全明白法官的意思

---

① 丁卫:《基层法官如何回应农村司法——以秦镇法庭为例》,载《江西师范大学学报(哲学社会科学版)》2010年第1期。

② 杨瑞:《论人民法庭法官的角色偏离及其正当性》,载《安徽大学法律评论》2007年第1辑。

已是有限,更遑论导正观念了。其次,就适当性而言,法官教育者的角色扮演和其审判须中立客观的行为准则,可能产生冲突。法官在法庭上要求中立客观,但是扮演教育者必然会让法官主观上对于个案的偏好与看法显现出来,所以在诉讼中进行教育的工作时便容易出现适当性的疑义。换句话说,在法官扮演教育者的时候,有可能会造成诉讼一方误认为法官偏袒对方的情绪及心态。

由于法官作为司法价值教育者的限制性,因此亦有观点认为法官不该扮演教育者的角色,所持理由有二。一为教育有引领社会发展方向的意图,司法则是正义最后一道防线,由法官来教育会造成其对社会发展方向一定程序的影响。因此,由法官扮演这样的角色是否适当是有疑义的。二为法官应秉持"法官不语"原则,法官是通过判决书来教育大众,但通常直接解读判决书的是媒体记者,而媒体记者是否能够准确无误地解读判决书背后的心证与逻辑,仍不无疑问,而这也进而使得民众仍然很难真正了解法官判决背后的心证与逻辑。

(四)中立的仲裁者是人民法庭法官的核心角色

法官的核心角色期待为中立的仲裁者,这是因为社会生活必有纷争,而设置法院最根本的目的即在于针对社会生活的纷争进行裁判。但是仲裁者的角色表现在东西方文化中有不同的发展取向,东方着重仲裁者"人"的中立角色,而西方则发展出制定一套合乎逻辑的法律,仲裁者仅为运用这套法律以解决纷争之人。简言之,东方以人治解决纷争;西方则以法治来解决。法官担任仲裁者的角色,最重要者即中立性的维持。在听讼的过程中,若原告或被告的任一方不相信法官是中立的,那该方对于最后裁判的结果,自然也就无法接受。因此,法官在听讼的过程中维持中立,是双方当事人在诉讼过程中对法官最基本的期待,也是法官在扮演裁判者角色时所必须坚持的。

法官在案件审理与判决的过程中维持中立者的角色,又可分为程序与实体两方面,亦即整个诉讼过程进行是以"先程序、后实体"的方式来确保中立。首先是审判程序的中立,法官在审判进行中需先充分掌握程序上之正义,践行所谓的正当法律程序,诸如交互诘问过程的公平、法官说明程序为何如此进行等。唯有正当的程序进行过程,才能让当事人明了其权利受到保障及是如何受保障的。其次是实体审查的中立,程序的正当性确立后才会进入实体审查部分,而从这里开始,则考验着法官对法律概念与现实生活事件的联结,如何合适地运用法律来决断,以定是非、评黑白;怎样才能让其评断符合法治落实的概念,来达成正义实现的理想,是法官为中立的仲裁者角色下实际作出裁决、评断的部分。法官在实体审查阶段虽然已对个案事件的冲突作出裁判,但事实上,对于此事件中冲突的双方是否就能获得化解并不必然。所以民众所期许法官中立的仲裁者角色,是能再视个案情况进行冲突化解,而不仅仅只是单纯的冲突仲裁。

从上述分析中可以归纳出人民法庭法官被期许应该扮演的角色,这些角色包括法律的代言人、社会的工程师、司法价值的教育者及中立的仲裁者等四种。通过对传统见解的梳理可以发现,法律代言人如同一部适用法律的机器,故其代表意义为稳定秩序的过去人,其任务为法律的执行者与守护者,亦包含转介者与协调者的工作。社会工程师跃升为法律的主宰者,思考方向不仅限于法律条文,还提高层级至法律政策层面来考虑问题,所以意义上更接近政治人及代理人的概念,任务则包含整合者与倡导者的内容。司法价值教育者一方面将制式条文明白告知当事人,另一方面能依个案状况予以一定教育辅导。中立的仲裁者是人民法庭法官的核心角色,也是民众对法官最基本的期待。

结　　语

着眼于中国法治的未来,人民法庭的法官完全可以在农村司法实践中发挥出更积极的作用,这恰恰是近些年来国家反复强调"两庭建设"的要义所在。本文对不同视角下法官角色期待的分析,或许可以成为思考的起点:当前社会价值多元化的背景下,民众的观念也在不断改变,现在的法官角色不应拘泥于单一角色,法官角色期待已非唯一的标准,故法官应更贴近与社会的距离,让司法活动能够更符合社会民众的期待。

第十六章

需求导向：欠发达地区
人民法庭法官配置的再思考
——以探寻基层"无额法庭"出路为视角

尤　青[*]　袁辉根[**]　王安锋[***]

人民法庭法官队伍建设是人民法庭发展中的一项关键因素，甚至是一项方向性的因素。在人民法庭发展过程中，对于人民法庭工作争议较为集中的是人民法庭司法人员的工作方式问题，也即采用现代的当事人主义模式，还是适应地方性特色采取贴近民众的灵活简便性司法模式。现代人力资源管理的核心是人与事的管理，而人与事的匹配则是人力资源管理的基本要求。采取何种司法模式，反过来也就对于司法人员的资格条件提出了相应要求，而不同类型的法官队伍，也将因其固有的思维特征而决定了其司法的风格和方式。因此，一定意义上说，对于法官队伍建设的模式选择，决定了基层法庭的司法模式，而对于基层法庭司法模式的选择，则必须以相应的队伍建设为前提。为此，对于人民法庭法官队伍建设问题进行探讨，就不仅是队伍建设这一论题的需要，更是准确定位人民法庭司法模式的需要。以此为问题意识，本文提出这一问题：基层人民法庭的法官队伍建设究竟应该选择什么样的模式？其与法官员额制的关系是什么？下文将围绕这一问题展开论述。

一、学说争议：基层法庭法官的应然定位

由于我国长期以来实行的大众化法官培养模式，四级法院乃至人民法庭都适用同样的法官标准，法官在司法过程中也奉行着几乎类似的司法方法与司法技巧，也即无论是基层还是上级法院，都遵从着程序公正与实体公正并重、调判结合的基本司法

---

[*]　陕西省高级人民法院研究室兼司改办主任。
[**]　陕西省高级人民法院审判员。
[***]　陕西省商洛市中级人民法院四级法官。

路径。也因此,在法官员额制改革过程中,并没有对于基层法庭的法官与基层法院本部的法官在遴选条件、遴选程序及履职义务等方面作出区别。但是,大众化法官培养模式的谢幕并不仅仅是一种法官培养模式的转变,也同时意味着司法方式及法官思维的转变,尤其是在司法责任制改革的影响下,员额法官独立裁判的职业思维将作为制度性的结果而不断形成。问题是,这一职业化的思维模式是否也适合于作为"基层的基层"的人民法庭呢?对于基层法庭法官制度的规定能否套用于理想化的职业法官模式而得到有效运转呢?这不得不与基层法庭的职能任务联系起来考量,尤其是需要与基层法庭面临的现实任务、履职环境及司法功能联系起来考察。那么,在我国当下的基层法庭司法环境中,是否需要职业化的法官队伍完成司法任务呢?抑或是对于法官的其他能力素质提出了要求。就这一问题而言,实际上是针对人民法庭已经争论了多年的问题,也即人民法庭的司法究竟应该服务于谁及采用何种方式服务才能取得最佳效果的问题。对此问题,有着两种截然相反的回答。

(一)程序正义论:以职业化法官为标准

这一观点来自于司法现代化过程中提出的要求,对于司法权的行使,这一观点在司法目的、司法属性、司法任务及司法方式等方面有着独特的理解。这一观点认为,司法权的行使应是中立的、被动的和规则化的。法官在法律规定的程序范围内活动,依据程序宣示规则,不得考虑法律之外的事实与理由。这一观点还认为,程序正义具有优先性,即使在一定范围内可能牺牲实体正义,也是必要的。因此,这一观点对于人民法庭持整顿论和取消论,要求对人民法庭的司法行为进行规范,不能因地制宜地改变程序规则或者规避法律的明文规定。在这一观点的视野下,人民法庭的法官也应是专业性的和职业化的,因此应当采用统一的标准选任,在法官员额制改革的背景下,应当由入额法官担任。

(二)实质正义论:经验型且具有一定法律知识的法官

与上述观点截然相反的是实质正义论。这一观点突出的特点在于强调法庭面临的实际环境和情况,在观念上则从人民法庭的司法传统寻找依据。在这一观点看来,人民法庭是一项具有中国特色的司法制度,不能与域外的制度简单等同。从人民法庭所源自的司法传统的角度,人民法庭应当坚持以便民原则为基础,充分考虑欠发达地区存在的交通不便、部分群众缺乏法律知识和诉讼能力、人民群众对于司法有着情理性的期待等重要社会因素,并积极予以回应。人民法庭职能既包括案件审理,也包括对于基层社会治理的有效参与,对于一些诉讼纠纷虽然未进入法庭但有关部门及当地乡民邀请协助解决的,应当也可以参与解决。如不能协调解决,则可以引入诉讼,从而实现诉外参与社会治理与诉内解决纠纷的有效衔接,如全国模范法官翟树全事迹中提到的,"一次,哈拉海车站村一名妇女,光着脚披头散发跑到法庭,哭诉无法与丈夫沟通,请求解决夫妻矛盾,又不要求立案解决!怎么办?你(翟树全)马上与村干部取得联系,多方协调,将这名妇女的丈夫找到法庭,从分析矛盾产生的根源入手,从家庭、孩子等诸多方面的影响进行剖析,唤起丈夫对妻子、对家庭责任心的珍惜,终于使夫妻达成谅解"[1]。这一观点还认为,从人民法庭工作的实际出发,不宜过于拘泥于程序法的规定,而应当多采取巡回审判及诉讼指导的方式,积极释明,加强说服教育,有效引导群众参与诉讼,避免有理的人打不赢官司,造成合理不合法的悖论。[2]依据这一观点,人民法庭的案件一般并不复杂,对于职业化、专业化的要求不高,但对于法官的阅历、经验及对于地方民情的要求较高,应当由具备一定法律知识的较为年长的法官承担基层法庭审判任务,而对于学历条件及司法资格的要求不必过于严格。

上述争议,对于人民法庭法官队伍的素质资格要求有着截然不同的判断,需要结合理论与实践予以进一步的厘清。

二、实地访谈:欠发达地区人民法庭面临的实然环境

从上述学说争议来看,对于人民法庭法官任职条件的不同认识,主要来自于人们对于人民法庭面临的实际任务及职能定位的不同认识。这一问题,需要结合人民庭司法环境及司法任务等实际情况进行判断。2017 年 3 月到 6 月,笔者就此问题选择 S 地区的 7 个基层法院、6 个基层法庭、4 个乡镇政府的人民调解机构进行了实地访谈,收集的访谈记录见表 16-1。

表 16-1　关于当前人民法庭相关情况的访谈记录

	变　化	不　足
基础设施	交通、通信状况发生根本变化,《马背上的法庭》需要步行十天半个月去办案的场景已不存在,通村公路基本全覆盖,通信工具(包括座机和电话)和交通工具(农村以摩托车为主,部分家庭有小汽车)普及率也非常高	一些农村基础设施依旧落后,交通、通信状况不够理想,边缘地区距离城区的距离超过 100 公里;少数地方没有通信信号,还达不到家家通公路、通电话

① 郭春雨、屠少萌:《"感动吉林"的乡村法官——记吉林省农安法院哈拉海人民法庭助理审判员翟树全》,http://www.qstheory.cn/tbzt/tbzt_2013/zmjcgb/zsq/201307/t20130726_253274.htm,于2017 年 8 月 22 日访问。

② 在基层农村,这样的情况非常普遍,新闻媒体也多有报道,如屈庆东、杨杰、海宁:《走进百姓心里的好法官——记泗水法院圣水峪法庭庭长臧华》,载《山东法制报》2010 年 10 月 22 日第 2 版;罗圣茂、李彦锋、黄文媚:《桂平法院:巡回法庭进乡村方便群众诉讼》,http://gx.people.com.cn/GB/n2/2017/0510/c229260-30163590.html,于 2017 年 8 月 21 日访问。

	变　化	不　足
物质生活水平	物质生活水平大幅改善,大多数群众温饱问题已解决,不少群众生活比较富裕	在偏远山区依然有不少群众生活困难,处于贫困线以下
法律素养	相比 20 年前,群众的法律素养、对诉讼的认知有了进一步提升,诉讼已成为化解矛盾的主要途径	大多群众法律、诉讼知识层次较低,学法尊法守法用法意识和能力不足
多元纠纷化解	人民调解委员会、基层政府及自治组织构建的多元纠纷化解机制初步形成,对社会治理和化解矛盾纠纷起到了促进作用	基层政府及基层自治组织公信力和权威性下降,多元化解纠纷作用发挥不足,社会治理难度加大
群众对法庭态度	对基层法庭的工作内容、性质有所了解,比较认可法庭在维护社会公平正义、化解矛盾纠纷方面所起的作用	对裁判的接受程度还很低,传统习惯、情理、法律交融,办案难度很大,信访不信法情况突出
基层政府看法	对法庭的工作比较认可,在社会治理、矛盾纠纷化解方面发挥了很大作用,明确反对撤销法庭	不少基层政府依然将法庭视为下属部门,安排各种事务
司法能力	"阿洛"们成长为法院办案骨干,涌现出了一大批兼具理论功底和审判实践的精英法官,法官群体的专业化、职业化、正规化水平明显提升	老法官主动学习动力不足,靠经验办案,新进法院的年轻法官社会阅历、实践经验不足,"老冯""阿洛"*现象依然存在
职业保障	基本实现了独立办公、现代化办公,工作环境大幅改善,办公用房、用车、经费有较好的保障	人员不足,基层法庭执业安全难以保障,个别法庭还比较陈旧

注:＊电影马背上的法庭的主人公,分别代表着熟谙农村实际情况的老法官和初出校门的新法官。

　　S 地区是一个经济欠发达的地区,因此,上述情况主要反映了我国中西部地区一些欠发达的城乡接合部和乡村的法庭工作情况。就欠发达地区而言,上述访谈记录具有一定参考价值。从上述记录来看,人民法庭仍然需要面对一些必须解决的"基层问题"。例如,在诉讼能力和诉讼的便利条件上,在偏远地区仍然存在交通不便及通信不畅等问题,群众信访不信法、诉讼能力差等问题尚未根本改观,甚至基层政府将人民法庭作为下属部门安排工作的现象也未断绝。基层司法过程中面临的任务仍然不能脱离情理法交融的诉讼意识的制约,需要多重协调的任务没有彻底改变。这些问题的存在制约着职业化司法开展"规则治理"的意愿,对于调适诉讼观念、了解当地民情及适度协调社区村居关系仍然有着客观诉求。因此,从这一角度而言,实行法官员额制,以单一的标准对于基层法庭法官任职标准提出要求,可能与欠发达地区的司法环境和司法任务并不完全契合。

三、"无额法庭":法官员额制 在欠发达地区人民法庭遭遇的困境

我国一直将配备必要的法官乃至审判团队作为人民法庭建设的基本条件,具体规定参见表16-2。实践中,虽然也出现了"一人庭""二人庭"现象,但常驻法官的存在,保证了人民法庭的常态化联系基层、经常性便民司法、近距离宣传法治等功能作用。法官员额制改革过程中,一些欠发达地区基层法院面临员额人数较少,无法保证人民法庭配备员额法官的现象,这一现象将使人民法庭审判权运行临近一个危险的合法性危机。本文以 W 省的相关情况为样本展开分析。

表 16-2   不同时期最高人民法院对于人民法庭队伍配备的规定

	人员配备
1963 年最高人民法院制定了《人民法庭工作试行办法(草稿)》	人民法庭一般配备审判员一人,书记员一人;有的也可配备两名审判员,院长可指定其中一人担任庭长
1999 年《关于人民法庭若干问题的规定》	至少有三名法官、一名以上书记员,有条件的地方,可配备司法警察。人民法庭的法官必须具备《中华人民共和国法官法》规定的条件,并依照法律规定的程序任免
2005 年《关于全面加强人民法庭工作的决定》	至少要有三名法官,一名书记员,有条件的应当配备司法警察。少数民族地区应当配备懂当地民族语言的审判人员和书记员
2014 年《关于进一步加强新形势下人民法庭工作的若干意见》	探索根据审判工作量,组建以主审法官为中心的审判团队,配备必要数量的法官助理、书记员等审判辅助人员,以购买服务等方式配强审判辅助力量,解决一些地方因审判人员不足而出现的"一人庭""二人庭"问题

(一)以案定员:无额法庭成为必然

以案定员是全国法院开展员额制改革的基本方法。W 省员额制改革采取的基本原则是"以案定额,全省统筹,动态调整"。为使全省 39% 的员额指标得到合理分配,并未采取一刀切,简单确定员额,而是综合考虑法院所在地经济发展水平,办案时间成本,路途成本,进行差别分类,将全省分为五类地区,五类地区又区别山区和城

区,区别审级,以近三年收案数测定各个法院的员额指标。由于案件数量少,边远山区法院的员额少,有限的员额首先保证基层法院案件审理的需要,基层法庭不配置员额法官就成为无奈的选择。笔者选取 W 省的 S、D、Z 三个基层法院开展了调研,这三个法院的共同点是:一是法院人员少,最多不超过 60 人。二是近年案件数量少,年均受理案件不超过 1000 件。三是辖区面积大,而且交通不便,最远的距离县城甚至超过 100 公里。以 S 法院为例,该院下辖 5 个基层人民法庭,最远的 H 法庭距离 S 法院 89 公里,除城郊法庭外,最近的 Y 法庭距离 S 法院 21 公里,还有两个法庭距离 S 法院分别为 45 公里和 53 公里。四是法庭数量多,均设立了多个法庭。法庭受理案件量不大,以 S 法院为例,该院设有员额法官的 3 个法庭近三年年均受理案分别在 41 件、36 件、48 件。五是员额数量少,最少的 10 名员额,最多的也不过 15 名。W 省首批员额法官遴选后,S 法院有 3 个法庭无员额法官,D 法院有 2 个法庭没有员额法官,Z 法院有 3 个法庭没有员额法官(见表 16-3)。

表 16-3   S、D、Z 法院相关情况表

	近三年年均受理案件数	2017 年1—6 月收案数	法庭案件调撤率	法庭数	在职人员数	员额法官数	无额法庭数
S 法院	849 件	493 件	92%	5 个	43 名	10 名	3 个
D 法院	920 件	568 件	95%	7 个	57 名	13 名	2 个
Z 法院	892 件	509 件	91%	6 个	60 名	12 名	3 个

按照上述标准衡量,W 省的 109 个基层人民法院中,2017 年 1 月 1 日至 2017 年 6 月 30 日,新收案件在 600 件以下的有 26 个,接近所有基层法院的 1/4,受理案件在 500 件以下的也有 18 个,约为 1/6。可见,无额法庭现象在经济相对欠发达、案件量少的基层法院成为较为普遍的现象。

(二)逻辑错位:"无额法庭"突显的制度性问题

"无额法庭"的出现显露了法官员额制与基层人民法庭法官队伍建设之间的制度性冲突。法官员额制的基本价值在于以法定的形式限定法官人数及选任标准,体现了少而精的精英化管理思路。而与此不相匹配的是,基层法庭的设置基于一种完全不同的思想:便民原则。以 S 法院为例,辖区设立了 5 个人民法庭,每个法庭受理的案件数量不超过 50 件,这一受案数低于 W 省 2016 年法官个人人均结案量(86 件),因此从案件审理的角度,整个法庭的案件审理任务还不到一名法官的工作量。但是,从案件数量角度作出的判断可能忽略了人民法庭的管辖区域、地理条件及法治发展的不平衡性和滞后性。人民法庭辖区范围的扩大,不仅将造成案件的文书送达及执

行等成本的递增,还有可能影响到公民诉讼的便利。此外,人民法庭作为驻地所在的法治传播中心,在审理案件中对于当地民情的了解及提供法律咨询、开展法律宣传等功能,需要依赖于地理和心理距离上的接近,仅仅考虑案件数量这一因素,就有可能忽略了欠发达地区法治发展的需要。仍以 S 法院为例,与公民法治意识和诉讼能力已经较为成熟的发达地区的法院相比,S 法院辖区还普遍存在诉讼意识不足、举证能力较差等问题,对于法治的信仰还远远没有形成,有的地方没有修通公路,有的地方没有通电话。仅以案件数量少为由而撤并法庭,就会使得本来就属于法治薄弱环节的欠发达地区更难实现法治的"接近正义"。由此而论,法庭设置的逻辑并不仅仅是由案件数量所决定的,而与所在地区法治的发展程度、地理环境及交通便利条件等也有直接关系。也因此,对于法庭的法官配置也需要考虑到当地经济社会条件及法治发展的阶段性特征,不能盲目以案件量少而认为可以不设法官。标准单一的法官员额制难以反映法庭设置中的多重需要,精英化的法官管理模式并不符合法庭便民化及法治普及的需要。此外,从案件类型的角度,精英化的法官设定也与人民法庭审理的案件类型缺乏匹配。例如,在 S 法院的 5 个基层法庭审结的案件中,绝大多数属于独任审理的简易案件,调撤率均超过了 80%,普通程序审理的案件很少,并且有很大一部分是因为缺席审理程序上的要求。从欠发达地区基层法庭的案件类型来看,多数并不需要高深的法律专业知识,而更加需要法官的经验和阅历。将法官员额制适用于人民法庭法官队伍的建设,将是一种制度逻辑的错位。

四、需求导向:欠发达地区人民法庭法官职位配置的思路探索

(一)需求导向:人民法庭专门性法官队伍的设立

职务设置是将某一项工作按照"职能""职责""任务"的层次关系,对工作流程、权责利关系进行划分和整合,最终形成若干个相互联系的职位的过程。[①] 职位的设置应当与组织目标和部门职能相对应。[②] 上文关于人民法庭职能任务的考察,可以总结出一个结论:欠发达地区基层人民法庭与基层法院本身的任务和职能存在一定程度的分化。基层法庭具有自身独特的功能和任务。与此相对应,按照职能与职位相匹配的职务设置理论,人民法庭法官的职位配置应当与基层法院法官的职位配置有所区别,反映人民法庭的职能需求。在司法人员分类管理改革中,基于审判事务、审判辅助事务及司法行政事务的"三分法",设立了审判人员、审判辅助人员及司法行政人员三种职务序列。对于人民法庭的职能考察可以发现,"三分法"的划分在逻辑上

---

① 朱勇国:《职位分析与职位管理体系设计》,对外经济贸易大学出版社 2010 年版,第 217 页。
② 江必新主编:《审判人员职能配置与分类管理研究》,中国法制出版社 2016 年版,第 328 页。

还需要进一步细分,不仅不同审级的审判事务有所区别,基层法庭与基层法院的审判事务也应有所区别。其依据在于,基层法庭在司法方式上更加注重说服教育和便民性,基层法庭的案件类型也应更加准确地定位为简易案件的审理,普通程序案件可以移交基层法院本部审理,从而实现更深层次的审判事务分工。基层法庭对于简易案件审理任务的承担,可以为基层法院本部的员额法官审理复杂案件预留制度空间,实现难案精审。在审判程序上的繁简分流依赖于在人事制度设置上的职位细分,而人事制度上法官类型的细分,则可以为法官员额制的顺利实施奠定现实基础。以此为依据,笔者认为,应当建立适应法庭职能需要的专门性法官队伍。

(二)他山之石:域外基层司法中设立专门性法官队伍的经验

横向来看,域外不少国家设立了基层司法的专门性法官队伍。例如:(1)英国的治安法官。英国在各个郡设立了治安法院,审理轻微刑事案件及家事诉讼等部分民事案件,承担发放、吊销及更新酒类销售的责任。大部分治安法院由治安法官组成。治安法官不具有专业法官的资格,也不领薪水,但有权领取补贴,以弥补差旅费、生活费及其他经济损失。例外的是,在伦敦和一些大的行政区域的治安法院,除了治安法官之外,还有若干名地区法官。地区法官是全职的,具有专业法官资格。[①](2)美国的治安官。美国大多数州设立了小额法院,一般的小额案件由小额法院受理,而不在一般管辖权初审法院或者其下级法院审理。受理案件范围限于争议标的额低于某一特定数额的案件,如 300 美元、500 美元或者 1000 美元。有时此类法院被称为治安官法院,因为处理这种案件的官员被称为“治安官”。此类法院的“法官”有时并非律师出身,甚至没有受过专门的法律训练。小额法院审理案件的程序相对而言十分不正式,其作出的裁判一般也不允许上诉。有时小额法庭会禁止当事人聘请律师。[②](3)法国的近民法官。2002 年,法国设立了近民法院,根据 2005 年 1 月 26 日法律规定,近民法院可以受理诉讼标的额不超过 4000 欧元的小额民事诉讼案件。近民法院由近民法官组成,从公民中选任,任期为 7 年。法律没有禁止近民法官同时从事其个人的从业活动,如律师和公证员除在部分时间内行使近民法官职权外,可继续从事本人的业务工作。近民法官独任审判,除了某些方面(例如,没有升任和惩戒制度)外,他们的法律地位与职业法官无异。[③]上述法官制度对于普通法官作了有益而重要的补充,既保证了公民“接近正义”的实现,又有利于简化程序,吸收社会人士参与,促进了纠纷解决。在案件数量增长及纠纷类型多样化的现代社会,建立基层小额司法的专门法官队伍,已经渐趋普遍。

---

① 齐树洁主编:《英国司法制度》,厦门大学出版社 2005 年版,第 97～100 页。
② 齐树洁主编:《美国司法制度》,厦门大学出版社 2010 年版,第 69 页。
③ 参见金邦贵主编:《法国司法制度》,法律出版社 2008 年版,第 135～139 页。

对于我国而言,其启示意义在于:(1)法官队伍可以类型化,对于基层的简易案件不需要职业法官审理。(2)基层司法应该体现亲民性,例如,英国的治安法官、美国的治安官及法国的近民法官均来自于社会,有着较为深厚的民间基础。(3)各国的基层司法除有共性外,也需要结合自身特点。例如,英国在伦敦及大的行政区的治安法院设置专业化的地区法官,适应了都市中解决大量纠纷的需要。(4)基层小额司法可以采用灵活简便的程序审理,从而提高诉讼效率。

(三)出路探寻:我国人民法庭专门性法官队伍设立的制度构想

我国基层法庭的法官配置与域外基层司法中存在的"平民法官"相比,也具有自身的传统。自中华人民共和国成立以来,人民法庭就始终坚持配备专职身份的法官1人以上。在法官员额制改革中,因为强调法官的专业化,因此在选任标准上对于学历的要求较高。例如 W 省在首批员额法官遴选过程中就规定,候选人员必须具有大学本科以上学历。由于历史原因,在不少欠发达地区法院,在 2002 年之前任命的许多老法官学历为高中或者专科,不符合参加遴选的条件,因此未入额。以 S 法院为例,全院共有 6 个业务庭,其中 5 名庭长未入额,1 名庭长是由于考试成绩不合格未能入选,其余 4 名庭长则是由于学历不符合条件不能报考。这些庭长都是在审判业务上有着多年审判经验的老法官,由于专业资质不符合要求,不能纳入员额法官制的视野。这是一种审判资源的浪费。这一现象在欠发达地区的基层法院具有一定代表性。以此为背景,笔者认为,在我国人民法庭建立专门性法官队伍,既可借鉴域外经验,从具有法律执业背景的社会人士中选任,也可内部挖潜,将未入额的资深审判人员纳入选任范围。具体而言,可以作如下制度构想:

1. 法官分类。以基层法庭职能特色为依据,设置法庭法官。将法官类型区分为员额法官与法庭法官。

2. 资格条件。从基层法庭司法工作传统及需求出发,一是突出经验性和对于本地民情的了解,规定年满 35 岁以上,具有本地户籍或者在本地工作 5 年以上的,可以选任;二是规定一定的法律执业背景,确保具备处理法律事务的基本能力;三是学历条件,按照《法官法》规定,法官学历应为本科以上,但是未入额法官在《法官法》施行前已经具备了法官资格的,应属例外,可放宽至大专以上学历。

3. 人员来源。分为基层法院内部人员与法院外部社会人士两种来源。(1)基层法院内部人员。基层法院内部的未入额法官、退休法官及任职 5 年以上的法官助理,符合前述资格条件的,可以选任;(2)社会人士。包括具备前述资格条件的律师、法律工作者、人民调解员、仲裁员均可选任。

4. 选任程序。建立独立于员额法官遴选的法庭法官选任程序,通过法庭法官资格审查后,由基层人民法院提名,报县区人大常委会审查后任命。人大任命后,即为法庭法官。

5. 职业保障。法庭法官为专职法官,享受法官待遇,包括相应的法官津补贴。法庭法官享受的津补贴应高于相应级别的法官助理,低于相应级别的员额法官。对于法庭法官,应配备必要的法官助理、书记员,承担审判辅助事务及诉外纠纷化解、法律咨询等事项。

6. 管理方式。考虑到年龄等条件限制,可不经公务员考试,经任命后直接具备法庭法官身份,按照特殊公务员类型管理。法庭法官不符合员额法官选任条件的,不能参加员额法官选任。

7. 案件审理。审理速裁案件及适用简易程序的案件,可驻庭审理,也可结合案件特征及当事人情况,实行巡回就地审判。

结　语

基层不牢,地动山摇,人民法庭在我国法院层级体系中既处于最基层的地位,也居于基础性的地位。虽然本文主要是针对欠发达地区的人民法庭进行论证,但从繁简分流的角度而言,即使在发达地区的人民法庭设置专门性的法官队伍也具有深刻的现实需要。深化司法体制改革,不仅要强调四级法院体系的完善,也应将基层法庭改革纳入视野,从而体系化地完善我国司法制度,形成改革推进的集成效应和系统效果。

第四编

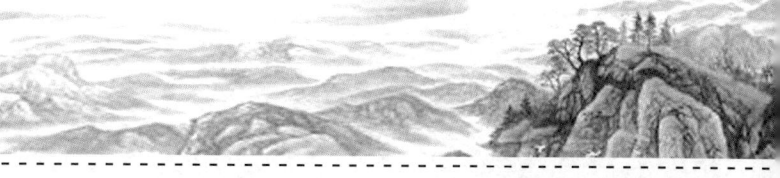

人民法庭审判机制

第十七章

纠纷解决与规则之治的平衡

——人民法庭审判权运行的路径选择

杜　宇[*]　张新荣[**]

人民法庭作为国家审判机关的前沿阵地和基层人民法院的派出机构,处于解决农村民事纠纷的第一线,实行就地立案、审理、当庭调解和裁判,化解了大量农村矛盾和纠纷,对维护农村社会稳定起着举足轻重的作用。探寻新形势下人民法庭审判权运行的新机制,以更好地回应乡村社会的司法需求,达到纠纷解决与规则之治的衡平,具有积极理论和实践意义。

一、乡土语境下人民法庭审判权运行的现状分析

社会生活栖息于自身的世界即社会空间中,而且每种社会生活的运作形式均可以由其所处的社会空间的形状即社会结构予以预测及解释。[①] 人民法庭审判权的运行作为社会生活的重要内容必然在一定的社会空间展开。这就决定了分析基层法庭审判权运行存在的问题应与乡镇社会特定的政治、经济、文化及社会状况所构成的社会空间环境结合。

(一)司法竞技主义的不适应

司法实践中,人民法庭办案范围主要限于标的额较小的民间借贷、离婚、继承、赡养、邻里纠纷等案件类型。这些具体案件一般诉讼标的较小,但往往非常琐碎,而且对当事人可能意义重大。囿于经济负担能力,当事人委托律师代理案件的数量额较少,而其所需的法律救济却往往格外具体、细致,且富有地方性色彩。此时,法官的职

　＊　浙江省宁波市北仑区人民法院副院长。

＊＊　浙江省宁波市北仑区人民法院审判员。

　①　［美］唐纳德·布莱克:《正义的纯粹社会学》,徐昕译,浙江人民出版社 2009 年版,第 158 页。

业角色会发生微妙的位移或变化,既是法官,又担负着为当事人提供相关法律咨询服务或为其联系书写诉状之类事项的律师职业角色。在诉讼程序方面,由于当事人法律意识不高,缺乏程序理念和证据观念,当案件无律师代理时,为了查明案情,法官有时会主动到原、被告家里调查案件情况。这常常会一方面加重法官的负担,在案多人少、绩效考核的压力下,法官难免会发生对当事人态度不好的问题;另一方面又给当事人留下法官违反了客观中立立场和举证规则、破坏回避原则的印象,造成被调查方当事人的不满。在案件实体处理方面,当事人片面追求己方利益最大化,法官则要综合考虑平衡各方的意见,难以实现原、被告双方都满意的结果。法庭审判权运行的法律效果与社会效果并未得到有效统一。法官身心负荷较大。

(二)审判组织人员的角色定位偏离

在现行"压力型"司法体制下,审判绩效考核制度迫使人民法庭法官的审判活动在解决纠纷与落实法律规则之间明显倾向于前者,凡是能利用来解决纠纷的资源一概利用,甚至将神圣的法律予以某种转化、变换或模糊。为了解决纠纷,法官偏离了依法裁判的客观中立者角色,其审理案件时不仅要考虑"适合此案的规则"①,还要从生活在特定场域中的当事人的角度及案外社会人情和形势因素出发看待案件和思考问题。这些因素积累起来成为法官的办案经验即"地方性知识"。法律就是地方性知识;地方在此处不但指空间、时间、阶级和各种问题,而且也指特色,即把对所发生的事件的本地认识与对可能发生的事件的本地想象联系在一起。② 只有这样才能实现案结事了、避免当事人上诉和信访,并为人民法庭及法官带来绩效考核上的体面数据。同时,对于适用普通程序的案件,基于陪审率考核需要、办案方便及节约经费的考虑,人民法庭多选择所在地的人民陪审员组成合议庭审理案件。首先,陪审员多为当地乡镇村的干部,是熟人社会的熟人,存在回避难题;其次,部分陪审员的法律业务素养不高、庭审行为不规范,甚至于陪而不审,却享有与法官等同的案件审理权利。陪审员的选任及陪审行为缺乏相应的制度性制约和监督机制。

(三)法律适用与风俗习惯难以契合协调

我国法官队伍职业建设采取了"高学历＋职业资格"模式。人民法庭迎来了通过公务员招考录用的高学历年轻人才,优化了人民法庭法官队伍的年龄和学历结构,为基层法治建设注入了新动力。但是,这些受过系统法学教育的专业型年轻法官在富有法治理想,并对法律条款社会能力深信不疑的同时,却缺乏社会经验、政治经验和

---

① [美]本杰明·卡多佐:《司法过程的性质》,苏力译,商务印书馆1998年版,第4页。

② [美]吉尔兹:《地方性知识:事实与法律的比较透视》,邓正来译,载梁治平主编《法律的文化解释》,三联书店1998年版,第129页。

社会科学知识,产生了"水土不服"的职业问题,即机械地适用法律专业技能解决各种纷繁复杂的社区或农村矛盾纠纷难以取得良好的社会效果。在乡土社会,法律不仅而且主要不是来自国家的立法权,也是而且主要出自许多个人和群体在其日常的相互交往中穿凿的关系。他们建立了各种民间法律关系,创造了可以被恰当地称作习惯法的制度。① 这种风俗习惯法就处于中国传统乡土社会差序格局中特殊主义的信任结构里。在差序社会里,一切普遍的标准并不发生作用。一定要问清了对象是谁,和自己是什么关系之后,才能决定拿出什么标准来。② 风俗习惯法具有区域性特征,却在某种程度上比国家法律更具规范功能。法官司法不得不考虑风俗习惯,否则,乡民可能表现出"良性"违法现象而不服判息诉。年轻的法官由于社会经验的欠缺没有意识到有效解决矛盾纠纷并非简单地适用法律规则,反而常常会抱怨和指责民众思想落后、法律观念不强。这就造成人民法庭司法过程中法律适用与风俗习惯难以契合协调。

(四)"两便"原则及特殊功能未取得预期效果

2005 年 9 月 16 日《关于全面加强人民法庭工作的决定》规定,基层法庭的工作要求是"面向农村,面向基层、面向群众",其工作原则是"便于当事人诉讼,便于人民法院依法独立、公正和高效行使审判权"。2010 年 11 月 1 日开始实施的新《人民法院法庭建设标准》进一步明确了法庭各项建设标准。人民法庭审判权运作的物质基础得到了有效改善。学界总结认为,人民法庭从便利群众出发,采取驻庭办案和巡回就审相结合的工作方法。③ 司法实践中,虽然并非所有的人民法庭都位于偏远的乡村,但毕竟远离城区生活,条件较基层法院相对艰苦。因而,派出法庭的法官往往是基层法院采取"轮岗"方式选派的,尤其是选派刚毕业的年轻法官,法庭负责人则是为了职务升迁而选择被动性"空降"而来的。法庭法官就此也多住在城里,民众不一定能方便地找到法官。同时,随着基层法庭正规化、程序化、法治化建设步伐加快,案件审判流程管理制度被普遍建立起来。立审分离、审执分离、审监分离等规范化操作使得当事人多次往返于人民法庭。人民法庭驻地办案、方便群众诉讼并未取得预期的效果。除了办理案件外,人民法庭还被赋予了指导人民调解、处理群众来信来访和进行法制宣传、巡回审判等特殊功能。但由于同样面临着案多人少任务重的问题,派出法庭法官的绝大部分精力和时间花在最基本的办案工作中,使得其所负担的特殊功能一定程度上处于虚置状态,尤其是巡回审判成为"蜻蜓点水"式的象征性个案需要。

---

① [美]伯尔曼:《法律与宗教》,梁治平译,中国政法大学出版社 2002 年版,第 8~9 页。

② 陈国富:《两种信任结构:特殊主义与普遍主义》,载《社会学家茶座》(第一辑),山东人民出版社 2002 年版,第 111 页。

③ 陈光中:《中华法学大辞典》,中国检察出版社 1995 年版,第 436~437 页。

二、审判权良性运行范例及其借鉴意义

(一)民事审判权良性运行的司法范例分析

改革开放以来,乡村民众外出务工增多,乡村社会结构发生了很大的变化,同时市场经济催生了民众朴素的权利观念和意识。中国农民在费孝通先生笔下所描述的无讼、厌讼的传统情形已经有了很大变化。据统计,2009 年全国人民法庭共审结各类案件 2183722 件,标的金额 779.51 亿元,同比分别上升 13.23% 和 31.47%。[①] 面对如此众多的纠纷案件,全国 9835 个人民法庭中涌现出了不少先进典型。传统的马锡五审判方式和人民优秀法官宋鱼水、陈燕萍办案法成为基层法庭审判权良性运行的借鉴范例。

1. 马锡五审判方式——社会主义司法人民性的实践渊源

1945 年 1 月 13 日《解放日报》刊发的《新民主主义的司法工作》一文将马锡五审判方式归纳为八个方面的特点:走出窑洞,到出事地点解决纠纷;深入群众,多方调查研究;坚持原则,掌握政策法令;请有威信的群众做说服解释工作;分析当事人的心理,征询其意见;邀集有关的人到场评理,共同断案;审案不拘时间地点,不影响群众生产;态度恳切,使双方乐于接受判决。[②] 马锡五审判方式凸显了司法的人民性,主要体现在:诉讼手续简便,注重便民、利民;在深入调查基础上,力求彻底查明案件真相,实现实质正义;吸纳群众参与司法,发扬司法民主并尊重民意;多手段促成调解,及时公正地解决纠纷;坚持原则下,灵活地适用政策和法令。在注重实体公正兼顾程序正义的司法理念下,马锡五审判方式不可能作为普适性的纠纷解决方式。因为一个理性的政府没有理由拒绝程序的建设。不按程序办事尽管可以带来一时的方便,但这样做的代价非常高,甚至会危及社会统治体制的正统性。[③] 虽然如此,但对缺乏足够的司法资源而又位于农村、边远和经济不发达地区的基层法庭来说,囿于经济文化的制约,现代法治与民众和官员对于司法的期望之间还存在着距离。这使得在高度重视司法便民、为民的语境下提出人民法庭继承和发扬马锡五审判方式仍具有时代意义。

2. 辨法析理,胜败皆明——法官职业化进程中宋鱼水办案法

辨法析理、胜败皆明的宋鱼水办案法是司法认知领域价值取向与技术要求的完美融合,也是司法过程中法律发现逻辑的最高体现。宋鱼水将其办案方法总结为追

---

① 2009 年 3 月 13 日《最高人民法院工作报告》。
② 张希坡:《马锡五审判方式》,法律出版社 1983 年版,第 25 页。
③ 季卫东:《法治秩序的建构》,中国政法大学出版社 2001 年版,第 56 页。

求个案公正与社会公正、审判效果与经济社会效果、遵循法律与敢于创新、程序公正与实体公正四个方面的和谐统一。宋鱼水办案法凸显的司法价值在于:首先,将在道德良善的基础上进行的社会性感化教育,与运用法律知识进行专业化的解释说服结合起来,相互支撑,实现辨法析理的目的。其次,司法公开的方法。以当事人认可且看得明白为目的,注重案件裁判文书的事实认定部分和"本院认为"说理部分的有机结合,充分展示法官的心证历程,即通过公开法官被说服的过程,包括公开各种影响法官心证的主客观因素——常识、经验、演绎、推理、反证,表明法官在认定事实方面的自由裁量权受证据规则约束从而使裁判获得正当性。[①] 最后,高度重视当事人参与的程序价值。注重当事人双方的诉讼地位平等和诉讼权利义务的对应,让当事人充分表达意见并耐心倾听,在公开透明的诉讼过程中形成平等对抗的格局。

3. 情法辉映,曲直可鉴——司法人民性实践中陈燕萍工作法

在构建和谐社会的进程中,司法审判既是和谐社会中利益冲突的有效化解机制,又是和谐社会中有效社会控制的基本路径,还是实现和谐社会价值追求的重要载体。[②] 陈燕萍工作法是回应构建和谐社会新目标下人民群众司法需求的产物。其内容是用群众认同的态度(温情接待、耐心倾听、换位思考)倾听诉求、用群众认可的方式(指导举证、深入调查、严格审核)查清事实、用群众接受的语言(译解法律、类案引证、引理入法、以理补法)诠释法理、用群众信服的方法(真情调解、调判结合、合力化解)化解纠纷。[③] 陈燕萍工作法的司法价值在于:首先,将个人人格魅力融入亲民式的审判中,获得较高的司法公信力。其次,在解决纠纷过程中做到情理法相统一,营造司法亲和力。最后,随着审判方式的改革,在各种主客观因素的制约下,我国法院和法官在司法限度——司法能动抑或司法克制的问题上,采取了"自我限缩"的立场。[④] 而陈燕萍却打破坐堂审案的常规,适度能动司法,平衡当事人的诉讼能力,最大限度实现公平正义。

(二)民众信赖的审判权良性运行范例的共性探析

马锡五、宋鱼水、陈燕萍的办案方法是特定时代语境下的司法典范,探寻其办案方法的共性所在,有助于为人民法庭构建审判权良性运行机制提供借鉴。

1. 利用人格魅力,践行司法便民亲民

法官的个人道德、品性及人格魅力对于成功化解社会矛盾纠纷,对于司法公信力

---

① 唐仲清:《判决书制作应确立判决理由的法律地位》,载《现代法学》1999 年第 1 期。

② 公丕祥:《纠纷的有效解决——和谐社会视野下的思考》,人民法院出版社 2007 年版,第 3 页。

③ 王静:《基层法院的纠纷解决与规则治理之路——对陈燕萍工作方法的法理解读》,载《人民司法(应用)》2010 年第 4 期。

④ 吴英姿:《司法的限度:在司法能动与司法克制之间》,载《法学研究》2009 年第 5 期。

之建设、司法功能之实现非常重要,至关重要。[①] 马锡五、宋鱼水和陈燕萍三人的工作法中都蕴含着崇高的人格魅力。谢觉哉赞誉马锡五的亲民形象为"你是从群众泥土里长出的一棵树,群众泥土是你智慧的源泉"[②]。心悦诚服的败诉方给宋鱼水送来了锦旗。老百姓称赞陈燕萍说:"案子交到陈法官手上,双方心里都踏实。"亲民式的审判拉近了司法与民众的距离。民众对法官的信任转化为对审判权运行的信任,从而淡化了程序的严肃性和张力。

2. 平衡当事人诉讼能力,事实认定注重调查研究

程序正义理论所要求的谁主张、谁举证,限期举证,程序经过就不得反悔等规则对奉行乡土情理正义观的民众而言是难以理解和接受的。宋鱼水、陈燕萍并非简单坐堂问案,尤其是在弱势当事人不能举证、导致案件事实真伪不明时,不深入实际了解案件情况,不去调查走访,单纯依赖证据规则追寻案件事实,而是适度能动地帮助和指导诉讼能力较弱的当事人举证或依职权调查取证,最大限度地使法律真实接近客观真实。

3. 尊重当事人诉讼权利,引导诉讼程序逐步推进

程序公正的核心与实质在于程序主体的平等参与和自主选择,确立程序运行结果道德上的可接受性。[③] 尊重当事人的程序参与权,在一定程度上能有效地制约法官的主观擅断,增强民众对案件处理的认同感。宋鱼水、陈燕萍在办案过程中,注意调动当事人参与诉讼的积极性,保障其有效行使各项诉讼权利,并通过畅通交流渠道,耐心听取当事人的陈述,让其在法律框架内充分表达合理的诉求,从而发现真实、辨法析理,找到矛盾纠纷化解的切入点。同时,适度向弱势当事人方倾斜,以法官的良知来引导当事人双方在平等对抗中推进诉讼程序。

4. 法律适用与情、理的统一,实现息诉服判

法律适用是司法裁判逻辑三段论的大前提,而法律适用的核心环节则是解释法律并将事实涵摄于法律规范之中。但法官若机械适用法律,忽略案件的社会特征和裁判结论的妥当性,则会造成司法与社会的冲突。因而,法官办理案件需要考量立法目的、社会主流价值、社会需求等因素。宋鱼水情理法并重、陈燕萍引民俗入司法的办案思路,既包含了结论妥当性的考量,又体现了利益衡量的思维方法,达到了依法断案又尊重了风俗习惯、乡规民约相结合的目的,实现了法律效果与社会效果相统一的目标,取得了民众对司法工作的认同。

---

① 苏力:《中国法官的形象塑造——关于"陈燕萍工作法"的思考》,载《清华法学》2010 年第 3 期。

② 张世斌:《陕甘宁边区高等法院史迹》,陕西人民出版社 2004 年版,第 90 页。

③ 樊崇义:《诉讼原理》,法律出版社 2003 年版,第 235 页。

三、构建值得民众信赖的人民法庭审判权运行路径

在和谐社会的时代主旋律下,借鉴审判权良性运行的典型范例是回应社会转型期乡村民众司法需求的需要,也是人民法庭司法工作践行司法为民宗旨的必然要求。

(一)乡村司法治理论与法治论的平衡

改革开放至今,中国农村可以分为以农业生产为主的普通农村、少数民族聚居的边疆农村和依托城市发展而获得较大发展的农村三种类型。但从人口和农业产值角度而言,普通农村仍然占主流和大多数,其位于非城郊地区,工商业不发达,农业人口密集,农民收入主要为农业收入或外出务工收入。人民法庭的司法实践形态应以普通农村为主要分析对象。在乡村,一方面,人民法庭在日常司法实践中履行着送法下乡的职责,另一方面,乡村民众在寻求司法解决纠纷中产生迎法下乡的需求。但是,基层法官在司法的过程中感受到法治理念和制度与地方性知识的紧张和对立,法律规范与民间法之间的妥协与合作。人民法庭司法面临着司法法治论与"反司法"治理论并存形态。基层司法在治理论看来,地方性规范不必然但常常占有优势地位,法律规范不总是却常常被规避;司法过程充斥着各种策略和权力技术;基层法官和乡村干部形成了纠纷解决的联合机制。基于维护乡村社会稳定和治理需要,基层法官奉行治理逻辑,非从规则层面而是从事实层面解决纠纷,遵循是非规则导向而是结果导向。在法治论看来,当前农村人口流动增强,社会结构变迁,人民法庭司法权应去治理化功能而复归为判断权;实施规则之治,当事人平等对抗;普及法律程序意识,化解不同农民阶层间因地方性知识所致的结构性利益冲突;建立农民群体利益制度化表达渠道;清除联合乡村干部解决纠纷的另类"行政干预司法"现象。鉴于国家目前无法承担完全的法治化司法在乡村社会的运作成本,农民更承受不起这种成本[①]的现实状况,人民法庭审判权良性运行应结合治理论和法治论二元结构理论予以完善。

(二)人民法庭审判权良性运行的制度完善

中国传统文化和农村社会的乡土化的巨大惯性决定了人民法庭审判权运行的制度设计不能脱离农村的现实状况,否则,无论多么精妙的制度设计都不能茁壮成长。结合乡村司法当前的社会环境,应完善人民法庭运行的相关制度。

1. 人民法庭受案范围以小额诉讼和速裁程序为主

严密的诉讼程序会延长诉讼周期和增加诉讼成本。能否为乡村民众提供符合其文化、经济层次需求的有效司法服务,关系到人民法庭审判权运行的效果和标准的诉

---

① 陈柏峰:《乡村司法》,陕西人民出版社 2012 年版,第 286 页。

讼模式能否在乡土社会土壤中扎根的问题。根据程序与纠纷相一致原则，兼顾诉讼经济和程序正义的统筹要求，并结合新民诉法对法院受理案件分类处理的相关规定，人民法庭受案范围应以小额诉讼和速裁程序为主，以开庭审理程序为辅的案件。通过弱化基层法庭审判权运行的程序要求、减少程序化开庭审理方式、低成本处理纠纷有助于实现基层法庭设置的"两便"原则，有助于发挥人民法庭以调解方式解决纠纷的优势地位。

2. 赋予当事人选择案件处理方式的权利

随着替代性纠纷解决机制 ADR 的兴起和发展，ADR 具有灵活性、尊重当事人选择权和处分权、协调当事人自治和法律强制间的关系等特点和优势使其日益得到提倡和推广。司法实践中人民法庭综合运用案外协调、委托乡村干部调解、诉前调解等纠纷解决方式也起到了 ADR 机制同样的功能。不过，前者往往是人民法庭主导的，并具有浓厚的社会治理化色彩，而忽略了当事人的自治。因而，人民法庭在"接地气"运用"草根语言和智慧"而行委托调解等方式处理案件时应告知当事人程序非讼化优点，征询其意思，赋予其选择案件处理方式的权利。

3. 建立法律援助律师工作站制度

目前，我国民事案件法律援助范围主要限于经济困难而又需要维护自身合法权益的对象。当事人申请法律援助要经过严格的审批手续，然后主要是由司法行政机关指派相关的律师或法律工作者提供法律援助服务。囿于财力和人力的不足，法律援助供需矛盾日益凸显，而且法律援助诉讼案件的服务质量总体低于有偿诉讼服务质量。鉴于乡村民众法律素养匮乏，建立人民法庭法律援助律师工作站制度，由专职律师轮流为民众免费提供优质的诉前法律咨询服务和参与涉诉信访案件的化解工作，使得人民法庭成为民众乐于去解决纠纷的机构，而非被动应对纠纷的机构，并推进乡村法治进程。

（三）人民法庭审判权良性运行的实践路径

基于人民法庭审判权运行目前存在的问题，并结合马锡五、宋鱼水、陈燕萍工作法的借鉴意义，应对人民法庭司法实践层面予以完善。

1. 加强人民法庭物质基础建设，优化法官配置

2005 年《关于全面加强人民法庭工作的决定》第 5 条规定，人民法庭要有自有的审判、办公用房，以及适应审判工作需要的办公设施、通信设备和交通工具。2010 年11 月 1 日新施行的《人民法院法庭建设标准》对基层法庭各项建设项目标准作出明确规定。在社会经济发展水平较高地区，人民法庭审判权运行的物质基础确实得到了改善，也提高了法庭自身权威，但是社会经济欠发达地区的人民法庭的建设依然滞后，尤其是法院信息化建设快速发展当下，人民法庭建设有待进一步加强。另外，法官队伍职业化、精英化建设已成为我国司法实践发展的主流和必然趋势。经济发达

地区的人民法庭对优秀人才更具吸引力,法官职业化程度相对较高。相反,经济欠发达地区的人民法庭法官职业化程度低。同时,在各国,现代法律及其相关的制度很难进入农业社会、熟人社会或在这样的社会中有效运作。[①] 这就决定了人民法庭既需要职业型法官,又需要丰富地方性知识的法官,两者比例适当有利于人民法庭的良性运作。

2. 适度能动司法,突出法官释法答疑义务

诉讼中,乡村当事人常常因各种原因导致其处于实体法权利不合于严格法律规则或程序法上诉讼能力较低的弱势地位。这就要求法官奉行能动司法,适度地干预,向保护弱势群体倾斜并提供必要的司法服务的工作机制。为了实现纠纷解决的法律效果与社会效果相统一,诉讼中人民法庭的法官应加强履行释法答疑的义务,即就听审请求权之保障而言,法院应提供法律资讯、情报,为法律见解表明及心证公开等服务,与当事人进行法律上、事实上及证据上之讨论、对话,特别是当事人对法律关系之构成有所错误或误解法律之情形,法院负有义务予以阐明、指示。[②]

3. 司法实践中充分利用利益衡量的裁判方法

由于乡村民众的权利义务观念与法律规定的权利义务之间可能不一致,且农村社会注重实质正义,这就导致群众的公正观与法律公正观之间存在差距。基层法官在解决纠纷的过程中,应根据案件的具体情况,结合农村社会的风俗习惯、乡规民约的特点,通过其自身的地方性知识和价值判断经验,利用利益衡量的方法,并借助"'群众说事,法官说法'的机制,把法治思维、法治手段和村民自治结合起来,把法律和道德、乡规民俗结合起来"[③],实现案件处理情理法相统一,增强案件处理的社会认同度。

4. 加强巡回审判,充分发挥裁判文书宣教功能

巡回审判节省了当事人诉讼开支,增加了乡村文化场域的应用概率,扩大了诉讼解决纠纷的供应范围。通过"建站、设点、聘任联络员"的方式加强巡视审判的力度,实现送法下乡和迎法下乡的有机结合,拉近民众与"司法是最后的救济手段"之间的距离。同时,司法裁判文书是民众接触法院最便捷的方式。为了扩大巡回审判的效果,对典型案件应加强裁判文书对证据采纳上的析理和理论性论证,以高超的司法技艺让胜败双方皆服,从而确立乡村社会的司法公信力,构筑农村社会稳定的基石。

5. 延伸司法功能,积极推动无讼村社的建设

随着我国现代化建设、法治国家建设的快速发展,人民法庭审判权的运行对乡村社会中的资源分配、纠纷解决及秩序维护的作用日趋重要。最高人民法院《关于全面

---

① [美]本杰明·卡多佐:《司法过程的性质》,苏力译,商务印书馆1998年版,第39页。

② 邱联恭:《程序制定机能论》,台湾三民书局2002年版,第16页。

③ 宁杰:《扩大司法民主 促进公正司法》,载《人民法院报》2014年7月19日。

深化人民法院改革的意见——人民法院第四个五年改革纲要(2014－2018)》提出完善人民法庭制度,积极推进以中心法庭为主、社区法庭和巡回审判点为辅的法庭布局形式。但作为基层法院的组成部分,人民法庭亦面临着案多人少的现状。实践中,按照"人民法院为主推动、人民法庭具体实施、社区法官牵线搭桥、社区调解积极跟进"[①]模式创建无讼村社的司法新动态所展现出的活力,为人民法庭审判权的运行增添了"新魅力"。

---

① 齐树洁等:《福建法院创建"无讼社区"活动的法理分析》,载《甘肃政法学院学报》2014年第1期。

第十八章

新形势下乡土法官
调解模式的检视与完善
——从人民法庭家事纠纷的微观角度

李文超* 李明红**

当前家事审判被赋予更高的使命——"注重维系家庭的凝聚力和稳定性,让家庭成为家庭成员和衷共济、协力共建的坚固堡垒,而非朝和夕散、各顾自我的临时搭伙"[①]。因此,推行具有乡土特色家事审判调解模式,修复婚姻家庭关系,以接地气的方法讲好家事法治故事,成为家事审判的一项重要职能。调解作为一种"调整型"而非"判断型"程序,与家事纠纷中当事人关系的"错综复杂"具有天然的契合优势,在解决家事纠纷效果上得到了世界各国的普遍认同。然而,透视我国乡土法官调解家事纠纷[②]的行为类型,尚缺乏观念自觉、技术管控和行为规范,调解效果不尽如人意,在修复婚姻家庭关系上也未能很好地发挥其功用。有鉴于此,本文对乡土法官调解家事纠纷的行为类型进行归纳,对其偏差的原因进行了剖析、检视,并立足于家事审判方式改革背景下调解的功能和理念定位,从"过程"修复关系及"结果"实现权利两个维度展开论述,最终在法官调解家事纠纷的时机、尺度、方式等层面给予要素式建构和规范,摸索出一套符合家事案件特点,适应家事案件调解和裁判需要的、具有乡土特色的审判机制。

一、现状考究:乡土法官调解家事纠纷的类型化偏差与溯源

在我国,80%的法官都工作在基层人民法院,这其中有很大一部分工作在乡镇的

---

* 北京市门头沟区法院法官,研究室、审管办副主任。

** 北京市门头沟区法院研究室法官助理。

① 杜万华:《宣德扬善 促进新时期家庭家风建设》,http://www.court.gov.cn,于 2017 年 8 月 20 日访问。

② 家事调解分为诉前调解和诉讼调解,本文所讨论的仅限于诉讼过程中法官主持的调解。

基层派出人民法庭,如同驻扎于当地的乡镇干部一样,驻守在最基层,这就是"乡土法官"。他们承担着大量的家事纠纷和调解案件。但当前存在大量家事调解书进入强制执行的现象,一定程度上反映出当前我国通过调解彻底解决家事纠纷的实效性尚未显现,与各方所期待的"案结事了"的效果有较大差距。反观乡土家事法官调解现状,暴露出以下调解过程中的"走样"问题。

(一)乡土法官调解家事纠纷的类型化偏差

1. 调解效果减损——"视而不见"式调解带来程序反复

与普通民事纠纷不同,家事纠纷往往涉及未成年子女的权益保护问题[①],其处理结果的履行方式特殊、履行期限较长。故调解须考虑是否有利于未成年子女利益最大化保护、调解结果是否可执行等。然而,一些法官常过于追求"案结",认为当事人自愿达成协议实属不易,即使调解结果对未成年子女的利益保护存在"隐性不公",或履行存在障碍,仍视而不见,为后续抚养费、探望、财产等执行埋下隐患,无法实现"事了",当事人只得再次启动司法程序寻求救济。部分个案显示调解因素考量不全导致程序反复,调解结案的效果受到减损。

> ➤ **基本案情**
> 刘某(女)与张某(男)探望权纠纷,调解时刘某表示张某可以随时探望和接走双方之子张某某。承办法官未经严格审查即作出调解书确认允许探望和接走孩子。
> ➤ **后双方矛盾激化**
> 现实生活中,孩子随刘某母亲李某居住,李某拒绝张某探视孩子。刘某也对张某探望子女的时间和方式不认可,双方无法达成一致。
> ➤ **申请强制执行**
> 张某不得已申请强制执行。而这源于法官急于调解结案,未充分考虑探望权的行使条件和方式时间等。
> ➤ **程序反复**
> 执行法官需就探望权问题进行"再调解",或当事人进行另诉。

说明:个案中诉讼调解中的静态权利与执行程序中的动态权利冲突

笔者对 B 市 M 区法院审理家事纠纷案件的 3 个派出人民法庭的 17 名家事法官进行访谈,其中有约 2/3 的法官表示不会主动考量子女利益及意愿、后续执行等影响调解效果的因素(见图 18-1)。当被问及调解协议可能损害未成年子女的利益时,受访法官表示:"这是当事人的处分权,除非法律有明确的规定,我一般不会主动干预,

---

① 2016 年调解结案的 706628 件家事案件中,婚姻家庭纠纷占 91.8%,而婚姻家庭纠纷多数涉及未成年子女的问题。http://www.stats.gov.cn/tjsj/ndsj/2016/indexch.htm,于 2017 年 6 月 7 日访问。

双方达成的意愿我们也不好干涉。"当被问及是否关注已调解案件进入强制执行时，多数受访法官表示："案件已调解结案，是否进入强制执行阶段我一般不关注。"

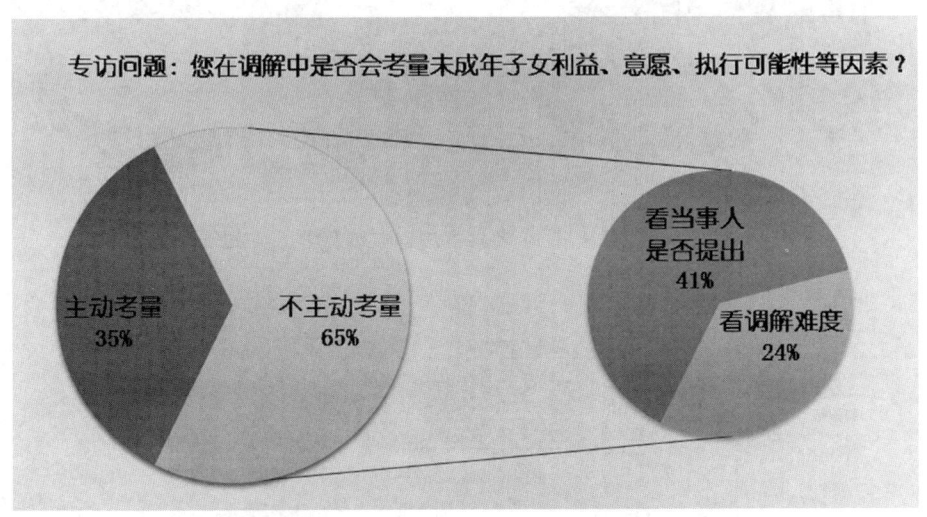

专访问题：您在调解中是否会考量未成年子女利益、意愿、执行可能性等因素？

主动考量 35%
不主动考量 65%
看当事人是否提出 41%
看调解难度 24%

图 18-1　在家事纠纷调解中法官是否主动考量案件效果因素

2. 经验契合偏差——"亦步亦趋"式调解带来程序走样

对于涉及身份关系的家事案件，因该类案件不仅仅关系到当事人自身的利益，还同社会的公共利益紧密相关，故对案件的审理人员、场合、方式、程序等方面都有很高要求。而我国家事法官由于在经验积淀和技术储备方面均与案件特性匹配仍存在偏差，导致调解把控能力不足，存在大量"亦步亦趋"式的调解：

（1）经验积淀缺乏致"过场式"调解。在基层法院的人民法庭，家事纠纷因法律关系相对简单，往往被视为"技术含量低"的案件类型，且家事纠纷审理过程耗时、耗力，不易出审判成绩，刚刚开始办案、没有结婚、没有子女的年轻法官（往往学历较高）成为审理家事纠纷的主力军，34 岁以下的法官约占 59％（见图 18-2）。但实际上能够游刃掌控家事调解，既需要完备的法律知识系统，又要有洞察家事纠纷产生、发展、变化规律的领悟力和体察力。[①] 在结案率的重压之下，法官主观上不愿在开庭前专门安排时间组织调解，特别是在收案量较大的法院，"半小时排队"式开庭现象屡见不鲜。年轻法官则更担心若调解不成，当事人不再出庭，在案件事实、争议的固定等方面会面临困难。又囿于"应当先行调解"法律规定的约束，将调解程序"固化"在开庭事实查明、举证质证等程序之后，使得当事人经过一系列程序"洗礼"之后很难再达成"和好"方案（见图 18-3）。这源于年轻法官对哪些当事人愿意调解、调解不成后当事人是否愿意出庭等实践问题的心理分析能力不足。

---

① 陈爱武：《论家事审判机构之专门化——以家事法院（庭）为中心的比较分析》，载《法律科学（西北政法大学学报）》2012 年第 1 期。

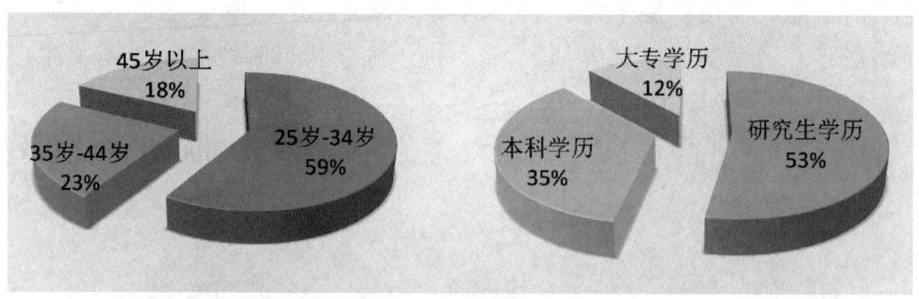

图 18-2　B 市 M 区法院 17 名家事法官年龄及学历层次分布情况

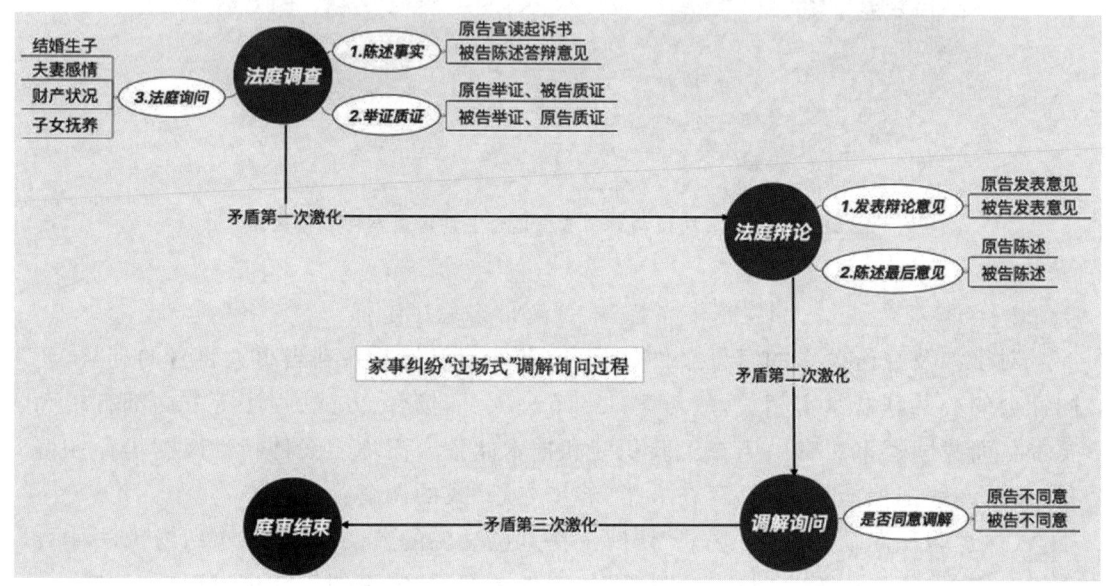

图 18-3　急于"固化"事实和证据致离婚纠纷"过场式"调解

（2）一般民事调解术的"水土不服"。自 2015 年提倡积极开展设立专门家事审判庭试点工作以来,各地纷纷从民商事审判庭抽调法官组建家事纠纷审判庭。然而,大部分审理家事纠纷的法官所积累的调解术往往来源于其他类型案件的调解习惯和认知结构,缺少针对家事纠纷案件特点的针对性。一般的民商事案件当事人之间达成的"心理需求"并不特殊,多数关注点仅在于利益划分。而家事纠纷当事人有其特有的"心理需求"即"和为贵",以及"心理事实"即"不轻易向对方示弱,但对方一旦示弱,便不再苛求",这与家事纠纷的人身依附性密切相关,需要灵活的、个别化的调解方法。而调解习惯致诸如商事、行政等法官将一般调解术"移植"至家事纠纷中,忽视处理家事纠纷情感关系修复性的宗旨,致调解效果不佳。如简单地将"施压术"运用到家事纠纷中,当事人短时间内接受,易给后续长期履行埋下隐患。

3. 当事人权益受损——"张弛过度式"调解缺少权利尊重

（1）调解启动随意性强。目前,法律仅规定"婚姻家庭纠纷和继承纠纷应当先行调解",其他家事纠纷是否"先行调解"并不明确,且宽泛的规定致强制性不足,加之受法院内部考核压力影响,包括法定审限内结案率、调解率、信访率等因素的影响,家事法官在能否调解、何时调解、调解次数的把控上随意性过强,存在相类似案件处理结果不一的问题。

（2）调解力度参差不齐。调解成功的关键在于法官找寻到双方的"互让点",促成双方达成调解协议。但家事法官对于调解的价值认知仍不到位,常出于对较为复杂案件的法律规定认识模糊,或出于不愿撰写逻辑清晰、事实认定清楚的判决书等原因,压制不适宜调解的双方当事人强制调解,导致强制型调解（或称压制型）、包办型调解（或称家长型）盛行,[①]使得双方"互让点"变得畸形,调解效果不佳。只要"久调不决""哄骗调解"等现象依然存在,调撤率的上升就仍不能代表纠纷解决质量的提高了。

> **基本案情**
> 梁某（男）诉沈某（女）要求离婚,双方婚姻关系期间与他人共同投资运营一家鞋厂,投资垫资关系较为复杂。为增加对方债务承担份额,各方都举证曾在婚姻期间为运营鞋厂向第三人借款事实,且沈某存在与其他男子开房的事实。
> **调解难度大**
> 经审理,发现双方共同财产分割、共同债务认定,以及沈某是否存在过错等事实难以证明。
> **强制性调解动因**
> 梁某情绪激动,并称受到与沈某开房男子的多次威胁恐吓。承办法官借助梁某要求尽快离婚的诉求,在未分割财产、未认定婚姻过错的情况下,以调解方式离婚结案,双方签字。
> **程序反复**
> 梁某虽然在离婚调解书上签字,但在此后的离婚后财产纠纷中,因诉讼周期长、未能实质上解决纠纷等多年不断信访。

说明:个案中"张弛过度式"调解对当事人权益的可能侵害

（二）调解观与调解制度:诉讼调解偏差的归因检视

1. 法官调解观的检视

一般而言,对于法官来说调解是要终结案件从而追求结案率,还是真正意义上化解当事人之间的纠纷,缓和家庭成员之间的矛盾,完全取决于其个人对调解的价值认

---

① 陈爱武、马荣:《家事案件审判程序若干问题的调研》,载《2017 年第四届中国婚姻家事法实务论坛论文集》,第 28 页。

知、程序参与意识和结果评价观念（见图18-4）。检视当前家事法官的调解观发现，已经与家事审判特有的时代需求不相适应，导致调解过程失衡。

（1）程序参与理念。对于法官的身份认知不到位，过于强调法官主导性，将调解作为一种"速成"式结案方式，尚未形成法院主持下的"他律"与当事人"自律"相结合的实质解决纷争机制，从而忽略了当事人的主体参与性（这里当事人的主体参与性非指程序启动上的选择权，而是基于家事纠纷的人身依附性需要当事人积极参与调解过程）。

（2）职权干预认知。大部分情况下，审判程序仍停留在传统民事诉讼辩论主义和尊重当事人主义层面。不能将家事纠纷与普通民事纠纷有所区分，导致家事纠纷的处理结果过于偏重财产分割而忽视人格利益，忽视法官职权干预在维系家庭稳定、保护弱势群体利益等社会公共利益的功能发挥。

（3）结果评价观念。对于调解成功与否的评价仍停留在以结果为导向的层面。在离婚纠纷大幅上涨、人们的婚姻观产生变革的情况下，法官更倾向于持"实用主义"的调解观，短时间内出具当事人签字的调解文书便视为调解成功。尽管不少法官认识到调解能够缓和及治愈家事纠纷当事人之间的关系是一个较长期的过程，但仍难重视调解的实质效果。

2. 调解制度的检视

（1）调解优先的强制性方面。我国现行立法针对家事纠纷法院调解的规定寥寥无几，相关内容散见于《民事诉讼法》《婚姻法》及相关司法解释，关于"婚姻家庭纠纷和继承纠纷应当先行调解"等内容，也因缺乏相应的配套约束制度，司法实践中则表现为"强制性"不足。

（2）特殊利益保障的强制性方面。当前，我国相关制度规定并未体现出人身公益性和对未成年子女利益特殊保障的强制性功能，调解过程中就无法贯穿必要的价值引导。不少夫妻往往最先考虑自身利益，关注财产的分割，对子女抚养权的问题也往往基于财产的获益程度而定，并非从未成年子女真正的利益出发考虑。

二、先决问题：乡土法官调解家事纠纷的功能与理念定位

在乡土司法的革新历程中，乡土法官作为最基层的践行者，在乡土司法文化的传播中发挥着重要作用。通过对其调解家事纠纷现状的考究，显现出对调解功能和法官调解理念进行再定位的必要。本文从修复当事人关系、促进纠纷实质化解的功能定位出发，意在纠正实务中过于重视调解结案"方式"而忽视调解"过程"的观念误区，结合"靶向式"治疗型调解理论，从主观及客观两个层面，督促法官调解家事纠纷的行为矫正。

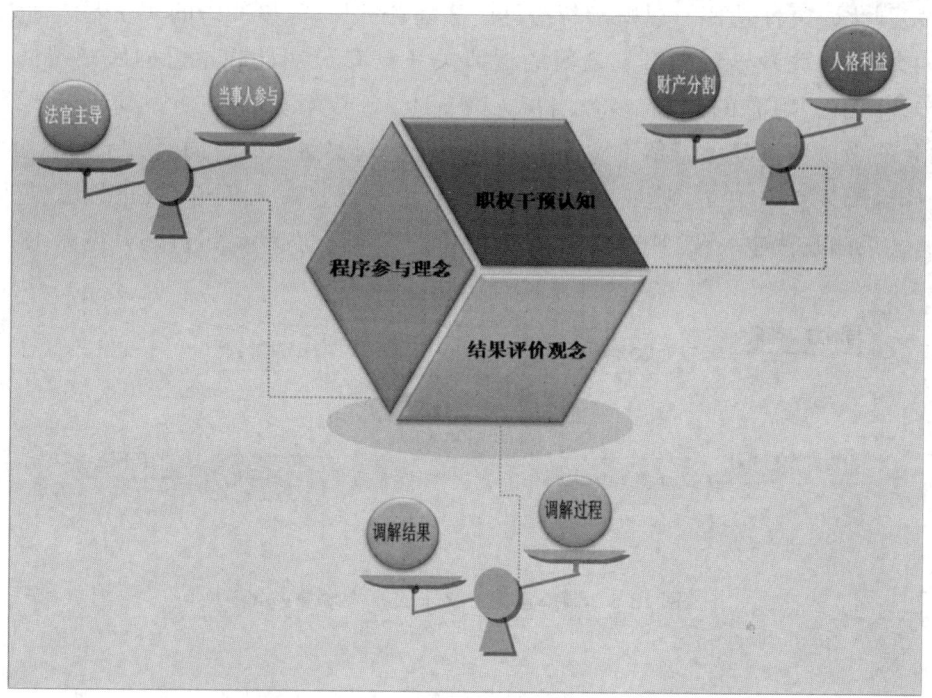

图 18-4　家事法官调解观可能的三个"失衡"

(一)先决之一:调解启动应系法定而非意定

家事调解主要分为调解前置(也称强制调解)与调解自愿。[①] 大陆法系国家多实行调解前置,如日本、德国,即未经调解程序不得进入诉讼程序。英美法系国家多实行调解自愿,即是否进入调解程序由当事人自行决定,但是对于涉及未成年的案件一般强制调解。我国法制体系与大陆法系更接近,《婚姻法》《民事诉讼法》等有关规定实质上都是强制调解模式的基础,[②]并结合前述有关我国家事调解远未显现修复紧张的人际关系、提高案件的自动履行率、保护弱势群体利益等制度预期的现状。

1. 功能定位:以促成感情修复与促进自动履行为目标

(1)职权介入。2016 年,法院共审理离婚案件 139.7 万件,民政部门登记离婚346 万对,受离婚影响的人超过 5000 万人。[③] 家事纠纷如不能及时得到解决,往往会带来更多社会问题,必然要在"私密""公正"解决纠纷的同时,赋之予"公益性",体现法官依职权介入的必要性。

①　张翼杰:《社区家事纠纷解决机制研究》,中国法制出版社 2016 年版,第 266 页。

②　汤鸣:《比较与借鉴:家事纠纷法院调解机制研究》,法律出版社 2016 年版,第 239 页。

③　杜万华:《深入贯彻习近平总书记重要讲话精神,全面推进新时期和谐家庭建设》,www. chinacourt. org,于 2017 年 6 月 7 日访问。

(2)强化修复性功能。以财产纠纷诉诸法院的背后,家事纠纷的实质矛盾为人身关系的冲突,血缘关系导致当事人之间的法律关系具有长期性和不可彻底割裂性。[①] 并且受传统"无讼"观念的影响,多数当事人表面上"剑拔弩张","心理需求"却是缓和矛盾,如此便为调解修复关系留下空间。但主动表达调解意愿似有向对方示弱屈服之意,如此,倘调解采意定主义,则必然带来大量家事纠纷径直进入诉讼,激化矛盾(见图18-5)。但若采调解法定主义,则不会使当事人因面子问题而遗憾错过调解(见图18-6)。

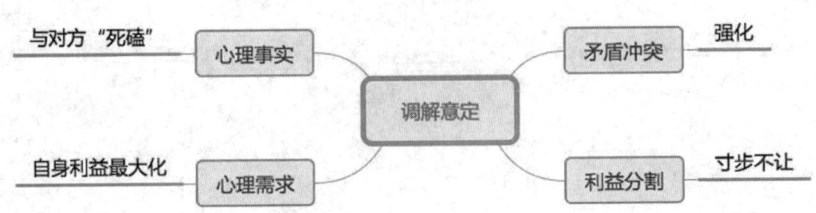

图 18-5　调解意定主义下当事人矛盾激化

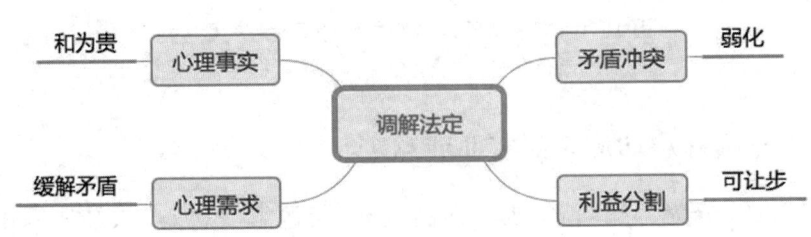

图 18-6　调解法定主义下修复当事人关系

(3)实现"自律性"履行。不同于普通民事经济纠纷义务的履行,如抚养费、赡养费的支付、探望权的行使都是一个长期性的问题,在数达十年的履行期中,当事人权益的实现主要依靠的是对方当事人的自觉。将家事调解界定为必要的前置程序,双方在矛盾缓和情况下达成的调解协议,持续性的自动履行也会大大提高。

2.效益考量:"靶向调解"节约诉讼成本、彻底化解纠纷

(1)节约诉讼成本。当前时代的"诉讼爆炸"与司法资源严重紧缺之间的矛盾日益突出,有调查显示相对诉讼而言,家事调解具有高效性。如家事诉讼程序在日本平均需要 10—26 个月,而香港某研究小组发现,当事人达成全面调解协议仅需 10—18

---

① 　汤鸣:《比较与借鉴:家事纠纷法院调解机制研究》,法律出版社 2016 年版,第 13 页。

个小时。[①] 调解法定前提下,为提高审理效率,倒逼法官"抽丝剥茧",有意识地寻求家事纠纷根源,切中要害有效展开调解,避免诉讼程序中当事人相互间的纠缠与拖沓,同时避免程序反复。

(2)彻底化解纠纷。在诉讼程序中,家事纠纷常以满足特定规范要件的形式被定型化处理,而在法定调解程序中,可以在实质方面不依据规则程序,避免"过场式"调解过于注重固定事实及证据,从而充分考量复杂的家事关系。与财产关系的定型化同质化处理不同,可以也必须结合个案特征作出具体的调解方案,实现"靶向治疗"(见图18-7)。这才符合亲属身份关系的实质,推动纠纷的彻底、长期性解决。

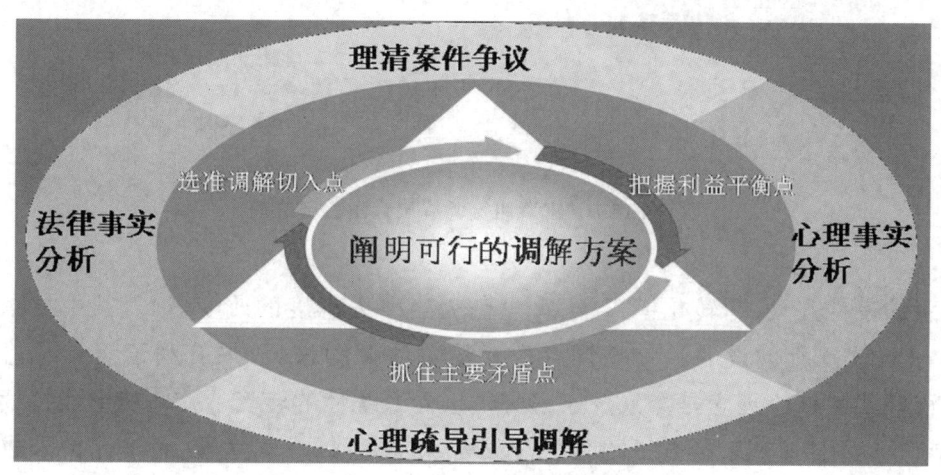

图 18-7　家事纠纷调解"靶向治疗"

(二)先决之二:调解评价应看"过程"而非"结果"

如前文已述,狭义范围内仅追求以调解方式结案(即本文所指的调解评价仅看"结果"),而忽略调解过程带来的纠纷治愈功能,往往带来当事人的不自愿履行,急需调解法官认识到将治愈纠纷贯穿于调解过程的重要性。

1. 方向指引:注重调解过程对纠纷的治愈

(1)突出当事人参与"治疗"。调解发挥作用的关键在于当事人之间能有效对话,冷静务实地对问题进行协商。法官在调解过程中的角色应定位于程序的控制者、教育者、协谈者和启发者(见图18-8),若过于强调调解结果,法官易偏移角色导致压制调解。而强调调解过程之下,当事人可以充分参与调解过程,理性评估调解结果。

(2)"治疗"型调解模式。国外有关家事调解的模式大致分为问题解决模式(法官的职责为定义问题、解决问题)、程序模式(强调遵循标准程序)、治疗模式(关注当事

---

① 陈爱武:《家事调解:比较借鉴与制度重构》,载《比较法研究》2007 年第 6 期。

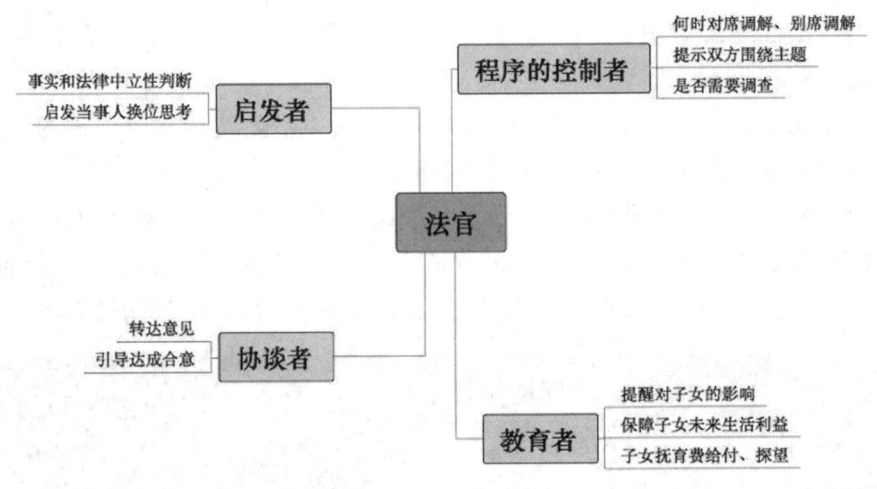

图 18-8 家事纠纷调解法官角色定位

人关系的良性互动)和转化模式(法官角色为当事人态度的改变者)。其中加拿大的 H. Irving 教授所创设的治疗型调解模式最关注调解过程,最有利于缓和及治疗冲突。该模式的核心理念是个人及家庭必须接受系统性的转变治疗才能形成持续有效的协议。[1] 并且该调解模式下不仅关注夫妻,更关注整个家庭,这对于保护未成年子女的利益等都非常有益。(见图 18-9)

2. 过程评价:正向评价元素增效与逆向评价元素提质

为提升家事法官调解有效性,推动当事人间的"权利实现",避免追求单项考核指标率使调解偏离价值导向,宜设置以下立体式正逆向评价元素。(见图 18-10)

(1)正向考核元素增效。第一,家事纠纷调解结案评价仍有必要。2015 年以来最高人民法院弱化对调解指标的考核工作,但 2016 年仍有 7 个省份调撤率指标依然在列,[2]这个指标被称为不符合司法规律而受到诟病。但对于家事纠纷仍应对调解结案比例进行评价,这与家事纠纷调解的法定前置相关,便于推动法官主动适用调解程序。第二,考量家事调解协议自动履行情况。自动履行包含两项,一是协议即时履行,二是执行阶段自动履行。因除需要长期支付抚养费、定期探望等内容外,涉及财产、是否离婚等事项均可实现即时履行,倒逼法官切实就相关事项展开调解。另因调解协议在执行阶段前的自动履行(即纯粹意义上的自动履行),没有相关登记、反馈程

---

① Alison Taylor,*Family Dispute Resolution Mediation Theory and Pratice*,杨康临、郑维瑄合译,台湾学富文化事业有限公司 2007 年版,第 125 页。

② 《法院仍"晒"不合理司法考核指标》,http://china. caixin. com/2016 - 02 - 25/100912438. html,于 2017 年 6 月 1 日访问。

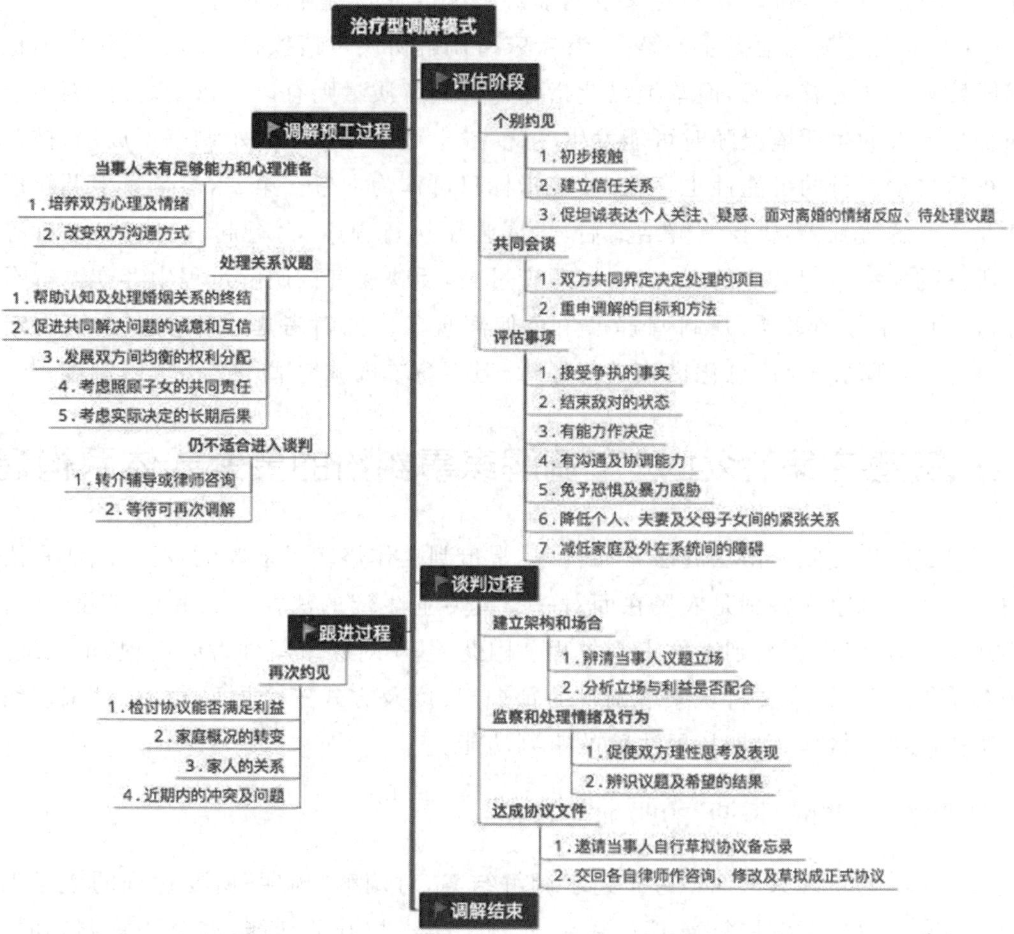

治疗型调解模式
评估阶段
个别约见
1. 初步接触
2. 建立信任关系
3. 促坦诚表达个人关注、疑惑、面对离婚的情绪反应、待处理议题
共同会谈
1. 双方共同界定决定处理的项目
2. 重申调解的目标和方法
评估事项
1. 接受争执的事实
2. 结束敌对的状态
3. 有能力作决定
4. 有沟通及协调能力
5. 免予恐惧及暴力威胁
6. 降低个人、夫妻及父母子女间的紧张关系
7. 减低家庭及外在系统间的障碍
调解预工过程
当事人未有足够能力和心理准备
1. 培养双方心理及情绪
2. 改变双方沟通方式
处理关系议题
1. 帮助认知及处理婚姻关系的终结
2. 促进共同解决问题的诚意和互信
3. 发展双方间均衡的权利分配
4. 考虑照顾子女的共同责任
5. 考虑实际决定的长期后果
仍不适合进入谈判
1. 转介辅导或律师咨询
2. 等待可再次调解
谈判过程
建立架构和场合
1. 辨清当事人议题立场
2. 分析立场与利益是否配合
监察和处理情绪及行为
1. 促使双方理性思考及表现
2. 辨识议题及希望的结果
达成协议文件
1. 邀请当事人自行草拟协议备忘录
2. 交回各自律师作咨询、修改及草拟成正式协议
跟进过程
再次约见
1. 检讨协议能否满足利益
2. 家庭概况的转变
3. 家人的关系
4. 近期内的冲突及问题
调解结束

图 18-9　治疗型调解模式结构图

正向考核指标
固定审限内启动调解率
即时自动履行率
调解结案率
自动履行率
收案
启动调解
调解中
调解结束
申请执行
调解瑕疵率
强制执行率
逆向考核指标

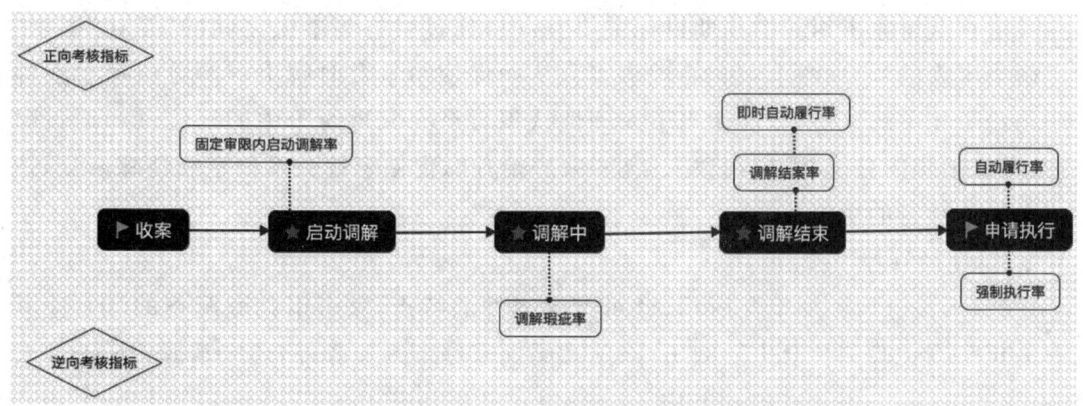

图 18-10　立体式正逆向家事调解评价图

序,不易进行评价,可以参照对家事调解协议执行阶段的自动履行情况。

（2）逆向考核元素提质。第一,参考家事调解协议申请执行情况。虽然申请执行率能反映调解的有效性,但单纯以此指标评价调解质量则有以偏概全之嫌,因为家事纠纷当事人的生活境况随时可能发生变化,被申请执行并不表示调解不成功,被申请执行后自动履行的可能性也存在,故该指标只可作为参考。第二,参考家事调解瑕疵情况。调解瑕疵,主要指调解结案后,进入强制执行程序、另行起诉、信访、申诉等案件所占的比率。相对应的,如果调解瑕疵过高,反映法官在调解过程中存在调解有效性低、尚有未处理事项、强制调解等角色偏离现象。同时考虑在审限中预留固定期限,通过审判系统等信息化措施进行保障,但不简单机械地适用严格审限制度。[①]

三、完善之策:乡土法官调解家事纠纷的要素式体系构建

对于基层法院派出法庭法官而言,日常审判工作烙印了浓厚的乡土性、法官语言的乡土性。当事人特别是农民在面对一整套专业生涩的法律术语和法律程序时,会不知所措,最终会影响到案件审判进程。因此,基于对家事案件诉因机理、审判理念、调解功能的分析,本文将从家事调解的预期、尺度及方式三个层面着手,对家事纠纷解决机制进行构建,以期拓展法院的审判功能。

(一)要素一:调解"预期"的明确与管控

过去法官审理家事纠纷过于追求调解结案,对调解"预期"所要达到的效果不清楚。为充分发挥调解修复当事人关系、实现当事人权利的功能,亦对法官调解的"预期"目的进行进一步的明确与管控。

1. 预期标准

法官调解家事纠纷的预期目标主要有:(1)通过找寻当事人之间的"互让"因素,了解当事人的"心理需求"和"心理事实",从而促使纷争及时解决;(2)分析家事案件中与纷争相关的"实情",促使当事人理性认识自己在家事纷争中的地位;(3)通过财产、责任承担的分配,强调细致入微的"家庭治疗",促使家庭关系稳定和情感修复,达成可长期履行的协议。

2. 途径管控

(1)人员选取。如上文所示,针对家事案件的特点,家事审判庭配备的法官应具有一定审判经验和社会生活阅历,除熟悉婚姻家庭审判业务外,还应掌握相应的社会

[①] 《第三届中国婚姻家事法实务论坛聚焦家事审判改革,专家建议——建立家事案件弹性审限制度》,http://www.cnwomen.com.cn/public/2016-05/20/content_112853.htm,于2017年6月10日访问。

学、教育学和心理学知识,善于做思想教育、情绪安抚工作。(2)介入时机。除本文所提出的调解前置原则外,法官应注重选择调解介入的时机。按照诉讼习惯,当事人在起诉时往往准备了一些证据,有助于查证事实的同时却是激化双方矛盾的导火索,诉讼程序越深入,双方达成合意的难度就越大,故原则上应当是越早介入越好。[①] (3)过程评价。法官应充分认识到,促成当事人冷静理性沟通的调解过程本身对受损的关系有着治愈的功能,即使调解失败,也并非毫无意义的程序耗费。(4)结果引导。可以在法律规定和既往判例的范围内给予一定的引导,缩小分歧,使一方或双方当事人对自身的胜诉期望抱有悲观的态度,但要避免过度通过预测案件诉讼结果的形式"以判压调"。

(二)要素二:调解"尺度"的边界与维度

如前文已述,家事案件的履行周期长、强制执行难度大,通过稳控调解"尺度",使当事人在参与调解的过程中感受到被尊重,从而对法官产生信赖,最终达成"内心被说服"的调解协议,是调解结果能够得以长期维系的前提。因此要根据案件的特点,保持必要而谨慎的干预尺度。

1. 正向维度

(1)以双方参与的合意为基础。通过程序保障给予当事人充分参与调解、表达意见的空间,在法官的主持下,由双方共同决定待解决的具体问题及可接受的解决方法,随时监测双方情绪的变化,打破引起矛盾纠纷时精神状态不佳的沟通,帮助当事人在诚意和互信的氛围下达成合意。(2)以关注子女的利益为必要。涉及未成年子女利益的,无论是在讨论事项的启动上还是子女利益的保护上,都需要法官强化职权探知意识,对当事人的处分权进行适当的干预,帮助协商、制定父母对子女的抚养权方案,注重发挥司法的治愈性及监护性职能。[②] (3)考量调解协议的可执行性。调解过程中,坚持调解与执行相结合的思路,能够当场履行或者在法官主持下履行的,尽量促成履行;需要长期坚持履行的,要注意引导当事人认真细致地考虑并确认履行的问题。

---

① 1999 年,澳大利亚家事法庭研究及评估小组发现,在法律程序提起前尝试进行调解的案件,成功率达 79%,而在法律程序终结后才调解的,成功率只有 44%。

② 《广东省高级人民法院家事案件审判规程(试行)》,载杜万华:《民事审判指导与参考》(总第 66 辑),人民法院出版社 2016 年 9 月第 1 版,第 75 页。

2. 反向维度

(1)不以"查清"事实为必需。因家事纠纷中人身关系具有复杂性,每一方都有其人格的两面性,为避免查清事实使任何一方陷入难堪的境地,"查证"而非"查清"事实即可,以实现调解程序的有效推进,并维系双方将来持续的合作关系。(2)保持法官的中立性。调解过程中,法官应保持中立的角色定位,注重自身的言行举止,避免给任何一方歧视或偏袒的感觉。(3)遵守审限的法定性。家事人身关系修复具有长期性的特征,但调解应在一定期限内完成,具体期限和尺度因案而异、因人而别,切记不可开展马拉松式的调解。当穷尽调解手段后,案件仍未得到解决,应及时依法判决。

(三)要素三:调解"方式"的选择与变通

家事调解的解纷机能主要取决于家事纠纷内在特征,而不是外力的强制性,如果不注意把握不同家事纠纷的调解限度与方式变通,过分注重调解结案,家事诉讼调解结果的有效性则难以保证。

1. 调解方式

(1)"面对面"式调解与"背对背"式调解相结合。介入的时间要有所区分,原则上,背对背式调解可用于调解的前期,便于了解案情、缓和双方情绪、降低当事人不可实现的心理预期;面对面式调解可适用于调解的中、后期,便于在已查证事实的基础上达成可行的调解协议。[①] 当然,两种调解方式并非绝对割裂,介入时间亦非绝对统一,需要法官结合实际需要,在二者之间游刃选择。

(2)心理疏导与利益引导相结合。法官在调解过程中除充当解释法律规定、列举既往判例的角色外,还应当在调解过程中穿插必要的心理疏导和情绪安抚,确保双方在理性的氛围下讨论待解决的事项。

2. 方式变通

(1)调解离婚纠纷。离婚纠纷往往掺杂婚姻关系、子女抚养和财产分割,对于涉及人身关系的婚姻关系是否维系、子女的抚养问题,要采取"治疗型"调解方式,在审查夫妻双方感情是否破裂之外,还应将未成年子女的妥善安排作为调解离婚的条件之一,[②]突出儿童利益的优先保护。如存在未成年子女年龄过小,或者患有严重疾病,或者处于中考、高考等敏感成长时期的,均要在其父母离婚纠纷的调解中慎重考虑。对于财产分割不宜模糊化处理,在已经查证的共同财产范围的基础上,引导双方根据实际生活需要协商财产分割方案。

(2)调解抚养、扶养及赡养纠纷。"三养"案件往往需要法官在调解过程中发挥教化的作用,从表面的人身关系或财产关系中挖掘深层次的原因,以批评教育等方式启

---

① 汤鸣:《比较与借鉴:家事纠纷法院调解机制研究》,法律出版社 2016 年版,第 249 页。

② 杜万华:《家事审判改革为相关立法提供实践依据》,载《人民法院报》2016 年 3 月 3 日第 1 版。

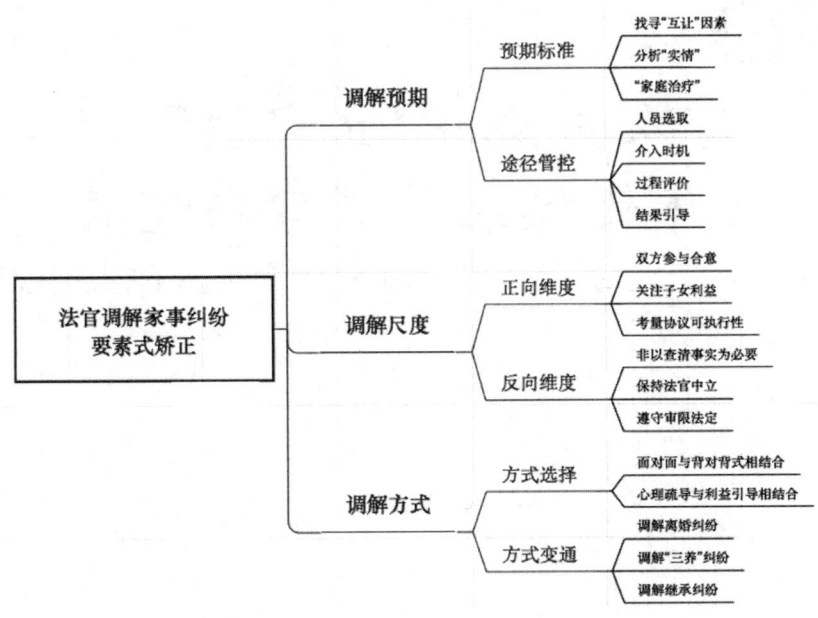

图18-11　乡土法官调解家事纠纷要素式矫正

迪当事人的内疚感。对于是否需要被抚养、扶养、赡养的人参与调解过程,本文认为可以根据这些人的情况而定,对于未成年子女则要重点关注,为避免造成心理伤害,法官可采取单独式询问方式。调解过程中应重点考虑到这类案件的特殊性,即调解结果履行持续时间长、调解结果主要依赖当事人自觉等。

(3)调解继承和分家析产纠纷。继承和分家析产类纠纷虽属于财产关系的纠纷,但与普通的民间借贷、合同纠纷等不同,当事人之间的亲属关系还需要在调解过程中予以维系。因此法官除引导双方在明确的财产范围基础上作出分割协议外,还应当让当事人感受到更加公正、公平的调解氛围,使当事人意识到与亲属维持家庭关系的必要性,灵活运用双方"和为贵"的心理事实,不满足于达成可执行的调解协议,推动双方"握手言和"。

结　　语

诉讼调解仅是乡土法官解决家事纠纷的方式之一,还需要不断汲取乡土智慧,在法律框架之内利用地方性知识解决社会矛盾纠纷。法律为合法合理的地方风土民俗背书,形成具有地域色彩的案件处理模式,探索适合于家事案件的多元纠纷解决机制,修复破碎的亲情关系。本文仅通过审视乡土法官调解现状,尝试在调解预期、调解方式、调解尺度上给予要素式体系建构,希望能为当前我国探索一套符合家事案件特点,适应家事案件调解和裁判需要的新的审判机制有所帮助和借鉴。

第十九章

人民法庭"立审执"一体化模式的探索与完善

——人民法庭"一站式"纠纷解决服务平台的司法实践

丁武军[*]

一、现实困境:人民法庭司法运作存在的问题

(一)人民法庭司法运作的两难困境

根据第三次全国人民法庭工作会议上披露的数据,全国目前有 10162 个人民法庭,2006 年至 2013 年,共审结各类案件 1925.5 万件,占同期全国法院办案总数的 23.76%。[①] 也就是说,人民法庭办理案件的数量占到全国法院办案总数的将近四分之一。另据《中国法律年鉴》统计,90% 的民商事案件一审在基层法院,而这 90% 的一审民商事案件中又有 70% 的民商事案件在基层人民法庭。[②] 毫无疑问,人民法庭已经成为我国基层司法的中坚力量。而在上述 1 万多个人民法庭中,约有 95% 的人民法庭在农村和其他边远地区,可以说人民法庭主要是在"乡土社会"中发挥着独特的职能作用。[③] 但是,在目前的基层司法实践中,人民法庭正处于一种"两难"困境中:基层群众普遍感觉打官司难,基层人民法庭的法官们也普遍感觉办案难。人民法庭在司法资源运作、法律程序运用、审判方式运行(包括审判与执行的关系)等方面都存在两难困境的困扰。比如,(1)诉讼成本高、诉讼程序烦琐、效率低下、举证难、执行难等;没有法治传统、没有好的司法环境、说情多、干扰多、暴力抗法多、信访上访多、

---

* 河南省鹤壁市中级人民法院研究室主任,一级法官。

① 杨炎辉:《发挥好人民法庭的治理功能》,载《人民法院报》2014 年第 2 版。

② 参见《中国法律年鉴》(2011),法律出版社 2011 年版。

③ 参见《中国法律年鉴》(2011),法律出版社 2011 年版。

调查取证难、调解难、执行难等。(2)基层人民法庭的司法资源紧张有限,又存在着大量的司法资源浪费。(3)要强化程序公正意识,用合法的司法程序规制审判行为;又要关照传统和民间习惯,要关照稳定与和谐。(4)法庭确有存在和发展的必要,法庭整体上又处于一种相对发展滞后的现状。(5)不断提高法官职业的准入门槛,又无法提高职业法官的待遇。(6)强调法律适用的统一,又要求兼顾民间习惯和地方风俗人情。(7)提倡法律全球化、法治一体化,又提出法律本土化和注重司法的地方性知识。(8)强调法律的理性和法律思维,又强调法律人性化和天理、人情、国法的兼容。(9)讲求司法的公正,又要构建稳定和谐社会。[1](10)强调司法为民、司法便民、司法利民;又强调规范司法、程序合法,招致脱离群众、脱离实际的批评。

(二)对审执分立机制存在片面理解

立、审、执三者关系中,由于对立案权的定位比较明确,对于立审分立、的争议也较少,下面重点探讨一下审执分立问题。20 世纪 90 年代末开始的审执分立改革是我国法院执行制度改革的重要举措,[2]审执分立的目的是提高审判和执行的专业化水平,提高司法效率,加大执行力度,防止司法腐败,然而却造成了审判"忽略执行过程中可能产生的困难,由此造成了判决的不确定性或不可执行性"[3]。在司法实践中,由于缺乏对审执分立的理性认识和对诉讼整体及目的的把握,导致审判人员和执行人员形成"交通警察各管一段"的思想,审判归审判,执行归执行,审判不顾执行。同时对于执行过程中发现审判程序中存在的问题,不能够及时反馈,起不到执行和审判相互配合、互相制约的作用,从而导致审判与执行相互脱节。而且权利兑现这一目标淡出了人民法庭审判人员的视野,使其在裁判时往往忽视可能对执行产生的影响。由于审执分立带来的分工不同,法官队伍开始分化成审判法官与执行法官两个队伍,这种分化导致了审判法官与执行法官在工作方法、思维习惯、专业知识等方面的差异,使部分审判人员缺乏在审判程序中为案件的执行提供基础和保障的能力,部分执行人员也不具备最大限度地实现裁判成果的素质。[4]

---

① 杨凯:《承接地气:人民法庭审判职能改革完善之理想图景——以基层司法参与社会管理创新为中心视角的展开》,载《建设公平正义社会与刑事法律适用问题研究——全国法院第 24 届学术讨论会获奖论文集》,第 3 页。

② 1996 年全国法院第一次执行工作会议将审执分立作为硬性任务进行了部署。

③ 肖宏:《关于立案、审判、执行的协调与配合》,载齐奇主编《执行体制和机制的创新与完善》,人民法院出版社 2008 年版,第 65 页。

④ 丁武军:《裁判问题引发执行难现象透视——以 H 市中院及辖区基层法院为研究样本》,载《建设公平正义社会与刑事法律适用问题研究——全国法院第 24 届学术讨论会获奖论文集》,第 440~447 页。

(三)审判与执行在人民法庭司法实践中割裂情况严重[①]

由于审执分立制度的推行,加之受传统的"重审判、轻执行"观念的影响,人民法庭的立案、审判与执行工作在司法实践中存在着种种不协调,即审判和执行工作割裂。主要表现为以下几个方面:

1. 判决结果难以执行。主要包括判决有事实或法律障碍,判决之间不衔接,"翻烧饼"案件等情形。如某法庭判决按照合同"某有限公司为原告牛某在某县天天花园住宅小区内购置 120 平方米以上的住房一套",事实上该小区的住房早在几年前已销售一空,在该小区内购置一套 120 平方米以上的二手房也必须以有人出售为前提。

2. 因判决主文表述不当导致法律文书所指向的内容无法执行。主要有裁判主文内容不准确、不完备,利息、社会保险金等数额表述不准确,裁判主文出现文字错误等情形。

3. 审理程序存在瑕疵。主要包括审判程序中没有依法追加当事人,审判程序中当事人主体资格审查不严,财产保全不到位等情形。如某区法院审理的纠纷一案,法院判决"解除原告×××村民委员会与被告陈××于 2003 年 12 月 18 日签订的房屋及场地租赁合同",而实际上,该房屋又由陈某在诉讼前转租给了某超市,法院没有将实际占有人某超市追加为当事人,使案件的执行陷入困境。

(四)考核指标设置不科学[②]

"'公正与效率'主题在法院内部出现了分化",[③]在现行对人民法庭的绩效考核和对法官个人业务的考核指标中,大量设置了案件的平均审理天数、均衡结案率等效率指标和案件改判率、发回率等质量指标,却没有设定与裁判引起的执行难有关的考核指标,更缺乏相应的惩戒机制,客观上放任了审判和执行"各自为政"的现象。比如审判环节案件调解率这一考核指标的设定,调解本应当是在查明事实和当事人自愿的前提下进行,但由于只设定了调解率而没有设定自动履行率的指标,导致出现大量的审判人员为规避判决困难而在事实不清的基础上进行的"和稀泥"式调解、担心判决之后被发回重审或改判而进行的"强制式"调解及追求高调解率、片面追求调解率的"利益驱动式"调解,这些调解不但不能真正化解当事人之间的矛盾,而且因为缺乏执行性,容易导致新的纠纷发生,可以说,审判的"案"是结了,但将"事"未了的矛盾推

---

① 丁武军:《裁判问题引发执行难现象透视——以 H 市中院及辖区基层法院为研究样本》,载《建设公平正义社会与刑事法律适用问题研究——全国法院第 24 届学术讨论会获奖论文集》,第 442~446 页。

② 丁武军:《裁判问题引发执行难现象透视——以 H 市中院及辖区基层法院为研究样本》,载《建设公平正义社会与刑事法律适用问题研究——全国法院第 24 届学术讨论会获奖论文集》,第 447 页。

③ 徐尔双:《在诉讼程序整体视野下的"审执分立"机制》,载《执行工作指导》总第 41 辑,人民法院出版社 2012 年版。

向了执行环节。在调研中我们粗略统计,调解结案而又进入执行程序的案件占调解案件总数的 20% 左右。

产生上述问题的症结所在,主要有以下三点原因:(1)人民法庭改革的效果与目标存在背离。"历史从哪里开始,思想进程也应当从哪里开始",①我国人民法庭发展历史可以分为三个阶段:第一个阶段是 1954 年至 1998 年在北京召开第一次全国人民法庭工作会议,这时期的重点在法庭的从无到有,并伴随着艰难的法庭场所的建设;第二个阶段是 1998 年至 2005 年在佛山召开第二次全国人民法庭工作会议,其重点在法庭布局的调整变化和工作原则的进一步充实;第三个阶段是 2005 年至 2014年 7 月 8 日在济南召开第三次人民法庭工作会议。② 在第二个阶段和第三个阶段,人民法庭工作的指导思想也从旧"两便"原则过渡为新"两便"原则,即从"便于人民群众参与诉讼,便于人民法院审理案件"过渡为"便于当事人诉讼,便于人民法院依法独立、公正和高效行使审判权"。新"两便"原则隐含着一种强调便于法院的倾向,若把握失准,可能导致片面强调规范化,强调便于法院,从而背离设立人民法庭的初衷。③在推进人民法庭改革过程中,"一步到庭""当庭举证""当庭质证""立审执分立"等一系列改革措施迅速推广到全国,人民法庭立案、审判和执行工作出现了更加复杂的局面,立案手续烦琐,当事人讼累增加,审判与执行脱节,因裁判瑕疵导致的执行难现象屡见不鲜,法官不作为、乱作为现象增多。如对乡土纠纷事实怠于调查,判决认定的法律事实与客观事实相去甚远,当事人严重不服,导致执行难,信访频繁。④ 我们的司法改革总是意图以正规司法的理论来套法庭实践,尽量将法庭司法规范化,从而迫使法庭法官不得不采取一种"或附和或创新或隐退或反抗"的态度来应付强势法治话语的要求,使人民法庭司法更显得形式主义。⑤ 追求统一、正规、规范的结果是:"人民法庭审判工作已开始出现一种与农村的实际、农民的实际相脱离的倾向,对诉讼中的各种形式要件强调到了不适当的地步。巡回就地办案正在逐渐为坐堂问案所取代,方便群众、方便诉讼的两便原则正在逐渐被淡忘,人民司法的光荣传统亦面临着被丢弃的危险。"⑥(2)对现代民事诉讼的理解存在理论误区。对人民法庭司法模式的改革存在认识误区,理论界对现代民事诉讼主体、程序等诸方面的多样性认识不足。在司法改革的实践中,将人民法庭完全视为与基层人民法院性质一致、属性相

① 马克思、恩格斯:《马克思恩格斯选集》第 2 卷,第 43 页。

② 戴建志:《人民法庭建设的理论框架》,载《人民司法》2014 年第 15 期。

③ 高其才、黄宇宁、赵彩凤:《基层司法——社会转型时期的三十二个先进人民法庭实证研究》,法律出版社 2009 年版,第 486 页。

④ 马志相、周舜隆:《在制度供给中蹚出基层法治之路——兼论人民法庭的传统与改革》,载《全国法院第 22 届学术讨论会获奖论文集》。

⑤ 高其才、周伟平、姜振业:《乡土司法——社会变迁中的杨村人民法庭实证分析》,法律出版社2009 年版,第 363 页。

⑥ 杨平忠、欧阳顺乐:《新时期加强人民法庭建设的基本思路》,载《人民司法》2000 年第 10 期。

同、不可分割,人民法院的每项诉讼制度的改革必须推进到人民法庭,且改革必须同步。这使得人民法庭诉讼模式的改革在当事人主义与职权主义、规模化与分散化、规范性与大众性、重判决与重调解之间来回摇摆,导致人民法庭改革在正规化与大众化之间不断选择。随着社会转型的不断深入、司法系统的不断改革,司法体制及运作程序中制度的统一性及随之而来的僵化性日益增强,为基层司法者留下的空间越来越窄,司法一体化的单向性色彩日渐威胁着人民法庭的生存之道。① 具体到贯彻落实审执分立工作原则时,可否考虑两个问题:其一,这一原则是否有例外情形;其二,在人民法庭的司法实践中如何用好有限的司法资源。(3)对人民法庭司法改革放权不足,且改革举措摇摆不定。自20世纪80年代末以来,人民法庭的司法改革一直在收缩与扩张、正规化与非正规化、便民性与规范化之间拉锯。人民法庭的运行模式、司法风格等基本上以5—10年的周期进行调整。一方面,针对人民法庭改革,最高人民法院1999年出台了《关于人民法庭若干问题的规定》,2005年出台了《关于全面加强人民法庭工作的决定》,综观其内容,并未能真正设身处地考虑人民法庭的司法困境。我国幅员辽阔,经济社会发展也不平衡,不同法院之间情况千差万别,但法庭司法改革中的具体权限,如某基层法院设置法庭的标准,设置法庭的数量,每个法庭法官,甚至法警、书记员的数量,这些具体而琐碎的问题,因为似乎关涉到人民法庭改革的"合目的(司法改革的目的)性"问题,这些权限始终由高层级法院牢牢掌握,不被下放。导致在人民法庭改革实践中,基层法院不得不削足适履,所有的举措都以满足改革的建构性目的为标准,疲于应付而不得其味。另一方面,法庭改革常随着时代潮流的变化而变化,基层司法被动应付。尽管有研究者认为:我国司法改革"是一个不断试错与自我纠正的过程";"有些改革措施综合适用效果与出台动机不合或综合效果不理想,则又返回原初的做法,如实践中人民法庭立案权的分分合合"让人"值得欣慰"。② 但如立案权、执行权分与合这样的改革属于无谓的试错,属改革缺少认真调研、周密考虑所致,将增加百姓负担,扰动基层司法,最终徒劳无功。

---

① 高其才、周伟平、姜振业:《乡土司法——社会变迁中的杨村人民法庭实证分析》,法律出版社2009年版,第363页。

② 高其才、周伟平、姜振业:《乡土司法——社会变迁中的杨村人民法庭实证分析》,法律出版社2009年版,第363页。

二、理论探讨：人民法庭
实行审执合一模式的合法性与合理性

(一)现行法律对人民法庭审执关系并未统一规定

梳理我国《人民法院组织法》《民事诉讼法》《关于人民法院执行工作若干问题的规定(试行)》等法律法规与司法解释,我国现行法律对基层法院人民法庭的审执关系并没有作出明确规定,最高人民法院也没有发布明确统一的司法解释。我国现行《民事诉讼法》第 228 条规定"执行工作由执行员进行""人民法院根据需要可以设立执行机构"。最高人民法院《关于人民法院执行工作若干问题的规定(试行)》第 4 条对于人民法庭的执行,规定"人民法庭审结的案件,由人民法庭负责执行。其中疑难、复杂或者被执行人不在本法院辖区的案件,由执行机构负责执行"。最高人民法院《关于全面加强人民法庭工作的决定》第 11 条规定:"人民法庭审结的案件,由人民法庭负责执行。但涉及执行审查事项或者基层人民法院认为不宜由人民法庭执行的,由基层人民法院执行机构负责执行。业务管理由基层人民法院执行机构统一负责。"即实行的是"审执合一"。从上述法律、规定可以看出,执行权的行使主体可以分为人民法庭和人民法院两种情况。对于人民法庭执行权的行使,经历的是一个从"审执分立"到以"审执合一"为原则,"审执分立"为例外再到"审执合一"的过程。对于人民法院执行权的行使,则是自始便确立了"审执分立"的原则。综上,在法律制度层面,对于除人民法庭外的人民法院在"审执"关系中,实行的是"审执分立",对于人民法庭实行的是从"审执分立"到以"审执合一"为原则,"审执分立"为例外再到"审执合一"的渐进。[①]

(二)依据执行权的配置理论,人民法庭确立审执合一为原则并无不妥

民事司法权是一个复合性的权力体系,包含了民事执行权。在西方法治国家中,司法权并非单一的审判权,而是一个内涵丰富的权力体系,包括审判权和与审判权相关的或用于辅助审判权的一系列权力。[②] 关于执行权的配置具体有两种体例:一是二元制,即执行权由不同的机关(或组织)行使;另一种是一元制。但即使是同属于一元制或二元制,执行权的具体配置也因国家的政治系统和社会情况不同而有所不同。如采用二元制的国家,在大陆法系主要有德国、日本、法国;在英美法系主要有美国、英国、澳大利亚、加拿大。在大陆法系国家执行权由执行法院和私人或准私人(执达

---

① 杨春华:《论人民法庭中的民事审判和民事执行关系》,载《法律适用》2008 年第 6 期。

② 肖建国:《民事执行权和审判权应在法院内实行分离》,载《人民法院报》2014 年 11 月 26 日第 5 版。

吏)共同行使;而英美法系则是将执行中的裁判、监督等权利交由法院行使,而对于实施具体强制执行措施的权利则交由司法行政官行使。在采用一元制的国家,有的是将执行权内设于法院,但执行权与审判权是由不同的部门或组织行使,如意大利、西班牙、秘鲁、奥地利,以及我国澳门和台湾地区;有的是在法院外设置独立的政府机构行使执行权,如瑞典和瑞士。瑞典的执行权就是由一个独立于警察机构和检察机构的政府机构行使的,其执行权是按照行政权进行配置和行使的。有的则是设立专门的执行法院行使,如冰岛。[①] 由此可见,依据民事司法权的内在含义和执行权的配置原理,一个国家根据其政治、经济、社会、地理、司法人员、法制文化等状况,既可以决定将执行权配置于司法权内部或司法权外部,也可以自主依据国情将执行权交给执行法官、审判法官、司法行政官员,甚至是私人或准私人行使。因此,执行权由审判法官行使并无理论上的障碍,在人民法庭确立实行审执合一为原则、审执分立为例外的执行权配置方式并无不妥。

(三)人民法庭确立审执合一原则,体现了法律的合理性

如笔者在第一部分所述,人民法庭实行审执分立存在审判与执行脱节的弊端。除此之外,还有给当事人造成不便的弊端。法庭判决后,当事人必须进城到基层人民法院申请执行。由于对人民法庭执行权的上收,导致群众为一个小小的纠纷在县城与乡镇间来回奔波,交通食宿费用都抵过了诉讼标的,呼来唤去的精神折磨更不在话下。[②] 这也必然导致执行案件的执行时间过长、执行效率降低,也一定程度上造成了执行到位率下降,与人民法庭新"两便"原则相矛盾。另外,执行工作仍然依赖法庭。由于基层人民法院一般辖区范围都远大于人民法庭,执行局工作人员不可能对每一乡镇地理位置、每一镇村组织人员及每名当事人的基本情况都熟悉,执行局人员到乡镇执行仍然需先找法庭配合,法庭干警虽不承担执行工作,但仍然要花费大量时间精力配合执行局人员开展执行,这不可避免地导致了司法成本的增加和司法资源的浪费。由于执行局人员在县城的基层法院,到乡镇执行需派车辆,路途远还产生食宿费用,造成人力、财力、物力的浪费。实行审执合一为原则,审执分立为例外,则有助于广大农民和基层群众权利的尽快实现,有助于实现乡村社会的和谐。

(四)立审执衔接是司法制度运行的一般规律,不应机械理解和适用审执分立的原则

实际上,立审执分立的制度设计,分立的只是职能和人员,是案件的处理过程,而不是案件本身,诉讼程序的完整性不能因这种分立而被打破,诉讼制度所提供的程序

---

① 沈德咏:《强制执行法起草与论证》(第一册),中国法制出版社 2002 年版,第 305~311 页。
② 杨平忠、欧阳顺乐:《新时期加强人民法庭建设的基本思路》,载《人民司法》2000 年第 10 期。

保障更不能因此而遭到削弱。① 立审执分立，实质上是由不同部门分工配合，分别行使立案权、审判权和执行权。立审执分立不是立审执无关，而是立审执分工配合，因此，必须做好立审执程序相互衔接的大文章。详言之，审判程序和执行程序之间的衔接应着眼于"快捷执行"，所谓"快捷执行"，是指在执行结果可能实现的基础上，最大限度地缩短执行期限。如在案件审结之前，甚至是法律关系比较清晰的案件的立案审核期间，如果对案件处理结果已经有较为确定的预期，对于那些需要依职权裁定保全的案件，应当果断、积极、迅速地适用保全程序；对于那些属于依当事人申请可以采取保全措施的案件，则应采用适当的方式向当事人释明，建议采用保全程序。

三、制度设计：基于节约成本、提高效率的考量

(一)运行模式的考量

1. 传统的人民法庭立案、审理、执行流程

当事人到法庭咨询　属于法庭审理案件范围　当事人到法院立案庭立案并交纳诉讼费　立案庭将案件材料转给人民法庭　人民法庭确定承办人并分案　人民法庭开庭审理　调解或作出判决　当事人到人民法院执行立案　立案庭将案件材料转给执行局执行　执行局负责执行。

2. 立审执一体化下的立案审理、执行流程

当事人到法庭咨询　属于法庭审理案件范围　当事人到人民法庭立案并交纳诉讼费　人民法庭直接分案　人民法庭开庭审理　调解或作出判决　当事人到人民法庭执行立案　人民法庭负责执行。

(二)人民法庭实行立审执一体化可以节约成本、提高效率

从上面传统模式与立审执一体化模式的流程来看，人民法庭立审执一体化运行方式在节约公共成本和当事人成本方面的优势是显而易见的：

1. 节约公共成本。人民法庭可以同时立案，人民法庭立案工作量并不大，立案工作可以同时由法庭书记员兼任，充分节省人力成本。法庭工作人员主导立案和执行，可以充分发挥对辖区情况、当事人情况、案件情况较为熟悉的优势，可以做到立审执兼顾，提高审判效率。人民法庭直接立案后卷宗可当日、当场移交承办人处，从而实现当天立案、当天分案，节省卷宗流转时间，也保障卷宗安全。另外，人民法庭一般都参与当地乡镇、办事处的综合治理工作，与各种调解组织的诉调对接程序较为灵活，可以简化程序，提高效率。人民法庭负责执行工作，能够做到审执兼顾，促进案结

---

① 许可：《立审执分离之辨》，载《人民法院报》2011年5月19日第5版。

事了,提高执行效率,在确保程序公正的前提下达到方便群众诉讼的目的。

2. 节约当事人成本。当事人直接在法庭立案,可以节约法庭到法院本部的距离成本。从当事人角度,一个案件在立案、交费(目前,试点法院在人民法庭都安装了POS机,当事人可以在法庭交纳或退回诉讼费)、庭审、宣判、申请执行、上诉、退费等需要到法院本部的程序性事项,其中花费在路途上(尤其是山村法庭)的时间、金钱成本较大。由人民法庭立案、审判并执行,能够尽量减少当事人往来法院本部与人民法庭的距离,可以大大方便当事人,节约诉讼成本。法庭直接立案,在双方当事人都到场的情况下可以实现当天立案、当天调解、当天结案、当天履行,节约时间。

四、实践检视:效率与效果的双赢

司法实践中,各地法院结合自身情况对人民法庭"立审执"一体化模式进行了诸多探索,如云南省个旧法院在派出法庭推行"立审执"一体化机制,效果显著,"2012年1月至8月,4个派出法庭共受理执行案件90件,执结81件,执结率90%","执行和解率72.8%"。① 江苏省常州市新北区人民法院孟河法庭试行"立审执"一体化机制,2011年前10个月,新收执行案件465件,同比减少10.2%;执行标的额到位率99.7%,在去年比前年增加33个百分点的基础上,又比去年增加35个百分点;执行和解案件自动履行率78.1%,在去年同比增加39个百分点的基础上,又比去年增加8.3个百分点。② 2014年7月初,第三次全国人民法庭工作会议后,最高人民法院提出,"推进司法改革要从人民法庭改起,要把人民法庭作为改革的'试验田'"③,北京法院推进人民法庭司法改革的举措之一即在全市派出法庭构建"立、审、执一体化"服务机制,"对可以当庭执结、被执行人居住偏远或者其他由人民法庭执行更为方便的案件,也可以由法庭负责执行"。④ 2014年7月,笔者所在的河南省鹤壁市中级人民法院出台了《鹤壁市中级人民法院深化人民法庭改革暨规范化建设意见(试行)》,对立审执一体化工作机制进行了部署,试行3年来,取得了初步成效,办案效率明显提高,办案周期大幅缩短,调解履行率上升明显,取得了效率与效果的双赢。尽管我市法院推行立审执一体化工作机制时间较短,还达不到若干个审判、执行周期的循环,但从了解到的情况看,两年以来,立审执一体化对人民法庭审判质效的提升是显而易见的。"立审执一体化"工作机制推行以来,法官的责任意识、审判质效、为民情怀、执法行为等方面都有了明显提升。人民群众也切切实实感受到了方便,感受到了人民

---

① 搜狐新闻,http://news.sohu.com/20100613/n272783319.shtml,于2017年6月29日访问。

② 李银芬、宋汉平、朱帅:《孟河法庭立审执一体化的微标本》,http://old.chinacourt.org/html/article/201112/05/471124.shtml,于2017年6月29日访问。

③ 胡夏冰:《人民法庭如何当好改革"试验田"》,载《人民法院报》2014年7月11日第2版。

④ 高珊珊、赵岩:《法庭尝试立审执一体化》,载《京郊日报》2014年7月18日第1版。

法庭司法为民的决心。我们以制度推行以来的真实情况与具体数据为依据,对该制度的尝试推行效果进行实证分析。

1. 法官责任感、使命感和工作积极性明显提高

法庭法官焕发出强烈的责任感、使命感和工作积极性,大家认识到了案件质量就是法官的职业生命,不但案要结而且事要了。自觉抵制关系案、人情案、金钱案,自觉廉洁自律、自觉按法律程序办案已成为法官的常态。

2. 办案效率明显提高

2014 年 7 月试点以来,对比 2014 年至 2016 年三年统计数据,尤其是 2016 年和 2014 年相比,鹤壁基层法院人民法庭办案效率呈现如下特点:

(1)从立案到结案,30 日内办结简易程序案件数,2014 年 188 件,2015 年 372 件,2016 年 674 件,简易程序办案效率大幅提升。

(2)简易程序适用率。2014 年适用简易程序结案 863 件;2015 年适用简易程序结案 1470 件,简易程序适用率 40.74%;2016 年适用简易程序结案 1820 件,简易程序适用率 58.58%。2016 年比 2015 年简易程序适用率增加 17.84%。

(3)审结过去积累下来的长期未结案件 129 件。彻底解决了超审限问题和隐性超审限问题。

3. 办案质量明显提高

(1)2014 年服判息诉率为 76%,2015 年服判息诉率为 78%,2016 年服判息诉率为 86%,提高了 8%。

(2)2014 年发改率为 2.78%,2015 年发改率为 2.79%,2016 年为 2.24%,降低了 0.55%。

(3)2014 年调解率为 26.6%,2015 年调解率为 26.3%,2016 年调解率为 28.8%,调解率提高了 2.5%。

(4)2014 年调解案件申请执行率为 51.3%,2015 年调解案件申请执行率为 49.8%,2016 年调解案件申请执行率为 40.2%,调解案件申请执行率下降了近 10 个百分点。

通过对制度推行以来结案的文书的评查发现,裁判文书质量明显提高。主审法官对案件多了一份责任,少了一份依赖;多了一份自律,少了一份人情;多了一份认真,少了一份敷衍。

4. 司法行为更规范

"六难三案"问题得到有效解决,群众满意度明显提高。该制度推行以来,法官自觉规范司法行为。一是主动邀请人大代表、政协委员旁听案件 169 件。二是回访效果好。如 5 个县区法院主管法庭副院长协同院政治处、纪检组、监察室抽取近一年内办结的 1268 件案件当事人全部进行了回访,征求当事人对主审法官及法院工作人员在工作作风纪律、司法行为规范、廉洁自律三方面的意见。17 名当事人提出对案件

判决结果不满意,5 名当事人提出案件拖延时间长,4 名当事人提出退诉讼费手续太麻烦,其余当事人均表示十分满意,满意率达 98%。

五、发展展望:人民法庭立审执合一模式的建构与完善

人民法庭的审判权与执行权应如何配置、具体运行方式如何,笔者认为应把握以下几点:

(一)向地方下放具体权限

尽管人民法庭改革方案很多,[①]但对于包含审判权与执行权配置实施方案的具体策略,则鲜有论及。笔者以为,人民法庭改革权限应大幅向地方下放。我国幅员辽阔,东西南北人口分布、地理条件、气候状况、风俗习惯及经济社会文化发展差别之大,为世界所罕见。2014 年年底北京、上海、广州、深圳等城市已经达到中等发达国家水平,而老少边穷地区依然与全球最不发达国家相当,即使在一省之内,也常常差距较大。长期以来,人民法庭改革囿于统一司法的思维定式,对各地人民法庭的改革发展规划,统得过多,管得过死,各地人民法庭束缚于条条框框,或以高就低,资源浪费,或以低攀高,捉襟见肘。如在人口密集地区,一个法庭管辖一二十平方公里,十几万人口,而在西部人口空旷区,一个法庭管辖十几万平方公里,万把人口也很正常。其余如法官资源、办案经费来源、案件受理数等,各地差距都让人大为咋舌。[②] 因此,从全国层面看,只宜确定总的改革方向,人民法庭改革的一个重要立足点就是怎样又快又好地处理案件,按照新"两便"原则的表述,就是"便于当事人诉讼,便于人民法院依法独立、公正和高效行使审判权"。从地方层面看,对人民法庭司法改革的具体标准、具体要求的决定权应当下放到各省、自治区、直辖市,一省之内发展差异很大的,应再下放权限到各地市。具体到人民法庭的审判和执行权限,则应结合各地的实际情况,由各中级人民法院甚至是基层人民法院结合本地的经济社会文化发展水平、管辖范围大小、人员情况、内设机构情况等来综合考虑,自主决定。

(二)立审执分立的一般原则在适用时应考虑人民法庭的特殊情形

人民法庭作为基层法院的派出机构,多设立在离城区较远的乡镇或城乡接合部,受理案件的类型也多为婚姻、继承、同居关系、抚养费等婚姻家庭纠纷案件,邻里纠纷、赡养纠纷、因打架斗殴引起的人身损害赔偿案件及交通事故案件、相邻权纠纷案

---

① 江苏、河北、甘肃、安徽、湖南等省法院课题组关于人民法庭建设的调研报告,载《审判前沿问题研究——最高人民法院重点调研课题报告集》,2007 年 12 月,第 692~1051 页。

② 高其才、黄宇宁、赵彩凤:《基层司法——社会转型时期的三十二个先进人民法庭实证研究》,法律出版社 2009 年版,第 23~129 页。

件、小额民间借贷案件等。人民法庭受理案件特点是标的额小,纠纷多发生于同村同乡熟人之间,当事人法律意识普遍不高、法律知识欠缺且多无代理律师。针对上述情况,过分强调立审执分立,一方面会无端地增加当事人的诉讼成本,另一方面会把本来是预防司法腐败的防火墙异化为当事人难以逾越的司法不便之墙,这样的后果显然与审执分立制度的设计初衷背道而驰。因此,人民法庭在执行审执分立这一工作原则时可以作必要的灵活性的变通,法庭审结的案件,以由法庭负责执行为原则,以交由基层法院执行机构执行为例外。

(三)以立审执一体化理念为指导,完善法庭执行职能

在法庭立案、审判阶段即坚持兼顾执行的理念。在立案阶段,应当根据案件实际,就依法追加诉讼当事人、申请财产保全及诉讼和执行风险等内容作必要的释明和告知。在审判阶段,应加强有效的诉前及诉讼保全工作,及时采取保全措施,规范制作民事裁定书和协助执行通知书,财产保全内容要具体,期限要明确。有多项财产可供保全的,要优先选择易于变现、财产权属明晰、方便执行的财产予以保全。对于追索人身损害赔偿费、赡养费、抚育费、扶养费、劳动报酬等涉及经济困难的诉讼当事人的案件,法官可以依职权采取财产保全措施。要充分考虑裁判的可执行性,裁判文书的主文应当具体、明确,不应使用有歧义的表述以便于执行。一方面应坚持调解优先,另一方面应以执行促调解,对债务人要求调解的案件,主审法官应当提示债权人有权要求债务人对于调解协议的履行提供担保或者在调解协议中增加限制条款,以提高调解案件的当庭履行率和自动履行率。在执行阶段,对于当事人自愿履行的案件,应坚持方便当事人的原则,尽量促使当事人当场履行,对于调解结案案件,应建立承办法官及时督促执行制度。在执行阶段应另行立案、建立专门卷宗,对于代管款收发,应建立台账制度,对于当事人自愿履行的案件,应免受执行费用。

(四)完善预防违纪、腐败的隔离墙

赋予人民法庭执行权无疑会强化人民法庭的审判权,与此同时,构建相关的隔离墙,确保公正廉洁至关重要。要从源头抓起,构建人民法庭预防腐败的隔离墙。一是由基层人民法院纪检监察部门牵头负责,按照"审管审监管案、纪检监察管人"的思路,把审判监督与纪检监察融为一体,对人民法庭案件审理、执行流程、审判行为等实行全方位动态监督。二是强化案件当事人的监督。"在司法改革过程中,对法官的监督应放在重要位置。法官最好的监督者是案件的当事人及律师,他们最了解案情。"[①]推行回访排查制度,基层人民法院纪检监察人员可以通过对人民法庭已经审

---

① 2014年8月23日,中国行政法学研究会2014年年会在河南郑州召开。最高人民法院副院长江必新在会上表示,司法体制改革要加强对法官的监督,而靠当事人和代理人监督法官是最有利的。

结、执结案件的当事人或代理人进行当面回访或电话回访,了解工作效果,监督法官行为。对判决结案的案件和发生信访的案件应全部回访,其余案件回访率也不应低于50%。除上述两点外,还可以通过廉政监督卡制度、警示谈话制度、公开举报电话等,接受监督和投诉。

(五)正确处理同立案、执行部门的关系

立案业务管理、执行业务管理仍分别由基层人民法院立案庭和执行局统一负责。人民法庭应当与立案、执行部门建立双向沟通机制,在立案和执行业务方面自觉接受立案庭、执行庭指导,对于疑难案件及时沟通交流。立案庭、执行局应通过派员指导、督促检查等方式积极关心人民法庭的立案、执行工作。当然,与立案、执行部门沟通交流时,不能简单地把案件的受理和审判标准等同于容易审理或容易执行,人民法庭不能找借口在立案阶段把那些审理上有难度或可能执行困难的案件让基层人民法院审判庭来审理,也不能在审判阶段因执行可能困难而诱导或强制当事人变更诉讼请求,同时还要特别注意保护被告的程序性权利。

第二十章

激活休眠:人民法庭巡回审判制度的检视与完善

——基于 S 省 Z 市实践样本的考察

杨富元[*]　宗可岩^{**}　赵　佳^{***}

> 法律决非一成不变的,相反地,正如天空和海面因风浪而起变化一样,法律也因情况和时运而变化。
>
> ——[德]黑格尔

引　言

　　人民法庭的巡回审判是国家司法巡回审判的重要组成部分,从中央文件精神到民众司法需求均期待巡回审判能提供更加优质的司法产品。现阶段,因受具体法律规定缺失、法官结案压力繁重、巡回审判经费匮乏、审判功能流于形式等多种因素的影响,当前人民法庭巡回审判工作几乎陷入"休眠"状态的窘境。在当前全面深化司法改革和不断推进基层法院工作的背景下,通过良善的制度设计激活"休眠"中的人民法庭巡回审判制度势在必行。对此,本文以实证研究的态度,对人民法庭巡回审判工作进行系统分析与理性思辨,进而提出完善对策。

一、考察:人民法庭巡回审判制度的现实图景

　　本文以 S 省 Z 市基层法院人民法庭司法统计数据为基础,结合 Z 市二级法院年

---

　*　山东省淄博市中级人民法院法官助理。
　**　中国人民银行淄博市中心支行支付结算科副主任科员。
　***　山东省淄博市中级人民法院书记员。

度工作报告内容,形成初步分析样本,并就样本中的困惑以面谈、电话访谈、问卷调查等形式咨询法官等一线司法工作人员,充实调研内容,从基层的角度,展现了目前人民法庭巡回审判的大体概貌。

(一)巡回审判案件数量逐年减少,适用率有所降低

立案登记制实施后,Z市二级法院受案数量迎来井喷式发展,[①]但是巡回审判案件数量呈现逐年递减的态势,以 2014 年 7 月至 2017 年 6 月期间为例[②](见图 20-1)。

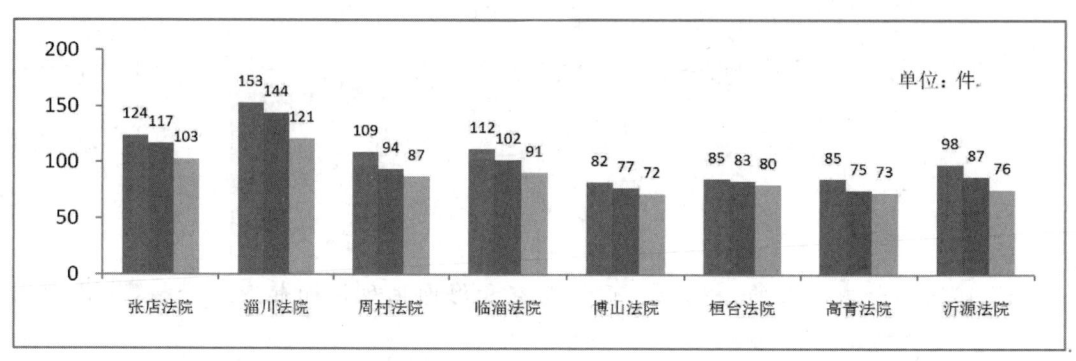

图 20-1　2014 年 7 月至 2017 年 6 月 Z 市基层法院巡回审判案件数

如图 20-1 所示,不但 Z 市城区法院如张店、淄川、临淄等近三年的巡回审判案件数量逐年下降,农村地区的桓台、高青、沂源法院的案件数量也在缩减,虽然案件数量降幅不大,但巡回审判制度的萎靡比较明显。

另外,2016 年 7 月至 2017 年 6 月期间,Z 市基层法院适用巡回审判程序实际审理的案件大约占符合适用巡回程序全部案件量的 10%～16%,处于全国平均水平,考虑到司法改革后基层法官繁重的结案压力,Z 市二级法院基本保持了巡回审判制度功能的正常运作(见图 20-2)。

(二)巡回审判模式

Z 市 27 个人民法庭的巡回审判当中,依据庭审的地点、目的、案件范围,一般存在以下三种巡回审判模式(见表 20-1)。

---

① 详见 2015—2017 年间,Z 市二级法院的《工作报告》与相关司法统计数据。

② 样本期间划分:2014 年 7 月至 2015 年 6 月、2015 年 7 月至 2016 年 6 月、2016 年 7 月至 2017 年 6 月。

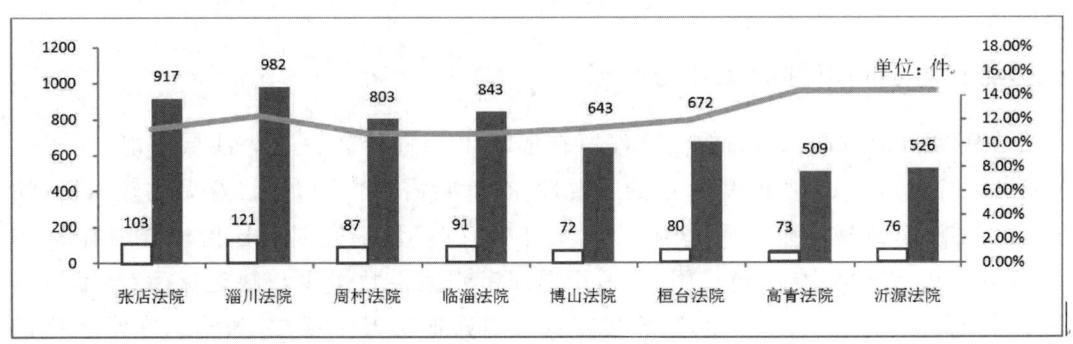

图 20-2　2016 年 7 月至 2017 年 6 月 Z 市基层法院巡回审判案件比例

表 20-1　巡回审判模式

巡回模式	解决问题	适用范围	庭审特点	主要功能
便民式	当事人到庭困难,法官主动到当事人所在地开庭	赡养、抚养、离婚等人身属性较强案件	庭审地点为当事人住所地;旁听人数较少,多为街坊邻居;一般不配备法警维持现场秩序	方便群众诉讼,减轻当事人往返法院、法庭的诉累
宣教式	选取具有典型教育意义案件到便于群众旁听地点开庭	赡养、抚养、相邻权、承包经营权等传统民事案件	庭审地点多为就近基层组织办公场所;旁听人数较多,一般需配备 2～4 名法警维持现场秩序	司法公开,实现"审理一案、教育一片"的法治宣传效果
定点式	法官定期或不定期到固定审判点流动办案	适用普通程序、简易程序受理的一审案件	庭审基本在巡回审判点内进行;除开庭外,还包括立案、送达等阶段	增强巡回审判点的辐射范围,降低司法成本与提升司法质效

可以看出,这三种巡回模式并没有十分明显的界限,其适用范围与功能呈现出"相互交叉"的特点,Z 市不同人民法庭的巡回审判实践,均是各具特色,没有一定

之规[①]。

(三)法官对巡回审判的认知与心态

在审判价值方面，74％的法官停留在巡回审判宣传教育这一浅层功能，仅有不到20％的法官认识到"便民"价值的重要性；在审判需求方面，法官意见比较均衡，除了42％的法官选择当事人到庭困难外，案件具有典型性、完成考核指标分别有36％与22％的法官选择；在困境成因上，适用巡回审判案件数量少与缺乏保障、激励机制是70％的法官的共识，还有30％的法官直言不讳地选择了增加工作量；在常态化选择上，近90％的一线法官明确表示反对，虽然也有6位法官赞同巡回的常态化，但是其态度在调查时并不鲜明（见图20-3）。

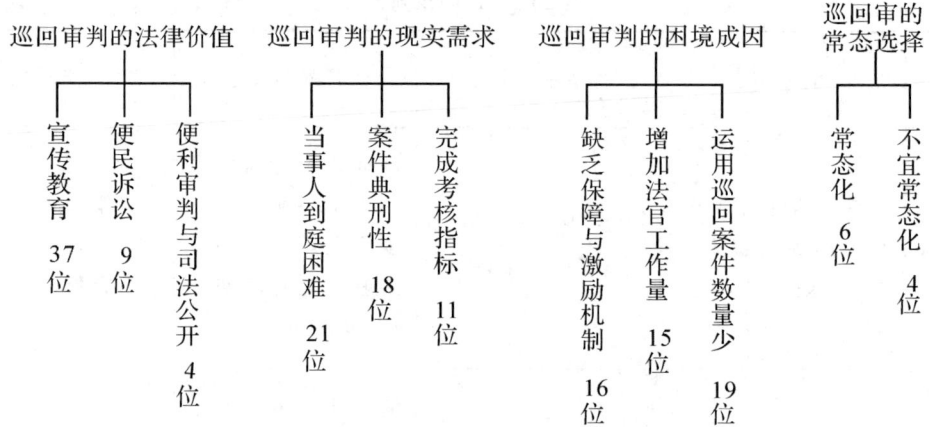

图20-3 法官巡回审判的认知分布及心态梳理

(四)巡回审判存在安全隐患

在巡回审判认知调查中，一位法官亲身经历的案例，揭示了巡回审判实践中的安全性问题。案例如下：在Z区农村，原告赵××与被告马×离婚一案中，为方便瘫痪的被告马×参加诉讼，庭审设在马×家中，庭审结束后，由于马×及其家人认为庭审过程中法官对赵××的主张比较认可，判决结果可能会倾向赵××，于是将法官、书记员等围堵在家中进行威胁。最终，经法官反复解释说明，安抚当事人及其家属的情绪后，才得以脱身。

---

① Z市基层法院多依据本区县实际情况进行巡回审判，如博山区属于丘陵多山地带，远郊当事人到庭不便，巡回审判以便民模式为主；周村区属于平原、面积较小，巡回审判以定点模式为主；沂源县民风淳朴，案件较少，巡回审判注重宣传教育。

结合案例情况,再以调查问卷的形式对法官等司法人员巡回审判中遇到的危险进行统计,发现实际情况比预想的还要严重,详见表20-2。

表20-2　安全隐患程度表

受访对象	受访数量	安全隐患程度				
		指责谩骂	人身胁迫	肢体暴力	蓄意伤害	妨害司法
法官	50	37	21	11	7	4
法官助理	20	9	5	1	0	0
书记员	10	3	2	0	0	1

调查结果显示,无论是法官、法官助理还是书记员,都曾因为缺乏相应的安全保障,在巡回审判中面临当事人或其他人员从指责谩骂到蓄意伤害的危险行为,成为很多法官内心抗拒巡回审判的一个重要原因。

(五)巡回审判新闻宣传情况[①]

Z市二级法院巡回审判整体宣传比较到位,能发挥巡回审判应有的宣教功能。不足之处:宣传层级方面,以市、县两级为主,国家、省级媒体上的宣传稿件数量不足;稿件类型方面,综合宣传材料多,典型案例报道少,宣传方式、内容单一;涵盖案由面窄,赡养、抚养与相邻权、宅基地纠纷报道较多,其他类型案件的宣传覆盖不到位。(见表20-3)

表20-3　巡回审判新闻宣传状况

媒体层级	媒体类型	稿件数量	稿件类型		涵盖案由					
			综合宣传	典型案例	赡养抚养	相邻权宅基地	离婚	民间借贷	交通事故	其他
国家	平面媒体	3	3	0	√	√	×	×	×	×
	电视广播	2	2	0	√	×	×	×	×	×
	互联网	4	3	1	√	√	×	×	×	×
省级	平面媒体	9	7	2	√	√	×	√	×	√
	电视广播	5	4	1	√	√	√	×	×	√
	互联网	8	6	2	√	√	×	×	×	×

---

① 依据Z市法院2014年至今的相关新闻宣传统计数据整理而成。

续表

媒体层级	媒体类型	稿件数量	稿件类型		涵盖案由					
			综合宣传	典型案例	赡养抚养	相邻权宅基地	离婚	民间借贷	交通事故	其他
市级	平面媒体	22	15	7	√	√	×	×	√	√
	电视广播	16	10	6	√	×	×	×	×	√
	互联网	17	11	6	√	√	×	×	×	√
县级	平面媒体	78	35	43		√	√	×	×	√
	电视广播	61	26	35		√	√	×	×	×
	互联网	70	60	10	√	√	×	×	√	√

二、透析：人民法庭巡回审判制度的困局

（一）案件范围窄、适用率低

目前，适用案件范围过窄的现状，严重制约了巡回审判的适用率。人民法庭巡回审判的案件类型仍主要集中在赡养、抚养、扶养、人身侵权、劳动争议、相邻关系等传统案件，但这类纠纷的数量很少。[1] 2016年Z市法院共巡回审判案件317件，仅占法庭当年适用简易程序审理民事案件总数的8.4％，而占到当年法庭适用简易程序审理民事案件总数65.4％的离婚、民间借贷、机动车交通事故责任这三类最常见的纠纷，却因自身条件限制，多数情况下并不适合巡回审判，导致适用巡回审判的案件范围过窄。同时，由于地区交通的改善，人民法庭设置的完善，人民群众到庭不便的情况有所缓解，进一步限缩了巡回审判的适用空间。

（二）经费问题出现"倾斜模式"

除了个别经济发达地区的基层法院外，经费不足问题一直制约着人民法庭巡回审判工作的开展。首先，案件成本基本固定后，巡回审判的频率决定着个案审理成本的增加幅度，即使有巡回审判的高效实施所带来的司法收益，增加的个案成本还是先要由基层法院"买单"，对解决当下基层法院办案经费短缺问题于事无补；其次，新《诉讼费用交纳办法》中诉讼费标准大幅降低，基层法院与人民法庭的诉讼收入锐减。同时，激增的案件量又加剧了经费紧张的局面，而巡回审判节约的司法成本甚微，很难

---

① 贾旭、胡林强:《北京市第三中级人民法院关于巡回审判制度的调研报告》。

从根本上弥补人民法庭撤调所造成的"司法真空"与经费支出。"倾斜模式"详见图20-4。

图20-4　巡回审判中司法收益与支出的"倾斜模式"

(三)巡回法官积极性不高

巡回审判中法官一般存在畏难情绪。首先,巡回审判加大法官的个人工作付出,若巡回案件前期准备工作已就绪,当事人准时参与庭审,则庭审效率还能有所保障,在便民巡回模式下,没有群众立案,则会一定程度造成法官办案时间的虚耗。"法官因巡回审判的时间支出增大,其办理其他案件和个人事务的时间必将减缩",①在审判压力日益增大的前提下,法官很难有放下手头案件而去基层进行巡回审判的意愿。其次,法官深入基层,直接面对诱发纠纷的社会环境,这就对法官的综合素质、应变能力提出了新的更高要求。"现阶段法官虽然没有恢复到马锡五审判方式下的那种强职权审判模式,但巡回审判模式下法官调查取证、司法流程的工作量将相对增加。"

(四)审判规则缺失、形式化倾向加重

我国司法理念将巡回审判界定为一种优良的司法传统加以传承,鲜有制度层面的设计和研究,学界观点亦如此。这就造成现阶段巡回审判原则性意见多,规则性条文少的尴尬现实(见表20-4)。②

---

① 王宗冉:《当前我国基层法院巡回审判存在的几个问题》,载《法律适用》2010年第8期。
② 王德玲:《我国巡回审判的实践反思与制度构建》,载《政法论丛》2012年第4期。

表 20-4 国家层面关于人民法庭巡回审判的现行规定*

相关规定	索引位置	基本内容
《民事诉讼法》	第 121 条	人民法院审理民事案件,根据需要进行巡回审理,就地办案
《关于人民法庭若干问题的规定》	第 18 条	人民法庭根据需要可以进行巡回审理,就地办案
《关于落实 23 项司法为民具体措施的指导意见》	第 8 条	推进人民法庭便民建设,通过巡回流动办案等方式审理涉及消费、交通事故等案件
《关于增强司法能力提高司法水平的若干意见》	第 29 条	改革完善人民法庭工作机制,规范巡回审理工作,人民法庭可以直接受理案件
《关于全面加强人民法庭工作的决定》	第 7 、9、22、26 条	基层人民法院可根据需要设立巡回审判点;人民法庭可以直接受理案件;人民法庭可以在案件发生地、当事人所在地或巡回审判点进行巡回审理;巡回审判法庭应当有必要的物质配置
《关于构建社会主义和谐社会若干重大问题的决定》	司法部分	健全巡回审判,扩大简易程序适用范围,落实当事人权利义务告知制度,方便群众诉讼
《关于人民法院为建设社会主义新农村提供司法保障的意见》	第 21 条	与时俱进地发扬和丰富"马锡五审判方式"的便民精神,大力加强巡回审判工作
《关于为构建社会主义和谐社会提供司法保障的若干意见》	第 22 条	健全巡回审判,落实当事人权利义务告知制度,方便群众诉讼
《关于加强人民法院审判公开工作的若干意见》	第 24 条	巡回审理案件,有固定审判场所的,庭审活动应当在该固定审判场所进行;尚无固定审判场所的,可选择适当的场所
《关于进一步做好 2008 年人民法庭工作的通知》	全文	科学谋划、合理布局人民法庭和巡回审判点的设置;切实发挥巡回审判点的作用,真正方便当事人诉讼
《关于进一步加强司法便民工作的若干意见》	第 6 条	基层人民法院应当积极开展巡回审判;对于边远地区、纠纷集中地区,应当进行巡回办案
《关于大力推广巡回审判方便人民群众诉讼的意见》	全文	认识巡回审判方便人民群众诉讼的重要意义;切实增强巡回审判方便人民群众诉讼的针对性;坚持制度化、规范化,追求高质量和高效率;加强监督指导和调查研究

相关规定	索引位置	基本内容
《关于新形势下进一步加强人民法院基层基础建设的若干意见》	第 10 条	提出扩大巡回审判的效应,结合当地具体情况,增强巡回审判的针对性;依靠巡回审判进行延伸服务,推动巡回审判纵深发展。

注:＊本表主要列举涉及人民法庭巡回审判制度的国家规定,对《关于全面推进依法治国若干重大问题的决定》《最高人民法院关于巡回法庭审理案件若干问题的规定》中关于最高人民法院巡回法庭的相关规定,可作为制度资源加以借鉴。

从表 20-4 中可以看出,法律规定仅有《民事诉讼法》第 121 条,其他多为原则性阐述,具有可操作性的法律规范缺失,如适用条件、办案形式、经费保障、惩罚机制等均没有系统规定。这种立法授权下的"可为模式",给法院、法官保留了过量的自由裁量权,反而在一定程度上阻碍了巡回审判制度的有序生成。地方法院的自主性规定在秉承中央精神的基础上,呈现如下特点:首先,就文件内容来说,对巡回制度框架的本体构建基本完成;其次,就运行范式而言,巡回审判的经费保障、监督考核、惩戒机制等根源性制度漏洞仍然存在。

另外,因审判规则性资源的不足与质效考核机制的压力,现行巡回审判存在着形式化倾向,某些法院将巡回审判作为任务来抓,过分强调法官绩效,忽视了以实际需求开展巡回审判的初衷;某些法官为了业绩强调宣教,偏离巡回审判"便民"的价值追求,事先做好当事人工作,要求开庭时予以配合,甚至为了迎合媒体需要,让案件有"看点",放任当事人情绪表达,庭审的形式意味浓厚。

(五)巡回审判与非诉调解衔接不畅

法院与乡镇政府等基层组织缺乏常态化联系,使得巡回审判的社会效果不佳。如涉农案件需向村委会调查取证,群体案件需乡镇政府的支持,若没有相应的联络机制,案件很难有效处理。同时,这些基层组织也是多元解纷机制的重要主体,巡回审判启动后,障于司法的权威性、终局性,基层组织解决纠纷的责任感、积极性会大打折扣,甚至出现"角色遗忘"的现象。另外,基层组织往往与纠纷当事人有千丝万缕的联系,很可能会在履行完"帮助当事人与法院取得联系"的职责后,名正言顺地将纠纷推至法院,减轻自身涉足纠纷的风险。[1] 这种衔接的不到位会瓦解非诉调解提供的过滤、分流功能,使大量纠纷涌入诉讼程序,殊不合理。

(六)审判功能"虚化"、宣教效果有限

从诉讼角度看,以巡回审判缓解当事人往返法庭交通不便的初衷已在很大程度

---

[1] 李春彬:《论当前我国巡回审判制度的完善》,载《法制与社会》2016 年 11 月刊。

上实现,但是巡回审判的立案、文书领取仍需当事人到庭,便民功能发挥有限;从审判角度看,法官需分散精力维持庭审秩序,嘈杂的环境不利于开展调解,同时巡回中,法官一般会主动调查案件事实,容易先入为主,影响司法的中立性;从宣传角度看,亲历式宣传存在类型集中、宣传对象匮乏、内容单一等问题,媒介式宣传因媒体报道注重案情的离奇、新颖,缺乏对巡回审判本身价值的宣传。

三、思辨:巡回审判的逻辑推演与制度资源

(一)巡回审判制度的"逻辑三段论"

1. 大前提:地方公共物品理论

公共经济学视野下,"地方公共物品是指存在形态和受益范围限于一定区域的公共产品",[①]如"基础教育、公共卫生、司法服务"。地方公共物品具有区域性、非排他性、有限竞争性。其特征描述如下:物品资源总量不变的前提下,公民的使用、受益会产生竞争关系,使用效益会因他人无法排除的介入而降低,但在一定区域内,相关物品依然可视为公共产品,如城市绿地、高速公路等。地方公共物品的价值是由物品与使用者之间的距离决定的,呈现反比例关系(见图 20-5)。

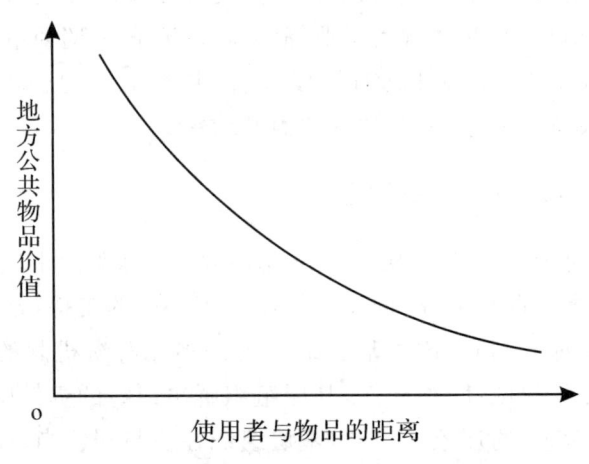

图 20-5 地方公共物品的受益价值曲线

依据这一理论,人民法院提供的巡回审判司法服务近乎地方公共物品,依据实体法规定,巡回区域外的公众因时空、政策限制,无法寻求此种救济,体现了区域性;巡回区内的公众均可享受同等、无差别的审判服务,在司法资源限定的情况下,案件总量越多,个案处理的时间也会相应延长,这是非排他性、有限竞争性的体现。

---

① 张旭:《最高人民法院巡回法庭在信访治理过程中的功能分析》,载《研究生法学》2015 年第 7 期。

2.小前提:委托治理理论

现代司法权运作模式,可借由经济学衍生出的委托治理理论加以阐释。巡回审判可以理解为上级司法机关为提供更优的地方公共物品所做的一种制度性安排,某种程度上是对巡回法庭、巡回法官的司法授权。在这种委托治理关系中,巡回审判产品的提供及可能存在的逆向选择、道德风险问题,通过激励与约束机制的选择来规制:

——巡回审判中,激励机制的选取应侧重法官、法官助理等司法人员的利益,如物质利益、职业保障等。实现激励的相容约束,"委托人设计的契约欲使委托人自身利益最大化的同时也要使代理人实现自身利益最大化,即二者必须相容而不是排斥"。[①]

——委托治理的涉他性,要求对受托人采取一定的约束机制,如信息公开、责任惩戒、合理退出等。"对巡回审判而言,最高法所倡导的裁判文书上网等措施既是司法公开的手段,也是司法监督的利器。"[②]

3.结论:"路径完善"是人民法庭巡回审判制度应有的正向选择

依据地方公共物品理论,特别是公共物品的受益价值曲线,关于巡回审判的如下结论具有逻辑上的自洽性:巡回审判在我国司法运行中依然有其存在的社会价值,具有人民群众近距离感知司法温度、接近公平正义的非替代性;对于巡回审判运行中面临的样本困局,如案件适用率低、法官巡回动力不强、审判功能弱化等问题,完全可以通过委托治理理论中激励、约束机制的选取与建构来加以路径完善。

(二)巡回审判的制度资源

1.内生资源:最高院巡回法庭模式

最高人民法院巡回法庭模式为检视人民法庭巡回审判制度提供了可资借鉴的样本范式,其框架详见表20-5。[③]

表 20-5 最高院巡回法庭框架

制度内容	主要特点
价值取向	"便民诉讼""公平正义""模式探索""审判指导""去地方化"
实体规范	2015 年《最高人民法院关于巡回法庭审理案件若干问题的规定》

---

① 曹光明、江若尘:《从信任视角谈委托代理问题的治理》,载《经济与管理》2008 年第 10 期。

② 方乐:《最高人民法院巡回法庭的内部运行机制》,载《法学》2017 年第 4 期。

③ 胡云腾:《最高人民法院巡回法庭设置与运行介述》,载《金陵法律评价》2015 年秋季编。

续表

制度内容	主要特点
受案原则	"受案法定、分工配合、量力而行"三项原则
人员配备	主审法官由最高院选派;法官助理三级法院择优遴选;书记员、法警就地聘用
审判运行	主审法官会议制、司法公开、巡回审判、释明权强化、严格司法责任、随机分案
兼有功能	处理巡回法庭管辖司法区域人民群众来信来访等问题

由此可见,人民法庭巡回审判未来的发展方向:(1)以"便民""公正"为价值追求,依据中央文件精神由最高人民法院出台全国性司法解释;(2)法官及助理应具有公务员身份,其他司法辅助人员可聘用;(3)巡回审判受案范围依据法律规定,同时不超出法官的司法工作能力;(4)遵循、配合以审判为中心的司改制度设计,发挥主审法官作用;(5)巡回法官须具备一定的信访化解能力,在职权范围内为当事人排忧解难。

2. 域外撷英:英美司法巡回模式[1]

(1)普通法巡回模式:巡回法官"上门"为当事人提供优质司法服务,保障公平的实现;巡回法官在融合国王敕令、地方习惯、教会法基础上,创造普通法适用的法律原则和案例制度,促进法律适用统一;巡回法官可邀请当地群众参与审理,他们以证人身份宣誓并提供案情及当地习俗情况来帮助审理。

(2)早期联邦法官巡回模式:案件一、二审程序在州内解决,追求司法便利,间接减轻联邦法院工作量;确保法律适用统一,联邦法官的司法巡回能有效排除地方干扰,提升州法官案件审判水平;实现巡回法官对联邦各州的法律、地理情况、社会风俗的了解,克服"司法狭隘主义"。[2]

由此可见,统一法律适用、提供优质司法服务、实现司法便利、增加巡回法官的阅历和与当地组织交流的能力是英美司法巡回模式的重要经验。

四、完善:人民法庭巡回审判的路径深化

(一)回归"便民诉讼"的价值本原

随着社会经济进步与法治水平的提升,巡回审判应在"马锡五审判方式"上有所

---

[1] 韩伟、范涛:《重识英国的巡回审判制度》,载《人民法院报》2014年第8版。

[2] 姜川:《美国最高法院大法官巡回审判的历史与借鉴》,载《江西师范大学学报》2016年3月刊。

突破,重新回归"便民诉讼"的价值坐标,并以此建构契合司改趋势的现代化人民法庭巡回审判制度。地域发展的不平衡性与司法关怀的普世性决定了巡回审判仍然有其存在的法治土壤,[①]现代司法之所以对巡回审判秉持改良更生的态度,"便利群众诉讼"是其关键因素。目前,我国巡回审判价值理念趋于多元,巡回审判承担着较多的法治宣教功能,形式化倾向严重,一定程度上失去其便民、利民的司法本意。因此,应重新确立"便民诉讼"这一核心价值目标,[②]在制度设计上围绕人民群众的主体地位,以期提供更优的司法服务,跃升基层司法的社会公信力。与此同时,法治宣教、司法公开、社会治理等作为具有高附加值的司法手段,宜作为巡回审判的辅助功能融入其中,以期迈入现代化司法便民诉讼范式(见图20-6)。

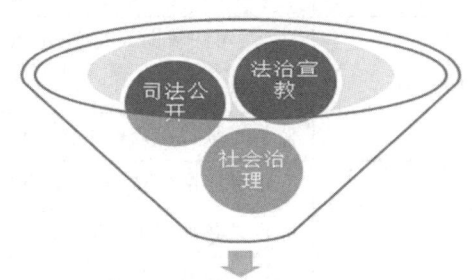

图 20-6　司法"便民"诉讼范式

(二)出台国家或区域性的《人民法庭巡回审判条例》

国家层面对巡回审判的理念追求、宏观设计,有效推动了地方法院的实践探索,相关自主性规定屡见不鲜,[③]基本上完成了巡回审判制度的本体构建。但对运行机制上的漏洞,特别是经费保障、监督考核方面,针对性的规定乏善可陈,严重制约着巡回审判功能的实现。有鉴于此,在各地法院自主规定和实践运行基础上,以司法解释的方式,制定全国性的《人民法庭巡回审判条例》,就基层巡回审判中的法律适用、庭审流程、司法保障等问题进行规范是当务之急。特别是《最高人民法院关于巡回法庭审理案件若干问题的规定》制定后,最高人民法院出台涉及巡回审判司法解释的能力有了质的提升(见表20-6)。

---

① 王利明:《司法改革研究》,法律出版社2000年版。

② 刘方勇、廖永安:《回归价值本源:巡回审判制度的考证与思索》,载《湘潭大学学报》2013年第2期。

③ 如省级:2009年河南高院《全省法院巡回审判工作方案》、2011年江苏高院《关于进一步加强巡回审判工作的实施意见》、2014年四川高院《关于规范巡回审判工作的意见》;市级:2009年陕西省延安中院《关于在全市法院推行"马锡五审判方式"的实施意见》、2013年广东省佛山中院《关于进一步加强道路交通事故巡回法庭诉调对接工作的若干意见》;县级:2015年重庆市南川区法院《关于完善和加强巡回审判的规范意见》。

表 20-6　《人民法庭巡回审判案例》的框架

《人民法庭巡回审判条例》	主要内容、特点
1. 总则	巡回审判的目的、指导思想、任务、基本原则
2. 巡回审判的受案范围、管辖	人民法庭管辖当事人到庭不便或案情简明的民事案件
3. 巡回审判的主要方式	定点巡回式、宣传教育式、便民诉讼式
4. 巡回审判点的设置	按照"两便"原则合理设置
5. 巡回审判的组织	巡回审判合议庭、独任庭
6. 巡回审判的程序	简化《民诉法》规定,采用巡回速裁程序
7. 巡回审判的期间、送达	审理期间缩短至 3—7 日;送达方式简易、灵活
8. 巡回审判中司法人员的职责	法官、司法辅助人员、书记员
9. 巡回审判与基层组织的衔接	与人民调解委员会、村委会、司法所等基层组织的衔接
10. 巡回审判的监督考核	监督考核以审理的案件数量、履职尽责情况为考核标准
11. 巡回审判的庭审秩序	庭审秩序的维持、扰乱庭审秩序行为的处理
12. 巡回审判的物质保障	庭审设备的保障、巡回审理的经费支出
13. 附则	施行时间及其他事宜

另外,考虑到东西部差距带来的司法不均衡性,若现阶段出台统一的《人民法庭巡回审判条例》确有困难,可采取区域协调立法的变通方式。首先,地理位置、社会发展、生活风俗接近的省、市可共同制定本区域内的巡回审判条例,解决人民法庭巡回审判所辖区域过小带来的"司法信任"问题;[①]其次,最高人民法院巡回法庭具有"针对性地研究并指导巡回区法院审判工作的价值",[②]基层巡回审判作为司法制度的前沿,地区性条例有助于区域内案件法律适用与裁判结果的统一,符合最高人民法院设立巡回法庭的职责理念。因此,具有区位优势的最高人民法院巡回法庭可直接对辖区内法院进行指导,尝试突破行政区划的限制,争取形成人民法庭巡回审判区域协调的制度样本。

(三)巡回审判模式选取与计算公式

1. 审判模式选择模型

巡回审判的实践价值是"便民"与"宣传教育",受案件数量影响,同时考虑到城乡差距、交通状况、出行距离等因素,在特定区间范围内,这两种价值取向往往呈现出不

---

① 因行政管理需要,社会发展、风俗习惯相同或接近的地理生活区域被划归不同的法院管辖,一旦相邻法院就类似案件做出差距较大的司法判决,在地理生活区域内的民众就会对司法产生合理的怀疑。

② 刘贵祥:《巡回法庭改革的理念与实践》,载《法律适用》2015 年第 7 期。

同的关系形态。本文认为,可以符合巡回审理标准的案件数量作为审判模式选取的基础,构建在审判点支撑下的"三段式"选择模型(见图20-7)。

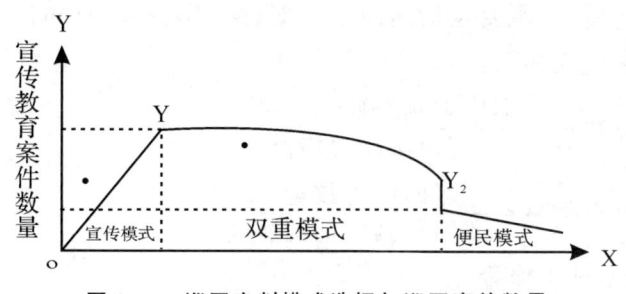

图 20-7 巡回审判模式选择与巡回案件数量

如图 20-7 所示,巡回审判中采取宣教模式的案件量与案件总量为混合比例关系,案件总量越少,巡回审判越适宜采取宣教模式,随着案件数量增加节点(X_1,Y_1)的到来,法官的结案压力会呈几何式增长,应付日常审判已经不易,很难有精力来进行个案的宣教。具体来说:

巡回案件数量≤X_1时,审判模式宜为宣教式。此时,巡回案件数量较少,法官工作压力不大,审判时间充足,可以确保在宣教案件数量≤Y_1的情况下,通过媒体的案件庭审报道等多种方式加强宣传教育,扩大案件审理的社会影响,起到普法宣传的良好效果。

X_1≤巡回案件数量≤X_2时,审判模式是宣教与便民并存的双重模式。此时,区段内巡回案件数量适中,法官可以根据工作安排、结案情况自行选择审判模式,在Y_2≤宣教案件数量≤Y_1的区段内,除了确实具有法治宣传效果的典型个案,可以进行媒体报道等司法宣传外,多数情况下,应以便民诉讼为主。[1]

巡回案件数量≥X_2时,审判模式宜为便民式。此时,巡回案件数量较多,法官疲于应对案件审判,宣教案件数量≤Y_2并逐步递减比较合适,若此时一味追求宣传教育效果,很有可能延误多数案件的审理进度,因此,巡回模式应以便民诉讼、准确裁判为重点。

另外,$(X_1,Y_1)$$(X_2,Y_2)$两个区段点的数值不是固定的,可根据实际需要进行合理设定。以 Z 市北部的高青法院为例,2016 年 7 月—2017 年 6 月间,该院适宜巡回审理案件数 509 件,实际巡回审理 73 件,区段点的数值若为$(200,120)$$(400,80)$,则高青法院巡回审理的模式选择比较合理。

---

① 在司法实践中,囿于地理位置、社会风俗、审判特点、司法保障等方面因素的影响,当巡回审理案件总量介于 X_1 和 X_2 区间段时,某些基层法院、人民法庭的宣教案件数量在一定时期内会有所增加,这是正常的特例,一般而言,随着案件数量的绝对增长,宣教案件数肯定会吻合逐步递减的巡回审判选择模型。

2. 法官与审判点数量计算公示

巡回审判中,应当精准核定法官与审判点数量,依据各地司法实践,[①]设置的标准应当是复合而非单一,主要包括巡回审判案件工作量、法官司法能力均值、巡回审判管理幅度。计算公式如下:

$$巡回法官数量 = \frac{巡回审判案件工作量}{法官司法能力均值}$$

$$巡回审判点数量 = \frac{巡回法官数量}{巡回审判管理幅度}$$

(1)巡回审判案件工作量

首先,按照立案、审判、执行的难易程度选取标准案件样本如赡养纠纷,赋予基础工作量1,同时确定案件审判时间;其次,统计其他类型巡回案件应支出的时间量,如传唤当事人、开庭、撰写法律文书等,并与标准案件比较,得出该类型民事案件的工作量,如离婚纠纷为1.4;最后,巡回案件耗费的全部时间与标准案件相比,得出审判案件的总工作量。

(2)法官司法能力均值

司法能力即法官运用法律解决和处理各种案件的能力,主要包括事实认定、法律适用等,巡回审判的质效与法官司法能力息息相关。巡回案件工作量大体不变的情况下,法官司法能力均值越高,巡回案件法官数量越少。考虑到教育程度、审判年限、培训状况等因素,巡回审判中,西部地区的法官数量可适当增加。

(3)巡回审判管理幅度

管理学理论上,管理幅度范围与管理层级效率成反比,其他条件不变,管理幅度越大,组织效率越高,但管理幅度超过相应节点时,效率会大幅下降。[②] 因此,需对巡回审判的辖区面积、案件数量等进行摸底统计,寻找出管理幅度的黄金节点,为巡回审判点的合理设置提供数据支持。

(四)改良巡回审判内部运行机制

1. 细化案件审理流程

法官提前阅卷,做好庭前准备工作,了解案情,归纳争议焦点,理清案件裁判思路,必要时提前对当事人做调解工作。审理时,能够当庭调解的,争取当庭调解并督促执行;对文化程度不高的当事人,强化行使释明权,确保其对自身权利的处分;能够

[①] 以东、中、西部三个基层法院为例,山东青岛市南区人民法院 2016 年人民法庭 2 个,受理民事案件 3560 件,山西运城盐湖区人民法院 2016 年人民法庭 6 个,受理民事案件 7560 件,贵州盘县人民法院 2016 年人民法庭 13 个,受理民事案件 5250 件。市南法院人民法庭 2016 年受理民事案件分别是盐湖法院、盘县法院人民法庭的 1.4 倍、4.4 倍,但人民法庭数量仅是后二者的 1/3、1/6。

[②] 唐旭超:《规范与重构:基层法院民事审判庭设置的实证研究》,载《法律适用》2017 年第 5 期。

当庭裁判的,力争当庭裁判并做好释法答疑工作,让当事人和旁听群众受到现场教育。

2."类案检索"与"文书交叉检验"制度化

为确保"同案同判"与合议效率,巡回法官可在合议前检索类案裁判情况,便于把握裁判尺度。如果"判决结果与之前同类案件裁判尺度不一致,主审法官须向合议庭说明理由"[1]。同时,为确保质量,裁判文书拟定后,巡回法官可寻求其他法官对裁判观点、理由进行校验,避免出现明显的法律漏洞。

3.探索建立专业巡回庭

专业巡回庭处理类案时有效率优势,同时联系相关行政部门,如劳动争议巡回庭与劳动仲裁委对接,形成劳动案件处理联动机制,有利于社会治理。[2] 巡回审判应直面社会公众关心的热点问题,积极探索构建专业型巡回庭,如医疗纠纷、物业纠纷巡回庭、民族地区巡回庭等,更好地提供司法服务。

4.完善法官考核机制

为激发工作动力,可在法院内部政策指引下,对自主选择巡回审判的司法人员,以加分形式将其巡回审判工作量计入考核项目,作为年终评比的重要指标。同时,结合以审判为中心的法官员额制改革,将审判业绩与法官的职业前景联系起来,如用巡回审判的案件数来折抵法官职级晋升天数,以期真正激发巡回法官的办案热情。[3]（见表 20-7）。

表 20-7　法官考核机制

晋升职级	晋升年限	折抵办法	优先选拔
四级高级法官	一级≥3 年	巡回审判案件数量以 1∶1 的比例折抵职级晋升天数,折抵年限最高不得超过六个月	有巡回审判经历的一级法官晋升四级高级法官时,可在同等条件下优先选拔
一级法官	二级≥2 年		
二级法官	三级≥2 年		
三级法官	四级≥2 年		
四级法官	五级≥2 年		

（五）与基层组织非诉调解的衔接

人民调解委员会等基层组织是社会治理的最前沿,在业务指导下,与基层组织建

---

① 刘贵祥:《巡回法庭改革的理念与实践》,载《法律适用》2015 年第 7 期。

② 唐旭超:《规范与重构:基层法院民事审判庭设置的实证研究》,载《法律适用》2017 年第 5 期。

③ 良好的职业发展前景是巡回审判激励机制的重要内容,再试举一例,伴随着司改的深入,制度性的配套措施在逐步完善,2017 年《中华人民共和国人民法院组织法(修订草案)》中就明确提及"上级人民法院的法官,一般从下级人民法院的法官中择优遴选"。有鉴于此,顺应目前司法改革趋势,对于巡回审判业绩突出的法官、助理,在上级法院选拔或本院入额遴选时,予以优先考虑也是合乎制度规定的。

立以非诉调解为核心的协作机制是法院有效开展巡回审判的必由之路。

1. 实行双向交流。法院可建立辖区《基层组织工作人员通信录》，方便平时的业务联系。基层工作人员大多熟谙当地的人情世故和纠纷来源。法官通过日常交流、个案裁判进行业务指导时，也应了解当地风俗习惯、村规民约，以期更好把握案件焦点。法院还可以召开会议、互送简报等方式定期与基层组织交流座谈，及时掌握辖区内的司法动态。

2. 发挥非诉调解作用。非诉调解以其灵活多变的交流时间与调解方案备受青睐，基层组织的调解过程也是纠纷自然消解的过程。非诉调解协议可以在法律范畴之外，兼顾情理，以民间规约化解矛盾，契合了乡土社会的司法需求，①同时，新《民事诉讼法》第194条、第195条规定了调解协议司法确认程序，为非诉调解顺利开展提供了法律支撑。

3. 保障个案庭审。巡回审判到远离法院的社区、农村就地开庭时，庭审法官或助理需要与基层组织如街道办、司法所沟通，由其提供会议室、礼堂等作为审判庭，并提前询问、了解场地、人员情况，同时，可要求基层工作人员或当地居民、村民与值庭法警相配合以维持庭审秩序，确保庭审的安全规范。

4. 确保裁判结果合理。司法权的严肃性决定了法官裁判必须以明确的法律规定为标准，但是"法官根据法律规定、经过理性论证得出法律结论，必须获得社会公众的接受才能兑现其社会实效"，②因此，巡回法官应尊重地方非正式规则，征询基层组织意见，以确保裁判法律效果、社会效果的统一，彰显司法公信力。

5. 发挥宣传教育功能。个案巡回审判的司法宣教功效不可忽视，但是基层组织及其工作人员纠纷调解时的现场普法与日常工作中的法治宣传才是不断提高人民群众法律意识的关键，与基层组织保持良好的沟通、协作，就等于在法院与人民群众之间搭建了一座沟通的桥梁（见图20-8）。

(六)加强巡回审判的司法宣传

1. 新闻宣传中巡回案件案由单一，基本为相邻权、宅基地、赡养类纠纷，很少涉及离婚、民间借贷、交通事故案件，而这三种案由占民事案件总数一半以上，所以应当规范离婚等相关民事案件巡回审理的报道方式，提升宣传水平。

2. 提升国家、省级媒体中宣传稿件数量，从Z市法院统计来看，85％的宣传稿件均集中在市、县二级，所以应当加强稿件的推送，扭转国家、省级媒体上稿件数量少的局面。设立单独的考核机制，对巡回审判的宣传骨干、文章作者予以奖励。

3. 加强互联网宣传力度，结合新闻发言人制度，以记者会形式发布典型案例，进

---

① 王德玲：《我国巡回审判的实践反思与制度构建》，载《政法论丛》2012年第4期。
② 王宗冉：《当前我国基层法院巡回审判存在的几个问题》，载《法律适用》2010年第8期。

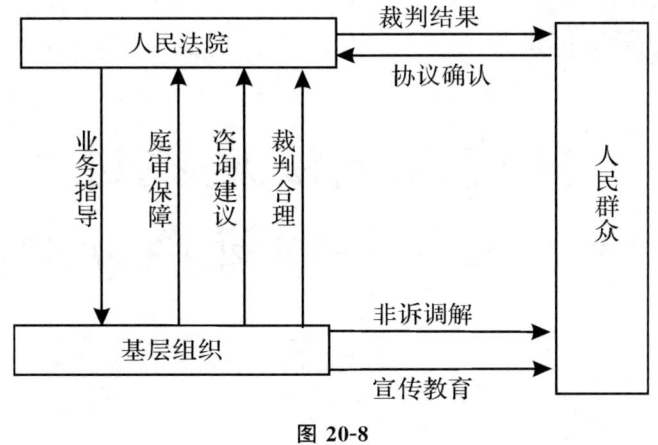

图 20-8

行工作总结、通报问题,将巡回审判置于网络监督下。"利用官方微博等网络平台,进行巡回案件的庭审直播,引导公众思考认识巡回审判的实践价值。"[①]

4. 转变宣传理念,坚持传统"走出去"宣教模式的同时,与"请进来"相结合,依托已有的"媒体开放日""法庭观摩"等活动,邀请人大代表、政协委员或特定群体旁听案件,提升宣传有效性,树立旁听人员的程序意识。

结　　语

就远景而言,要健全巡回审判制度,对人民法庭巡回审判的检视与完善不可或缺。虽然本文对我国目前的人民法庭巡回审判制度进行了相对系统的样本分析和较为理性的逻辑思辨,并在此基础上提出了完善人民法庭巡回审判的路径建议,但这种探索也只是初步的,希望这种探索对人民法庭巡回审判制度的良性发展能有所裨益,更好地回应人民的司法需求。

---

① 王芸:《人民法院普法定位》,载《法制博览》2015 年第 2 期。

第二十一章

当前人民法庭推进
陪审制改革的进路分析

周蓉蓉[*]

一、引 言

习近平总书记在中央全面深化改革领导小组第二十五次会议上强调:"要准确把握改革内在联系,提高改革系统集成能力。"[①]2014 年在济南召开的第三次全国人民法庭工作会议上,孟建柱书记指出,党的十八届三中全会对深化司法体制改革作出重要部署,司法体制改革的各项部署最终要落实到基层。人民法庭是人民法院的最基层单位,既处在司法为民的最前沿、化解矛盾的第一线,也处在司法体制改革第一线。[②] 最高人民法院院长周强提出,要把人民法庭作为司法改革的"试验田",推进司法改革要从人民法庭改起。[③]

作为中国特色司法制度的重要内容,人民法庭制度在半个多世纪的风雨历程中,为有效解决我国基层社会纠纷、维护社会稳定发挥了独特的作用。新形势下如何进一步发展和完善人民法庭制度是司法改革的重要课题[④]。根据"济南会议"精神,有

---

[*] 山东省高级人民法院助理审判员,美国密歇根大学法学硕士(LL. M.),浙江大学法学学士。

[①] 《习近平主持召开中央全面深化改革领导小组第二十五次会议》,载《人民日报》2016 年 6 月 28 日第 1 版。

[②] 《进一步发挥人民法庭便民的独特优势 当好司法为民排头兵》,http://www. chinacourt. org/article/detail/2014/07/id/1335886. shtml,于 2017 年 9 月 23 日访问。

[③] 《周强谈深化司法改革:人民法庭要当改革"试验田"》,http://cpc. people. com. cn/n/2014/0709/c64094—25256134. html,于 2017 年 9 月 23 日访问。

[④] 胡夏冰、陈春梅:《我国人民法庭制度的发展历程》,载《法学杂志》2011 年第 2 期。

学者分别从人民法庭的人民性、基础性、关键性、社会性和时代性出发,论证新时期人民法庭建设的必要性,并指出"人民法庭受理的案件相对简单,在一些方面可以先走一步,由此成为司法改革任务的重要承担者和积极探索者"①。

由于"现行陪审制度似乎是为'城市社会'或者是'城市精英社会'所量身打造的,属于特定群体以及极少数人才能参与的游戏",②因此基于城乡二元社会结构的现实,在包括乡镇、以农村社会为主体的县域行政区,以人民法庭为基础运作平台推行陪审制,是发挥基层民主、解决现行陪审制度架构与二元转型社会现实脱节的重要抓手。同时,"一些法庭人员力量比较薄弱,有的甚至成了'一人庭''二人庭',由于工作任务重、职级待遇低、安全风险大,导致招人招不来、招来留不住",③陪审员的加入,对于补充人民法庭人员力量,优化人力资源配置,保障案件审判质效,具有重要作用。

基于上述原因,随着繁简分流制度改革的落地,借助人民法庭的功能优势,可以在为数不多且审判难度不大的简易转普通程序中,进一步巩固落实人民陪审员制度。试点陪审员只负责事实审的有效机制,待完善后再进行推广。

二、制度之基:简易程序转为普通程序中的陪审员介入

在经济新常态下,社会矛盾更加突出,特别是在立案登记制实行后大量社会矛盾涌入法院尤其是基层法院,案件数量急剧增加,而法官员额制改革意味着法官绝对数量的减少。多种背景因素叠加,导致人民法院面临的人案矛盾更加突出。

人民法庭作为基层人民法院的派出机构,是我国司法系统的重要组成部分,案多人少矛盾同样突出。并且,基层群众对于纠纷解决途径的一部分需求是高度技术化、职业化和程序化的正式司法,而另一部分需求,则是和正式司法有一定区别的便利、经济、快捷和具有亲和力的纠纷简易处理程序。④

英美法系国家源远流长的治安法庭和小额法庭承担了半数以上的基层社区矛盾纠纷;而大陆法系的法国、日本则设有小审法院和调停法院来分流基层琐碎案件,德国法院通过快捷收债(支付令)程序处理了其基层法院 80% 以上的民事案件。我们对案件的分流也应当从基层需要的角度出发,进行有效的案件类型分流、繁简程序分流,为基层民众提供便利化、低成本、高效率的司法救济途径,充分发挥人民法庭的资

---

① 戴建志:《人民法庭建设的理论框架——写在第三次全国人民法庭工作会议闭幕之际》,载《人民司法(应用)》2014 年第 15 期。

② 廖永安:《社会转型背景下人民陪审员制度改革路径探析》,载《中国法学》2012 年第 3 期。

③ 《周强谈深化司法改革:人民法庭要当改革"试验田"》,http://cpc.people.com.cn/n/2014/0709/c64094—25256134.html,于 2017 年 9 月 23 日访问。

④ 刘以军:《试论基层法院与人民法庭的分离》,载《深化司法改革与行政审判实践研究(上)——全国法院第 28 届学术讨论会获奖论文集》,第 137 页。

源优势。

顺应这一需求,2016 年 9 月 12 日,最高人民法院发布并施行《关于进一步推进案件繁简分流优化司法资源配置的若干意见》(以下简称《意见》),这是推进人民法院执法办案工作的关键举措,也是深化司法改革的重要内容。① 《意见》规定,实施繁简分流后的简单案件由人民法庭、速裁团队审理,这给处于存废之争焦点、功能急需转变的人民法庭的发展指明了路径。

人民法庭审理简单案件具有先天优势。一般来说,简单案件应符合民事诉讼法规定的事实清楚、权利义务关系明确、争议不大等基本特征。这与人民法庭以往按照地域分案原则受理案件的特征高度契合,与人民法庭的审判能力也高度匹配。②

繁简分流改革后,人民法庭具有适用陪审员制度的内在动因。一方面,部分法院的员额法官不足 3 名,在审理简易程序转普通程序的案件中,法官人手吃紧;另一方面,由于已开过庭,陪审员介入时事实已基本清楚,认定事实的范围可由法官进行分配,列出清单。无论是再开庭、在庭审中由当事人重新举证,还是由陪审员阅卷、进行书面审查,陪审员认定事实的范围都更容易确定,且现实中操作并不困难。

同时,人民陪审员对于化解纠纷有着重要作用。周强院长在 2013 年 10 月的《关于人民陪审员决定执行和人民陪审员工作情况的报告》③里就提到了人民陪审员帮助调解息诉的作用,"各地法院充分发挥人民陪审员社会阅历丰富、了解乡规民约、熟知社情民意的独特作用,积极促使当事人诉讼和解、服判息诉及自愿履行"。"让部分有威望的农民(如村长、村书记或者其他德高望重之人)以陪审员的身份参与案件的审理,能够更加熟练地将乡规民约渗透到案件调解之中,有利于案件的解决,使群众更加容易接受;同时陪审员为本区域人员,其更加注重自身的威望性,有利于审判权的公正行使。"④

尽管《中共中央关于全面深化改革若干重大问题的决定》并未要求人民陪审员参与案件调解,但在实践过程中,陪审员时常扮演了调解员的角色,⑤在庭前调解中也发挥着不可替代的作用。⑥ "调解员都有丰富的人生阅历,往往能巧妙找到突破口,出奇制胜。即使案件没有调解成功,调解员也会及时将案件争议的焦点和审理难点

---

① 胡仕浩、刘树德、罗灿:《关于进一步推进案件繁简分流优化司法资源配置的若干意见的理解与适用》,载《人民司法》2016 年第 28 期。

② 周迅:《繁简分流改革背景下 城区人民法庭的功能重构》,载《人民法院报》2016 年 10 月 12 日第 5 版。

③ 《最高人民法院关于人民陪审员决定执行和人民陪审员工作情况的报告》,http://www.npc.gov.cn/npc/xinwen/2013—10/22/content_1810630.htm,于 2017 年 9 月 23 日访问。

④ 张孝振:《乡土环境下审判权公正行使制度之构建》,载《山东审判》第 218 期。

⑤ 《人民陪审员如何走出"陪而不审"》,载《中国青年报》2014 年 3 月 27 日第 3 版。

⑥ 《让人民陪审员在调解中发挥更大作用》,http://news.163.com/16/0302/06/BH4QA8MO00014Q4P.html,于 2017 年 9 月 23 日访问。

进行反馈，这样，法官在开庭审理时可以迅速查清事实，快速裁判。"①

综上，虽然繁简分流后人民法庭处理的案件多适用简易程序，但在少数的简易转普通案件中，人民陪审员的功能仍然不容忽视。经过简易程序的过滤，在普通程序适用陪审制的过程中，事实认定相对简单，也有助于试点和推广陪审员事实认定机制。同时考虑到人民陪审员在基层矛盾化解中的先天优势，在人民法庭适用陪审制意义重大，很有必要。

三、现实之惑：陪审制适用中的事实审与法律审之分

在基层适用陪审制的过程中，一个不容回避的问题，就是事实问题如何认定。当前人民陪审员制度改革试点延长一年，②一个重要的原因也是缺乏事实审和法律审的有效机制。"事实审"与"法律审"在人民陪审员制度中可否分离？如何分离？2017年4月25日，全国人大常委会分组审议《关于延长人民陪审员制度改革试点期限的决定（草案）》时，这一问题引起多位常委会组成人员热议。③

之所以出台"事实审"与"法律审"分离的改革措施，是为了解决陪审员"陪而不审、审而不议、议而不决""驻院陪审""编外陪审"等制度性问题。中共中央十八届四中全会提出："逐步实行人民陪审员不再审理法律适用问题，只参与审理事实认定问题。"④2015年4月1日，中央全面深化改革领导小组第一次会议审议通过《人民陪审员制度改革试点方案》，要求："探索人民陪审员参审案件职权改革。逐步探索实行人民陪审员不再审理法律适用问题。"2015年4月24日，十二届全国人大常委会第十四次会议通过《关于授权在部分地区开展人民陪审制度改革试点工作的决定》，开始法律审和事实审分离改革的试点工作。

然而，是否能够区分事实审和法律审，以及如何对二者进行区分，已经成为陪审制改革的重要难题。当前，理论和实务领域对于事实审和法律审可否分离、如何分离的认识相对模糊，有的法官、陪审员甚至人大代表提出：在我国的司法实践中，事实审和法律审难以完全分开，区分事实审与法律审不符合审判规律与审判工作实际，容易导致对人民陪审员权利的限制，因此建议对这一条改革措施进行完善斟酌。我们通过理论分析和司法制度比较研究，可以发现在我国案件审理中事实和法律能够分离，

---

① 卢凤：《简出效率　繁出精品——江苏江阴法院繁简分流机制改革侧记》，载《人民法院报》2017年8月10日第4版。

② 《全国人民代表大会常务委员会关于延长人民陪审员制度改革试点期限的决定》，http://www.npc.gov.cn/npc/xinwen/2017—04/27/content_2020953.htm，于2017年9月23日访问。

③ 《"事实审"与"法律审"可否分离》，载《检察日报》2017年4月27日第2版。

④ 《中共中央关于全面推进依法治国若干重大问题的决定》，http://cpc.people.com.cn/n/2014/1029/c64387—25927606.html，于2017年9月23日访问。

且有章可循,有路可走,不会影响人民陪审员制度改革的推进。

(一)关于事实认定与"混合问题"之谬

在普通法系,事实问题由陪审团裁决,法律问题由法官决定。我国三大诉讼法"以事实为根据,以法律为准绳"的原则,也明确地把事实问题和法律问题区分开来。纵观各种司法制度和理论,可以发现,早期有两种主流的法律—事实关系观念:第一,司法过程中的"事实"应当是客观的,认定事实是司法的终极目的。第二,司法过程中的"事实"与"法律"相互独立,所以在司法过程中可以把两项工作分而治之。英美法系的陪审团认定事实,正是以事实和法律相互独立为基础的。[①]

然而,有学者提出,"以事实为依据,就是司法机关对案件作出处理决定,只能以被合法证据证明了的事实和依法推定的事实作为适用法律的依据"。[②]"在司法过程中,事实在法律面前是完全消极的,即事实只有等待法律的规范才可能进入司法结论"[③],并由此认为事实和法律不可分离。

另有学者认为,司法过程中的法律与事实"其实是一对相互纠缠因而无法截然二分的问题,因为一方面,对事实的认定需要通过法律进行,另一方面,对法律的选择和解释需要面对事实。更进一步,当事实因素与法律因素不断趋近并逐渐交织融合时,就产生了区别或定性的难题。例如,'行为人主观上是否有过失'问题的解答,一方面要从证据中推论或'建构'行为人的主观意愿,另一方面又需要准确阐释法律针对该情形规定的'过失标准'如'合理注意'标准。前者是一个事实认定问题,后者涉及法律含义的解释,又是一个'法律问题'。换言之,认定事实本身隐含着对该事实作出法律评价。对诸如此类问题,英美称为'混合问题'(mixed question of fact and law)。这类问题相当普遍,一般出现在法律概念极为抽象模糊因而不得不诉诸事实细节才能确定其能否适用的场合,例如涉及'淫秽物品''正当理由''合理期间'的认定等……如果将'事实问题'与'法律问题'比作一条横轴的两端,关于区分它们的知识理论均产生并应用于这类交汇的中间区域"。[④]

也有学者提出,事实问题具有法律属性,法律问题具有事实属性,"从法哲学的视角来看,很难找到一个清晰而明确的标准准确地区分刑事陪审中的法律问题与事实问题"。[⑤] 因此,学者们普遍建议从实用主义的进路出发,针对实践中的具体情形提出认定方法和操作规程。

---

① Jerome Frank, *Law and Modern Mind*, Anchor Books edition:1963, originally published by Brentano's Inc.,1930, p.183.

② 张文显主编:《法理学》,北京大学出版社 2007 年版,第 254 页。

③ 周赟:《司法决策的过程——现实主义进路的解说》,清华大学出版社 2015 年版,第 137 页。

④ 陈杭平:《论"事实问题"与"法律问题"的区分》,载《中外法学》2011 年第 2 期。

⑤ 陈学权:《刑事陪审中法律问题与事实问题的区分》,载《中国法学》2017 年第 1 期。

沈德咏副院长也指出,"目前,对试点探索事实审和法律审分离的做法,在一些专家学者和人大代表中仍存在较大争议。虽然试点法院积极探索采用实施清单、问题列表等方式区分事实问题和法律问题,但我国民事、刑事和行政诉讼法均未明确区分事实审和法律审,如何区分某一案件中的事实认定和法律适用问题还有待于进一步研究"。①

虽然有理论的分歧和实践的困境,但是笔者认为,在审判活动中,事实问题与法律问题截然不同。从法律逻辑的角度来看,事实与法律是法律推理中的不同前提。"……诉讼程序中,事实是指情节、行为、供述及其推理,从而区别于法律后果、适用的法律规范和法律结论。"②区别二者的困难在于许多学者经常想要找到"纯事实与纯法律",而这种纯粹的区分在司法裁判中难以做到。因此,波斯纳说:"在将事实问题和法律问题加以区分时,我并不想暗示两者之间有堵墙。对一个信服了唯物主义的人来说,法律问题归根结底是事实问题。"③

诚然,事实问题有时与法律问题纠缠在一起,比如"犯罪"事实,就是指违反法律的犯罪行为。但是,犯罪事实归根结底是一个事实问题,而不是法律问题,尽管其与法律有联系。比如,在刑事诉讼中,达不到"确信无疑"的标准就应推定其无罪,这个"确信无疑"的标准看似是法律问题,而实际上,被告人的行为未达到"确信无疑"的标准,从本质上来说,就是事实根据不足。之所以能产生这样的推理,更确切地说,是由于在生活事实和文本规范之间,存在一种"中间类型",即"裁判规范"和"裁判事实"。

(二)"中间类型"逻辑模型的建立

以刑法为例,作为大前提的刑法文本规范提供的是含有价值判断的概念事实,其中不可能得出"是"什么的结论。相反,从案件生活事实的经验范畴也得不出"应该"怎么样的价值判断,两者之间"事实"性质的不同,不存在着直接的逻辑推导关系,不能直接将案件生活事实涵摄于刑法文本规范之下。而"中间类型"的建构,打通了这个逻辑关系。从文本规范到"裁判规范",是进行了演绎和细化,而从生活事实上升到"裁判事实",则是运用了归纳和概括。这一组概念的关系,如图21-1所示。

通过"裁判规范"与"裁判事实"的对接,可以将刑法中规定的某一犯罪的构成要件或要素与组成当下案件事实的要素勾连起来,进行比对看其是否相互"符合"。"刑法文本规范被案件生活事实解构后重构为裁判规范,案件生活事实被刑法文本规范解构后建构为裁判事实,接下来才能对两者之间的匹配程度进行判断,即对组成案件事实的各个要素是否分别符合犯罪构成的各个要件或要素作出判断;如果符合就成

---

①　《人民陪审员制度改革试点有望延长一年》,载《法制日报》2017年4月25日第2版。

②　[英]戴维·M.沃克:《牛津法律大辞典》,李双元等译,法律出版社2003年版,第411~412页。

③　[美]理查德·A.波斯纳:《法理学问题》,苏力译,中国政法大学出版社1994年版,第259页注释。

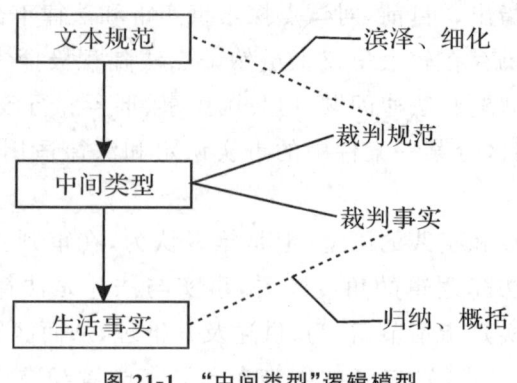

图 21-1 "中间类型"逻辑模型

立犯罪，如果不符合就排除犯罪。"[1]

传统观点认为，"法律事实认定意味着将生活事实上升为法律事实，运用法律概念和术语对生活事实予以界定，使其成为具有法律意义的事项。没有经过事实的识别，就无法进入事实的筛选、整理等过程。法律事实与适用是紧密而又不可分的。事实的发现过程常常涉及法律的定性问题"。[2] 这种说法，从另一个角度阐释了生活事实上升到"裁判事实"的过程。

与之相辅相成，法律哲学认识论认为，"法律规范只有在具体语境中才能获得意义，纯粹抽象的讨论法律规范的内涵是徒劳的。任何法律规范的解释，必须置于特定的语境中"。[3] 这是对文本规范演绎和细化成"裁判规范"的阐释。

在这个逻辑架构中，法律吸收了个案因素而成为"裁判规范"；生活事实依据程序法的要求并在刑法所规定的犯罪构成要件或要素事实的导引下，对自身与案件社会结构因素[4]重新解构后再建构成"裁判事实"，它具有法律意义，并无限接近真实案件事实，却不是原始案件事实本身。有人对于事实问题和法律问题不可区分的误区即来源于此：在对事实的认定中，不可避免地运用了法律，因此这种建构起来的事实是经过法律加工过的事实；而在法律适用中，不可避免地吸收了事实因素，从而使法律中掺混了"事实"的痕迹。

---

① 张心向：《刑事裁判思维中的犯罪构成论》，载《东方法学》2014 年第 6 期。

② Bernard S. Jackson. *Law, Fact and Narrative Coherence*. Deborah Charles Publications, 1988，p. 93.

③ Manning, John F. What Divides Textualists from Purposivists? 70 *Columbia Law Review* 106，2006，p. 106.

④ "案件结构"一词主要源于布莱克创立的案件社会学理论，其所称的"案件结构"，主要是指"案件的社会结构"。他认为，每个案件除了涉及法律规定和逻辑之外，都具有它各自不同的社会结构，即案件在社会空间中的位置和方向：谁与谁发生冲突、第三方是谁、案件参与者之间的社会距离有多大？这些人的社会性质构成了案件的社会结构。参见［美］唐·布莱克：《社会学视野中的司法》，郭星华译，法律出版社 2002 年版，第 5 页。

但其实,通过"中间类型"的建构,将司法裁判的思维过程解剖成为四个部分,可以发现,对事实赋予法律含义,本质上是从法律的角度来描述事实,属于从生活事实到"裁判事实"的归纳和概括,归根结底还是落脚到事实认定,法律只是用来解释和阐明事实的工具,尽管运用了法律的定义,但骨子里解决的是事实问题。而对法律的文本规范演绎和细化到"裁判规范",虽然包含了事实因素,但吸纳事实的过程并不绝对意味着对事实的定义和判断,而是为了精准地运用法律,寻找用以评价和定性的最佳方案,进而得出裁判结果,这个过程是法官用理性进行分析判断,尽管包含了与案件事实的比对和对具体问题的考量,但本质上还是对法律的甄选、适用、解释,因此仍可归于法律问题。

综上,笔者认为,从相对的角度来看,对法律与事实加以区分不仅是必要的而且是可能的,这种相对区分还具有非常重大的实践意义。由此,柯克的法彦"Ad quaestionem facti non respondent judices(judges do not answer a question of fact); ad quaestionem juris non respondent juratores(juries do not answer a question of law)",[1]即"法官不回答事实问题"而"陪审团不回答法律问题",可以被引申为:从上而下的法律文本规范解构和建立"裁判规范"的过程,由法官进行;而在法官的指引下,从下而上地进行生活事实解构和建立"裁判事实"的过程,由陪审员负责。从裁判规范到裁判事实,由法官解释说明,陪审员进行认定。刑事案件中判断罪与非罪,由陪审员进行,而区分此罪与彼罪,由法官进行。

四、理论之辨:事实审中的案件事实是什么

上文阐述了陪审员只进行事实审为什么是可能的,为进一步研究如何进行事实审,先要对何谓事实、事实与证据的关系、事实的认定机理进行深入的探讨,从而辨法析理,为实践操作铺就理论基础。

(一)何谓事实

有学者提出,事实是指特定事物及其关系的真实存在。[2] 在英语中,fact 一词来自拉丁语 factum,表示已然之事。威格莫尔说:"事实是指(目前)发生或存在的任何行为或事态。"[3]按《现代汉语词典》解释,事实是"事情的真实情况",[4]即"什么时间、

---

[1]　Coke. *Commentary on Littleton* 460(Thomas ed. 1818); see e.g., Altham's Case, 8 Co. Rep. 150b, 155a, 77 Eng. Rep. 701, 709(K. B. 1611).

[2]　张保生主编:《证据法学》,中国政法大学出版社 2014 年第 2 版,第 1 页。

[3]　*Black's law Dictionary*(8th Edition), Thomson West, 2004, p. 628.

[4]　中国社会科学院语言研究所词典编辑室编:《现代汉语词典》(修订版),商务印书馆 2000 年版,第 1135 页。

什么地点、谁、发生了什么"等要素构成的特定事件或情状。按照《元照英美法词典》解释,事实是"指实际发生的事情、事件及通常存在的有形物体或外观,具有确实的绝对的真实性,而非仅为一种推测或见解"①。《布莱克法律辞典》对事实概念有三种解释:"(1)某种实际存在的东西;现实的某个方面(所有人都属于人类是一个事实)。(2)一个实际的或据称的事件或环境,区别于其法律效果、后果或解释(陪审团作出事实认定)。(3)一种邪恶行为;一种犯罪。"②按照属加种差定义法,存在是事实的属概念,种差则是真实或实际。事实具有三个主要特性,即真实性、经验性和可陈述性。

事实求真,但事实并非事情本身,它实际上只是反映人们关于客体对象的认识程度,既有客观实在性,也有主观属性。③ 进一步解释,就是事实具有经验性,这是其与存在的一个主要区别。一方面,存在是指不依赖于人的主观意识而存在,具有纯粹的客观性,如地球的存在、银河系及河外星系的存在;另一方面,事实是一种实际存在,它既有独立于人的意识而存在的客观性,又有通过人的感知和思维才能把握的经验性。如果一个人的犯罪行为没有被发现,没人知道它发生的时间、地点、交易对象和交易方式,那就不是事实,而是(可知尚未真知的)存在。④ 关于存在的知识是一种"可知"的理论知识,不等于"真知"的事实。"实有其事不应该同存在混为一谈。"⑤认知主体只有对感知对象加以经验把握,才能证明"实有其事"。"事实不是普遍的、抽象的概念,而是特殊的、具体的概念。"⑥只有把握了一个个知道时间、地点、行为等具体的犯罪事件,才是实际存在的事实。因此,"所有事实都是经验性的具体事实"。⑦

事实具有可陈述性。从主体认识角度看,人们只能陈述自己知道的经验事实。事实总以某种判断的形式被人们把握,不能脱离语言而赤裸裸地存在,而要以语言概念或符号编码的形式在头脑中加工。正如维特根斯坦所说:"世界是事实的总和,而不是物的总和。""我的语言的界限意味着我的世界的界限……我们不能说我们不能思考的东西。"⑧理解一个命题意味着知晓其所述事实。人们能够学习知识,是因为命题与事实具有同构性。命题或句子是表达判断的语言形式。因为事实披着命题的语言外衣,所以,只要我们理解了一个命题,就可以知道它所叙述的事实。如在一起车祸中,证人说:"刚才那场车祸是一辆蓝色小轿车撞了一辆红色小轿车。"这样,我们

---

① 薛波主编:《元照英美法词典》,法律出版社 2003 年版,第 825 页。

② *Black's law Dictionary*(*8th Edition*),Thomson West,2004,p. 628.

③ 姚小林:《法律的逻辑与方法研究》,中国政法大学出版社 2015 年版,第 43 页。

④ 张保生主编:《证据法学》,中国政法大学出版社 2014 年第 2 版,第 4 页。

⑤ [德]哈贝马斯:《在事实与规范之间》,童世骏译,生活·读书·新知三联书店 2003 年版,第15~16 页。

⑥ 龙宗智:《"大证据学"的建构及其学理》,载《法学研究》2006 年第 5 期。

⑦ 彭漪涟:《事实论》,上海社会科学出版社 1996 年版,第 6 页。"一般地说,所谓事实就是经验事实。"

⑧ [奥]维特根斯坦:《逻辑哲学论》,郭英译,商务印书馆 1962 年版,第 22、79 页。

就从一个证人证言,得到了关于那个事实的知识。

事实通过命题表达出来,不等于所有命题都表达事实。命题表达判断,而判断作为思维的基本形式之一则反映思想内容。如果思想是真的,则表达这个思想的句子就报告一个事实;如果思想是虚幻的,表达这个思想的句子就并非报告一个事实。因此,一个命题既可表达事实判断而构成真命题,也可表达虚假判断而构成假命题。被表达的思想或信念与事实相符合的程度,是概率真理或逼真性问题。在某种意义上,除非是法官亲眼所见的事实,一切证据确立的事实,包括证人证言、物证、鉴定等所确立的事实都只是一种可能性。因为这些证据都可能不确切,都可能存在瑕疵。同时,事实的语言特性,使人们在陈述事实时会出现某种程度的变形,例如,"夸大"事实,"缩小"事实,或者"歪曲"事实。而且,法院审理的事实,只是认定事实的一个环节。对于其他环节的事实调查,自有其他司法机构(如)警察等来负责查明。[①]

(二)事实与证据的关系

事实与证据的关系,只有在认识主体介入的情况下才能产生意义。认识主体的介入,包括三种模式,一是认识主体直接作用于事实客体,如对火星上是否有水进行实验并得到最终的认知。二是事实客体对观察者是一种突袭的来临,在观察者没有准备的情况下发生,因此观察者具有一定的能动性,其头脑中已有的知识或观念会像电脑程序一样对其认识产生影响,如对一场交通事故的认识,要考虑目击证人是否近视、色盲、记忆的准确性、观察位置、与两车驾驶员的利害关系等问题。三是对过去发生的事实,事实认定者与事实客体直接没有任何直接联系,只能感知事实发生后留下的证据,对可获得的证据进行推论,去伪存真,由表及里,才能作出事实认定。换言之,事实认定者只能"隔着"证据来认定事实,即通过"证据之镜"来认定事实。证据是将事实客体与认识主体联系起来的唯一"桥梁"。[②]

证据法学中,证据提出者在法庭上向事实认定者提供的证据,称为证据性事实(evidentiary fact)。[③] 它有三个含义:一是指导致最终事实的确定或确定最终事实所必需的事实。二是指为证明其他事实存在而提供证据的事实。三是指证据中的事实(fact in evidence),即在审判或听审中被采纳为证据的事实。证据事实与待证事实的关系,是证明依据与证明对象的关系。证据性事实不是事实本身,而是关于事实的主张。换言之,证据中包含着事实主张或事实的成分。

---

① 潘德勇:《实证法学方法论研究》,中国政法大学出版社 2015 年版,第 289~290 页。

② 张保生主编:《证据法学》,中国政法大学出版社 2014 第 2 版,第 12~13 页。

③ [美]罗纳德·J. 艾伦等:《证据法:文本、问题和案例》,张保生、王进喜、赵滢译,高等教育出版社 2006 年版,第 149 页。

(三)事实的认定机理

1. 故事模型的建构:认知心理学的视角

列宁曾说:"当思维从具体的东西上升到抽象的东西时,它不是离开——如果它是正确的(而康德和所有的哲学家都在谈论正确的思维)真理,而是接近真理。物质的抽象,自然规律的抽象,价值的抽象及其他等等,一句话,那一切科学的(正确的、郑重的、不是荒唐的)抽象,都更深刻、更正确、更完全地反映着自然。"①这种抽象,就是从具体的生活事实上升到"裁判事实"的过程。

从认知心理学的角度分析,"阅读案件事实"是一个信息加工过程,这其中每一个案件情节及其构成要素都会作为一个信息单元输入"阅读"者大脑内,阅读者会结合已有的法律前见、启发式和认知融贯性做出反应,初步省却不具有法律意义的事实,构建起具有法律意义的案件事实系统。立足于法律发现的视角,故事模型(story model)主张"建构故事"是陪审员裁决的关键性认知过程。简言之,通过"阅读案件事实",建构起具有法律意义的"故事模型",是展开后续法律发现的逻辑起点。② 故事模型的真实性与客观的真实性之间并不存在必然的联系,即故事模型的真实性是法律上的真实性而不是客观上的真实性。③ 而从这个起点即可以看出,庭审中对事实的认定,从一开始就是用剪裁的方法来进行的。"陪审团审判还包含了一个认知或学习法律的过程,以便最后将故事归类至最合适的法律分类中,并借此作出裁决。在法官的指导下,这种归类被认为并不需要特殊技能,所期望的是陪审员运用已有的从社会生活和工作中获得的常识来进行判断。"④这种归类,本质上就是前文所述的从生活事实到"裁判事实"的归纳和概括。

2. "涵射"与"类推"之辨

进一步而言,要深刻透视事实与法律的关系,应辨析"涵射"与"类推"两个概念。比德林斯基提出:"法律事实被作为小前提而被涵摄到作为大前提的法律规范之上,最终得出结论。"⑤魏德士表示:"通过涵射进行法律适用的实际情形如下:在法律适用的时候,法官在法律规范与事实之间建立起一种联系。更准确地说,这种联系是在特定的事实构成要件与事件的热点部分之间逐步地建立起来。"⑥

---

① 《列宁全集》第 38 卷,人民出版社 1990 年版,第 181 页。

② 赵玉增:《法律发现研究》,人民出版社 2015 年版,第 173 页。

③ 陈林林、张晓笑:《认知心理学视阈中的陪审团审判》,载《国家检察官学院学报》2013 年第 5 期。

④ Albert J. Moore, Trial by Schema: Cognitive Filters in the Courtroom, *UCLA Law Review*, December, 1989, p. 3.

⑤ Franz Bydlinski, *Juristische Methodenlehre und Rechtsbegriff*, Wien /New York, Springer—1ag, 1982, p. 41.

⑥ [德]伯恩·魏德士:《法理学》,丁小春、吴越译,法律出版社 2003 年版,第 297 页。

然而,"只有从'事物本质'出发进行思考,才能将规范与事实拉入同一个层面,从而才可以事物本质为评判价值,去衡量待决案件事实可否归类于相应规范类型。这样,规范与事实之间就不再是一种逻辑涵摄关系,而是在一定的价值导引下,以一种较高或较低的程度,将它们进行比对式'归类',使之'彼此密切'或'彼此区隔'。也因此,此时裁判中的思维不再是一种只要具备该规范概念的全部构成要素的事实,均可被涵摄于该规范之下的'精准的'形式逻辑思维,而是一种由于规范与事实之间本质上存在归类可能而被'等置'的'模糊的'类比逻辑思维。"[1]

在法律领域,不存在可以严格涵射事实的规范,因为事实,特别是作为物自体意义上的事实几乎总是具有非典型的特点,此时,法官只能抓住事实的主要方面。因此,所谓法律推理实际上意味着:当下案件事实与审判规范之间是否在主要方面相通,以至于可以归类到后者所指称的某类事物之中。这意味着,作为法律推理两个前提的规范与事实之间的关系实质上是类推,而非涵射。有学者的观点也对此进行了佐证:"如果严格按照概念思维的涵摄逻辑进行作业,则得出的结论有时可能会十分荒诞,从而抵触了法秩序的评价标准……随着社会关系形态的不断变化,新的生产关系、法律关系及新兴的价值观念不断涌现,概念思维先天固有的局限性也就非常明显地暴露了出来,特别是作为司法裁判中概念思维表现形态的演绎推理逻辑的涵摄式思维,在遭遇规范与事实之间并不是那么匹配的案件时,其缺陷尤为明显。"[2]

3. 类推的实践运用

在备受关注的于欢案中,一个关键问题是于欢的行为是否构成"正当防卫"。《刑法》第20条规定:"为了使国家、公共利益、本人或者他人的人身、财产和其他权利免受正在进行的不法侵害,而采取的制止不法侵害的行为,对不法侵害人造成损害的,属于正当防卫,不负刑事责任。"在于欢案中,二审认为,"案发当时杜某等人对于欢、苏某实施了限制人身自由的非法拘禁行为,并伴有侮辱和对于欢间有推搡、拍打、卡项部等肢体行为。当民警到达现场后,于欢和苏某欲随民警走出接待室时,杜某等人阻止二人离开,并对于欢实施推拉、围堵等行为,在于欢持刀警告时仍出言挑衅并逼近,实施正当防卫所要求的不法侵害客观存在并正在进行。于欢是在人身安全面临现实威胁的情况下才持刀捅刺,且其捅刺的对象都是在其警告后仍向前围逼的人,可以认定其行为是为了制止不法侵害"。[3] 这个推论中,"正在进行的不法侵害"与杜某

---

① 张心向:《刑事裁判思维中的犯罪构成论——一种方法论意义上的思考》,载《东方法学》2014年第 6 期。

② 张心向:《刑事裁判思维中的犯罪构成论——一种方法论意义上的思考》,载《东方法学》2014年第 6 期。

③ 《于欢故意伤害案二审刑事附带民事判决书》,http://wenshu. court. gov. cn/content/content? DocID=604fe188－e24e－4a03－a825－a79b00dc7821&KeyWord=％E4％BA％8E％E6％AC％A2,于 2017 年 9 月 21 日访问。

等人的"推拉、围堵""挑衅并逼近"行为之间,就是建立了一种类推关系,从而认定不法侵害正在进行。而于欢"捅刺的对象都是在警告后仍向前围逼的人",更是运用了类推,因为涵射是不足以将概念之间直接建立联系的。只有明确了事实的本质,将这种本质属性进行分析对比,才能得出上述结论。该案件的事实认定,如果由陪审员进行,就是认定是否存在"正在进行的不法侵害",以及于欢是否对这种行为进行了制止。

在央视财经频道《经济与法》节目中,曾经报道了一起山东省德州市中级人民法院审理的段立芹诉申士玉民间借贷一案。该案中,双方当事人争议的焦点问题是:段立芹与申士玉是否存在真实的借贷关系,申士玉应否承担还款责任。《中华人民共和国合同法》第196条规定:"借款合同是借款人向贷款人借款,到期返还借款并支付利息的合同。"第210条规定:"自然人之间的借款合同,自贷款人提供借款时生效。"该案是民间借贷纠纷,根据最高人民法院关于审理民间借贷纠纷案件的相关规定,在民间借贷纠纷案件中,出借人要求借款人偿还借款本息的,应对是否存在借贷关系、借贷内容及是否已将款项交付借款人等事实承担举证证明责任。"根据段立芹提供的汇款凭证、王子华的账户明细、转账回单、青岛公司向当时段立芹丈夫史建国出具的收据、合作协议,结合山东省聊城市东昌府区人民法院〔2013〕聊东刑初字第20号刑事判决认定的事实,证据相互印证,形成完整的证据链条,可以认定申士玉作为非法集资活动中的业务人员,出具的'借条'具有经手凭证的作用,段立芹主张其与申士玉之间存在真实借贷法律关系的证据不足"[①],因此法院不予支持。在这个案件中,"借条"的性质认定是关键问题,而通过对出借人交付借款行为过程的追根溯源的探析,根据证据,可以看出款项并没有真正交付借款人,而是充当了非法集资的款项。由此得出借条不是借款凭证,而是经手凭证的结论。该案中适用法律的过程依然不能用涵射来进行,因为复杂的证据链的存在,使得概念之间的直接对应无法进行。而运用类推,将没有交付借款而实质是缴纳非法集资款的依据,与法律规定的"是否已交付"进行比对,才得出结论。如果本案由陪审员进行事实认定,则只需认定款项是否已交付。对于借条的性质,则宜由法官做出判断。

在王海知假买假案中,原被告双方就案件事实(王海知假买假然后索赔)没有争议,就案件应当适用《中华人民共和国消费者权益保护法》第2条之规定,也即径直以该条文作为本案之审判规范也没有争议,然而双方却根据这两个前提得出了截然相反的结论。王海一方认为,王海属于《消费者权益保护法》第2条所谓之消费者,因此应当适用该法第49条"假一赔二"的规定;而商家一方则主张,王海并不属于《消费者

① 《申士玉、段立芹民间借贷纠纷二审民事判决书》,http://wenshu.court.gov.cn/content/content? DocID=e9262a16-01ba-4852-8776-a7a300191d94&KeyWord=％E6％AE％B5％E7％AB％8B％E8％8A％B9,于2017年9月21日访问。

权益保护法》所谓的消费者,因此不存在"假一赔二"的问题。在这个案件中,双方对于规范中的消费者的定义产生了争论。消费者的购买行为是要满足"生活需要",而这个概念与王海的实际作为、目的之间不存在严格的涵射关系,只存在类推关系。只有对二者的本质指代对象进行类推分析,才能得出结论。按照王海一方的观点,王海在所有的关键方面都符合"生活需要"的要求,而商家认为王海在关键方面(譬如消费者一般买彩电只会买 1 台或几台,而王海则买了几十甚至数百台),并不符合"生活需要"的要求。

(四)事实审的细化机制:三种类型的案件分类

对事实的认识过程,可以分为概念思维模式下的认识、类型思维模式下的认识,[①]以刑事案件为例,根据案件的难易程度,又分为"完全匹配型案件"(或"完全不匹配型案件")、基本匹配型案件、部分匹配型案件。[②] 在刑事审判中,区分这三种类型的案件,有助于结合当前的繁简分流改革,针对个案的不同特点,由法官对陪审员的事实认定过程进行引导,并对其如何履职进行预判。

1. 完全匹配型案件(或完全不匹配型案件)

"完全匹配型案件"(或"完全不匹配型案件"),指从一般概念内容及意义看,确定的案件事实被清楚的法律规范所明确涵摄(或排除)。典型或简单案件,往往占据了刑事司法裁判中的绝大多数,特点是案件事实与法律规范均甚简明,"争议的中心非法律规则而只是对事实如何适用法律规则的案件"[③],即对查明的案件事实有明确的法律条文可适用,条文清楚明晰,事实确定明了,要么罪、要么非罪、要么此罪、要么彼罪,法官直接运用三段论式的逻辑方法就可得出裁判结论。[④] 这种情况下,陪审员的判断就变得轻松,只要通过简单的法庭指引,就可以对事实问题作出裁决。

2. 基本匹配型案件

案件事实与刑法规范之间基本上是匹配的,在不匹配的情形下,案件在裁决过程中可供选择的刑法条文的答案可能不是唯一的,但总的来说还能够在意思相近或相似的答案中选择一个相对最合理的答案。在这种非典型或复杂案件中,陪审员仍然只需要在法官的指引下进行事实认定,而法官适用法律的过程中,要进行从文本规范到"裁判规范"的演绎,并根据陪审员认定的"裁判事实"进行法律的对应、分析和甄

---

① 张心向:《刑事裁判思维中的犯罪构成论——一种方法论意义上的思考》,载《东方法学》2014年第 6 期。

② 张心向教授在《刑事裁判思维中的犯罪构成论》中提出了刑事案件的三种类型,用以说明犯罪构成论在概念思维和类型思维下的运用机理。

③ [美]本杰明·卡多佐:《司法过程的性质》,苏力译,商务印书馆 2001 年版,第 102 页。

④ 张心向:《刑事裁判思维中的犯罪构成论——一种方法论意义上的思考》,载《东方法学》2016年第 4 期。

选,并作出最终的判断。

3. 部分匹配型案件

案件事实与刑法规范部分匹配,对判决的平衡,是对类比、逻辑、效用和公道等考虑因素的检验和分类整理,在部分不匹配的情形下,不但有形式意义上的不匹配,而且还往往含有某些实质内容方面的纠结,在这类案件中,根据案件事实确定裁判的大前提,就是一件极其艰难的事情。实践中这类案件的数量极少,在这种情况下,法官需要首先对案件进行定性分析,并对陪审员做出较上述两类案件更为详细的事实清单,从而引导陪审员做出更详尽的事实认定,再进行法律适用。

五、他山之石:事实审和法律审相分离的域外镜鉴

事实审和法律审的分离是普通法系陪审团制度的基础,英美两国至今仍在重大的刑事审判中使用陪审团。[①] 在美国,要求在所有刑事案件和大多属民事案件中适用陪审团审判,是一项宪法性权利。[②] 在实践中,普通法系陪审团制度已经发展出一整套事实与法律区分的制度、程序和规则。尽管我国的人民陪审员制度与英美的陪审团制度区别很大,但仅就区分事实审和法律审,还是有值得借鉴之处的。同时大陆法系的参审制在一定程度上也为事实审的实施提供了一些经验。

(一)陪审员和法官的职权分配

陪审制度的基础在于审判权的划分。"在传统的、更趋形式化的观点看来,审判的功能就是为了确认争议中的事实,然后针对这些事实寻找并适用法律。"[③]在普通法系陪审团参与的案件中,陪审员只负责认定案件事实,以英国为例,正如达玛什卡所言:"英国审判机构就像半人半马的怪兽——一半专业,一半外行,所以有这样一个说法:法官审案,陪审团提供事实。"[④]

具体而言,在刑事案件中认定犯罪事实是否存在、是否有罪,属于事实问题,由陪审团裁决;至于构成什么罪,应判什么刑罚,属于法律适用,由法官来负责。民事案件

---

① [美]阿蒂亚、萨默斯:《英美法中的形式与实质》,金敏、陈林林、王笑红译,中国政法大学出版社2005年版,第141页。

② 参见美国宪法第六修正案和第七修正案。第六修正案规定"在一切刑事诉讼中,被告享受下列权利:由犯罪行为发生地的州和地区的公正陪审团予以迅速和公开的审判";第七修正案规定"在习惯法诉讼中,争议价格超过20美元者,由陪审团审判的权利应予保护;案情事实经陪审团审定后,除非依照习惯法的规则,任何法院不得再行审理"。

③ [美]阿蒂亚、萨默斯:《英美法中的形式与实质》,金敏、陈林林、王笑红译,中国政法大学出版社2005年版,第144页。

④ [美]米尔伊安·R.达玛什卡:《司法和国家权力的多种面孔——比较视野中的法律程序》,郑戈译,中国政法大学出版社2004年版,第58~59页。

适用陪审团的主要是侵权案件,陪审团负责判定被告是否侵权,应赔偿多少金额。[①]陪审团对案件的事实具有独立的判断权,陪审团首先要详细听取双方当事人及其律师的诉求、主张和证据;其次要听取法官有关证据的指示、引导和总结;最后退庭后进行案件评议,评议要秘密进行。陪审员在案件评议过程中不能与陪审团外的任何人员就案件进行交流,法官亦不能干预陪审团的评议,陪审团评议的内容和各位陪审员的观点是绝对保密的,陪审团也无需对裁决进行推理和解释。[②]

关于陪审团制度最大的争议和质疑是如何将司法案件这样一个需要专业技能的实践技术交给非法律专业人士来判定。许多学者和法官认为,与法官相比,陪审员更容易受到情绪和偏见的影响,也无法准确把握证据的审查和权衡,也没有足够的经验。[③] 这当然也是中国陪审制面对的问题,由于大多数人民陪审员是法律门外汉,在理解审判程序、证据规则、法律术语等方面存在障碍,而法官面对业务压力,也可能忽视陪审员的作用,使得人民陪审制沦为形式。普通法系国家处理这个问题的方式主要是法官的审前准备工作和法官的法律指引工作。

(二)法官要做好充分的审前准备

桑德拉·戴·奥康纳大法官曾对陪审团进行描述:"陪审员们不被允许做任何事情,而只是被动地聆听证言,大脑里对案中有什么法律问题毫无概念,不能以任何方式做记录或进行参与,法官最后又向其宣读一套几乎无法理解的指导辞,然后将其送进陪审室对案件做出裁决,而他们对案件的了解程度可能并不比审判开始之前多多少。"这种对陪审制最为经典的印象面对早期和简单案件还可游刃有余,但随着社会的快速发展、案件复杂性的增大和案件专业性的提高,陪审制也在不断变革和进化。"在复杂的诉讼中,陪审员们从一开始就需要了解信息。对撞车或者简单盗窃案件可能只需要做出很少的解释,但是在专利法、医疗不当行为、商业交易、反托拉斯和难以计数的其他领域,陪审团需要法官自一开始即告知其应当探求的事项。"[④]

因此在陪审团制度实践中,特别是对于复杂案件,法官需要做好一定的审前准备工作,为陪审团的听审和裁决提供支持。同时,实施参审制的国家针对此种情形,也发展出相应的机制。首先,随着陪审团制度的改革与发展,陪审团审判不再是绝对强制性的,美国法官在双方当事人的同意下,可以根据案件类型,依据法律和审判程序,

---

① 王利明:《我国陪审制度研究》,载《浙江社会科学》2000 年第 1 期。

② 朱燕萍、罗世翊:《人民陪审员制度中法律审与事实审分离机制研究》,载《福建法学》2016 年第 1 期。

③ 如美国大法官杰罗姆·弗兰克也认为法官是比陪审团更为称职的事实发现者。参见 Glanville Willianms, *The Proof of Guilt* (3rd ed., Stevens, London,1963).

④ [美]威廉·德威尔:《美国的陪审团》,王凯译,华夏出版社 2009 年版,第 209 页。

最终决定是否需要陪审团;①参审制国家也能够根据案件的复杂度和专业性,组建具有一定专业知识背景的参审员组成合议庭。其次,法国"参审制"中的法官需要提前阅读诉讼案卷,认定需要裁决的案件事实,制定事实认定问题清单列表,围绕"被告人是否实施某一行为,是否有罪"这一主要问题,制作判案所需的主要事实、间接事实和补助事实表格,以此来确定陪审团的权限范围和工作重点。② 最后,美国法官面对疑难案件,需要提前向陪审团介绍证据、程序、裁判规则、陪审员的权利义务和责任,面对复杂案件有时也需要介绍案情。③

(三)审理过程中法官要充分发挥指引作用

由于陪审员是非法律从业者,法官在案件审理过程中也需要不断对其进行权限、法律、程序、礼仪等方面的指引。首先,由于法庭需要的事实不是已发生的所有生活事实,法官要按照事实认定清单对陪审员进行引导和提醒,使其在自己的权限进行案件事实审理,提炼出对案件定性和审理有意义的"裁判事实"。其次,法官要向陪审团解释必要的法律问题,如有罪无罪的标准、证据规则及其在认定案件事实中的适用等。最后,法官要引导陪审团按照程序进行听审、评议、裁决,④以及提醒陪审团需要注意的礼仪。法官指引的宗旨是帮助陪审团认定案件事实,但不能干涉和影响陪审员的判断。

(四)保障事实认定裁决的效力

陪审团对案件事实的认定具有终局效力,除非陪审违反程序、裁决明显错误等严重问题,否则其裁决就不会被推翻。⑤ 即使裁决被推翻,陪审团成员也没有任何责任,该案须由另一个陪审团和相应的法官进行裁判。另外,陪审团只在一审程序中适用,上诉程序在一审事实基础上进行法律审。

因此,根据普通法系国家的陪审制度实践经验和大陆法系的参审制经验,在案件

---

① P. Diperna, *Juries on Trial*, 67－69(December Books,W. Norton Co. New York Press, 1984)。为了效率、保密等目的,许多当事人会选择不适用陪审团。

② 朱燕萍、罗世翊:《人民陪审员制度中法律审与事实审分离机制研究》,载《福建法学》2016 年第 1 期。

③ [美]威廉·德威尔:《美国的陪审团》,王凯译,华夏出版社 2009 年版,第 211 页。

④ 参见赵宇红:《陪审团审判在美国和香港的运作》,载《法学家》1998 年第 6 期。

⑤ 陪审员对案件事实裁决具有终局性,并不代表陪审团裁决不受任何监督和制约因素,可以任意裁决。陪审员作出裁决需要遵循法官预先的法律和程序指引,裁决书作出后首先要交给法官,由法官验看是否填好和有无明显违反法律的情况。裁决宣告之后,法官和律师也可以要求逐一询问每一个陪审员,确保裁决出于陪审员的真实意思。美国《联邦刑事诉讼规则》规定:"宣告裁决时,在裁决记录到案之前,如经一方当事人要求或法庭自行决定,可以逐一询问陪审员。"一旦发现陪审员违反法律和程序,或者陪审员存在"不良行为",法官可以宣告陪审团裁决无效。

中区分法律审和事实审是可行的，但是需要一系列制度、机制来充分保障，尤其是法官要充分发挥其权能，在法律、程序等方面进行指引和规范。

六、解决之道：人民法庭在推进陪审制改革中的具体举措

2014 年 12 月 4 日，最高人民法院发布《关于进一步加强新形势下人民法庭工作的若干意见》（法发〔2014〕21 号），其中第 12 条规定："完善人民陪审制度。落实人民陪审员倍增计划，结合人民法庭工作特点，扩大基层群众入选比例，扩大参审案件范围。规范人民陪审员参与审理案件的确定方式和流程，认真落实'随机抽取'原则，改变长期驻庭做法。强化人民陪审员岗前和任职培训，提高履职能力。积极探索实行人民陪审员仅参与审理事实认定问题的机制和办法。建立经费保障标准定期调整机制，及时足额发放人民陪审员的交通、误工等补助费用。"①正是由于在我国司法改革过程中，很多人对于事实审和法律审区分不清楚，导致了有人对人民陪审员制度改革丧失了信心。因此，应当尽快明确事实审和法律审的区分标准和路径，并辅之以相关措施，加快推进人民法庭的陪审员制度改革。

（一）区分事实审和法律审的标准与路径

只要清楚了事实审中的事实的概念，在案件审理过程中事实审和法律审是可以区分的。事实审的职能是从生活事实上升为"裁判事实"，依法认定对案件判决有意义的事实。法律审的职能则是根据已认定的事实，将文本规范细化为"裁判规范"，选择并适用法律作出判决。

1. 明确事实审和法律审的区分标准

事实审包括：在刑事案件中，认定定罪所需要的犯罪主体、客体、主观方面、客观方面，判定是否有罪，认定量刑所需要的法定情节（自首、立功等）和酌定情节（是否有坦白、初犯、悔过等），事实审中人民陪审员仅对上述事实进行认定，不进行评价（如定何种罪名、量刑等）。在民事案件中，认定侵权、违约等行为是否发生。事实审的根本标准是：客观存在的，且能被普通理性人理解认定。

法律审包括：在案件审理中的一切针对法律条文的适用和争议问题。在刑事案件中，包括根据已经认定的案件事实，对法律进行选择和解释，判定具体的罪名和量刑问题。在民事案件中，包括对法律的甄选，以及认定侵权、违约等民事行为的法律责任等。

以许霆案为例，认定许霆是否取走了自动提款机吐出的现金，属于事实审；但是

---

① 《最高人民法院关于进一步加强新形势下人民法庭工作的若干意见》，载《人民法院报》2014 年 12 月 11 日第 2 版。

自动提款机是不是金融机构,属于法律审。以彭宇案为例,彭宇是否撞伤原告,虽然这个事实需要通过证据规则依法认定,但仍然属于事实审,至于如何承担法律责任,则属于法律审。

2. 简易程序转普通程序中事实认定的方法

在人民法庭审理的简易程序转普通程序的案件中,适用陪审制的具体建议如下:

(1)明确陪审员和法官的职权

基于上文对事实审与法律审的区分,需要用正式的法律文件规定:陪审员只负责事实审,法官负责事实和法律审,并列出事实审中具体到刑事案件、民事案件中的核心事实清单。陪审员参与案件事实评议和表决,可参与案件判决评议,提出意见,但不参与判决表决。

(2)法官要做好充分的审前准备

第一,合理选人。要依照法律,根据案件的种类、性质、专业性程度判定是否需要陪审员,需要多少,需要什么类型的陪审员。一般案件可随机抽选陪审员。但有些案件需要特殊对待,才能提升事实审的正确性、效率和满意度:例如,专业、复杂案件,普通人和法官处理起来很困难,就需要从专家型陪审员数据库中进行选择;农村、社区、邻里纠纷,可选择当地权威、有德人士来处理;对于社会关注度高、有重大影响的案件,可选择人大代表、政协委员、社会名士进行陪审。但是无论人民陪审员属于何种身份,在审判中都要遵守法律赋予的权限及法官给予的指引。

第二,列出清单。法官要根据简易程序开庭的结果,认定需要裁决的案件事实,制定案件事实认定问题清单列表,例如参照法国经验做成主要事实、间接事实和补助事实表格。由于多数案件已经过简易程序,法官对事实有了基本的把握,在制定清单时更加便捷,能够锁定事实范围,便于认定。在实践中,对于事实清单,有些法院和法庭已有类似的做法,形成的经验要及时总结。

第三,有效指引。法官需要提前向陪审员详细叙述案情、证据、程序、裁判规则、陪审员的权利义务和责任。同时,要强调陪审员的权限、法律、程序、礼仪等问题,并按照事实认定清单对陪审员进行引导和提醒,使其在自己的权限内进行审理,履行其职能。要向陪审员解释必要的法律问题:如有罪无罪的标准、证据规则及其在认定案件事实中的适用等。此外,法官要与陪审员按照程序进行听审、评议、裁决。

(二)人民法庭推进陪审制改革的相关制度保障

在人民法庭适用陪审制的过程中,除了规范法官指引陪审员进行有效事实认定的程序和标准之外,还应辅之以其他相关措施,完善陪审制运行的制度机制。

1. 明确合议庭的模式

现在基层人民法庭由人民陪审员组成的合议庭的模式都是由1名法官+2名陪审员或2名法官+1名陪审员。由于只有一两名陪审员参加的合议庭,陪审员很容易受法官的影响、在审理中不积极、在合议时没有充分表达,合议庭容易流于形式,无法达到"同类人审判"的目的。建议明确合议庭的案件必须由 4 人以上的人民陪审员参加才可以。宁波市江北区人民法院首创的"1+4"大陪审模式,即"1 个法官+4 个人民陪审员"的合议庭制度,将案件的事实认定与法律适用进行剥离,事实认定由人民陪审员与主审法官"一人一票"共同决定,主审法官则担起法律适用的裁判,从而实质性地赋予了人民陪审员事实认定的主导权。这一模式不仅极大地激发了人民陪审员的参审热情,更弥补了部分年轻法官生活经验、民情风俗、专业经验的不足,值得借鉴。

2. 制定随机抽取的制度

建议开庭前 7 日由电脑随机抽取产生人民陪审员,并当场联系该人民陪审员。当抽取的人民陪审员参审案件时间有冲突时,再行电脑抽取,直至选出合适的人民陪审员。同时双方当事人现场确认,并由法院纪检监察室的工作人员现场监督。抽取替补人民陪审员名单,以便原人民陪审员因身体、工作、回避等原因,直接替补,提高庭审效率。确定人民陪审员后两个工作日内向选定的人民陪审员及所在单位发出参加陪审通知书,告知其参加审判活动的案件类型、开庭时间、审判长的联系方式等事项。

3. 加强对人民陪审员的管理

人民法庭应将人民陪审员参加审判活动中遵守审判纪律、审判作风、实际参加陪审案件数、陪审工作天数等履行职责情况于每季度末向分管部门报送。要建立台账备查制度。人民陪审员的时间、抽取人、监督人及抽取过程由工作人员记入台账备查,接受社会各界监督。将年度陪审情况在法院门户网站公布。同时,要建立陪审案件上限与下限制度。例如,一个陪审员一年内参审案件一般不少于 3 件、最多不超过30 件,以杜绝"荣誉陪审员""陪审专业户"的产生,接受辖区群众的监督。此外,要建立退出机制。人民陪审员每届任期五年,任期届满后其职务自动免除。对于违反与审判工作有关的法律及相关规定,徇私舞弊,造成错误裁判或者其他严重后果的、经常不能参加陪审工作和经过考核不能胜任陪审工作的,应该按照有关规定及时提请人大常委会免除人民陪审员职务。

结　　语

正如法国政治思想家托克维尔所言:"实行陪审制度,就可把人民本身,至少把一部分公民提高到法官的地位。这实质上就是把领导社会的权力置于人民或这一部分公民之手。"[①]在新的历史条件下,推进陪审制在人民法庭的落实,能够充分发挥人民

---

① ［法］托克维尔:《论美国的民主》(下卷),董国良译,商务印书馆 1998 年版,第 314 页。

法庭在解决社会矛盾纠纷、推动基层社会依法治理方面的重要职能,提升审判质效,缓解案多人少矛盾。同时根据事实审和法律审的区分标准,在人民法庭简易程序转普通程序的案件中,由法官对陪审员进行指示,帮助陪审员明确任务,准确把握事实,有利于探索人民陪审员改革中的事实审运行机制,为下一步全面推进改革做好铺垫。可以先试点,再根据成效予以调整和推广,以系统集成的改革方略,推进繁简分流、陪审制改革和人民法庭功能定位的协同发展。

第二十二章

人民法庭民事案件繁简分流的标准化

——基于诉讼要素表的设计与应用

姜金良* 刘 毅**

引 言

人民法庭在司法审判中的作用,从历年的《中国法律年鉴》统计中可窥一斑,近 90% 的一审民商事案件集中在基层法院,而其中近 70% 的民商事案件又集中在基层人民法庭审理。可以说,基层人民法庭不仅处在司法审判的最前沿,作为排头兵,实际上也构成了中国司法的中坚力量。Y 市人民法庭在案件审理方面,虽然 2016 年度收案数略有下降,但始终处于高位运转状态,且结案数一直呈现增长状态。2016 年新收各类案件 16112 件,办执结 15919 件;民商事案件法定正常审限内结案率 89.77%,民事案件调解率 39.41%,被改判发回率 1.77%;一审简易程序适用率 81.5%。繁简分流一直是人民法庭审理中合理配置审判资源的重要方式。

顾名思义,民事诉讼中"繁简分流",是"民事案件在立案以后,根据案件的难易程度的案件集中由少数几个固定的法官根据简易程序进行审理"。[1] 对民事案件按照繁简分流审理,是对诉讼公正与诉讼效率的价值的协调。"各国民事司法发展和改革趋势来看,繁简分流旨在以合乎理性的规范使案件各入其道,使普通程序的正当化在司法资源与司法需求的剧烈冲突中获得现实可能性。"[2] 从法院司法资源配置上,由于案多人少的压力,"在现有司法资源紧张的情况下,如何增强诉讼制度解决纠纷的机能,将有限的司法资源在各类纠纷中合理配置,达到纠纷解决效果的最优,是实践

---

* 江苏省扬州市中级人民法院法官。

** 江苏省扬州市中级人民法院研究室主任。

[1] 王利明:《司法改革研究》,法律出版社 2001 年版,第 80 页。

[2] 傅郁林:《民事司法制度的功能与结构》,北京大学出版社 2006 年版,第 124 页。

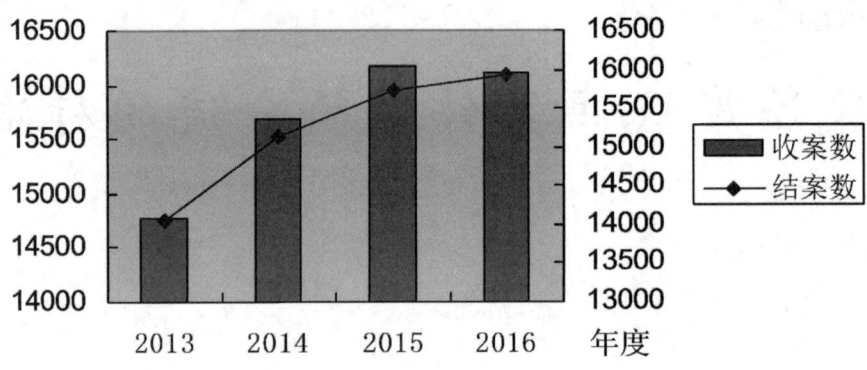

图 22-1　人民法庭 2013—2016 年收结案件数基本情况

中必须考虑的问题。"①从司法资源与案件审理的分配上,"并非所有的案件都是重要的、复杂的和有难度的,也并非每件案件都要求最大限度地适用诉讼规范。为此,一个富有活力的制度应该包含一种节俭使用诉讼资源的机制,以保证所利用的诉讼程序与特定的案件需要相符合"②。因此必须通过简案快审、难案精审实现审判资源的合理配置,成为司法改革中的重点工作之一。

一、当前民事繁简分流标准的多元化与模糊化

根据《民事诉讼法》关于适用简易程序的规定,将"事实清楚、权利义务关系明确、争议不大"的案件,作为基层法院及其派出法庭适用简易程序的条件。由于这一规定本身具有概括性和抽象性,上述三个要素的认定,存在着个体认识的差异,导致法院在具体运用的过程中缺乏可操作性的标准,导致在司法操作中对于如何识别简易程序的适用,存在着多元化标准。

(一)根据案件类型进行划分

有些法院结合案件类型进行繁简分流,如将劳动争议、道路交通事故等常见案件类型直接适用简易程序。

但是实践中的个案情况千差万别,有些案件看似简单却暗藏玄机,如民间借贷纠纷的案件中,常常存在债权人与债务人为了各自利益,伪造证据、编造谎言的情况,案

---

① 陈晓艳:《关于开展立案调解工作的调研报告》,载张卫平主编:《民事诉讼程序法研究》(第三辑),厦门大学出版社 2007 年版,第 284 页。

② [英]朱元曼:《英国民事诉讼改革》,叶自强译,国家行政学院出版社 2000 年版,第 234 页。

件事实难以清楚。有的案件从表面上看似简单,如借款合同纠纷,但审理中一旦发现被告下落不明或进行司法鉴定,就只有转适用普通程序审理。因此简案不简,造成案件平均审理期限长,影响简易案件的总体审判效率。[①] 未对案件进行实体审理之前,仅凭案件类型标准决定其适用的诉讼程序,显得过于武断,容易使法官在后续审理的过程中产生似易实难与似难实易的困惑。

(二)根据诉讼标的额划分

一般认为,案件标的额的大小与案件的难易程度成正相关,标的额较小的案件一般案情较为简单,且由于争议标的较小,双方在利益分歧方面更容易找到平衡点,以达成和解或者找到妥善的解决方法。我国《民事诉讼法》中小额诉讼制度也遵循上述思路。根据第 162 条的规定"基层法院和它派出的法庭审理符合本法第一百五十七条第一款规定的简单的民事案件,标的额为各省、自治区、直辖市上年度就业人员平均工资百分之三十以下的,实行一审终审",小额诉讼制度作为一种特殊的简易程序,与一般适用简易程序的案件在适用范围、审理程序、判决效力等方面均有区别,特别是法律严格限制了小额诉讼程序的上诉权,实行一审终审制。

首先,虽然民事案件标的额的大小与案件的繁简、难易程度有很大关系,但是如果单纯考察案件标的大小,以此作为选择诉讼程序的标准仍然显得有失偏颇,还需结合其他方面,例如该案件是否属于新类型案件、是否涉及的法律关系较为复杂等。因为在中国,由于乡土社会性质,小案不小的情形经常出现,"亦即小额事件如何处理是直接决定人民信赖司法与否之关键"[②]。这与完全市场经济化的西方国家并不相同,即使是按照诉讼标的数额进行诉讼程序区分的标准的德国民事诉讼法中,对于这一方式是否减轻法院负担仍然存在疑问,小额案件在原则上不可上诉的特点会导致宪法诉讼数量的急剧增长,加重宪法法院的负担。因此对判决不可上诉原则存在例外。[③] 而在我国由于小额诉讼程序中一审终审制度,导致法律救济权丧失,导致了该项制度基本处于司法被规避适用的空置状态。

其次,立案环节根据案由、标的进行繁简分流的经验判断也是目前司法操作中主要的方法之一,但人为经验因素的增加更加剧了划分标准的差异化,导致司法实践的不统一。

(三)简易程序前置

在一些地区法院中,将简易程序作为民事案件审判的前置程序几乎成为司法中

---

① 朱建宏、郑欣娟:《繁简分流快审精审各行其道》,载《人民法院报》2009 年 8 月 30 日第 8 版。
② 章武生:《民事简易程序与法治社会的形成》,载《法学家》2006 年第 5 期。
③ 张丽:《德国民事一审程序繁简分流研究》,南京大学 2013 年硕士学位论文。

的惯例和潜规则。除了法律规定不符合适用的类型，先全部进行简易程序审理，再根据审理情况转为普通程序审理。之所以出现这种情形，一方面由于基层法院审判压力导致，根据最高人民法院近两年的工作报告，2014 年各级法院审结一审民事案件522.8 万件，同比上升 5.7％；2015 年，随着立案制度的改革，立案等级制使得矛盾纠纷进入法院零门槛，受此影响，各级法院审结一审民事案件 622.8 万件，同比上升达到 19.1％。[①] 而基层法院"案多人少"的矛盾相对于更高层级的法院而言显得尤为突出，因此按照简易程序立案适用独任审判，可以缓解法官人员不足。另一方面，由于一些法院仍然受制于司法业绩考评影响，将简易程序适用率纳入考评范围，人为扩展简易程序适用范围。

但对于受理的民事案件一律先交由负责简易程序审理的独任庭，根据案件审理情况，对于在规定期限内无法审结的案件则转为普通程序继续审理。这种对所有案件一律不予区分先行进入简易程序审理的方法，首先会导致本应直接进入普通程序审理的案件被严重拖沓，造成诉讼拖延、司法资源浪费的情况；其次，根据法律规定，当事人对于不符合适用简易程序审理条件的案件可以通过约定的方式选择适用，对于人民法院决定适用简易程序审理的案件可以提出异议，但对于法院依职权将简易程序转为普通程序只有被动接受，这在一定程度上也难以体现程序正义的要求。另外，对于简易程序转为普通程序的案件，其效力问题也值得探讨，简转普后的效力，是指简易程序转为普通程序后，还要不要更换法官、重新立案、答辩、调查和辩论，[②]不利于保障诉讼当事人的合法权益。

不可否认的是，繁简分流的标准模糊，法律规定的标准中已经存在着关于一定实体性审查要求，主要是由于案件的繁简区分在立案第一关上很难掌握，在当前立案登记制仅仅进行形式性审查条件下，难以进行有效的分流和甄别。因此本文提出通过诉讼要素模式对民事案件繁简分流进行筛选甄别。诉讼要素模式是将常见民事案件的诉讼请求的基本构成要件与对应的证据种类列明，根据原告提供的证据情况进行甄别，具备能够证明基本构成要件，直接适用简易程序审理，实现繁简分流既具有标准化，也具有可视化、精细化的操作性。

二、诉讼要素模式的基础：理论逻辑和司法经验的双重奏

逻辑与经验之间的相互关系不是对立或者相悖的，逻辑和经验在行使司法职能过程中与其说是敌人，毋宁说是盟友。[③] 诉讼要素模式在理论逻辑上借用审判方法，

---

① 参见《2015 年最高人民法院工作报告》《2016 年最高人民法院工作报告》。

② 许少波：《论民事简易程序向普通程序之转换》，载《法学评论》2007 年第 5 期。

③ ［美］博登海默：《法理学：法律哲学与法律方法》，邓正来译，中国政法大学出版社 2004 年版，第 517 页。

在司法实践中,裁判文书改革尤其是诉讼要素式裁判文书改革提供了借鉴的经验。

(一)理论基础:审判方法的前移

关于民事案件审判方法,杨立新教授提出五步审判法:发现请求权—请求权定性—寻求请求权法律基础—确定请求权作为适用法律裁判—作出裁判。[①] 在司法实践中借用较广,产生影响较大的是邹碧华法官提出的要件审判九步法:固定权利请求—识别权利请求基础—识别抗辩权基础(又称识别对立规范)—基础规范构成要件分析—审查当事人诉讼主张是否完备(诉讼主张的检索)—争点整理(即法官根据当事人的诉辩主张归纳案件争议焦点的过程)—要件事实的证明(举证指导及心证公开)。法官组织各方当事人围绕争点进行举证、质证—要件事实的认定—要件归入并作出裁判。[②] 两种方法在本质上都是立足于民事思维的请求权基础,要件审判九步法在突出请求权识别、确定基础上,将案件事实证明过程进行分解,更具有司法可操作性。

关于民事审判方法,不仅是狭义上的裁判方法,还可以前移作为繁简分流基础。首先,民事裁判方法基础工作是确定请求权,民事案件启动就由原告在诉讼中提出的"请求权"[③],固定请求权是民事当事人诉权的核心所在,也是民事审判的最原始起点,是所有诉讼行为展开的基本依据。因此无论何种方法,都是将确定请求权基础,请求权的检查与检索、分解作为起点。"请求权基础的寻找,是处理实例题的核心工作,是每一个学习法律的人必须彻底了解,确定掌握的基础概念及思考方法。"[④]因此审判方法主要解决的问题:一是诉讼请求不固定导致审判效率低下。二是法律条文不固定导致审判思路无法固定,法律推理的出发点不能确定,自然法律推理的正确性自然亦无从判断。三是证据材料不固定导致鉴定时间冗长。四是诉讼主张不固定。[⑤] 但是常规的案件类型中请求权基本是固定的。例如,婚姻诉讼中一般是解除婚姻关系、财产分割、子女抚养等请求权;金融借款合同一般是合同请求权。因此诉讼要素模式的理论基础在于,在常见的民事案件审判中请求权基础、法律基础等审判步骤可以确定后,可以进行重复性操作。

其次,诉讼要素模式旨在将事实要件进行固定。关于法律要件,一方面是法律规范的构成要件,另一方面是关于要件事实,与法律规范构成要件相对应的能够引发法律效果的主要事实。法律构成要件与事实要件是相互对应的。事实认定行为与其法律定性之间相互渗透,乃是一种相互阐明的思考过程,将据以判断案例事实的法律规

---

① 杨立新:《民事裁判方法》,法律出版社 2008 年版,第 21 页。

② 邹碧华:《要件审判九步法》,法律出版社 2010 年版,第 26 页。

③ [德]梅迪库斯:《请求权基础》,陈卫佐等译,法律出版社 2012 年版,第 12 页。

④ 王泽鉴:《民法思维——请求权基础理论体系》,北京大学出版社 2009 年版,第 50 页。

⑤ 邹碧华:《要件审判九步法》,法律出版社 2010 年版,第 8 页。

范,于经认定的事实上予以具体化。①因此诉讼要素模式是将常见的事实构成要件确定下来。

(二)司法经验基础:裁判文书简化探索

对于裁判文书的说理要求,按照案件审理中针对"事实、证据、法律"三大因子是否存在争议,可以区分为"弱需说理"与"刚需说理"。当三大因子中任何一个因子存在争议时,必须对任何一个争议的因子进行论证,称之为"刚需说理"。没有争议,不需要详尽说明理由的属于"弱需说理"案件。② 简易程序案件的裁判文书说理属于"弱需说理"类,为配合民事案件繁简分流工作,各地法院也开展了关于裁判文书改革的探索。2012年深圳市中院在全国率先开展民事裁判文书简化改革,制定了《关于一审民事裁判文书简化改革的若干规定(试行)》,针对不同类型案件,设计了令状式、要素式、表格式的三类简易文书格式。令状式文书去除了传统文书的原告诉称、被告辩称、法院查明和法院认为"四段论",仅包含诉讼参与人称谓和法院裁判主文。令状式文书实际就是裁判结果的"证明书"。要素式文书则是针对案件的要素展开。庭审主要针对有争议的要素部分进行。而对于争议的要素,法院才写明诉辩意见及证据和法院认定的事实、理由和依据。表格式与要素式基本一致,只是将要素用表格方式列明。③ 这种裁判文书简化改革方式先后在广东、浙江、陕西、河北展开。④

简式裁判文书改革,必然伴随着对案件类型、难易的区分。可以说确定为民事裁判文书简化的案件类型,经过审判经验的积累,属于简易程序的适用范围,尤其是要素式裁判文书为确定诉讼基本要素提供了司法实践基础。

三、诉讼要素模式的设计与应用

(一)案件类型的选取

诉讼要素模式的目的是尝试建立繁简分流的可操作标准化。标准化提炼是对重复性事物和概念所做的统一规定,因此一项工作同质性越高、重复操作性越频繁,标

---

① 王泽鉴:《民法思维——请求权基础理论体系》,北京大学出版社2009年版,第30页。

② 李滇、樊华中:《刚弱两需分野下我国判决说理模式新探》,载《法制与社会发展》2015年第3期。

③ 《全省法院将推广裁判文书改革》,载《南方日报》2013年5月23日第8版。

④ 2014年广东省高级人民法院关于印发《关于推行民事裁判文书改革促进办案标准化和庭审规范化的实施意见》,2014年河北省黄骅市人民法院《关于民事裁判文书简化改革的若干规定(试行)》,2015年《浙江省高级人民法院关于民商事案件简式裁判文书制作指引》《陕西法院推行裁判文书繁简分流》,载《人民法院报》2015年7月13日第7版。《北京法院首现"表格式"判决书》,载《北京青年报》2016年6月14日。

准化价值与意义就越大。因此适用诉讼要素模式进行繁简分流操作的案件类型选取,既要求案件数量达到一定规模,占据民事案件的一定比例,便于固定对诉讼要素,也需要积累一定的审判经验,对于诉讼要素常规化证明的证据类型进行提炼。对于可以适用诉讼要素模式进行繁简分流的案件范围,可以借鉴各地裁判文书简化适用的范围,通过比照可以发现,各地适用范围均比较一致。例如,以笔者所在 Y 市中级人民法院为例,对 2014 年 48 名法官审理的 7570 件案件进行类型分析,案件数量最多的前六类案件,与各地适用简易裁判文书改革的范围相似,主要包括:(1)劳动争议案件;(2)机动车交通事故责任纠纷;(3)婚姻纠纷;(4)民间借贷;(5)金融借款纠纷等。各地经济发展情况及经济结构影响,也会对案件诉讼类型发生影响,地方法院也可以自主提炼适用诉讼要素模式的案件类型。

表 22-1　各地裁判文书简化适用范围

各地规范性文件	要素式裁判文书	令状式裁判文书
浙江省《浙江省高级人民法院关于民商事案件简式裁判文书制作指引》	1.劳动争议案件;2.机动车交通事故责任纠纷;3.商品房买卖合同案件;4.涉及抚养费、赡养费、履行离婚协议等婚姻家事案件;其他适用要素式裁判文书裁决的民事案件	1.民间借贷纠纷;2.金融借款合同纠纷;3.物业合同纠纷;4.普通商事合同类纠纷;5.信用卡纠纷;6.其他适宜用令状式裁判文书裁决的案件
深圳市《关于一审民事裁判文书简化改革的若干规定(试行)》	1.劳动争议案件;2.交通事故案件;3.延期交房、延期办证案件;4.涉及抚养费、赡养费、履行离婚协议等婚姻家事案件;5.其他适宜用要素式裁判文书裁决的民事案件	1.信用卡透支纠纷;2.按揭欠款纠纷;3.欠缴物业管理费纠纷;4.欠缴房屋租金纠纷;5.工伤保险待遇纠纷;6.被告仅以缺乏还款能力进行抗辩的民间借贷纠纷;7.其他适宜用令状式裁判文书裁决的案件
河北省黄骅市人民法院《关于民事裁判文书简化改革的若干规定(试行)》	1.劳动争议案件;2.交通事故损害赔偿案件及其他人身损害赔偿案件;3.保险合同案件;4.离婚案件;5.其他适宜用要素式裁判文书裁决的民事案件	1.欠缴物业服务费、水电暖费纠纷;2.买卖合同拖欠货款纠纷;3.被告仅以缺乏还款能力进行抗辩的民间借贷、借款合同纠纷;4.其他适宜用令状式裁判文书裁决的案件

表 22-2　案件类型分布

类型		案件数量	百分比	累积百分比
	机动车交通事故责任纠纷	1378	18.2	18.2
	离婚纠纷	1291	17.1	35.3
	劳动纠纷	724	9.6	44.8
	民间借贷	690	9.1	53.9
	金融借款合同	642	8.5	62.4
	买卖合同纠纷	525	6.9	69.4
	其他合计	5250	30.1	100.0
	合　计	7570	100.0	100.0

(二)诉讼要素模式的应用

1. 诉讼要素表的设计与使用

诉讼要素模式根据审判经验梳理出类型化案件的基本要素,以基本要素为线索,对其证明的常规证据类型进行梳理。以表格的方式列出,相互对应,达到使之一目了然的目的。一方面,方便当事人及其代理人在起诉时提前做好填写的准备工作,做到正确填写;另一方面,也可以减轻法院立案时发放、指导填写诉讼要素表的负担。

诉讼要素的填写。当事人可以在立案阶段根据自己诉讼的具体情况、提交的证据情形进行勾选,不加重其立案负担。可以减轻立案时法官及当事人的负担,提高办事效率。法院在立案阶段可指导当事人填写,当然即使当事人不填写诉讼要素表,法院也不能因此拒绝立案,法院也可以在整理证据目录时予以完备填写。

表 22-3　离婚案件诉讼要素表

诉讼要素		常规证据材料	其他证据材料	是否具备
婚姻状况	登记时间、机关等	结婚证		
离婚意愿	双方是否同意	离婚协议书		
子女状况	姓名/性别/出生年月	户籍登记簿		
	是否婚生			
	现生活状态及婚后生活意愿			

续表

诉讼要素		常规证据材料	其他证据材料	是否具备
财产状态	有无房屋	产权登记证		
	房屋登记人			
	存款			
	其他重大价值财产车辆等			
	债务情况			
其他				

表 22-4　金融借款合同诉讼要素表

诉讼要素		常规证据材料	其他证据材料	是否具备
借款行为	借款合同（金额、期限）	借款合同协议		
无	放款行为/贷款人收款	内部审批流程/银行进账单/借款借据/收款凭证		
担保情况	抵押担保	抵押合同、抵押物的权属证明、抵押物登记情况		
无	保证人	保证合同/有保证条款的保证人签字		
违约行为审查	实际还款情况及流水	银行进账单、现金缴款单		

2. 诉讼要素表使用的流程设计

关于繁简分流的最前端工作，也是基础性工作在发挥立案庭的甄别判断作用，从立案阶段的精细化筛选、询问，按照案件类型对应诉讼要素表格，对于填报诉讼要素表基本完整的，初步判断为简易案件，按照特定速决速裁通道分流最大化降低程序转化比率。

在立案阶段使用诉讼要素表仅仅是第一次繁简分流，对于立案诉讼材料不完备，当事人补齐证据或者征询双方意见的，也可以适用简易程序，根据诉讼材料的分析，对于争议和疑难程度较大的案件，则移交审判庭审理，实现二次分流，力避造成拖延。

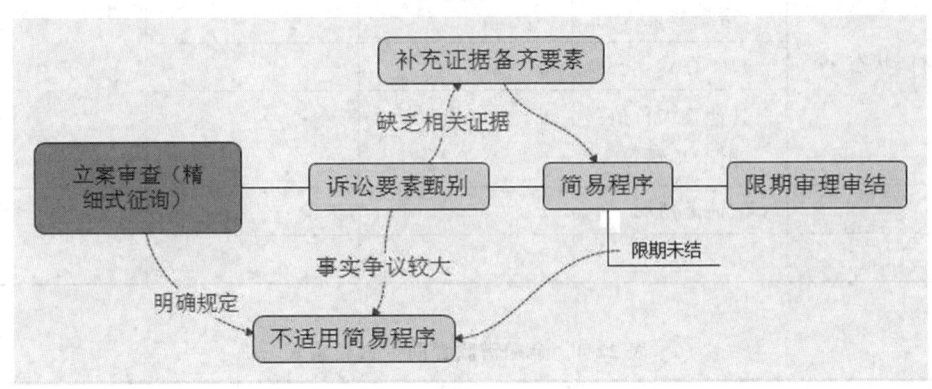

图 22-2　诉讼要素表使用流程

3. 程序转化的限制与开放

关于简易程序转为普通程序的问题，在理论和司法实践中均持保守态度，认为应尽可能避免两种程序转换适用。之所以采取限制态度，是因为繁简分流不到位，没有对案件进行梳理，难以区分难易程度，往往造成一起案件先适用简易程序审理，三个月内不能审结而转适用普通程序审理的状况。[①] 更外，程序转换，需要二次开庭等，重复的程序工作也造成司法资源浪费，增加了当事人的诉累。但我们认为，适用诉讼要素表格进行甄别后，如果案件审理出现新的问题，可以转化为普通程序案件。一是严格控制简易程序向普通程序转换，不仅不能起到简易程序给当事人带来的程序便利和快捷，相反，可能造成程序的违法，因过分追求诉讼效率，损害了程序公正；二是解决随意转化问题，可以适当引入审判管理，将诉讼要素筛选出的简易案件设定一个月期限，对于因特殊事项进行程序转化的纳入庭长的审判管理事项。

四、诉讼要素模式的应用价值

（一）诉讼要素模式与司法标准化建设结合

在以往司法规范化建设中，往往存在着"运动化"建设模式和"零散化"建设模式。"运动化"建设模式往往以组织开展相应的规范化主题活动为主，通过查摆问题—集中整治—提高巩固—经验总结等步骤进行司法规范的建设和提升，在短时间内成效

---

① 朱建宏、郑欣娟：《繁简分流快审精审各行其道》，载《人民法院报》2009 年 8 月 30 日第 8 版。

明显,但也存在着不具有针对性的缺点,容易形成一人出差错,人人找毛病,难以对症下药的情形,司法规范化建设成效难以长期持续等问题。"零散化"建设模式是指司法规范化中传帮带方式。在新进干警和青年法官培养机制中,往往采取师傅带徒弟的方式或者导师制,这样虽然有利于交流审判经验、传授办案技巧,但在司法行为规范、司法作风方面往往因人而异,形成了司法规范化的多标准、流动性。因此在司法规范化建设中最高人民法院在天津法院提出的司法标准化基础上重新进行定义,司法标准化活动是在总结以往司法规范化建设的经验基础上进行的整合和提升,将孤立、零散、抽象的规范性制度,上升为统一、明晰、可检验、可评价的标准,逐步形成一套更加有效的司法标准化体系,使司法规范化活动效果保持长效化。使用诉讼要素模式进行繁简分流与司法规范标准化建设的目标不谋而合,也是规范化系统性建设的一个重要环节。制度设计的内在初衷并非是忽略个人主观能动性的机械司法,而是通过良好的制度设计提高审判效率,还能减轻法官的工作负担,同时避免由于人为因素、个人理解不同造成的差异,对"事实清楚、法律关系简单明了"这一抽象性、概括性的规定予以先期甄别,也为办案标准化建设工作的长期性提供了制度保障。

(二)司法改革人员分类管理的对接

近年来法院的案件数量呈逐年攀升的趋势,案件堆积如山与法官疲于应对的矛盾从未缓解,随着立案登记制度的正式实施与法官员额制度的改革拉开帷幕,使得传统的应对方法都不再有效,矛盾变得更加突出。因此,通过对立案庭的改革与赋予法官助理办理简单案件的权利,成为实现案件繁简分流、应对案多人少矛盾的可行方法。

目前案件进入审判程序后,立案庭将案件录入内部系统,系统进行随机分案,所有案件不区分繁简随机分给每位有审判资格的法官,这样的方式容易导致法官审理的不集中。因此,法院的立案庭作为案件流入其他业务庭的大门,其职能与工作方式都有待改善、提高,立案庭不仅仅要按照立案登记制度的要求将所有案件予以接收,更为重要的是在这一环节就可以通过对案件要素的初步审查,对繁简程度不同的案件做初步区分,这也与司法改革中关于区分法官、法官助理的相关制度相契合。也有人提出,法院的立案庭应当进行改组,本着符合法理和司法改革的可行性原则,在现有的组织法和诉讼法基本框架内,将立案庭充实审判力量后扩充为"初步审判庭",与其他审判业务庭形成"初步审判+正式审判"的格局。[①]

另外,在法官员额制的改革中,未入额的法官,可以转为法官助理,在职权配置上可以办理简单案件。江阴法院作为最高人民法院确定的改革试点法院之一,对审判

---

① 孙国庭:《论繁简分流视野下基层法院初步审判庭的设立——围绕立案庭的改组展开》,苏州大学 2009 年硕士毕业论文。

组织构架进行了重新调整,合理调配审判力量,全面落实"让审理者裁判,由裁判者负责"的政策,将原来的"案件承办人"转换为"主审法官",在案件审理中真正尊重法官的意见,并且坚持推行"简案快审、疑案精审"的繁简分流原则,主审法官将简单案件交给法官助理,由法官助理协调调解,复杂案件交主审法官。[①] 这样的改革方式不仅集中了办理复杂疑难案件的审判力量,也与法官的渐进培养过程相契合,更与诉讼要素审判模式相对接。山东省莒南县人民法院通过研讨论证,制定出婚姻家庭、人身损害、民间借贷、交通事故四类传统民事案件的《诉讼要素表》,由辅助人员在立案登记至开庭前指导群众认真填写,提高了庭审效率,并将要素审判与试点法庭"1+2+2+2"人员结构模式(一名法官、两名助理、两名陪审员、两名书记员)相结合。[②] 简单案件由法官助理来调解、审理,既能够培养法官助理的裁判能力,为司法人才提供进阶通道,也能够分担大量案件,减少资深法官的办案压力。

结语:迟来的正义非正义

从当事人诉讼成本负担上,"在讨论审判应有的作用时不能无视成本问题。因为,无论审判能够怎样完美地实现正义,如果付出的代价过于昂贵,则人们往往只能放弃通过审判来实现正义的希望。"[③]这种诉讼成本负担不仅仅是金钱的、物质的,很多时候还是无形的,"民事纠纷的解决费时、费力、费金钱,这是对民事诉讼公正性和程序正义性的挑战和讥讽。对当事人来说,被纠纷缠绕,总是一种心理和经济上的负担"[④]。因此繁简分流不仅是为了减轻法院案件审判压力,更重要在于迅速实现当事人的权利。审判越是及时和迅速,正义越得以实现。

---

① 《优化人员配置,坚持繁简分流——江苏省江阴市法院创新机制促进审判质效提升》,载《人民法院报》3 月 6 日。

② 胡发胜:《要素模式引领审判权运行改革研究——以解决法院案多人少基本困境为进路》,载《山东审判》2015 年第 5 期。

③ [日]棚濑孝雄:《纠纷的解决与审判制度》,王亚新译,中国政法大学出版社 1994 年版,第 266 页。

④ 江伟主编:《民事诉讼法学原理》,中国人民大学出版社 1999 年版,第 177 页。

第二十三章

基层法院巡回审判制度功效探析与完善
——基于"评理团"的构建设想

申燕君[*]

前　言

党的十八大提出完善社会主义法治国家建设的总目标,对法治建设路径和司法体制改革进行了宏观规划,至十八届四中全会则进一步明确绘制了实施路线图。从"法制"到"法治",从"以法治国"到"依法治国",文字的变化实则反映了我国法治建设层次的提升。近现代文明公认,法律是约束国家公权力运行的利器,也是规范市场经济和个人行为的至上准则,甚至被奉为现代公民社会的集体信仰。但是法理学中同样有一个不容忽视的共识,即法律不是万能的,这对于身处体制改革和社会转型期的中国社会来说表现尤为明显。一方面,基层法官纯粹依靠法律审理案件未必能得到当事人的理解和认可,也未必能获得较好的社会效果,直接反映为法院信访案件的数量[①];另一方面,群众对于现行司法制度存在不满,常有寻求司法之外的渠道发声的现象,这也是司法体制改革深入推进的原因之一和改革要解决的问题所在。在这种社会背景下,如何使基层法治建设过程更平顺,值得每一个基层司法工作者做各种探索和尝试。

巡回审判是基层法院运用得较多的一种审判方式,原本是法官为解决住址偏远、路程耗时长、行动不便的当事人参加诉讼而采取就地审判的形式,发展至今逐渐被赋予普法宣传、教育示范等功能。但现实中的巡回审判制度究竟如何开展、实效如何、

---

* 北京市平谷区人民法院审判管理办公室法官助理。

① 以笔者所在的基层法院为例,2016 年该院信访办处理信访案件 441 件,其中最高人民法院挂账案件 25 件、最高人民法院登记的京访案件 53 件;2017 年上半年处理信访案件 206 件。

有无可改进的空间,值得仔细探讨。在司法改革的背景下,结合巡回审判平台,探索一种法与理合作共行的机制,一种开放式的纠纷解决机制,以解决法律与公理的冲突、填补法律空白,以期对我国基层法治建设得以更平和地推进有所助益。

一、现行基层司法环境与"评理团"提出的背景

以笔者所在的基层法院 2017 年 1—6 月审理传统民事案件的庭室的数据为例。

表 23-1　某基层法院 2017 年 1—6 月庭审数据

部门	调解率	上诉率	裁判自动履行率	生效裁判申请执行率	调解案件申请执行率
民一庭	14.75%	29.26%	—	—	—
民三庭	22.50%	12.09%	—	—	—
民四庭	11.29%	23.92%	—	—	—
派出法庭一	18.29%	9.72%	—	—	—
派出法庭二	27.03%	11.75%	—	—	—
派出法庭三	24.49%	12.13%	—	—	—
全院民口	20.50%	14.56%	24.82%	74.41%	66.34%

注:其中裁判自动履行率、生效裁判申请执行率、调解案件申请执行率无单独的庭室考核口径。

上诉率反映了当事人对司法裁判的认可度,裁判申请执行率反映了裁判结果对于当事人的约束力,尤其是调解申请执行率,更是直观地反映了调解工作的成效。从各庭乃至全院民口的调解率可见,在法定审限和现行审判管理考核制度的压力下,基层法官为应对结案压力,以及月均衡结案度的考核,组织调解工作的意愿和动力都受到影响。笔者所调研的 A 法院还是连续多年被评为该市"先进法院"的基层法院,处远郊区县,在辖区开展群众工作累积了一定的经验和较好的群众口碑。考察民口和各庭室的平均指标能够较为真实地反映在农村地区开展调解工作的难度。

另外,近几年我国基层法院新招录的法官助理,大部分都在经过 3 年左右的书记员训练和初任法官培训后直接提拔为助理审判员,尤其是一线城市基层法院,近年招考法官助理的资格普遍是研究生学历。所以,从学校毕业直接到法院参与审判一线工作的情况非常普遍,年轻法官,其中尤其是外地生源者,对于本土乡风民俗不甚了解,在组织当事人进行调解时往往遇到语言、习俗、思维,甚至当事人无法与之建立信任关系的挑战,使得调解难度增加。

二、一次"评理团"的成功实践

成立"评理团"的思考源于笔者在审判实务中遇到的一件个案。[①] 原告与二被告系亲兄弟,原告起诉要求二被告拆除其加在双方父母遗留宅院之大门上的一把锁。经审理查明,该案的争议焦点是诉争宅院的权属问题,原告认为该宅院早在分家时就分给原告了;二被告承认以前确系分过家,该宅院的确曾经分给原告,但之后双方父母为生活便利,与原被告三子达成协议,由双方父母与原被告三兄弟分别出资1万元购买宅院产权,将该宅院作父母养老居住之用。而被告方提供一份房屋买回协议,证明父母过世后原告曾与二被告达成协议,原告各给付二被告4万元将涉案房屋买回。但诉讼中,原告始终认为被告主张的房屋卖出协议不成立,房屋是原告出租给父母居住的,所有出资均系房租,并且始终以照顾父母多、多尽赡养义务为由拒绝就房屋权属进行调解。在数次庭审中,原被告双方分歧巨大,此案调解工作一度陷入僵局,后审判员为维护双方亲情,针对该案到村里举行巡回审判和联合调解,邀请了村委会干部和部分村民参与庭审与调解。

事后证明,这次尝试对快速化解案件矛盾起到了关键作用。因村委会和部分村民在场,双方对于审判员的提问无法回避,使案件事实得以更真实地体现;村委会干部和参与旁听的村民们对双方行为依公理做出评论,使双方对审判员的建议和村民评价进行认真考虑。比如原告以赡养父母较多为由欲在房屋权利上获得更多补偿,而村民反驳了原告所述事实和理由;原告认为房屋买回的价格偏高,而村民纷纷表示该价格低于实际市场价格,原告获益更多。另外村委会干部还提出了三个解决方案,一是原告按照协议向被告及第三人出资购买产权;二是由被告与第三人按原协议的价格出资购买原告拥有的产权份额;三是以协议价格为起点,双方自由竞价购买。最后在众人的评理下和村委会提供的调解方案中,原告选择了其中一个方案,双方达成调解。

在上述个案中,村委会与村民群众组成了一个类似英美法系"陪审团"的"评理团",这个"评理团"在调解过程中起到了关键作用:一是深入辨清事实,一则法官不可能全部辨清当事人所述的真伪,而"评理团"成员们与当事人生活在同一环境中,对当事人的生活事实了解更详细,更容易判断当事人所述真伪,二则法官囿于诉讼程序规定,只需查清与法律关系相关的法律事实,很多生活事实并不在法官的审查范围之中,但当事人往往不能区分法律事实和生活事实,并且因生活事实怀有强烈的情绪而无法发泄,故在庭审中不能很好地与法官沟通;二是提供多元化的调解方案,法官的审理思维往往局限于案件本身,加上生活经验不同等因素,并不一定能像"评理团"一

---

① (2013)年×民初字第06024号张×1与张×2、张×3排除妨害纠纷。

样提出多元、可行、适合的调解方案。所以在查清事实和提供调解方案这两方面，由本地民众组成的"评理团"有着独特的优势，这两种功能也是法院庭审相对难以实现的。

对评理团处理民事纠纷的优势进行分析，不难得出两个原因：第一，作为巡回审判和联合调解的平台得到了当事人——尤其是原告的认同，在此过程中，原告认为这个平台比法院和合议庭组织更好地接受其"说理"的需求，也更容易感知和认同其主张的"道理"，所以这种形式有利于当事人倾诉心声和发泄情绪；第二，群众组成的"评理团"的评论反映了一套最朴素的社会行为规则和价值评判标准，当事人即生活在这种行为规则和评判标准之中，相较于法官的法律解释，当事人易于接受村民群众的说理，其生活在这个小型的熟人社会中，被动接受负面评价的压力也增大。所以当事人在此种环境中接受论理和调解的可能性有效增加了。

对评理团的功效进行考察，笔者统计分析了派出法庭 A 法庭 2017 年 1—6 月借"评理团"模式到农村开展的共 11 件巡回审判案件，其中调解结案 5 件，调解率为45.45%，申请强制执行 0 件，裁判申请执行率 0，通过与该法庭 2016 年相应数据和同一时期全院民口整体审判管理指标进行对比，借助"评理团"模式开展巡回审判的调解率高、裁判申请执行率低，能够反映出这种形式及其背后蕴含的"说理"机制对于解决传统民事纠纷是有实际帮助的。

表 23-2　A 法庭 2016 年与 2017 年 1—6 月相关审判管理数据对比

时间	调解率	上诉率	裁判自动履行率	生效裁判申请执行率	调解案件申请执行率
2016 年	20.22%	9.56%	81.2%	18.8%	9.1%
2017 年 1—6 月	23.16%	6.25%	92.65%	7.35%	4.7%

表 23-3　A 法庭与全院民口 2017 年 1—6 月相关审判管理数据对比

部门	调解率	上诉率	裁判自动履行率	生效裁判申请执行率	调解案件申请执行率
A 法庭	23.16%	6.3%	92.65%	7.35%	4.7%
全院民口	20.50%	14.%	24.82%	74.41%	66.34%

注：其中裁判自动履行率、生效裁判申请执行率、调解案件申请执行率无单独的庭室考核口径，A法庭相关数据为笔者个人统计计算得出。

三、构建"评理团"的可行性分析

(一)影响基层法院调解率和服判息诉率的因素多样

宏观方面有司法公信力因素,微观方面既有结案压力的影响,也有审判人员辨法析理和调解能力的因素,既有具体案件利益大小因素,甚至也有当事人性格和农村民风的因素。这些因素都会影响案件的结案方式的选择、当事人对裁判结果是否满意。比如在均衡结案考核指标的压力下,审判员为完成当月结案数,就会放弃对双方利益分歧大的案件进行调解,而直接选择判决结案;或者审判人员怠于向当事人释法说理,则很容易引发当事人对裁判结果的质疑和否定,进而提出上诉。

(二)现行普法宣传和司法服务手段效果有限

面对持续增长的受案数,在审判人力有限的情况下,不可能一味要求法官转变作风、加强司法服务、加大调解力度,这在基层法院普遍面临案多人少的现实情况下是不可持续的。所以,从源头上减少纠纷的发生、减少提起诉讼的概率,才是可行的办法。

目前,提供普法宣传教育和提前司法服务介入是法院参与社会管理、培养法治社会环境和减少纠纷发生概率的通用手段,但是普法宣传教育容易流于形式、民众印象不深而效果有限;超前的司法服务介入针对的多是政府部门主导的区域经济发展重大项目,受众并非广大基层群众。这两种司法宣传手段对于从源头上减少纠纷发生的作用都较有限。在基层社会,尤其是在农村地区,调整人与人之间的行为规范主要还是道德和公理,表现为农村群众习惯于按照礼法实施行为、评价行为,并在发生纠纷时寻求村里辈分最高的长者或最具名望的人士依传统的公理进行判断。这种理与法的最大区别是,理发源并运行于传统生活方式,法作用并致力于培育一种市场经济环境下的新的生活方式。因此,在两者之间,就形成了逻辑上和价值上的分化,也就会产生利益衡量和利益分配的区别,因而导致依法裁判的结果有时得不到当事人的认可。

这一问题不是法院单方面搞法律宣传就能解决的,所以笔者设想建立以评理团为形式的、联合法院和社区组织、融合法律与民众普信的"道理"的机制,以求诉前、诉中、诉后都能辅助纠纷的解决。这个机制或组织的特点是,由法院提供法律指导,在符合法律原则的框架中,由社区或村委会组织代表与群众组成一个"评理团",当事人可以在这个平台上充分表述自身意见,包括与法律事实无关的自然事实与自认道理,而"评理团"也可以充分倾听和辩驳当事人所述的事实和道理,进而提供一种符合大众公信和普遍认可的处理意向。评理团这种平台从当事人的生活环境中浓缩和提炼而出,当事人的陈述更为真实、对评理团的评价也更易接受、调解思路更开阔、调解工作也更易开展。

更重要的是,评理团的运行,由社区、村委会组织和群众切身参与、主动发挥,不仅对参与者而言是一次主动的学法经历,对整个社区或村集体也是一次深入细致的案例教学,相比以往法官说法授课式、分发资料被动接受式的普法宣传,评理团的普法作用更切实有效。

(三)行为成本与效益之考量

"成本"与"效益"是经济学的一组核心概念,法律经济学将这组概念引入,为人们对大到人类社会运行规则、小到个人行为选择,进行观察分析,都提供了一个特别的视角。法律经济学家熊秉元在一则经济学小品中谈道:"无论是农业社会或工商业社会,虽然生活内容大异其趣,变化的速度也有天壤之别……本质上,人们的活动其实都是由成本和效益所驱动。农业社会里的静态,是环境里的各种力量交互运作之下,呈现出的状态;同样的,工商业社会的动态,也是环境里各种力量交互运作下,呈现出的状态。"[①]一定范围内的人类社群,维持其运行的规则,或者人们普遍认同的行为准则和评价标准,必定是有利于最大多数成员的重要利益的,所以生活在这个社群里的成员个人,要想在社群中获得普遍的认可(这种认可又是获得他人信赖、方便生活、舒适情感的必要条件),就必然要考虑到违反该共同体行为规则的代价(即成本)与遵守规则的好处(即收益)。

虽然我国现代化进程发展飞速,但在基层社会,维系一个社群运行的因素仍然包括传统伦理道德等朴素公理,农村地区尤为明显。所以,由共同体中的成员组成"评理团",对当事人所述"事实"加以判断、所讲"道理"加以评判,提高了当事人"说谎"和"犯规"的成本,也提高了其遵守规则的主观意愿。

四、对策建议:"评理团"之构成与运行

(一)运行理念

评理团的运行理念是"以法为指导、以理为脉络"。以法为指导是指评理团的所有行为、案件处理方向和程序把握仍然遵守法律原则和规定,不能超越法律界限,由法官掌握案件审理进展及提供方向性指导意见;以理为脉络是指在法律设定的框架下,为当事人及其他群众提供一个多方参与的论理的平台,在这个平台上,当事人和参与群众可以不受庭审程序和规定的限制自由发表意见、阐述各自道理,从而使得当

---

① 熊秉元:《正义的成本》,东方出版社 2015 年版,第 88~89 页。

事人双方和普通公众都能有效参与案件审理,也为法官提供了处理案件的多元手段和意见。

(二)组织

参考实际操作经验,评理团的组织宜为半临时半固定的性质,临时性是指发起组织评理团以具体案件需要为准,固定性是指其形式和运行规则可以统一。具体而言其构成至少包括以下几部分,一是法官,其掌握案件审理进展、提供方向性指导意见和具体法律知识服务;二为当事人及家属;三为"评理团",由社区或村委会专门负责人召集群众组成,人数不固定;四为后备"评理团",为避免在特殊情况下没有群众参与组成评理团的情况,笔者建议以村为单位,村民自荐或选举出 5-7 人组成后备"评理团",以防特殊情况下"评理团"组织失败。另外要注意的是,评理团成员亦应适用回避规则,即与当事人各方有亲属关系或利害关系的,不能参与该案评理团。

(三)程序

在法官向"评理团"和主持人释明个案所涉法规和总体原则后,则由主持人主持互相辩论和评理团发问的过程。在双方陈述过程中,"评理团"可以根据案件随时提问。双方陈述完毕后,评理团可以根据自己的生活常识和知识结构来判断客观事实和法律事实,并在法律原则规定的框架内设计调处方案。最后负责人还可以委托团代表或自荐阐述评理团的认识和结论。

五、仍有待解决的问题

因评理团是一个由法院、乡镇政府、社区、村委会、群众等多方成员参与的临时性组织。要使这种临时性组织形成一个固定和长期性的制度,就必须解决其在运行方面存在的以下几个问题。

1. 法律预判之嫌。与诉前调解不同的是,评理团机制的意义在于填补法律空白、调和现代与传统的意识冲突、平衡法律与伦理的利益分化,目的在于有效减少司法诉累、充分发挥基层公民自治组织的职能和优势。但启动评理团之初,法官就要将案件处理原则和方向告知评理团的众成员,这是否有预判和限制当事人诉讼权利的嫌疑,也是一个值得加深研究的问题。

2. 机制的启动与组织。在试行阶段,往往是法官行使这一职能,法官在审理案件中遇到不适宜以判决解决的、双方当事人矛盾冲突激烈,或法院调解无效的案件时,才启动这个机制。而在机制运行成熟、获得民众认可之后,纠纷当事人即可向社区或村委会申请启动该机制,并由社区或村委会专门负责人联系辖区法院,在法院提供原则性意见和指导后,专门负责人即可召集社区居民或村民组织评理团,并确定调处时间。

3. 机制可持续性。评理团的宗旨和功能是为群众提供一个说理和评理的平台，以理调解、化解纠纷。这项机制的成功运行能有效减少法院诉累，所以法院有动力启动这项机制，社区或村委会组织对于法院发起的要求也能较好地配合。但是在群众申请社区或村委会启动这项机制时，社区或村委会组织是否有足够的意愿和动力、该机制运行的经费、"评理团"成员的选择等都是必须考虑的问题。所以笔者建议在这项机制运行更成熟后，乡镇政府可对此制定专门规定，明确社区和村委会在启动和组织评理团等方面的职责，以此加强评理团运行的可持续性。

结　语

虽然司法体制改革的内容包括使司法功能纯粹化，但司法裁判的目的仍然是解决社会纠纷。这一目的和功能在经济社会处于转型期的时代背景下，无疑仍将背负比"裁决"更多一重的任务。法官在运用和符合法律规定的前提下，尊重社会现实、遵循审判规律，将法律与其他行为准则较好地融合，那么无论对于审判活动的顺利开展，还是法律理念在社会的根治，乃至司法公信力的巩固树立，都将有所助益。"评理团"在法治建设过渡阶段是一项具有可行性的尝试，笔者希望借助在巡回审判的平台构建"评理团"的方式，辅助法院和法官更好地行使审判权，也使法律以一种更平顺的方式深刻融入基层社会。